本书系 2022 年度山东省人文社会科学课题
"徐福文化海外传播研究"（2022-ZXLC-12）研究成果

本书的出版得到鲁东大学"声速输入法"基金语言文字研究课题资助，特此鸣谢！

基于《韩国文集丛刊》
考察徐福东渡与文化传播

陈 佳 刘凤鸣 著

社会科学文献出版社

SOCIAL SCIENCES ACADEMIC PRESS (CHINA)

序

秦代方士徐福，留下了许多历史谜团。他为什么要东渡海外，最终到了海外的什么地方，至今还是国内外学界讨论的话题。1999 年，我在《徐市在日本》一文中曾说过："在中国，我总觉得从古到今，很少有谁能像这个人物一样值得寻味。他就是秦代的徐市（福）。"

我的家乡龙口徐福镇，是传说的徐福故里，流传着许多有关徐福的传说，这些美丽动人的诗意传说，不仅伴随着我的童年生活，也成了我后来的文学创作素材。我在长篇小说《古船》《你在高原》中写到徐福，特别是在《你在高原》第三部《海客谈瀛洲》、中篇小说《瀛洲思絮录》中，或以较多篇幅写了徐福，或直接以之做了主人公。我编纂了五卷本的《徐福文化集成》，并于 2011 年担任中国国际徐福文化交流协会会长，主编了《徐福辞典》。我曾多次到日本和韩国考察徐福遗迹。

今年初，祁山先生（刘凤鸣）将他和陈佳博士合作完成的书稿《基于〈韩国文集丛刊〉考察徐福东渡与文化传播》送给我时，我有大快朵颐之感。该书资料新、视角新，观点独到而深刻。该书通过对高丽王朝、朝鲜王朝官员、学者留存的徐福文献进行研究，结合作者出访日本或日本居住期间所见所闻，论述了徐福在朝鲜半岛和日本的影响，分析了徐福东渡文化在朝鲜半岛和日本流行的原因，及对当今中日韩文化交流的影响。该书不仅再现了元明清六七百年间徐福文化对朝鲜、日本的影响，而且还谈到元代之前徐福在这些地区的影响，论断至少在近千年的时间里，徐福文化在东亚地区一直存在重要影响。应该说，该书提供的大量徐福文化在海外的重要史料，为我们从另一个视角认识和解读徐福，开了一扇新的窗。这也说明，徐福文化研究，特别是在日本和韩国的影响研究，还有许多值得挖掘的元素和值得深入探讨的课题。

当年徐福东渡是否到了今天的朝鲜半岛和日本的国土，史料并无明确记载，但徐福文化给朝鲜半岛和日本带来重要影响已是共识。两千多年来，以山东半岛为中心的沿海一带，韩国南部沿海一带（包括济州岛），日本九州岛、四国岛、本州岛，都一直流传着与徐福东渡有关的各种传说，有大量与徐福有关的遗址、遗存及纪念设施等，并且至今有韩国人和日本人自认是徐福或渡来人后裔。如日本前首相羽田孜曾多次公开承认自己"是东渡日本寻找长生不老药的方士徐福一名秦姓部下的后代"，并多次到中国寻根问祖。

我曾和祁山先生合作完成长篇论文《徐福与海上丝绸之路考辨》〔载《山东师范大学学报》（人文社会科学版）2018 年第 3 期第 1~16 页〕，文中提到："秦代方士徐福（徐市）东渡，是中国历史上第一次大规模的海外文化交流。徐福率领着包括各种工匠在内的大批人员，给处于原始生活状态的朝鲜和日本列岛带去了造船航海、铜铁冶炼、丝绸织染等先进技术，以及先进的耕作方式与文明的生活习俗等。徐福东渡不仅使朝鲜半岛南部和日本社会生产力的发展产生了质的飞跃，推动了当地各方面的文化进步，也拓展和繁荣了中韩日海上丝绸之路。"祁山先生和陈佳博士的《基于〈韩国文集丛刊〉考察徐福东渡与文化传播》，可视为对上述观点的进一步论证和补充，所不同的是，我们在论文中主要论述了徐福东渡对秦汉时期朝鲜和日本的影响，而该书论证的是徐福东渡一两千年之后，即中国元明清时期徐福文化在朝鲜和日本的影响，而这一时期的影响，也揭示了今天韩国和日本仍在祭祀和纪念徐福、传承徐福文化的主要原因。在这个意义上讲，也就更有价值，更值得我们去研究。该书的另一亮点，是朝鲜历史人物对日本徐福文化的记载，作者通过在日本的所见所闻，包括当时日本官方文献的载录，认为当年徐福东渡路经朝鲜半岛南部可能到了日本，并对日本的社会发展和文明进步产生了重大影响。他们以"第三者"的视角审视日本徐福文化，客观而有新意，也为我们研究徐福文化在日本的影响提供了重要借鉴，开启了新的思路。

书中提到的朝鲜历史人物对徐福的认知中，徐福形象多为正面——徐福是救死扶伤的仙人，是抗击秦的象征，是传播中华文明的使者，这都与《史记》记载的传统观点不尽一致。如有人认为徐福东渡"实欲报秦之仇"，是在积蓄力量，等待时机，一旦时机到来，"亦欲有为于勾践，子房之为也"，就会如同当年的勾践灭掉吴国，后来的张良协助刘邦攻进咸阳灭掉秦王朝一样，击败秦始皇，为齐国报仇。还有多人赋诗赞颂徐福勇于开拓的大无畏精神，"碧海无涯，不畏风涛之险"，说徐福不惧惊涛骇浪和艰难险阻而勇往直前。《史记》记载徐福是个"骗子"，而在许多朝鲜王朝官员与文人笔下，徐福成为智者象征，这些官员和文人对徐福远走海外成就伟业表达了钦佩和赞扬，如有诗云："半世经营徒费力，到头徐福是真仙。"有的赞扬徐福在海外自立为王，传播和平友谊："千年海外未销膏""青童遗种开三岛""异百世之流芳"。这样一些有悖传统观点的认知，对我们重新认识和解读徐福，都大有益处。徐福形象的正面化，也是徐福文化在日本和朝鲜长期流行的重要原因，该书通过大量史料加以论证，也是其重要价值所在。

徐福文化作为东亚地区重要的历史文化遗产，已成为东亚各国共有的文化资源、共同的学术话语。开展徐福研究，不仅可以还原《史记》记载的徐福两次大规模东渡的历史真相，进一步确立徐福在"海上丝绸之路"中的地位和影响，也可以促进东亚各国文化合作与人文交流，增进东亚各国人民之间的传统友谊，该书担当的正是这样一种使命。

中国作家协会副主席、中国国际徐福文化交流协会会长　张炜
2022 年仲夏于济南

目　录

第一章　徐福文化在朝鲜①的
传播与影响

徐福文化在朝鲜半岛有着重要而深远的影响。

高丽王朝和朝鲜王朝时期的许多历史人物认为当年徐福东渡寻找的三神山是指朝鲜半岛中东部沿海的金刚山和南部的智异山以及济州岛的汉拿山，也有人认为朝鲜半岛中北部的妙香山也是三神山之一。还有人认为徐福东渡的目的地就是朝鲜半岛东南部一带，辰韩就是徐福建立的国家。② 所以在徐福东渡一千多年后，朝鲜半岛金刚山、智异山、汉拿山和南部沿海一带仍然流传着徐福东渡的传说，有的地方还有纪念徐福的设施，朝鲜半岛南部沿海一带有"徐福村""徐市宅""徐生岛"，甚至还有人自称是徐福一行人的后代。

第一节　朝鲜半岛的三神山

朝鲜半岛的金刚山、智异山、汉拿山一直流传着徐福在这一带采集仙药的传说，徐福文化在这一带有着重要影响。

一　朝鲜半岛"第一峰"金刚山

"金刚山"，在朝鲜半岛中东部沿海一带，今属朝鲜，邻近韩国。金刚山自古就是游览胜地，也广泛流传着徐福采集仙药传说。《高丽史·地理三》记载："金刚山，一云枫岳，一云皆骨，高峻奇绝，寺刹甚多，名闻中国。"③ 因金刚山是传说的朝鲜半岛三神山之一蓬莱，故也称蓬莱山。

---

① 本书中的朝鲜，指朝鲜半岛的朝鲜王朝和高丽王朝。
② 张炜、祁山：《徐福与海上丝绸之路考辨》，《山东师范大学学报》（人文社会科学版）2018年第 3 期。
③ 孙晓主编《高丽史》（标点校勘本），西南师范大学出版社、人民出版社，2014，第 1844 页。

朝鲜光海君朝进士，仁祖、孝宗朝理学家权克中，字正之，号青霞，有《青霞集》传世。与权克中同时期的进士出身的官员、诗人郑斗卿为《青霞集》作序，其中记载："青霞少以诗名振湖海间，……读书养性，其学贯三教，尤邃于修炼家。注参同契，发前人所未道。""其诗清远富博，出入唐宋，唐多焉。非但才格不群，多说玄理，真有道者之作也。"① 担任过朝鲜艺文馆检阅兼春秋馆记事官赵文命撰写的《青霞子权公墓碣铭》记载："青霞子大儒也，而人或有疑之以丹学，浅之知公也哉。公于晚年，尝注《参同契》一卷，此实取朱夫子遗意，而人或不知而因此疑之欤。"② 《参同契》，即《周易参同契》，道教早期经典，中国东汉时期魏伯阳所著。朱夫子，指朱熹，中国南宋时期著名理学家，程朱理学集大成者。这说明权克中是当时朝鲜很有影响的学者、思想家。

权克中写有《送朴南平先生游关东山水》长诗，其中写道："三山不远求，皆在吾东韩。金刚即蓬莱，秀出东海湾。瀛洲及方丈，西南相对看。蓬莱丈人行，二山莫敢干。七八邑地界，万二千峰峦。山成非土壤，琼瑶积巉岏。万古风和雨，磨洗露真颜。"③ 说当年徐福等方士要寻找的三神山就在朝鲜半岛，金刚山就是蓬莱仙山，而瀛洲、方丈二座神山则在金刚山的西南方。金刚山是三山中影响最大的，寻找、游览三山，金刚山是首选。还说金刚山面积很大，相当于七八个县邑的面积，有一万二千多座山峰，就像是美玉一样耸立在世间仙界，经过千万年的风吹雨打，才显露出现在仙山的样子。"三山"，指三神山。《史记·秦始皇本纪》记载："齐人徐市等上书，言海中有三神山，名曰蓬莱、方丈、瀛洲，仙人居之。请得斋戒，与童男女求之。于是遣徐市发童男童女数千人，入海求仙人。"④ 徐市，即徐福。所以，权克中记载的三山，指的就是当年秦始皇派徐福寻找的三神山。东韩，这里指当时的朝鲜，即朝鲜半岛。"万二千峰峦"，记录释迦牟尼经文的佛教经典《华严经》记载说，金刚山一万两千多座山峰。"巉岏"，

---

① 见（朝鲜）权克中《青霞集》序，《韩国文集丛刊·续集》第21辑，韩国首尔：景仁文化社，2006，第381页。

② 见（朝鲜）权克中《青霞集·青霞子权公墓碣铭》，《韩国文集丛刊·续集》第21辑，韩国首尔：景仁文化社，2006，第379页。

③ （朝鲜）权克中：《青霞集》卷一，《韩国文集丛刊·续集》第21辑，韩国首尔：景仁文化社，2006，第403~404页。

④ （汉）司马迁：《史记·秦始皇本纪》，中华书局，2000，第176页。

高峻的山峰。

朝鲜光海君朝进士第一名，光海君、仁祖时期官员、诗人金世濂，字道源，号东溟，历官朝鲜司宪府大司宪、都承旨、户曹判书等职，有《东溟集》传世。金世濂去世后，《朝鲜仁祖实录》二十四年正月乙丑记载："世濂为人端雅恭慎，有文华，人皆重之。至是为户曹判书，接待清人，清人曰：'此人端重，言皆可信。'于馆中诸事颇从省约，未几以病卒，人多惜之。""清人"，清朝的人。朝鲜王室对金世濂的为人和文才均给予了较高的评价。与金世濂同朝为官的朝鲜著名政治家、教育家，官至右议政的许穆撰写的《文康公金公行状》记载："公禀质既美，涵养有素，端庄凝重，畏慎谦恭，动静语嘿，一遵成法。和而不流，厉而不猛，对之者如春和袭人。……平生无疾言遽色，一不以恶言加人。声色之娱，饮博之戏，绝于家中。夙兴盥洗，冠服必整。朝昼之间，未尝见其惰容。"① 许穆也对金世濂为官、为人给予了很高的评价。金世濂认为，徐福东渡曾来到朝鲜半岛东部沿海的金刚山一带，这里也曾是徐福东渡采集仙药的目的地，这可从金世濂的诗歌中找到答案。

大岭登眺

> 壁立层崖重复重，界分南北碧崣巃。
> 秋生鹤背烟光冷，日射鳌头怪色春。
> 秦帝重男何日返，汉皇灵药几时逢。
> 蓬山莫道风波隔，此地由来第一峰。②

此诗是金世濂游览号称朝鲜半岛"第一峰"的金刚山时所作。

诗歌首联"壁立层崖重复重，界分南北碧崣巃"，意思是说，在金刚山大岭俯瞰金刚山，削壁林立，层峦叠嶂，峰外有峰，金刚山大岭的南边、北边都是被草木覆盖的绿葱葱的高山峻岭。"崣巃"，这里形容山势高峻。

---

① 见（朝鲜）金世濂《东溟集》附录，《韩国文集丛刊》第95辑，韩国首尔：景仁文化社，1992，第350~351页。

② （朝鲜）金世濂：《东溟集》卷二，《韩国文集丛刊》第95辑，韩国首尔：景仁文化社，1992，第145页。

颔联"秋生鹤背烟光冷,日射鳌头怪色春",意思是说,晚秋时节来到如同仙境的大岭山顶,在云霭雾气中感到了阵阵冷意。阳光照在"天下第一峰"金刚山上,各种各样的色调都呈现出来。这里主要交代金刚山晚秋时节的气候和秋霜后的万紫千红的美景。"鹤背",鹤的脊背。传说为修道成仙者骑鹤背坐处,这里说金刚山是得道成仙之处。"鳌头",这里是独占鳌头的意思,说金刚山是"天下第一峰"。"烟光",这里指云霭雾气。

颈联"秦帝童男何日返,汉皇灵药几时逢",意思是说,秦始皇派遣徐福带着童男童女寻找海中仙山、仙药,就来到了金刚山,不知什么时间离开了。汉武帝也派方士入海寻找长生不老的仙药,不知来没来到金刚山。"秦帝童男",这里指秦始皇派遣徐福带领童男童女寻找海中仙山、仙药。"汉皇灵药",指汉武帝派方士入海寻找长生不老的仙药。

尾联"蓬山莫道风波隔,此地由来第一峰",意思是说,不要说蓬莱仙山被大海中的风浪所阻挡,这里的金刚山就是"天下第一峰"。意思也是说,金刚山就是徐福一行要寻找的蓬莱仙山。"蓬山",指蓬莱仙山,也是徐福带领童男童女要寻找的海上仙山。金刚山又名蓬莱山,自古就有朝鲜半岛"天下第一名山""天下第一峰"之称,又因当地广泛流传着徐福一行在此采集仙药的传说,所以作者很自然地联想到秦始皇派遣徐福带领童男童女寻仙的故事。

从金世濂的诗歌可以看出,朝鲜半岛金刚山一带,广泛流传着当年徐福一行在这里采集仙药的传说。这一带也应是徐福东渡寻仙的落脚之地。

朝鲜光海君癸丑(1613)进士,仁祖朝领议政,孝宗、显宗朝重臣李景奭,字尚辅,号双谿,晚号白轩,有《白轩集》传世。《朝鲜显宗改修实录》卷一九记载:"十二年九月辛未,领中枢府事李景奭卒。景奭字尚辅,居家孝友,立朝清素,谦恭下士,笃于故旧。秉文衡,登台司,忧国奉公之心,至老不懈。……为首相,挺身担当,柿棘荒裔,士论多之。以三朝大臣,恩礼终始不替,至被几杖优老之典。"对李景奭的为官、为人均给予了很高评价。李景奭的文章在当时也很有影响,朝鲜肃宗朝领议政、文章大家崔锡鼎撰写的《白轩先生李公谥状》记载:"于文章,天才甚高,聪记过人。……受古文,多蓄厚积,词源滂沛。左酬右应,未尝少滞,操笔立就。若不经意,而为文,气力雄浑,藻采绚烂,其归又未尝不以道义名理为准。诗亦圆活条鬯。自成一家。"① 对李景奭的文章、诗歌也给予了很高评价。

李景奭的诗文多次提到徐福东渡，在长诗《枫岳行》中，说当年徐福一行寻找的三神山就在朝鲜半岛，朝鲜半岛的金刚山就是三神山之一的"蓬莱"。

枫岳行（节选）

万古共相传，三山在海东。

金刚即蓬莱，削立撑苍穹。

吾闻海内人，皆愿生此中。

况在我东土，孰不思一游。②

《枫岳行》是一首五言长诗，这里节选了其中的一部分。

"万古共相传，三山在海东"，意思是说，自古以来就传说，当年秦始皇派徐福等人入海寻找的三神山就在中国东边大海中的朝鲜半岛。"三山"，即前面提到的《史记·秦始皇本纪》记载的三神山。"海东"，包括下面提到的"东土"，皆指当时的朝鲜。

"金刚即蓬莱，削立撑苍穹"，意思是说，朝鲜的金刚山就是当年徐福一行要寻找的蓬莱神山，金刚山的山峰陡峭壁立，直插云霄，就像是在支撑着天空。

"吾闻海内人，皆愿生此中"，我听说中国大陆有许多人都说，愿意生活在金刚山一带。这里主要是说明金刚山适合人类居住，是长寿之地，突出仙山特色。"海内人"，这里指生活在中国大陆的人。

"况在我东土，孰不思一游"，况且我们就是生活在朝鲜半岛，哪能不想着去金刚山一游呢！

朝鲜仁祖朝诗人金烋，字谦可，号敬窝，有《敬窝文集》传世。《行状》记载："自孩提，已能解文字，及入学。才敏绝人，于书一览辄记，藻

① （朝鲜）崔锡鼎：《明谷集》卷三一，《韩国文集丛刊》第154辑，韩国首尔：景仁文化社，1995，第503页。

② （朝鲜）李景奭：《白轩先生集》卷一〇，《韩国文集丛刊》第95辑，韩国首尔：景仁文化社，1992，第507页。

思日达。属文赋诗，援笔立就。"十五岁时，参加在朝鲜都城举行的诗赋比赛，"呈诗赋二篇，句语豪壮。考官金公中清，击节称奇才，遂擢为魁。"十六岁，"中乡解"，之后"登司马""赴殿试"，"考官始大称赏，传观欲置之魁。既而觉其有违式，莫不愕然嗟惜"①。说金休自少年时就才气过人，十五岁参加全国诗赋比赛名列第一，成年后参加进士考试，殿试时文章本来也被评为第一，但因格式上出点问题而落榜。金休四十二岁去世，去世后当时许多知名文臣都写了挽词，对金休给予了很高的评价。

金休写有《金刚山杂咏》诗，其中提到"海外三神山，蓬莱即枫岳"，金刚山又名"枫岳"，说金刚山就是徐福东渡海外要寻找的三神山之一"蓬莱"。

金刚山杂咏

其一

海外三神山，蓬莱即枫岳。

造化钟奇秀，神功费刻削。

雄雄一万峰，隐隐八寥廓。

尖尖抽玉簪，凛凛横雪锷。

我来寻真人，行行采琼药。

瀑壮夜雨余，林染秋霜落。

清月映丹崖，白云生绿壑。

长啸倚层颠，松风吹宿鹤。

其五

峰峰白玉剜成岩，曲曲银河涨作潭。

论胜足居天下一，建标高出海中三。

碧潭仿佛闻仙语，丹洞依俙见鹤骖。

此外更无求药地，秦皇何处遣童男。②

---

① 见（朝鲜）金休《敬窝集》卷八附录，《韩国文集丛刊》第100辑，韩国首尔：景仁文化社，1992，第377页。

② （朝鲜）金休：《敬窝集》卷三，《韩国文集丛刊》第100辑，韩国首尔：景仁文化社，1992，第300页。

《金刚山杂咏》诗共五首，这里摘录的是第一首和第五首。

第一首首句"海外三神山，蓬莱即枫岳"，意思是说，当年秦始皇派徐福出海寻找三神山（蓬莱、方丈、瀛洲），朝鲜的枫岳山，即金刚山。这里虽然没有提到秦始皇和徐福，但作者在第五首诗的最后一句写道："此外更无求药地，秦皇何处遣童男"，明确提到金刚山就是秦始皇派徐福带着童男童女出海寻找的蓬莱仙山。

"造化钟奇秀，神功费刻削"，意思是说，是大自然造就了金刚山的神奇秀美，鬼斧神工般地将一座座山峰雕刻得千姿百态。

"雄雄一万峰，隐隐八寥廓"，意思说，金刚山雄立着一万多座峰，放眼望去，隐隐约约，如同在寥廓的仙境之中。"寥廓"，寥廓的天空，这里应指高远空旷的仙境。

"尖尖抽玉簪，凛凛横雪锷"，意思是说，金刚山的山峰，如同玉石制作的发簪尖尖地耸立着，一座座山峰又如同霜锋雪锷直插云天。"玉簪"，玉石制作的发簪。"雪锷"，银色的刀剑。中国宋代诗人孙应时作有《峡中歌》诗，其中有"霜锋雪锷立万兵""奇峰十二剑削成"句，① 二者描写了相同的意境。

"我来寻真人，行行采琼药"，意思是说，我来金刚山寻找仙人，是要到山里采集仙药的。"真人"，这里指修道成仙的人。"行行"，这里指不断地行走。"琼药"，好药，这里指仙药。作者把金刚山比作仙山，此句主要是烘托仙山氛围。

"瀑壮夜雨余，林染秋霜落"，意思是说，金刚山的瀑布因夜间下雨显得更为壮观，山上的树木因秋霜的来临开始落叶了。

"清月映丹崖，白云生绿壑"，意思是说，清晰的月光照在了绮丽的岩壁上，白云飘浮在绿色的山谷中。"丹崖"，绮丽的岩壁。

"长啸倚层颠，松风吹宿鹤"，意思是说，面对着高耸而重叠的山峰，撮口而发出的声音，伴随着风吹松林形成的松涛惊醒了在山中留宿的仙鹤。"长啸"，撮口发出悠长清越的声音。"层颠"，高耸而重叠的山峰。

《金刚山杂咏》第五首首联"峰峰白玉剧成岩，曲曲银河涨作潭"，意思是说，金刚山一座座高峻的山峰都是仙人用白色玉石砍削出来的，金刚山的潭水也是天上的银河涨水时流下来的。"剧"，用砍刀、斧等工具砍削。

---

① 雷家宏、王瑞明：《湖北通史》（宋元卷），华中师范大学出版社，2018，第28页。

这里再次说明，金刚山是仙山。

颔联"论胜足居天下一，建标高出海中三"，意思是说，如果把天下的仙山做个排名，金刚山应该稳居天下第一。寻找大海中的"蓬莱、方丈、瀛洲"三座神山，如果有什么标识的话，最高的那一座就是名为金刚山的蓬莱仙山。"建标"，指树立标识，立物以为标记。

颈联"碧潭仿佛闻仙语，丹洞依俙见鹤骖"，意思是说，你在金刚山碧绿的潭水旁，仿佛能听到仙人们在交谈，你如果来到金刚山的道观，仿佛置身仙境，还可以见到得道仙人乘坐的车驾。"丹洞"，指道观或仙境，这里二者意思皆有。"鹤骖"指得道者的车驾。

尾联"此外更无求药地，秦皇何处遣童男"，意思是说，当年秦始皇派徐福带着童男童女出海寻找仙药，除了金刚山之外，不会有其他地方了。尾联不仅是《金刚山杂咏》第五首诗的主题，也是全诗的主题。意思也是说，当年徐福一行东渡，就是到金刚山来寻找仙人、采集仙药的。这也进一步说明，徐福文化在金刚山一带有着强烈的影响。《金刚山杂咏》不仅表达了作者的观点，即当年徐福东渡来到了金刚山，也反映了金刚山一带长期流传着徐福一行在金刚山采集仙药的传说，故能影响作者，使作者在诗中表达出如此清晰的观点。

朝鲜仁祖朝丁卯（1627）进士，辛巳（1641）廷试状元，仁祖、孝宗、显宗朝官员洪锡箕，字符九，号晚洲，又号后云，有《晚洲遗集》传世。洪锡箕的文章、诗歌在当时均有一定影响，《参议洪公锡箕墓碣铭》记载："世称近代文章士，必曰晚洲洪公。""自少聪明绝人，诗史百家，一览辄成诵。故文词敏给，水涌山出。……素性亢疏，不事权要。逮至甲寅以后，永矢卷怀，闭门却扫。时于风花雪月之交，宣其壹郁佗（侘）傺之思，音调清越，辞旨悱恻，若将争高于秋色，士林莫不传诵。"[①] "甲寅"，这里指甲寅年（1674）朝鲜显宗国王去世。

洪锡箕给友人的长篇赠别诗，其中写道："巑岏海云间，白玉谁所削。盖乃金刚云，群仙所窟宅。三神此第一，秦汉寻不得。言山必蓬莱，况有不死药。服之老可稚，鬓发白还黑。"[②] 意思是说，峻峭高耸在海边云层之

---

① 见（朝鲜）洪锡箕《晚洲遗集》附录，《韩国文集丛刊·续集》第 31 辑，韩国首尔：景仁文化社，2007，第 161~162 页。

② （朝鲜）洪锡箕：《晚洲遗集》卷五，《韩国文集丛刊·续集》第 31 辑，韩国首尔：景仁文化社，2007，第 117 页。

中，如同仙人用神斧削成的一座座白色玉石，这就是人们传说的金刚山，一个有许多仙人居住的地方。金刚山在三神山中排名第一，当年的秦始皇和汉武帝没有找到它，所以没有来过金刚山。人们都说金刚山就是蓬莱神山，山上有吃了长生不死的仙药，吃了它老人变得年轻了，白发人变成黑发人了。作者这里虽然没有提到徐福，但提到了三神山、蓬莱，这也是告诉我们，金刚山是三神山中"蓬莱"，是徐福一行当年寻找的神山，而且山上有长生不死的仙药。"服之老可稚"，这也是《史记·淮南衡山列传》记载的徐福一行要寻找的"延年益寿药"①，联系我们前面提到的金刚山的徐福传说，作者这里也是告诉人们，金刚山就是徐福一行采集仙药的地方。

朝鲜孝宗朝丁酉（1657）进士，孝宗、显宗、肃宗朝官员李选，字公择。后改择之，号芝湖，历官朝鲜司谏院大司谏、成均馆大司成、承政院都承旨、京畿监司、户曹、礼曹、工曹、吏曹参判，司宪府大司宪、广州留守兼守御使等职。任大司谏、大司成期间曾修先朝实录。任吏曹参判期间，曾任冬至副使出使中国。李选有《芝湖集》传世。《朝鲜肃宗实录》十八年二月朔辛巳记载："前参判李选卒。……性刚方谅直，以名节自饬，阅历风霜，志气弥历。""选自少年日服习文史，闻见博洽，最熟于国朝故实。人有叩之，应答如响，有人赠诗曰：'一部国子监，胸中森典宪。'世以为知言云。"朝鲜王室对李选的人品及学问均给予了很高的评价，说李选性格刚直方正，为人诚实正直，凡事很看重名节，历经挫折，日久弥坚。说李选知识渊博，对国家的历史典故及典章制度，无一不晓，犹如一部活词典。

李选写有诗歌《断发岭望枫岳》，提到中国秦汉时期的方士徐福、安期生曾在金刚山活动过。

断发岭望枫岳

削玉芙蓉万二千，遥看秀出海云边。
安期徐福应相待，我亦人间第一仙。②

---

① （汉）司马迁：《史记·淮南衡山列传》，中华书局，2000，第 2348 页。
② （朝鲜）李选：《芝湖集》卷一，《韩国文集丛刊》第 143 辑，韩国首尔：景仁文化社，1995，第 350 页。

诗歌前二句"削玉芙蓉万二千，遥看秀出海云边"，意思是说，站在金刚山断发岭上，遥望着如同刀削的白玉般的层层山峰，金刚山就像是从海云中凸出来的。"玉芙蓉"，喻白玉般的山峰。"万二千"，这里指金刚山。前面提到，《华严经》记载说金刚山一万二千山峰，可见金刚山山峰之多。

诗歌后二句"安期徐福应相待，我亦人间第一仙"，意思是说，安期生、徐福这些秦汉朝的方士都曾在这里活动过，成为仙人了，我今天来到这里，也像他们一样成了仙人了，而且是"人间第一仙"。因金刚山在当地传说为蓬莱山，是当年徐福寻找的三神山之一，所以作者来到这里有感而发。作者这里也有赞美金刚山就是蓬莱仙山的意思，故自豪地宣称，因为我来到了金刚山，所以"我亦人间第一仙"。

朝鲜肃宗朝甲戌（1694）进士，英祖朝官至议政府领议政的李宜显，字德哉，号陶谷，曾在清康熙、雍正年间多次出使中国，有《陶谷集》《东槎日记》等传世。《朝鲜英祖实录》英祖二十一年（1745）四月八日记载："李宜显卒。宜显喜文学，清俭自持，历事三朝，位至上相。虽无经济之才，板荡之时，独持清议，深得士望，上以是重之。"说李宜显喜好文学，为官清廉，能约束自己，所以能成为三朝元老，并官至领相。还说李宜显虽然没有治国安民的才能，但在朝政更迭、政局动荡之时，对官员的评议能实事求是，并坚持己见，所以得到了文臣、文人的拥戴，朝鲜国王也很器重他。

李宜显有多篇文稿谈到了徐福东渡，出使日本期间撰写了《东槎日记》，其中提到徐福东渡在日本的影响。李宜显还写有《游金刚山记》，其中记载："（金刚山）曰皆骨者，以山皆石骨而名。曰枫岳者，以山多枫而名。曰蓬莱者，以杜诗有'方丈三韩外'之语，故遂以智异为方丈，而以此山为蓬莱，汉拿为瀛洲，乃谓三神山。"① 说金刚山又名"皆骨""枫岳""蓬莱"，因为杜甫有"方丈三韩外"诗句，所以朝鲜半岛的智异山、金刚山、汉拿山被称为"三神山"。作者这里也是说，当年秦始皇派徐福一行入海寻找的"三神山"，就是朝鲜半岛的智异山、金刚山、汉拿山。

---

① （朝鲜）李宜显：《陶谷集》卷二五，《韩国文集丛刊》第181辑，韩国首尔：景仁文化社，1997，第393页。

朝鲜肃宗、景宗、英祖朝著名学者崔兴璧，字士教，号蠹窝，有《蠹窝集》传世。朝鲜正祖、纯祖时期理学家、教育家郑宗鲁撰写的《行状》记载："公才器超迈。气度简严，而天分甚高。""为文章，始欲驾轶古人，无末世陈腐气，一时缙绅儒士，往往传诵，以为不可及。……又长于数典，历举如目击而身当之。至如星经圭臬之制，著策兵阵之法，亦无不旁通以资穷格。而尤留意于礼书，凡疑文变节之人所难处者，辄为之博考明谕，俾有所据。"① 说崔兴璧写的文章在官员和文人中有很大影响，而且他涉猎广泛，对天文地理、军事等方面"无不旁通"，尤其在礼法之书的研究上，更是很有成就。

崔兴璧写有《李通彦游枫岳序》，其中记载："世传三神山俱在东海上，盖枫岳即其一也，佛曰金刚，仙曰蓬壶者是已。其瑰奇绝特之观，甲天下。又有珍卉异草可以饵而不死者，多在其中云。所谓列真府众香城无则已，有也必此山，所以华人有结他生一见之愿。而至于脱万乘捐四海，褰裳而欲从者亦往往。然而稗语曰：舟近山下，风辄引去，无乃无仙根佛种，有所呵禁者存欤。此吊诡不足信，而山固灵怪矣哉。"② 意思是说，枫岳山，即金刚山、蓬莱山，就是传说的三神山"其一也"，不仅因山势奇特、秀丽而"甲天下"，而且山上有多种使人健康长寿的"珍卉异草"，如果有佛教传说的"众香城"，那一定是枫岳山了，所以中国人对它非常向往，争先恐后地想到枫岳山看看。但当地的百姓说，中国人乘坐的船靠近山下时，就被海风吹走了。这样的说法虽然不可信，但枫岳山确实有许多神奇的地方。作者这里也是说，枫岳山就是当年徐福东渡要寻找的神山。

朝鲜肃宗朝甲午（1714）进士、状元，肃宗、景宗、英祖朝官员、诗人李英辅，字梦与，号东溪，有《东溪遗稿》传世。李英辅去世后，领议政俞拓基撰文称赞李英辅："自儿时，文誉已蔼蔚，既长而名声噪一世。入场屋，士咸愿一识面，而顾乃退让恭逊，逡逡如也。"③ 说李英辅很有学识，

---

① 见（朝鲜）崔兴璧《蠹窝先生文集》卷一七附录，《韩国文集丛刊·续集》第95辑，韩国首尔：景仁文化社，2010，第713、714页。

② （朝鲜）崔兴璧：《蠹窝先生文集》卷七，《韩国文集丛刊·续集》第95辑，韩国首尔：景仁文化社，2010，第554页。

③ （朝鲜）俞拓基：《知守斋集》卷九，《韩国文集丛刊》第213辑，韩国首尔：景仁文化社，1998，第420页。

在文人中地位很高。朝鲜状元出身,时任朝鲜艺文馆提学、中枢府知事的南有容在《东溪遗稿序》中也说:"公自少以其诗鸣,蔼然首上庠,声望倾一时。"[1] 说李英辅的诗作"声望倾一时",在当时有很大影响。

李英辅创作了诗歌《忆蓬莱》,记叙了游览朝鲜金刚山时的见闻和感受,说金刚山就是当年徐福一行要寻找的蓬莱神山。

忆蓬莱

高楼独坐思蓬莱,乃在碧海之西隈。

地是荒徼古秽貊,何得此有仙山哉。

黄尘清水互变时,知是巨鳌头戴来。

出没尚作波浪势,玲珑尽是珠玑堆。

徐市远望光烛天,浪说神君坐银台。

我来何处访羡门,但看佛宇高崔嵬。

非心非佛即宗旨,金像说法无言雷。

万二千众共围绕,天花乱落如雪皑。

白业空门净如如,人天瑞气寥朗开。

福地洞天非一二,学道成仙愧不材。

万瀑洞深濯尘缨,毗卢峰高望八垓。

春风一游梦仿佛,恨不重踏九百回。[2]

此诗系作者游览朝鲜金刚山所作。"蓬莱",指传说中的海上蓬莱仙山。

首句"高楼独坐思蓬莱,乃在碧海之西隈",意思是说,在碧波大海的西海岸边高高的楼阁上,我独自坐在那想着蓬莱仙山。

"地是荒徼古秽貊,何得此有仙山哉",意思是说,这里如此荒远,为什么说有仙山呢?"荒徼",荒远的边域。

---

[1] 见(朝鲜)李英辅《东溪遗稿》序,《韩国文集丛刊·续集》第68辑,韩国首尔:景仁文化社,2008,第347页。

[2] (朝鲜)李英辅:《东溪遗稿》卷三,《韩国文集丛刊·续集》第68辑,韩国首尔:景仁文化社,2008,第400页。

"黄尘清水互变时,知是巨鳌头戴来",意思是说,在沧海桑田漫长的历史变迁中,巨鳌载着仙山来到了这里。"黄尘清水互变",指沧海变桑田的典故。"巨鳌头戴来",指"巨鳌戴山"的神话传说,出自《列子·汤问》,说海上的仙山是天帝"使巨鳌十五举首而戴之"[1]。

"出没尚作波浪势,玲珑尽是珠玑堆",意思是说,仙山时常出没在大海的波涛和云雾之中,仙山周边的浪花如同堆积的明澈的珠宝。"玲珑",这里指清澈明亮。

"徐市远望光烛天,浪说神君坐银台",意思是说,当年徐福寻仙来到这里,远远见到金光闪耀照亮天空,说什么是神仙坐在银台之上。"光烛",这里是照耀、闪耀的意思。"神君",这里指神仙。

"我来何处访羡门,但看佛宇高崔嵬",意思是说,我来到这里,在什么地方能拜访仙人呢?这里看到的到处都是高大雄伟的寺院。"羡门",古代传说中的仙人。《史记·秦始皇本纪》:"三十二年,始皇之碣石,使燕人卢生求羡门、高誓。"[2]《史记集解》引韦昭曰:"羡门","古仙人"。"崔嵬",高大雄伟。此句及下面的诗句都是说明金刚山就是仙山,就是徐福一行寻找的蓬莱仙山。

"非心非佛即宗旨,金像说法无言雷",意思是说,没有佛心就不能成佛,这是学佛的宗旨,金身佛像讲授佛法是没有声音的雷。"非心非佛",佛学术语,禅宗公案名,明示学佛人要有佛心、善心。"金像",也写作"金象",即金身佛像。《晋书·吕光载记》:"又进攻龟兹城,夜梦金象飞越城外。光曰:'此谓佛神去之,胡必亡矣。'"[3]

"万二千众共围绕,天花乱落如雪皑",意思是说,这里有一万二千座山峰相互环绕在一起,白色树絮被风吹得如同雪花飘洒。"万二千众",这里指金刚山有一万二千座山峰。"天花",佛教经典中指开在西方极乐净土的"天界仙花",这里应是作者在春季游览金刚山时,见到柳絮、杨絮等树絮飘落联想到了"天花"。

"白业空门净如如,人天瑞气寥朗开",意思是说,佛教劝导人们行善,

---

① (宋)洪迈:《容斋随笔》,上海古籍出版社,2014,第150页。
② (汉)司马迁:《史记·秦始皇本纪》,中华书局,2000,第179页。
③ (唐)房玄龄等:《晋书·载记第二十二·吕光》,中华书局,2000,第2052页。

有善心是可以永存世间的，这也是上天和人间相通的吉祥之气，可以广泛地传播。"白业"，佛教语，谓善业。"空门"，这里指佛教。"如如"佛教语，指永恒存在的真如，引申为永存。

"福地洞天非一二，学道成仙愧不材"，意思是说，天下修道成仙的地方不止一处，许多人之所以没有学道成仙是因为太平庸了，不成材。"福地洞天"，指仙人居住的名山胜地，这里泛指仙山，或修道、学佛的场所。

"万瀑洞深濯尘缨，毗卢峰高望八垓"，意思是说，金刚山万瀑洞的激流可以冲刷尘俗，激荡人的灵魂，站在金刚山的主峰毗卢峰上，可以拓展人们的视野，俯瞰四面八方的景观。"万瀑洞"，金刚山的著名景点之一。"尘缨"，尘俗之事。"濯尘缨"，即"濯缨"，出自《孟子·离娄上》："沧浪之水清兮，可以濯我缨。"① 比喻超脱世俗，操守高洁。"毗卢峰"，朝鲜金刚山的主峰，海拔 1639 米。"八垓"，八方的界限。

"春风一游梦仿佛，恨不重踏九百回"，意思是说，在春风荡漾的季节里游览金刚山就像是在梦中一样，这样美好的景致，恨不得重游九百回。"仿佛"，隐约，依稀，好像。作者在诗歌强调，当年徐福一行寻找仙山就是奔着金刚山来的，作者也要像当年徐福一样，在金刚山上寻找仙人，修道成仙。

朝鲜英祖朝乙亥（1755）进士，朝鲜王朝晚期理学家金相进，字士达，号濯溪，有《濯溪集》传世。金相进无意为官，终生致力于传播儒学经典，其《经义—孟子》一书，对朱熹《四书章句集注》做了详细解读，朝鲜通训大夫李元肃在金相进去世后于壬申年（1812）评价此书说："句句探索，段段理会，必洞见圣贤立言之本意而后已。……析之有以尽其细，合之有以极其大。既合而复离之，既离而复合之，集朱子千言万语而无所碍于其归。"② 对金相进解读的朱熹《四书章句集注》给予了很高的评价。

金相进与朋友游览金刚山时写有诗歌，其中提到当年徐福一行曾来过金刚山沿海一带。

---

① 张明林主编《四书五经·第二卷·孟子》，中央民族大学出版社，2002，第 281 页。
② 见（朝鲜）金相进《濯溪集》卷一〇附录，《韩国文集丛刊·续集》第 94 辑，韩国首尔：景仁文化社，2010，第 560、565 页。

九月二十八日，偕李进士鸣九（晦根）、李仲桴（昌济）作金刚之游。十月十二日，会于洪伯承歙谷衙中，夜话共饮。

湖海相逢此会奇，风清月朗兴无涯。
地临徐福楼船岸，夜得苏仙赤壁时。
万事人间皆有定，一樽今日岂曾知。
枫溪白雪前期在，不必明朝怨别离。①

此诗没有题目，只有"诗序"，说明了诗歌创作的背景和时间、地点，及一起游览金刚山的其他朝鲜官员。金刚山的"海金刚"与韩国隔海相望，自古就是游览胜地。诗中提到的徐福楼船停泊之处，应该指的就是"海金刚"海岸一带。

诗歌首联"湖海相逢此会奇，风清月朗兴无涯"，意思是说，这次与好友在湖海相逢并同游金刚山是一次难得的机遇，特别是在明朗的月光之下，清风吹拂，饮酒畅谈，兴致非常。"湖海"，这里应指金刚山的海金刚，海金刚以碧波荡漾的海景湖色别具一格。

颔联"地临徐福楼船岸，夜得苏仙赤壁时"，意思是说，金刚山的海金刚也是当年徐福寻找仙山时楼船停泊的地方，在这里和朋友聚会时还得到了朋友赠送的苏轼的《赤壁赋》。"苏仙"，指中国宋代文学家苏轼，苏轼自称为玉堂仙。"苏仙赤壁"，指苏轼创作的《赤壁赋》，分为《前赤壁赋》和《后赤壁赋》，都是中国古代文学史上的名篇。

颈联"万事人间皆有定，一樽今日岂曾知"，意思是说，人世间万事都有定数，不是人力所能左右的，今日和朋友聚会饮酒也是事先没有想到的。

尾联"枫溪白雪前期在，不必明朝怨别离"，意思是说，我们有了前面一起在金刚山观赏枫溪白雪的经历，就不必为明朝的别离而伤感了。

金相进的诗歌也告诉我们，当时金刚山流传着徐福来到这里的传说，这里虽然没有提到徐福来到金刚山做什么，但由于金刚山不是徐福东渡日本或到朝鲜半岛南部沿海一带的必经之路，当年徐福楼船停留在金刚山沿海一带，就是专程到金刚山来的，结合其他朝鲜王朝官员、文人的记载，

① （朝鲜）金相进：《濯溪集》卷一〇，《韩国文集丛刊·续集》第 94 辑，韩国首尔：景仁文化社，2010，第 552 页。

徐福一行来到金刚山，就是来寻找仙人采集仙药的。

朝鲜正祖朝官员，正祖、纯祖朝理学家、教育家郑宗鲁，字士仰，号立斋，有《立斋先生文集》《立斋先生别集》传世。《墓碣铭》记载："山南士大夫家学之正，首称晋阳之郑，至立斋先生，道益尊，学益邃，蔚然为一代宗师。……抠衣请业者日踵门，求文字者四方而至，户屦常满。教海不倦，酬应无滞。"① 这说明郑宗鲁的学识在当时有较大影响。

郑宗鲁写有《无适公自叙》一文，其中提到："智异、金刚、汉拿，即古所谓方丈、蓬莱、瀛洲三神山。而蓬莱尤有名于天下，峰峦之矗立海上，如玉笋瑶簪者，凡万有二千，又有九龙渊、万瀑洞泓渟震荡，不可逼视。"② 说中国古书记载的秦始皇派徐福等方士寻找的方丈、蓬莱、瀛洲，就是朝鲜半岛的智异山、金刚山、汉拿山，而这三座神山，名为蓬莱的金刚山名气最大，不仅有一万二千多座秀丽的高而尖的山峰，还有九龙渊、万瀑洞这样的山泉瀑布在山中震荡，山中美景奇景环顾不暇。作者这里也是说，当年徐福东渡寻找的蓬莱仙山就是朝鲜的金刚山。

朝鲜进士出身的正祖、纯祖朝官员南景羲，字仲殷，自号痴庵，有《痴庵集》传世。朝鲜纯祖朝崇禄大夫韩致应为其撰写的《墓碣铭》记载："公资质浑厚，气宇宏博。居家孝友，天性然也。而处宗族以睦，与朋友以信。平居接物，循循若不异于人。而至其立志律己，绳尺斩然。造次不违，处贫窭晏如也。……为文章多积博发，操笔立就。其立言皆根据义理，绝无雕缋语。如《近思录》《讲义孟子》疑难等书，辞理精到，阃奥超诣，盖有渊源之所自来故耳。诗虽一艺，圆活有韵致，自成一家杼柚。"③ 说南景羲忠孝仁义，且处事稳重，严于律己，即使处在贫穷之中，仍能坚守自己的信念；其立言严谨，学问精到。

南景羲作有题图诗《金刚山图》，说金刚山就是传说中的蓬莱仙山，所以当年徐福来到这里采集仙药。

① 见（朝鲜）郑宗鲁《立斋先生别集》卷七，《韩国文集丛刊》第 254 辑，韩国首尔：景仁文化社，2000，第 466~467 页。

② （朝鲜）郑宗鲁：《立斋先生别集》卷四，《韩国文集丛刊》第 254 辑，韩国首尔：景仁文化社，2000，第 402 页。

③ 见（朝鲜）南景羲《痴庵集》卷一二，《韩国文集丛刊·续集》第 101 辑，韩国首尔：景仁文化社，2010，第 775 页。

金刚山图

海上三山多灵草，仙家最说蓬莱好。

世人欲往不可得，绿发如雪红颜老。

怪底高堂素壁中，宛对一万二千峰。

南峰北峰路几重，云深欲没千丈松。

岩上有人支颐坐，鬓眉纤纤冰雪容。

问之不言还不笑，未曾相识能相逢。

洞门缥缈断行迹，只见磨秋山骨白。

不出数步卧可游，却笑林下骑驴客。

金阙银台在眼前，顿忘浮生空百年。

尝闻徐市采药去，而我安知独无缘。

自叹身在尘土窟，骛情凤想徒悠然。

看来笑倩丹青手，可能置我山中否。①

此诗是题图诗，诗的首句"海上三山多灵草，仙家最说蓬莱好"，意思是说，海上三神山有许多仙草，而神仙家说三神山中最好的还是蓬莱仙山。"三山"，即传说中的三神山。

"世人欲往不可得，绿发如雪红颜老"，意思是说，自古以来就有许多人想去三神山，年轻人熬成了满头白发，美丽的少女也成了满脸皱纹的老人，也没去得了三神山。"绿发"，乌黑而有光泽的头发。唐代著名诗人李白《游泰山》诗："偶然值青童，绿发双云鬟。"②"绿发"也借指年轻人，如唐代诗人许浑《送人之任邛州》诗："绿发监州丹府归，还家乐事我先知。"③"红颜"，指年轻人的红润脸色。作者的"世人欲往不可得"句，应是借用了《史记·封禅书》记载："自威、宣燕昭使人入海求蓬莱、方丈、瀛洲。此三神山者，其传在勃（渤）海中，去人不远；患且至，则船风引而去。盖尝有至者，诸仙人及不死之药皆在焉。其物禽兽尽白，而黄金银

---

① （朝鲜）南景羲：《痴庵集》卷一，《韩国文集丛刊·续集》第101辑，韩国首尔：景仁文化社，2010，第584~585页。

② （唐）李白著，郁贤皓注评《李白全集注评·中》，凤凰出版社，2018，第1189页。

③ 周振甫主编《唐诗宋词元曲全集·全唐诗》第10册，黄山书社，1999，第3991页。

为宫阙。未至，望之如云；及到，三神山反居水下。临之，风辄引去，终莫能至云。"①

"怪底高堂素壁中，宛对一万二千峰"，意思是说，画的底部不寻常地画上高大的厅堂面对着金刚山的一万二千座山峰。"怪"，这里是奇异、不寻常的意思。"高堂"，这里指高大的厅堂。"一万二千峰"，指金刚山的众多山峰。

"南峰北峰路几重，云深欲没千丈松"，意思是说，金刚山的山峰从南至北峰峰相连，进山的道路时隐时现，不知要走多远。云朵缠绕着山峰，山上高高的松柏就像是淹没在云海之中。这里主要描写金刚山图展现了金刚山山峰众多、洞深松高、云雾缥缈的景观。

"岩上有人支颐坐，鬓眉纤纤冰雪容"，意思是说，金刚山的山峰有的像是一个人在用手托着下巴坐在岩石上，甚至连人物细微的雪白的鬓发和眉毛都能显现出来。"支颐"，用手托着下巴。"纤纤"，这里形容细微而柔美。

"问之不言还不笑，未曾相识能相逢"，意思是说，金刚山的人像石好像是在相互问话，但又不言不笑，像是从未见过面而又能相逢相邻。

"洞门缥缈断行迹，只见磨秋山骨白"，意思是说，有的山峰洞口云雾缥缈，隐约可见，但不见人的行迹，见到的只是秋天的白色的岩石。"山骨"，山中岩石。

"不出数步卧可游，却笑林下骑驴客"，意思是说，我足不出户在房内欣赏《金刚山图》，就像是游览了金刚山，可笑的是画面上的"林下骑驴客"，还不如我能欣赏到金刚山图的全部。"卧可游"，指以欣赏山水画代替游玩。

"金阙银台在眼前，顿忘浮生空百年"，意思是说，眼前画面上还有仙人居住的房屋，也把我带入了仙境，顿时忘了自己是在世上活着的人了。"金阙银台"，这里指天上的仙人住所。唐代著名诗人李白《登高丘而望远》诗："银台金阙如梦中，秦皇汉武空相待。"②

"尝闻徐市采药去，而我安知独无缘"，意思是说，曾经听说当年徐福

---

① （汉）司马迁：《史记·封禅书》，中华书局，2000，第1171页。
② （唐）李白著，郁贤皓注评《李白全集注评·上》，凤凰出版社，2018，第182页。

在金刚山采过仙药，难道我与金刚山就没有这样的缘分吗？

"自叹身在尘土窟，鸾情凤想徒悠然"，意思是说，我只能叹息自己身在人世间，乘鸾驾凤成为仙人对我来说只是空想而已。"鸾情"，乘鸾仙去之情。唐代著名诗人王勃《怀仙》诗："鸾情极霄汉，凤想疲烟霞。"

"看来笑倩丹青手，可能置我山中否"，意思是说，看来我只能笑着求画家，请他把我也画到画中去。"丹青手"，画家，古人把画家称为丹青手。

朝鲜正祖、纯祖朝官员，进士出身的诗人李义肃，字敬命，号颐斋，晚号月洲，有《颐斋集》传世。朝鲜王朝晚期学者俞汉隽撰写的《遗事》记载："公生有聪明英迈之姿，袭家庭诗礼之训，笃志力践，行谊凤成。而尤于事亲奉祭，自尽其道，以致其诚孝焉。内自闺门，外至乡党，莫不感服而矜式。文章不尚藻绘，一字一句，皆根据经义。至于孝子之至行，忠臣之伟迹，尤奋笔褒奖，不遗余力。每一篇出，士友传诵。"① 说李义肃事亲诚孝，成为当地人效仿的榜样，其撰写的文章，也都在官员和文人中传诵，这都说明李义肃在家乡和同僚中有着很大的影响。

李义肃写有《送乔伯游金刚序》，其中提到了当年徐福等方士寻找的"三神山"之一"蓬莱"就是朝鲜半岛的金刚山："金刚处东海滨，多灵岑杰石幽泉巨渊之观。古之方士说神仙多在蓬莱、方丈、瀛洲三神山，蓬莱即金刚是已。秦汉之世，使者前后百辈浮海而至，以求所谓神仙者，竟无得而归。……天下无神仙则已，有之必于兹山。"② 说金刚山在朝鲜半岛东海边，是中国古代方士说的"三神山"之一的"蓬莱"神山，中国的秦汉时期，就派出了许多使者渡海到这里求神仙，但都没有找到，天下如果有神仙的话，金刚山必定有。作者这里提到的"古之方士"，指的主要是徐福，徐福作为秦始皇的使者，"入海求仙人"，这都与李义肃的上述记载一致。

朝鲜王朝晚期学者闵在南，字谦吾，号听天、笑翁、晦亭，有《晦亭集》传世。闵在南写有《金刚梦记》一文，其中记载："世传有三神山，方丈即吾居，而瀛洲、蓬莱，徒耳之者熟矣。噫余栖屑风尘，虚过四十许光

---

① 见（朝鲜）李义肃《颐斋集》附录，《韩国文集丛刊·续集》第93辑，韩国首尔：景仁文化社，2010，第705页。

② （朝鲜）李义肃：《颐斋集》卷三，《韩国文集丛刊·续集》第93辑，韩国首尔：景仁文化社，2010，第595页。

阴，游观亦有数也，天下非敢望而域中犹未遍，则恶得免井蛙所笑乎。遂理两屐，自汉北东走五百里，访所谓蓬莱者，一名金刚也，枫岳也，皆骨也。尝闻华人曰：愿生高丽国，一见金刚山。以中国之广大，许多其名山巨镇，而尚有慕于海外丘垤者，抑何取哉？秦之时，徐市入海，求三神山不死药，止王不返。汉使者未至蓬莱，风辄引去。则未知复有何人者见所谓金刚而张大其绝胜。"① 说三神山，即方丈、瀛洲、蓬莱都在朝鲜半岛，而作者就居住在世传三神山之一的方丈山即智异山一带，因为仰慕其他两座神山瀛洲、蓬莱，作者在四十岁的时候，游览了朝鲜半岛传说的蓬莱神山，即金刚山，也称枫岳山，皆骨山，还说金刚山在中国的名气也很大，金刚山也应是当年"徐市入海，求三神山不死药，止王不返"之地。闵在南还写有《游头流录》，其中记载："近有方丈。方丈三神之一也，逞逞有游仙者。其中又有不死药云。幸及此时，扶而陟之，采其药而寿斯民。则物与我皆无尽藏也。"② "头流"，指头流山，又名"智异山"，下面会具体提到。记载说，朝鲜半岛的头流山，就是当年徐福一行寻找的三神山之一的"方丈"，这里有传说中的"不死药"，即使人长寿的药，作者有幸来到这里，登上高山，采到了这些传说的"不死药"。当时说的"不死药"，指的就是人参，也就是俗称的高丽参。这说明，当时的朝鲜半岛金刚山、智异山一带都广泛流传着徐福采集"不死药"的传说。

朝鲜王朝末期著名理学家，19世纪朝鲜岭南学派代表人物李震相，字汝雷，号寒洲，有《寒洲文集》《理学综要》《春秋集传》《四礼辑要》等传世。李震相中年中生员，入朝鲜成均馆，但无意仕途，不赴科举，不久便归家，至老读书研究学问，遂成一代著名学者。朝鲜王朝末期学者张锡英在其《墓志铭》中记载："（李震相）其为学也，泛博精切，无所不知，知无不明。人有问者，必连根带枝，滚滚说将去，听者为之洒然。虽或连编累牍，积滞几案，信手裁答，若不经思。而亦皆痛快条畅，各当其理。譬如洪钟大吕，叩之则应。又如长江巨海，汪汪而不穷。……中岁以后，学者坌集，鼓

---

① （朝鲜）闵在南：《晦亭集》卷六，《韩国文集丛刊·续集》第126辑，韩国首尔：景仁文化社，2011，第541页。

② （朝鲜）闵在南：《晦亭集》卷七，《韩国文集丛刊·续集》第126辑，韩国首尔：景仁文化社，2011，第563页。

篚盈门。而群饮各充，莫不心悦而诚服之。"① 李震相的学生，朝鲜王朝末期著名理学家郭钟锡撰写的《行状》也记载："（先生）每日晨起授书，至日昃气乏不成声，犹不以为劳。""其于后辈之向善趋义者，喜之不啻己出。有以疑文难事就质，为之考辨详备，不厌其反复。有执经进者，谆谆开说，诱之以义理之悦，而使之有所向望歆慕而不敢惰。"②

李震相游览朝鲜著名景区金刚山时，写有《海金刚》诗，说当年徐福东渡寻仙时，徐福一行的船队曾在海金刚停泊过。

海金刚

湖海风流老更豪，乌樯全胜马鞍劳。

三军整队辕门肃，千佛交头宝塔高。

白岛圆平蹲玉赞，翠屏秀插削金鳌。

神山盖亦水中在，徐福当年此泊舠。③

"海金刚"，前面提到，在今朝鲜境内，与韩国隔海相望，自古就是金刚山的著名风景区。

首联"湖海风流老更豪，乌樯全胜马鞍劳"，意思是说，海金刚随岁月流逝更显气势非凡，湖海停泊着全胜归来的船只在这里休整。"乌樯"，指樯乌，船桅杆上的乌形风向仪，这里指船。

领联"三军整队辕门肃，千佛交头宝塔高"，意思是说，湖海岸边兵营大门旁的士兵正在严肃认真地列队操练，湖海周边有众多的寺院和高高的佛塔。

颈联"白岛圆平蹲玉赞，翠屏秀插削金鳌"，意思是说，海金刚旁白岛圆平的顶部像是蹲了一只雕刻的玉赞，海金刚旁许多雄峻奇伟的山峰就像是插到大海里一样。"赞"，古代中国传说的一种似狗的野兽。"白岛"，应

---

① 见（朝鲜）李震相《寒洲先生文集》附录，《韩国文集丛刊》第 318 辑，韩国首尔：景仁文化社，2003，第 322 页。

② 见（朝鲜）李震相《寒洲先生文集》附录，《韩国文集丛刊》第 318 辑，韩国首尔：景仁文化社，2003，第 315~316 页。

③ （朝鲜）李震相：《寒洲先生文集》卷二，《韩国文集丛刊》第 317 辑，韩国首尔：景仁文化社，2003，第 69 页。

指今韩国境内靠近海金刚的白岛。"金鳌",这里同"鳌背"一样,也是借指大海。

尾联"神山盖亦水中在,徐福当年此泊舠",意思是说,神山就在这里的大海中,金刚山的海金刚,就是徐福当年寻找神山的地方,徐福的船队还在海金刚停泊过。这说明,朝鲜金刚山一带,广泛流传着徐福一行在这里寻找神山、采集仙药的传说。李震相生活的年代,已是徐福东渡二千年之后了,这些传说仍很盛行,作者也对徐福一行在朝鲜半岛寻找神山、采集仙药深信不疑。

二 南岳"灵山"智异山

智异山,又名头流山、方丈山,位于今韩国庆尚南道和全罗南北道交界处,也是今韩国智异山国家公园。智异山是韩国五岳中的南岳,是备受崇尚的灵山,被认为是《史记》里记载的蓬莱、瀛洲、方丈三神山之一,当地也广泛流传着徐福在这里采集仙药的传说。

朝鲜仁宗朝进士,仁宗、明宗朝官员,著名哲学家、诗人金麟厚,字厚之,号河西、湛斋,谥号文靖,有《河西集》传世。《朝鲜明宗实录》十七年(1561)十一月庚戌记载:"前弘文馆校理金麟厚卒。……天资清粹,五六岁时默解文字,出语惊人。及长为诗文,清华高妙,世罕其比。""朝廷先后除拜,皆不就。自家食之后,意圣贤之学,思经讲究,未尝少间,循循用力,以践其实。晚年,所请日益且深。……教子弟先以孝悌忠信,而后文艺。与人酬酢,不事标饰。而至于其所立着,确乎不可拔,卓乎不可及。善真草,笔迹奇绝。卒,年五十一,有《河西集》行于世。"金麟厚,一个职级较低的官员,去世后能引起朝廷的关注,并记于《王朝实录》,足见其当时在朝鲜的影响。不仅如此,金麟厚去世一百多年后,朝鲜王室再次追赠。《朝鲜显宗实录》记载,九年(1667)四月辛巳"命追赠金麟厚正卿……经明行修,入大堂为校理,见重于仁庙,仁庙将大用之。仁庙升遐之后,遂称病不仕,每值仁庙忌辰,独往山中,恸哭而还,有'年年七月日,恸哭蒬山中'之句"。金麟厚当时很受朝鲜仁宗国王赏识,仁宗去世后,金麟厚弃官回乡,每当仁宗国王忌日,必独往山中祭祀,且悲痛欲绝。金麟厚去世一百多年后,朝鲜王室仍高调追赠,说明金麟厚在朝鲜半岛的影响一直没有衰减。状元出身的朝鲜王朝中期著名政治家、理学家宋时烈为其撰写的《神道碑铭》记载："先生清明温粹，胸次洒落，人以为清水芙蓉。至其立志为学也，积之以穷理主敬谨思明辨之功，则其造诣之深，人不能有所测知者矣。""文集若干编行于世，周易观象篇，西铭事天图诸作，逸而不传，惜哉。至于天文、地理、医药、占筮、算数、律历，无不通晓。笔法劲健，绝无妍媚态，所谓德性相关者然也。"① 宋时烈撰写的《神道碑铭》，应是和朝鲜显宗朝追赠金麟厚同一时期，都说明了金麟厚在当时朝鲜的地位和影响。

金麟厚在《学专上人诗轴序》一文中写道："燕、齐、秦、汉，好事之君，亦自有倔强夸大，苞中国而隘宇内者，莫不引领夷犹，以求至乎所谓三神山者，而带方之方丈与焉。其亦异矣，国之致崇极。而享牺币于封内者，莫尊于智异，雄跨湖岭二路之东西，为一邦之巨镇，乡所谓三神山之方丈者是已。"② 中国先秦时期、秦汉时期的国王们，派人到境外寻找的三神山，其中就包括了"带方之方丈"，即智异山。金麟厚曾创作诗歌《岑夫子歌》，其中有"先世避秦仍姓秦"句③，说居住在智异山西南一带的岑姓居民，自称是当年徐福带来的童男童女的后裔，他们的先人为逃避秦祸从中国来到这里，金麟厚也是认可了这一说法的，并将其写进自己的诗歌里，即当年徐福第二次东渡没有返回中国，是为了避秦祸，逃避秦始皇的迫害。这也说明，金麟厚认为，当年徐福一行来到过智异山。

朝鲜中宗朝庚子年（1540）进士，朝鲜中宗、仁宗、明宗三朝官员，预修中宗、仁宗两朝实录的黄俊良，字仲举，号锦溪，有《锦溪集》传世。与黄俊良同朝为官的朝鲜著名理学家，嘉善大夫李滉为其撰写的《行状》记载："公为人颖秀不凡，明敏有风标。眉目如画，才调华赡，将无施不可。既屈迹于州县，则又不以职务为卑冗。""赒穷济急，如恐不及。至其身死之日，衾裯不具，贷布以敛，而衣不充棺，然后人又知其清贫如此，

---

① 见（朝鲜）金麟厚《河西全集》附录卷一，《韩国文集丛刊》第33辑，韩国首尔：景仁文化社，1989，第275~276页。

② （朝鲜）金麟厚：《河西全集》卷一一，《韩国文集丛刊》第33辑，韩国首尔：景仁文化社，1989，第235页。

③ （朝鲜）金麟厚：《河西全集》卷四，《韩国文集丛刊》第33辑，韩国首尔：景仁文化社，1989，第74页。

而不矫饰以自表于世也。"①《行状》对黄俊良为官清廉而大加赞誉。朝鲜著名政治家、诗人，官至朝鲜领议政的李山海，对黄俊良的诗文也给予了很高的评价："观其为诗，本诸性情，而谐于音律，华实兼备，意味深远。尤长于文，操纸笔立书。初似略不经意，读之则如春云行空，天葩映日，圆熟浑厚，无涯涘可窥。岂寻常文人才子之所可企及乎？"②

黄俊良在文章和诗作中多次提到徐福东渡在朝鲜半岛的影响。黄俊良于乙巳（1545）夏四月游览朝鲜头流山时，还作有纪行长诗《游头流山纪行篇》，其中说秦始皇为了长生不老，派徐福等人到头流山求神仙要长生不老的仙药。

游头流山纪行篇（节选）

秦皇昔日锐求仙，湘山风雨回蒙艟。
童男不返徐市亡，灵区未许来凡庸。③

此诗是作者游头流山纪行长诗的节选，头流山，即今韩国智异山。作者自注："乙巳夏四月，游山川。"说明作者此诗作于1545年旧历四月。因头流山流传着徐福在这里采集仙药的传说，所以黄俊良也将其写进自己的诗篇。

"秦皇昔日锐求仙，湘山风雨回蒙艟"，意思是说，当年秦始皇为了长生不老，执意要去求神仙要长生不老的仙药，秦始皇在东巡求仙路上乘船行驶到湘山祠附近的江面时，遇到了大风雨。"湘山"，一名君山，又名洞庭山，在今湖南省岳阳市西洞庭湖中。"蒙艟"，也作"艨冲"，是古代水军的一种战船，这里指秦始皇乘坐的船只。秦皇在湘山遭遇风雨，出自《史记·秦始皇本纪》：秦始皇二十八年（前219），"浮江，至湘山祠。逢大风，几不得渡。上问博士曰：'湘君何神？'博士对曰：'闻之，尧女，舜之

---

① 见（朝鲜）黄俊良《锦溪先生文集》卷九附录，《韩国文集丛刊》第37辑，韩国首尔：景仁文化社，1989，第203页。
② 见（朝鲜）黄俊良《锦溪先生文集》内集跋，《韩国文集丛刊》第37辑，韩国首尔：景仁文化社，1989，第48页。
③ （朝鲜）黄俊良：《锦溪先生文集》卷一，《韩国文集丛刊》第37辑，韩国首尔：景仁文化社，1989，第60页。

妻，死而葬此。'"①

"童男不返徐市亡，灵区未许来凡庸"，意思是说，徐福"入海求仙人"带去的童男童女没有回到自己的家乡，徐福也老死在海外。仙人居住的地方，凡人是去不了的。"灵区"，这里指仙人居住的地方。"凡庸"，平凡，平庸。这里指凡人，人世间的人。作者这里表达了这样的观点：世上的人们都会死去的，根本就没有什么长生不老的仙药。作者这里也是告诉人们，当年徐福一行人来到了头流山，并在这里居住下来没有回到自己的国家，徐福本人也老死在这里。

朝鲜宣祖、光海君、仁祖朝著名学者成汝信，字公实，号浮查，有《浮查集》传世。成汝信一生致力于办书院讲学，以游览山水为娱。朝鲜英祖、正祖时期著名政治家、史学家安鼎福评价成汝信说："公之诗文，豪健有理致，笔法遒劲。尤邃于性理之义，而务自韬晦，未尝夸衒于人。""公之高才邃学，出可以有为，而中值废君乱政，及其日月重明而公又老矣，遂使'幼学壮行'之志，竟无所成，而殉身入地，岂不惜哉！公有遗集三卷，又撰《晋阳志》，后士林追慕"②。成汝信去世一百多年后，仍得到后代著名政治家、史学家如此高的评价，可见其学术地位及影响。

成汝信在多篇文稿中提到，朝鲜半岛的头流山，即智异山，就是当年徐福等方士要寻找的三神山之一。

成汝信在《九曲诗并序》中写道："头流即方丈，方丈乃三神山之一也。秦皇、汉武愿见而未得者则山之灵异，奚啻武夷，万壑千岩，玉溪争流，流过矗石楼前，则矗石乃岭南第一溪山也。"③ 说头流山就是方丈山，是当年徐福一行要寻找的"三神山之一也"，头流山的"万壑千岩，玉溪争流"，甚至可以超过中国的道教名山武夷山，是朝鲜半岛岭南地区的第一名山。

成汝信在《游头流山诗并序》中也写道："头流、智异、方丈载古籍。头流山迥暮云低，李仁老诗寻青鹤。智异山高万丈青，圃隐先生赠云衲。

---

① （汉）司马迁：《史记·秦始皇本纪》，中华书局，2000，第176页。

② 见（朝鲜）成汝信《浮查集》卷八附录，《韩国文集丛刊》第56辑，韩国首尔：景仁文化社，1990，第148页。

③ （朝鲜）成汝信：《浮查集》卷一，《韩国文集丛刊》第56辑，韩国首尔：景仁文化社，1990，第78页。

方仗山在带方南，杜草堂诗中说。兹山神异自古传，知是千秋名不灭。况乎东海中三神山，方丈居其一。储祥产异无绝时，山上多生不死药，秦皇汉武求之而不得者。"① 说头流山、智异山、方丈山，指的是一座山，这在古籍里就有记载，高丽中期的李仁老就有诗句"头流山迴暮云低"，并在诗中提到要在头流山"寻青鹤"；高丽末的郑梦周也有诗句"智异山高万丈青"，诗句是赠给智异山和尚的；中国唐代诗人杜甫也有诗句"方丈三韩外"，说方丈山在朝鲜带方郡之南。带方郡，辖区今朝鲜西南一带，"带方南"，这里指智异山。说智异山的"神异"，从古至今一直在盛传，"千秋名不灭"，从来没有间断过，说"海中三神山，方丈居其一"，智异山就是传说的三神山之一的方丈山，"山上多生不死药"，中国的秦始皇、汉武帝都想得到它，但没有得到。成汝信在这里再次强调说，智异山就是当年徐福东渡要寻找的三神山之一，也是徐福东渡的目的地。

"李仁老"，字眉叟，号双明斋，高丽王朝中期进士、官员、著名诗人，曾出使宋朝。李仁老写有诗歌《游智异山》："头流山迴暮云低，万壑千岩似会稽。策杖欲寻青鹤洞，隔林空听白猿啼。楼台缥缈三山远，苔藓微茫四字题。始问仙源何处是，落花流水使人迷。"②

"圃隐先生"，指高丽恭愍朝状元、高丽末著名的政治家、外交家、哲学家、文学家的郑梦周，字达可，号圃隐，被誉为"高丽王朝忠义精神的代表，韩国理学的鼻祖"，"现在韩国全国有 34 处供奉他的书院、祠宇③。郑梦周写有诗歌《送智异山智居寺住持觉佀上人》："南游何处听溪声，智异山高万丈青。春院日长无箇事，沙弥来学妙莲经。"④

"杜草堂"，指唐代著名诗人杜甫于安史之乱时在成都营建的茅屋。杜甫写有诗歌《奉赠太常张卿二十韵》，首句是"方丈三韩外，昆仑万国西"⑤，但对"方丈三韩外"句的理解，朝鲜王朝时期的官员、文人有着决然不同

---

① （朝鲜）成汝信：《浮查集》卷一，《韩国文集丛刊》第 56 辑，韩国首尔：景仁文化社，1990，第 87 页。
② 见（朝鲜）丁希孟《善养亭文集》卷二，《韩国文集丛刊·续集》第 4 辑，韩国首尔：景仁文化社，2005，第 390 页。
③ 〔韩〕圃隐学会编《圃隐先生遗迹大观》，韩国迎日郑氏圃隐公派宗约院，2012，第 250 页。
④ （朝鲜）郑梦周：《圃隐集》卷二，《韩国文集丛刊》第 5 辑，韩国首尔：景仁文化社，1990，第 591 页。
⑤ 周振甫主编《唐诗宋词元曲全集·全唐诗》第 4 册，黄山书社，1999，第 1606 页。

的意见。成汝信对此句的理解是，方丈山在中国境外的"三韩"，即朝鲜半岛。有的官员、文人则理解为方丈山在"三韩"。

朝鲜宣祖、光海君、仁祖时期官员、著名诗人、文学家赵纬韩，字持世，号素翁、玄谷，官至资宪大夫、中枢府知事。《朝鲜仁宗实录》七年九月丁酉记载："纬韩少有文名。善诙谐，多为礼法之士所诮。昏朝时作《流民歌》，备陈其时政乱民困之状，一时传之为绝唱。""昏朝"，指朝鲜光海君执政时期（1608~1623）。状元出身的朝鲜王朝中期著名政治家、理学家宋时烈撰写的《玄谷赵公神道碑铭》记载："公为文词，主于庄、骚、韩、马、战国，少陵而以下则不屑也。故其所作雄浑峻发，如河海涵泓，山岳停峙。论者谓如其为人。""公徒是文章之士，则实政可以范世而警俗。谓公遭逢而利见龙飞，则于进途劣容其足，实因心而为行，亦眇世而肆谑。盖卓荦而奇伟，不屑于规度绳墨，斯为一世之雄豪。"① "庄、骚、韩、马、战国"，指《庄子》、《离骚》、韩愈、司马迁、《战国策》。赵纬韩有《玄谷集》传世，先后为《玄谷集》写序的有朝鲜著名诗人、文章大家、领议政申钦；著名学者、诗人、官至朝鲜领议政的李景奭；状元出身的著名文臣，官至吏曹判书、辅国崇禄大夫，去世后追赠领议政的赵絅等，他们均对《玄谷集》给予了高度评价。如李景奭在《玄谷集序》中写道："雄篇大作汪茫奋肆者，直从马史中来。词律声章清健赡蔚者。得之于杜、韩。盖其韵宇疏旷，风流豪逸。……其吐辞而注于手也，如水之挹于河，藻思媚趣，类其风概，有非饰采泽斗靡丽者所可侔。"② "马史"，指司马迁的《史记》。"杜、韩"，指杜甫、韩愈。由此可见赵纬韩及《玄谷集》在当时朝鲜文坛中的地位和影响。

赵纬韩在自己的文章和诗歌中多次提到徐福东渡。

赵纬韩曾于光海君戊午年（1618）游览智异山时写有《游头流山录》，其中记载："秦皇、汉武之一生勤苦，而尚不得详知其此山之有无于何处也。中朝之人，至今置之于杳茫荒唐之说，而不曾知有三神山之实

---

① （朝鲜）宋时烈：《宋子大全》卷一六五，《韩国文集丛刊》第113辑，韩国首尔：景仁文化社，1993，第493~494页。

② 见（朝鲜）赵纬韩《玄谷集》序，《韩国文集丛刊》第73辑，韩国首尔：景仁文化社，1991，第176页。

在于吾邦也。"[①] 说当年秦始皇、汉武帝辛辛苦苦没有寻找到的三神山，中国的史料始终没有明确记载三神山在什么地方，实际三神山就在朝鲜。"中朝"，这里指中国。"吾邦"，指当时的朝鲜国。作者此处写头流山，也是告诉我们，头流山就是徐福东渡要寻找的三神山之一。作者在这里虽然没有提到徐福，但提到了"秦皇"。

赵纬韩还写有诗歌，还提到当年徐福东渡到了日本。不少学者认为，徐福东渡先到的朝鲜半岛南部，后来又去了日本。所以这与赵纬韩持有的徐福东渡到了朝鲜半岛南部智异山一带，又到了日本的观点并不矛盾。

朝鲜宣祖朝状元、宣祖、光海君时期官员、社会改革家、著名小说家、诗人许筠，字端甫，号惺所、蛟山，有长篇小说《洪吉童传》，笔记作品《识小录》《闲情录》，及诗文集《惺所覆瓿稿》传世。许筠因为主张社会变革，反对光海君朝的一些施政方针，被流放，后被处死。许筠曾出使过中国，还协助明朝万历年间抗倭援朝的吴明济编选了《朝鲜诗选》，这是中国出版的第一部介绍朝鲜半岛古代诗歌的诗集，许筠还撰写了《朝鲜诗选·后序》，其中记载："会稽子鱼，博雅士也，从戎东土，筠获私良厚，谓筠：'尔东方文学甚盛，若崔致远诸君诗歌，为我取来，我将传之。'时以兵燹之余，所存无几，固辞不得，以筠所忆数百篇进。"[②] "会稽"，浙江省绍兴的别称。"子鱼"，即吴明济，字子鱼。"东土"，"东方"，这里均指当时的朝鲜。"崔致远"，朝鲜半岛新罗时期著名学者、诗人，曾在唐朝求学、做官，后回到新罗担任要职。《朝鲜诗选》共选录了自朝鲜半岛新罗时期至当时许筠所写的诗歌共三百四十首，其中许筠提供了包括自己诗歌在内的朝鲜半岛古代诗歌"数百篇"，由此也可见许筠为中国与朝鲜半岛文化交流所做出的贡献。

许筠写有《沙溪精舍记》，其中记载："南原，古带方国，而古所谓方丈三韩者也。自秦时方士言三神山在东海中，有仙人不死药，世主莫不甘心焉。余尝取《五岳真形图》及《洞冥记》、《十洲记》而考之，三山之在东海者，舍吾国则无有是处。其所云在方丈者，即在于带方。则瀛洲、蓬

---

① （朝鲜）赵纬韩：《玄谷集》卷一四，《韩国文集丛刊》第73辑，韩国首尔：景仁文化社，1991，第309页。

② （明）吴明济编，祁庆富校注《朝鲜诗选》，辽宁民族出版社，1999，第401页。

莱，亦不出于金刚、妙香之外也明矣。若然则其灵区绝境，人所不能攀者，必有上真天仙掌福地司洞天，以治其事，而世莫之知。……夫所谓方丈，即世所称智异山也。山之磅礴镇峙，雄于二南。释子之行持者，咸萃于兹。而伽蓝兰若之巍焕者，殆数百区，其层碸绝顶草树烟云之奇壮，富有甲于三山。"①《五岳真形图》，成书于西汉时期；《洞冥记》，成书于东汉时期；《十洲记》，成书于西汉时期。记载说，根据中国古书考证，中国秦代方士所说的"有仙人不死药"的三神山，就在朝鲜半岛，"舍吾国则无有是处"。三神山之一的"方丈"，在朝鲜古代的"带方国"境内，即"世所称智异山也"，三神山中的其他二座山"瀛洲、蓬莱"，"亦不出于金刚、妙香之外也明矣"，则是朝鲜半岛的金刚山和妙香山。妙香山，在今朝鲜境内，位于朝鲜平安南道、慈江道和平安北道的交界处，因山势奇妙秀丽，山上侧柏散发着清香而得名。作者这里也是说，中国秦代方士徐福等寻找的三神山就在朝鲜境内，而南部的智异山"富有甲于三山"，是徐福当年东渡的主要目的地。

朝鲜仁祖朝状元，仁祖、孝宗、显宗朝官员赵䌹，字日章，号龙洲，柱峰老人，谥号文简，有《龙洲集》传世。赵䌹历官朝鲜司宪府大司宪、两馆大提学、刑曹判书、礼曹判书、吏曹判书、中枢院判事、辅国崇禄大夫等要职，去世后追赠议政府领议政，谥号文简，有《龙洲赵先生文集》（《龙洲遗稿》）传世。《朝鲜显宗实录》十年（1669）二月戊辰记载："赵䌹卒，䌹字日章，清文苦节，见重一时，位冢宰，秉文衡。……䌹为文章雅健近占，其清名直节为世所仰。""苦节"，这里指赵䌹坚守节操。"冢宰"，指六卿之首，吏部尚书为冢宰。这里指赵䌹担任过朝鲜吏曹判书。"文衡"，这里指赵䌹担任过科举考试的主考官。朝鲜王朝中后期著名学者、诗人李瑞雨在《龙洲赵先生文集序》中赞誉："其文雄博而劲健，苍古而奇峭。或奔放直泻，波涛千里。或淋漓顿挫，崖岸万寻。凡下字作句，起伏将迎。抑扬伸缩之势，又与一时他名手有异焉，美哉其章奏乎。"②朝鲜王朝后期著名学者许薰在《书龙洲集抄录后》一文中也记载："先生之文章言论，简正

---

① （朝鲜）许筠：《惺所覆瓿稿》卷七，《韩国文集丛刊》第74辑，韩国首尔：景仁文化社，1991，第202页。

② （朝鲜）李瑞雨：《松坡集》卷一一，《韩国文集丛刊·续集》第41辑，韩国首尔：景仁文化社，2007，第228页。

博雅，高出古人也。……笔力遒劲，愈出愈奇。宏深汪洋，含蓄万变。如阅武库而戈戟森列，入大海而蛟龙跳跃，不可以正视。然其言皆典则切实，卒泽于道德仁义，非如索隐好诡者之故使难字，妆致险棘也。"① 两位著名学者均对赵绚的文章和诗作给予了很高的评价。

赵绚在多篇诗文中记载了徐福东渡在朝鲜和日本的影响。赵绚在创作的长诗《往在》中也提到"头流即方丈，众仙所游憩"，"入道术可学，长年药可剂"②。说头流山就是当年徐福一行要寻找的三神山之一的方丈山，这里是众多的仙人游览、休息的地方，来到头流山既能学习道家的法术，又能采集到长生不老的仙药。虽说作者不一定认可世上有什么仙人和仙药，但因为这里流传着徐福的传说，应是相信当年徐福一行为了采集长生不老的仙药曾来到了头流山。

朝鲜英祖朝进士、官员，著名学者李象靖，字景文，号大山，有《大山集》传世。与李象靖同朝为官，进士出身，官至领议政的著名文臣蔡济恭撰写的《通政大夫礼曹参议大山李公墓碣铭》记载："大山先生李公卒，……岭之士相向而哭曰：'哲人亡矣，吾侪将安所宗仰。'朝之荐绅先生咸咨嗟曰：'才不究用，世何以劝。'及至葬，士林来会者，千有二百余人。退而有私述其言行者，其悦服若七十子之服孔子。生而任吾道之重，死而关斯文之运，斯可以验矣。呜呼盛哉！""四方学者，有百里重茧，执经问难，户屦日盈。公各随其材，谆谆诱掖，一以开明心术变化气质为务。公虽殁，岭儒之言貌谦恭，瞻视端重者，不问尚可知为大山公门人也。"③ 这说明，李象靖的学问，无论在其生前，还是身后，都有着很大影响。与李象靖同朝为官，进士出身的著名学者柳道源撰写的《大山先生墓志铭》也记载："中年以后，谢绝世事，讲道林泉，殆三四十年。……先生随人材智，从容牗迪，亲切警益，亹亹忘倦。而于反躬实践毋自欺谨其独之戒，未尝不三致意焉。一时及门之士，贤愚皆获其益，往往有安定弟子之风。

---

① （朝鲜）许薰：《舫山先生文集》卷一七，《韩国文集丛刊》第 328 辑，韩国首尔：景仁文化社，2004，第 107 页。

② （朝鲜）赵绚：《龙洲遗稿》卷五，《韩国文集丛刊》第 90 辑，韩国首尔：景仁文化社，1992，第 65 页。

③ （朝鲜）蔡济恭：《樊岩集》卷五一，《韩国文集丛刊》第 236 辑，韩国首尔：景仁文化社，1999，第 459 页。

以至远方之人，无论识与不识，莫不闻风兴起，钦仰而爱慕之。"① 柳道源对李象靖在培养人才方面所做的贡献大加赞赏。

李象靖在《书权上舍季周游智异录后》一文中写道："智异山亦名方丈，即徐福所称三神山之一。其说固荒唐不可信，然仙翁释子之所窟宅，高人闻士之所游历，与太白、毗卢、妙香相甲乙。"② "释子"，释迦牟尼弟子，这里指佛教僧徒，僧侣。李象靖的记载说，朝鲜半岛的智异山，就是徐福东渡要寻找的三神山之一的方丈山，虽然神山之说"不可信"，然而智异山的确是道士、僧侣居住、传教的好地方，是文人志士想往浏览的好去处，可与中国古代名山的太白山、佛光普照的毗卢山、神秘秀丽的朝鲜妙香山相媲美。作者这里也是说，当年徐福东渡应是来到了智异山，并在这里居住下来。

朝鲜英祖朝进士，英祖、正祖朝官员，官至领议政的著名文臣蔡济恭，字伯规，号樊岩，谥号文肃，有《樊岩集》传世。《朝鲜正祖实录》二十三年一月十八日丁丑记载："（济恭）戊申以御笔拜相，仍下纶音，洞谕诸臣，不敢复争。自是恩遇日隆，间又独相数载，盖百年来初有也。""此大臣，间气人物也，其禀赋也杰然有气力，遇事直前，不慑不挠。发之为诗，悲壮慷慨，人云有燕、赵之遗风。"③《朝鲜正祖实录》对蔡济恭的文章和诗歌均给予了很高的评价。"纶音"，皇帝之言，这里指为朝鲜国王拟定诏令。《领议政谥文肃蔡公神道碑铭》也记载："英宗大王，以则哲之圣，登进一介社稷臣，是惟曰蔡公。以裕昆之谟，简畀我当宁一介社稷臣，亦惟曰蔡公。公用纯诚直道，事英庙。用所事英庙者，事当宁。十载中书，勋业之盛，史不胜纪。……讣闻，上震悼辍食。下教略曰：'予于此大臣，实有人所不知而已所独知之契。'又曰：'立朝五十余年，秉执之固，尤所叹服者。'"④ 说蔡济恭为朝鲜英祖朝的稳定和发展做出了不可替代的重要贡献，去世后，也

① （朝鲜）柳道源：《芦厓集》卷八，《韩国文集丛刊》第238辑，韩国首尔：景仁文化社，1999，第245页。
② （朝鲜）李象靖：《大山先生文集》卷四五，《韩国文集丛刊》第227辑，韩国首尔：景仁文化社，1999，第371页。
③ （朝鲜）《朝鲜正祖实录》卷五一，正祖二十三年一月十八日，韩国首尔：探求堂1973年影印本，第47册，第156页。
④ （朝鲜）丁范祖：《海左先生文集》卷二四，《韩国文集丛刊》第239辑，韩国首尔：景仁文化社，1999，第485、493页。

得到了正祖国王的高度评价。朝鲜英祖、正祖时期，被称为朝鲜王朝的中兴时期，社会安定，经济发展，由此可见蔡济恭在当时的作用和影响。

蔡济恭创作有《方丈山歌》诗，其中写道："君不见三神山在三韩外，神秀辄数方丈最。""中原闻名不见真，秦皇汉武白发新。巨灵几吊巫咸骨，逸飔不饶童男船。"① "巨灵"，神话传说中的河神，这里指水神，包括大海中的神仙。"巫咸"，古代神巫，这里指中国秦汉时期寻找三神山的方士。意思说，徐福当年东渡寻找的"三神山"就在东海之外的"三韩"，即朝鲜半岛，而三神山中，又以方丈山，即智异山最为神奇秀美。秦汉时期的中国人只是听说了朝鲜半岛有方丈神山，但没有看到它的真实面貌，秦始皇、汉武帝即使到了老年，头发白了也没有见到。许多寻找海中三神山的方士葬身大海，水神还多次凭吊他们的遗骨，大海的飓风也没饶恕随徐福东渡的童男童女一行人。作者这里主要是说，海上没有什么三神山，而朝鲜半岛的方丈山，即智异山应是当年徐福东渡的主要目的地。

朝鲜英祖朝进士，英祖、正祖朝官员，著名学者柳道源，字叔文，号南涧、芦厓，有《芦厓集》《退溪先生文集考证》传世。时任朝鲜刑曹判书兼知义禁府春秋馆事，五卫都总府都总管丁范祖为其撰写的《墓碣铭》记载："近世乡塾之教，……而顾不肯与俗俯仰，甘枯槁丘壑弗悔，岂时使然欤，芦厓柳公其人也。""公虽布衣，尝有济物之志。博学深识，又足以需当世。"② 对柳道源自甘贫苦，创办乡塾，及其渊博的学识给予了赞扬。《行状》也记载："公以笃厚之资，加以刻苦之工，洽闻强记，而折之以义理。通经学古，而不泥于文句。乐善好礼，谦恭退让，未尝以贤知先人。容貌端粹，气象和顺。平居恂恂，不见畦畛。而其立心之固，制行之笃，确然有不可夺者。"③ 也对柳道源的学识和人品给予了很高的评价。

柳道源在《退溪先生文集考证》中谈到了朝鲜半岛的智异山："方丈山，即智异山，在全罗道南原府东六十里，山势高大，雄据数百里。白头山

---

① （朝鲜）蔡济恭：《樊岩集》卷三，《韩国文集丛刊》第 235 辑，韩国首尔：景仁文化社，1999，第 90 页。

② 见（朝鲜）柳道源《芦厓集》卷一〇附录，《韩国文集丛刊》第 238 辑，韩国首尔：景仁文化社，1999，第 289 页。

③ 见（朝鲜）柳道源《芦厓集》卷一〇附录，《韩国文集丛刊》第 238 辑，韩国首尔：景仁文化社，1999，第 287 页。

脉，流至于此，故又名头流。方丈三韩外，秦皇徒慕汉空怜秦始皇遣方士，入海求三神山不死药，未至，辄以风为解。汉武帝巡游海上，望三神山。"①"方丈三韩外"，指前面提到的杜甫的诗句"方丈三韩外"。"秦始皇遣方士，……"，指《史记》中有关徐福东渡的记载。作者这里主要是说，智异山就是当年徐福东渡寻找的三神山之一方丈山，中国唐代杜甫的诗句、《史记》中的相关记载都可以作为旁证。

朝鲜正祖、纯祖时期学者、诗人尹东野，字圣郊，号小心、弦窝，有《弦窝集》传世。《行状》记载："公盖天资卓荦，性气刚明，……文才捷敏，少业举。滔滔胡写，时泣鬼神。其屡举而屡踬命也。为文章不用难字，不要钩棘，横驰放逸，愈出愈奇。排布局格，深得古大家体制。又善风骚韵律，往往音于唐而声于楚，此盖彪诸外者，其敛而里也。""公以通明旷达之识，奇伟迢绝之才，更淬砺于炉韝点化之中，益知为学之方用工之道。则其门路之正，造诣之深，不越乎阶级。"②对尹东野的学识和才华给予了很高的评价。

尹东野在《方丈记行序》中记载："《史记》申公言天下名山八，五在中国，三在外夷。秦时方士言东海上有蓬莱、方丈、瀛洲三神山。岂其所谓三在外夷者，即所谓三神者耶。我鲜国于东海，其言国之名山者，以金刚为蓬莱，头流为方丈，汉拿为瀛洲。未知是真个三神钦，抑好事者傅会之钦。若以老杜方丈三韩外之句观之，我鲜之有方丈，其信矣乎。"③"申公"，出自《史记·儒林列传》"申公，鲁人也"④。"天下名山八"，出自《史记·孝武本纪》"天下名山八，而三在蛮夷，五在中国"⑤。"蓬莱、方丈、瀛洲三神山"，出自《史记·秦始皇本纪》，"秦时方士"，指的就是《史记·秦始皇本纪》记载的"齐人徐市"。"鲜国"，朝鲜国，指当时的朝鲜王朝。

① （朝鲜）柳道源：《退溪先生文集考证》卷一，《韩国文集丛刊》第 31 辑，韩国首尔：景仁文化社，1989，第 279 页。
② 见（朝鲜）尹东野《弦窝集》附录，《韩国文集丛刊·续集》第 105 辑，韩国首尔：景仁文化社，2010，第 130 页。
③ （朝鲜）尹东野：《弦窝集》卷五，《韩国文集丛刊·续集》第 105 辑，韩国首尔：景仁文化社，2010，第 84 页。
④ （汉）司马迁：《史记·孝武本纪》，中华书局，2000，第 328 页。
⑤ （汉）司马迁：《史记·儒林列传》，中华书局，2000，第 2372 页。

尹东野的上述记载说，《史记》记载，申公说，天下有八座名山，其中五座在中国境内，三座在中国境外。《史记》还记载，秦代的方士说东海上有蓬莱、方丈、瀛洲三座神山。《史记》记载的在中国境外的三座名山，指的就是蓬莱、方丈、瀛洲这三座神山。在朝鲜的名山，传说金刚山是蓬莱，汉拿山是瀛洲，智异山是方丈，这些传说中的三神山不一定是真的，但中国唐代杜甫有"方丈三韩外"的诗句，说朝鲜半岛有方丈山，这应该是可信的。尹东野认为，朝鲜半岛的头流山，是当年徐福东渡寻找的三座神山之一方丈山。

朝鲜王朝晚期哲宗朝进士，哲宗、高宗朝官员闵胄显，字稚教，号沙厓，历官朝鲜汉城右尹、左承旨、兵曹参判等职，有《沙厓集》传世。《参判闵公胄显墓碣铭》记载："公为人端雅凝重，眉宇明秀，寡言笑，远声色。平居不以惰慢之气设于身，综事经物，周详精密。又沉静于问学，天性也。……律己甚严，凡于名利纷华，泊如也。释褐数十年，未尝出入于权贵之门。"[1]"释褐"，脱去平民衣服，喻担任官职。说闵胄显"沉静于问学"，淡泊名利，"律己甚严"，做官数十年，从来没有巴结权贵。

闵胄显写有诗歌《游方丈山双溪寺》，说当年徐福一行曾来到智异山采过药。

游方丈山双溪寺（寺门，有孤云笔三神山、青鹤洞等字）

物外胜游始自今，三神山上共登临。

昔年青鹤洞门锁，冬日葛花灵境深。

此地宜求徐市药，这间如遇磬裹琴。

溪楼留字人何去，寒月空传万古心。[2]

此诗系闵胄显游览智异山双溪寺，见到崔致远"三神山"等题词时有感而发。诗歌创作时间应是朝鲜哲宗己未年（1859），《沙厓先生文集》附

---

[1]（朝鲜）宋秉璇：《渊斋先生文集》卷三三，《韩国文集丛刊》第330辑，韩国首尔：韩国民族文推进会，2004，第138~139页。

[2]（朝鲜）闵胄显：《沙厓先生文集》卷一，《韩国文集丛刊·续集》第129辑，韩国首尔：景仁文化社，2011，第60页。

录记载："己未，先生五十二岁，二月，除文臣兼宣传官。三月，自白云山转至流头山，溯蟾江而归。"①

"双溪寺"，智异山的名刹，位于智异山南麓，建于朝鲜半岛的新罗国时期，后因朝鲜宣祖时期壬辰倭乱遭到毁坏，之后又重建。"孤云"，指崔致远，字孤云，号海云，唐末来华的著名新罗人，宾贡进士，官至唐朝殿中侍御史，赐紫金鱼袋。崔致远也是当时的著名诗人、文学家，留下了著名的文集《桂苑笔耕》。唐朝中和四年（884），崔致远回到新罗，在新罗王室任官，后因不得志而归隐山林。崔致远是朝鲜半岛有史以来首位留下个人文集的著名学者、诗人，被学术界尊称为朝鲜半岛汉文学的鼻祖。智异山双溪寺寺门上，有崔致远"三神山"的题词，说明在朝鲜半岛新罗时期，智异山就有三神山之一的称谓。

诗歌首联"物外胜游始自今，三神山上共登临"，意思是说，我在闲暇的时间和朋友一起外出游览，这次登临了三神山之一的智异山。"物外"，世外，超脱于尘世之外，这里指作者摆脱了繁杂的公务活动。"三神山"，这里既指智异山就是当年徐福要寻找的三神山的意思，因为作者在下面颈联提到徐福一行当年在这里采集过仙药，也有登临方丈山双溪寺，见到了寺门上当年崔致远"三神山"的题词的意思，因为作者在诗歌题目特别注明双溪寺寺门上的"三神山"是当年崔致远所题。作者除了《游方丈山双溪寺》诗外，在游览智异山时还写有《过智异山花开洞，忆孤云先生》诗，其中不仅有"怅望孤云何处遇，三神山色郁崔嵬"句，也注明"寺门，有崔孤云笔双溪石门及三神山等字"②。通过崔致远"三神山"的题词，我们也可以联想到，智异山一带在朝鲜半岛的新罗时期，就应该流传着徐福东渡的传说。

颔联"昔年青鹤洞门锁，冬日葛花灵境深"，意思是说，智异山青鹤洞的门之前是封闭的，人们不了解洞内的情况，传说青鹤洞内在冬日里仍盛开着葛花，是一个神秘的有灵气的地方。"青鹤洞"，古代文人多有记载，高丽王朝中期著名诗人李仁老曾作有《游智异山》诗，其中就有"策杖欲寻青鹤洞""始问仙源何处是"句，李仁老还写有《青鹤洞记》，将青鹤洞

---

① 见（朝鲜）闵胄显《沙厓先生文集》附录，《韩国文集丛刊·续集》第129辑，韩国首尔：景仁文化社，2011，第165页。

② （朝鲜）闵胄显：《沙厓先生文集》卷一，《韩国文集丛刊·续集》第129辑，韩国首尔：景仁文化社，2011，第54页。

写成了类似陶渊明《桃花源记》中的世外桃源。李仁老只是听说智异山有青鹤洞，但并不知在何处。朝鲜肃宗朝右议政，著名政治家、教育家许穆写有《智异山青鹤洞记》，提到了青鹤洞的位置："盖在双溪石门上，过玉箫东壑，皆深水大石，人迹不通。从双溪北崖，随山曲而上，攀傅岩壁，至佛日前台石壁上，南向立，乃俯临青鹤洞，石洞嵯岩，岩石上，多松多竹多枫。西南石峰，旧有鹤巢，山中老人相传，鹤玄翅丹顶紫胫，日色下见翅羽皆青，朝则盘回而上，入于杳冥，夕则归巢。今不至者几百年云。故峰曰青鹤峰，洞曰青鹤洞。"① 许穆虽然记载了青鹤洞的方位，但也是"人迹不通"，并没有人去过青鹤洞。闵胄显所处年代比李仁老晚了六百年，比许穆也晚了二百多年，当时应是有人去过青鹤洞，所以用了"昔年青鹤洞门锁"诗句，闵胄显写方丈山双溪寺，特意提到青鹤洞，主要是渲染智异山的神秘。

颈联"此地宜求徐市药，这间如遇磬襄琴"，意思是说，这里能够找到徐福当年在这里采集过的仙药，在智异山双溪寺仿佛还听到了中国古代乐曲的音响。"磬襄"，中国古代掌教击磬钟等乐器的乐师，载《论语·微子》。"磬襄琴"，这里指中国古代音乐。作者在这里既是说徐福一行来到了智异山，也是说，徐福一行在这里传播过中国文化。

尾联"溪楼留字人何去，寒月空传万古心"，意思是说，当年给双溪寺题字的人崔致远不知哪里去了，虽然离开这么多年了，但他题写的字却伴随着双溪寺上空清寒的月光而流芳万古。结合作者的《过智异山花开洞，忆孤云先生》诗，作者这里是在怀念崔致远，既为崔致远没有受到新罗国王室的重用，归隐山林而伤感，也为崔致远的题字使得智异山和双溪寺流芳千古而钦佩。

上述记载说明，朝鲜半岛金刚山、智异山一带不仅一直流传着徐福在这一带采集仙药的传说，而且许多人还认定，当年徐福东渡要寻找的三神山就是朝鲜半岛金刚山、智异山及济州岛的汉拿山。从上述记载还可以看出，徐福在这一带采集仙药的传说，千百年来一直流传，也说明徐福文化在这一时期的影响经久不衰。

---

① （朝鲜）许穆：《记言》卷二八，《韩国文集丛刊》第 98 辑，韩国首尔：景仁文化社，1992，第 141 页。

三　济州岛汉拿山

今韩国济州岛也是徐福传说的盛行之地，在朝鲜王朝的史料记载中，有人说济州岛是徐福第一次东渡采集仙药的地方，而且是徐福第一次东渡西归之处，徐福是从济州岛返回中国大陆的。也有人认为济州岛是徐福第二次东渡落脚称王之地。

朝鲜王朝中后期著名学者高晦，字汝根，斋号观澜，有《观澜斋遗稿》传世。高晦是著名政治家、思想家宋时烈的得意门生，但无意为官，多次征召不赴任，后因迫于多次征召，晚年任职永禧殿参奉、翊卫司侍直等。高晦去世后，鉴于高晦在当时的地位和影响，英祖王室又赠高晦为司宪府大司宪。《观澜斋先生侍直高公行状》记载："公禀气端粹，操履贞固。早游大贤之门，得闻为学之要。不事边幅，而内治严密。规模雍容，而持守者谨确。莅祸乱而不慑不惧，临死生而恬然如归。非有得于实地，能如是乎。"[1] 朝鲜礼曹参判沈承泽撰写的《观澜斋行翊卫司侍直赠司宪府大司宪高公墓志铭》也记载："其安贫也乐，玄琴是弹。其辞爵也坚，白刃亦蹈。……莅祸乱而不慑不惧，临死生而恬然如归。非有得于实地，其能如是乎。……其气像之闲雅，操履之笃实，盖亦本之于此矣。"[2] 由此可见高晦的为学和气节在当时的影响。

高晦写有《送崔牧使乃心赴任济州序》，其中提到济州岛应是当年徐福一行寻找的"仙山"：

> 济在国之东南大海中，而水路千里，至险者也。古称三神山，皆在东海，故济州一名瀛洲也。秦皇汉武之巡游海上，彷徨眺望。徐市、卢敖之驾楼船，往来惝恍者，要不出此地。其山高而秀，其水清而甘。灏气中亘，瑞霞飘空。无瘴疠之毒，无卑湿之疾。民不夭札，多至寿考。而年逾百岁者，往往有之。此风气异于他地。言其土物，则家家橘柚，处处骅骝。明珠玳瑁，海错山蔬。千寻之木，五谷之繁，可以

---

① 见（朝鲜）高晦《观澜斋遗稿》卷五附录，《韩国文集丛刊·续》第43辑，韩国首尔：景仁文化社，2007，第54页。

② 见（朝鲜）高晦《观澜斋遗稿》卷七附录，《韩国文集丛刊·续》第43辑，韩国首尔：景仁文化社，2007，第62页。

养生送死。语其民俗，则父慈子孝，男义女贞，不喜讼，不争斗。日出作，日入息，各食其力，不奔走贸迁，美哉习尚。五百里内，家皆可封。况自有生民以来，未尝被外国之兵。信乎天地中别界，人世间福地。仙山之说，诚涉荒诞，而若果有之，非此而何。①

"卢敖"，即《史记·秦始皇本纪》记载的卢生："始皇之碣石，使燕人卢生求羡门、高誓。"②"羡门、高誓"，传说中的仙人。卢敖曾是战国时期燕国的方士，后为秦始皇寻求仙人仙药受到赏识被封为秦朝五经博士，因担心受到秦始皇迫害，隐居山林。《淮南子》卷十二《道应训》记载有卢敖的事迹。这里提到"徐市、卢敖之驾楼船"，是为了说明徐福、卢敖等方士都来过济州岛寻仙。

"骅骝"，中国西周时期周穆王八骏之一，后泛指骏马。这里指百姓饲养的马骡牛羊等家畜。

"玳瑁"，即玳瑁，海龟的一种，也指宝石。这里指宝石、宝物。

"海错"，指众多的海产品。《尚书·禹贡》："厥贡盐绨，海物惟错。"③

"家皆可封"，即"彼屋而封"，说家家户户都有可受封爵的德行，出自《汉书·王莽传上》："明圣之世，国多贤人，故唐虞之时，可比屋而封。"④"比"，同"彼"。这里是说济州岛的百姓民风淳朴，素养很高。

朝鲜王朝著名学者高晦在《送崔牧使乃心赴任济州序》中通过对济州岛的地理位置、自然风光、海产物产、民风民俗的描述，说明了济州岛是当年徐福的寻仙之地。其序说，"秦皇汉武之巡游海上，彷徨眺望"济州岛，徐福当年"驾楼船"出海寻仙，在很远的地方就能模模糊糊地看到济州岛，"往来惝恍者，要不出此地"，"要"，这里是应该、必须的意思，说徐福一行必定会来到济州岛。其序说，济州岛"灏气中亘，瑞霞飘空"，海雾缭绕，弥漫在天地之间，亦真亦幻，犹如海上仙山，故"一名瀛洲也"，还因为这里空气清新，"无瘴疠之毒，无卑湿之疾"，所以"民不夭札，多

① （朝鲜）高晦：《观澜斋遗稿》卷二，《韩国文集丛刊·续》第43辑，韩国首尔：景仁文化社，2007，第26页。
② （汉）司马迁：《史记·秦始皇本纪》，中华书局，2000，第179页。
③ 张明林编《四书五经》第三卷《尚书》，中央民族大学出版社，2002，第24页。
④ （汉）班固：《汉书·王莽传上》，中华书局，2000，第3003页。

至寿考。而年逾百岁者，往往有之"，百姓身体健康，长寿超过百岁的人很多。其序说，济州岛不仅有人间珍宝和丰富的海产物产，"明珠玳瑁，海错山蔬。千寻之木，五谷之繁"，而且，百姓生活富足"家家橘柚，处处骅骝"，每家每户都有许多果树，百姓饲养的马骡牛羊等家畜也随处可见，这些山珍海味和丰富的物产，也有利于百姓"养生"。其序还说，济州岛是道德礼仪之地，"父慈子孝，男义女贞"，民风淳朴，"家皆可封"，家家户户都有着值得颂扬的德行。作者的结论是：济州岛是"人世间福地"，如果世上真有"仙山"，"非此而何"，那只能是济州岛了，言外之意也是，济州岛就是当年东渡不归之地。作者对济州岛民风的描述，也是在告诉我们，是徐福当年将中华文化带到了济州岛，使这里成为有着礼仪道德的东方君子之地。

朝鲜王朝中后期学者朴泰茂，字春卿，号西溪，有《西溪集》传世。朴泰茂祖籍中国山东泰安，他在《自铭》中写道："名泰茂字春卿，泰安人，尝卜筑岩居，名曰西溪书室，又曰养拙斋聋窝，自号西岳石门老人。"朴泰茂去世后，朝鲜著名哲学家、实学派代表人物李瀷在为其所作《挽词》中提到，"邹鲁之乡岭以南，真儒从古迹相参"①。"邹鲁"，指中国春秋战国时期的邹国、鲁国。因鲁国是孔子故乡，邹国是孟子故乡，后以"邹鲁"指文化昌盛之地，礼仪之邦。这里也是说朴泰茂传承了孔孟儒家学说。朝鲜司谏院大司谏尹弼秉撰写的《成均生员西溪先生墓志铭》也记载："公之一生规模，皆出于《小学》，由是而佩服六经，如熟路轻车。自身家而及乎乡党州间者，夫岂浅鲜也哉。""口维朴公，德行俱美。根于孝悌，佩兹诚敬。袭嫩世德，乐真天性。日用《小学》，壮而老而。学淹识博，经质书基。善士之称，岂独一乡。"②《小学》，中国北宋时期理学大师朱熹和其弟子刘清之合编的儒学经典之作。

朴泰茂在《答郑济州彦儒》中说："汉拿近已登临否？此秦皇帝遣徐福采药遗处。山中诸胜，必有奇绝可观。而烟涛万里，极目燕齐之涯。干端

---

① 见（朝鲜）朴泰茂《西溪集》卷八附录，《韩国文集丛刊·续》第59辑，韩国首尔：景仁文化社，2008，第572页。

② 见（朝鲜）朴泰茂《西溪集》卷八附录，《韩国文集丛刊·续》第59辑，韩国首尔：景仁文化社，2008，第569~570页。

坤倪，洞然于一顾眄之间。此亦丈夫快活一事也，足令人起羡。"① 汉拿山，朝鲜半岛传说的三神山之一。"燕齐之涯"，这里指中国战国时期燕国、齐国的沿海一带，即今渤海、黄海北部沿海一带，也是《史记·封禅书》记载的燕国国君、齐国国君派方士乘船出海起航之地。朴泰茂说，济州岛的汉拿山是"秦皇帝遣徐市采药遗处"，即当年徐福采集仙药后留下的地方，济州岛不仅风光奇绝，还可以远眺徐福一行乘船出发的燕齐之地。这也是说，济州岛就是徐福当年"入海求仙人"的目的地。

朝鲜王朝中后期著名哲学家、实学派代表人物李瀷，字子新，号星湖，有《星湖僿说》《星湖全集》《藿忧录》等著作传世，其哲学思想主要反映在后人编纂的《星湖僿说类选》中。李秉休为其所作《墓志》记载："生平论著，经国济民之策极多，其要在于损上益下，虽不能施之当世，必为后王取法。……今上丁未（1751），朝廷以缮工监假监役征，不就。癸未（1763）以大耋升资为金知中枢府事。"② 说李瀷的论著主要是为了国家经济发展和百姓的富庶，有利于百姓收入的提高。李瀷生前，作为一介平民，英祖王室还以其高龄为由授予其正三品的"金知中枢府事"职衔。这说明，李瀷的学术思想在当时有着重要的影响。当代学者也认为："李瀷在确立吸收西学成就，研究儒学经典以致用的学风中起到了带头作用。他在经学和经世学两个方面所取得的成就超越了以心法为重的理学，并在引导朝鲜儒学走向经世致用的实学的过程中起到了关键性的作用。"③

李瀷认为徐福一行到过朝鲜半岛南部和济州岛一带，他在《济州》一文中记载，"济州，古耽罗国，距陆九百七十余里，周围四百余里。山顶必凹陷，峰峰皆然。……徐福、韩终之入海，虽曰诬辞，其言曰：登之罘山望神山。之罘在东海边，始皇之登览者也。登此而望见者，疑若指此而。……岛中亦有'瀛洲'之名，可异"④。说当年秦始皇"登之罘山望神山"，可能远

---

① （朝鲜）朴泰茂：《西溪集》卷三，《韩国文集丛刊·续》第 59 辑，韩国首尔：景仁文化社，2008，第 307 页。

② 见（朝鲜）李瀷《星湖全集》附录卷一，《韩国文集丛刊》第 200 辑，韩国首尔：景仁文化社，1997，第 192 页。

③ 中国实学研究会、韩国实学学会、日本东亚实学研究会编著《影响东亚的 99 位实学思想家》，中国财富出版社，2015，第 120 页。

④ （朝鲜）李瀷：《星湖僿说》卷一《天地门·济州》，《韩国古典翻译书》第 1 辑，韩国古典综合库 DB，第 26~27 页。

眺的就是济州岛，因为济州岛名为"瀛洲"。"韩终"，和徐福同时期的方士，也曾被秦始皇派遣入海求仙。

李瀷在他的文章和诗歌中多次提到徐福，李瀷认为，当时朝鲜半岛南部的辰韩就是徐福一行建立的，还认为，日本也是徐福东渡的目的地。

朝鲜肃宗朝进士任征夏，字圣能，自号西斋，有《西斋集》传世。任征夏因直言上书触怒英祖国王受刑致死，正宗登基后平反，纯宗登基时又予以追封。任征夏被害百年后，担任过朝鲜宪宗、哲宗两朝领议政的赵寅永还撰文高度赞赏任征夏："光明峻正""天所以成就公"①。任征夏曾创作有《济州杂诗》二十首，其中第七首诗说济州岛就是古代传说的海上神山，第八首诗提到徐福在济州岛采药后从这里回到了中国，而且济州岛很早就有供奉徐福的庙宇。

济州杂诗
其七

圆峤古神山，群仙栖此间。

焉携清玉杖，独叩白云关。

何必升天去，但须乞药还。

刀圭分与众，同我驻朱颜。

其八

徐市求仙去，应从此岛回。

老人南极在，童女玉函来。

碧海几回变，蟠桃犹未开。

乙那亦尘土，遗庙至今衰。②

《济州杂诗》第七首诗的首联"圆峤古神山，群仙栖此间"，意思是说，济州岛是古代传说的海上神山圆峤山，有很多神仙居住在这里。"圆峤"，

---

① 见（朝鲜）任征夏《西斋集》序，《韩国文集丛刊·续集》第68辑，韩国首尔：景仁文化社，2008，第425页。
② （朝鲜）任征夏：《西斋集》卷二，《韩国文集丛刊·续集》第68辑，韩国首尔：景仁文化社，2008，第464~465页。

即员峤，古代传说中海外五仙山之一，出自《列子·汤问》："渤海之东不知几亿万里，有大壑焉……其中有五山焉：一曰岱舆，二曰员峤，三曰方壶，四曰瀛洲，五曰蓬莱。"[1]

颔联"焉携清玉杖，独叩白云关"，意思是说，既然济州岛就是仙山，有这么多的神仙在这里，我拄着镶嵌着清玉的拐杖从哪里可以找到上天入关的门呢？

颈联"何必升天去，但须乞药还"，意思是说，既然找不到上天的门，就没必要去追求升天做神仙了，只要在这里（指济州岛）找到长生不老药回家就可以了。

尾联"刀圭分与众，同我驻朱颜"，意思是说，把在济州岛采集到的药材分给大家服用，就会和我一起青春永驻。"刀圭"，古代量中药的器具，也代指药物。"朱颜"，这里指面容红润，青春年少。

《济州杂诗》第八首诗的首联"徐市求仙去，应从此岛回"，意思是说，当年徐福入海求仙到了济州岛，之后又从济州岛回到了自己的国家。这里应指《史记》记载的徐福第一次入海求仙之事。因为《史记》记载的徐福第二次入海求仙，"徐福得平原广泽，止王不来"[2]，徐福到了海外，并在海外称王，建立了自己的国家。

颔联"老人南极在，童女玉函来"，意思是说，济州岛这里有主管长寿的神仙南极老人，有仙童带着的仙药。"老人南极"，指南极老人，星宿名，亦称寿星。南极老人也是中国民间信仰的神仙——南极仙翁。"玉函"，指医书或好的药方，这里应指仙药。颔联也可以这样解读：济州岛有许多长寿的老人，这里的孩童也知道长寿的药材和药方。

颈联"碧海几回变，蟠桃犹未开"，意思是说，济州岛也经历了沧海桑田的多次变迁，但可长生不老的蟠桃树，在济州岛至今还没开花结果呢。"蟠桃"，这里指中国古代传说的仙果，传说吃了王母娘娘蟠桃园的蟠桃，可长生不老，与天地齐寿。

尾联"乙那亦尘土，遗庙至今哀"，意思是说，济州岛的祖先高乙那、良乙那、夫乙那等也早已化成了尘土，济州岛纪念他们的遗庙今天留下的也只

---

[1] （晋）张湛注《列子·汤问》，上海古籍出版社，2014，第130页。

[2] （汉）司马迁：《史记·淮南衡山列传》，中华书局，2000，第2348页。

是凄凉和悲切。"乙那"，应指传说的济州岛祖先高乙那、良乙那、夫乙那。

任征夏的上述诗歌说明，朝鲜肃宗至英祖时期，济州岛一带流传着徐福采集仙药的传说，所以，任征夏将其写进了自己的诗歌。诗中提到的徐福一行采集仙药后，"应从此岛回"，也是今韩国济州岛西归浦市名字由来的原因之一。今西归浦市对外宣传的资料就说，当地传说其城市的名字于当年徐福在济州岛采集仙药有关，位于济州岛南部海岸的西归浦市，原是一处渡口，徐福第一次东渡后回国，就是从这里的渡口乘船起航向西去的，故名西归浦。今天的西归浦市有多处纪念徐福的设施，就是因为这里自古以来就盛传着徐福在济州岛采集仙药的传说，任征夏的诗歌也再次印证了这一点。

朝鲜王朝后期著名史学家李种徽，著有《东史志》《高丽史志》等史学专著，有《修山集》传世。与李种徽同时期的，历官朝鲜吏曹判书、大提学的洪良浩为《修山集》做序，其中记载："修山李公遗稿，学以经术为宗而发为文章，兼治史学，尤明于东方地志。上自檀箕三韩之远，下逮新罗、丽、济之间，其山川险易，疆界沿革，无异手抚而足蹑。至如肃眘、沃沮、濊貊、渤海之穷绝荒昧，载籍难稽，离合无常者，率皆旁引曲证，缕分丝络。如合璋而知珪，联袂而成衣，粲然罗列于目中。其用功之专且博，何其伟也。"[①] 与李种徽同时期的著名学者申大羽为《修山集》做跋，其中记载："《修山集》若干卷，见识之高明也，考核之综淹也，发挥辩说之的确也，凝乎其气也，隽乎其味也，亮非肤学一孔士技能之所仿佛，于乎伟哉。……而以修山之高才邃文，糠秕以出之，自足惊世震俗，雷灌耳而电注目也。"[②] 两位当时的著名学者均对李种徽的史学贡献给予了很高评价。

李种徽也认为徐福当年采药来到了济州岛，他在《二云游记》一义中记载："镇人告曰：'耽毛罗在巨济之西南，其间有莲花蓂芝。中国、倭船之交往者，必由之也。'余于是，有感焉，此秦人徐市之所从采药道也。"[③]《二云游记》系壬申（1752）四月作者游览济州岛所记，"耽毛罗"，即耽

---

① 见（朝鲜）李种徽《修山集》序，《韩国文集丛刊》第 247 辑，韩国首尔：景仁文化社，2000，第 277~278 页。

② 见（朝鲜）李种徽《修山集》跋，《韩国文集丛刊》第 247 辑，韩国首尔：景仁文化社，2000，第 599 页。

③ （朝鲜）李种徽：《修山集》卷三，《韩国文集丛刊》第 247 辑，韩国首尔：景仁文化社，2000，第 327 页。

罗，一名毛罗，韩国古国，活跃在济州岛一带，见载于《元史·外夷传一·耽罗》。李种徽认为，济州岛的西南部，当年耽罗国一带，就是徐福采集仙药路过的地方。作者在这里虽然没有提到徐福在济州岛采集仙药后的定居之所，但作者游览济州岛联想到徐福在这里采集过仙药，应该说是与当地广泛流传的徐福东渡的传说有关。

朝鲜英祖、正祖、纯祖时期著名哲学家，实学派代表人物之一，官员朴趾源，字仲美，号燕岩，有《燕岩集》传世。当代学者认为，朴趾源是"18世纪朝鲜杰出的自然科学家、哲学家、著名文学家和政治思想家"。"他年仅20岁已成为社会改革的倡导者和著名文学家，但由于对当时政治世道不满，不赴科举，便隐居在黄海道金泉燕岩峡归农。1780年，朴趾源随使臣来清朝，……撰写了著名的《热河日记》。《热河日记》共26卷10册，其内容主张学习清王朝的先进技术与流通程序，让落后的朝鲜王朝也变得富强起来。他的这种思想也吸引了许多年轻学者，由此而形成了北学派。"[1]

朴趾源在多篇文稿中提到徐福和他们寻找的三神山，其中在《热河日记》中有这样的记载："高丽之学，始于箕子。日本之学，始于徐福。"[2] 箕子是商代最后一个国王纣王的叔父，官太师，周武王伐纣后，允许箕子建立自己的国家，箕子率部分商朝遗民在朝鲜半岛北部建立了箕氏侯国，史称"箕子朝鲜"。有关"箕子"的史料，主要出自《史记·宋微子世家》的记载。朴趾源认为，朝鲜的文化来自"箕子"，而日本的文化来自"徐福"，这里也是说，朝鲜的文化，日本的文化，都受到了中国古代文化的强烈影响。

朴趾源在《与人》一文中还提到："《皇舆考》所称天下神山有八，其三在外国，或曰枫岳为蓬莱，汉拿为瀛洲，智异为方丈。秦之方士所言三神山有不死药，此乃后世之人参也。一茎三桠，其实如火齐，其形如童子，古无人参之名，故称不死药，以诳惑贪生之愚天子。"[3]《皇舆考》，中国明

---

[1] 中国实学研究会、韩国实学学会、日本东亚实学研究会编著《影响东亚的99位实学思想家》，中国财富出版社，2015，第148页。

[2] （朝鲜）朴趾源：《燕岩集》卷一五，《韩国文集丛刊》第252辑，韩国首尔：景仁文化社，2000，第324页。

[3] （朝鲜）朴趾源：《燕岩集》卷三，《韩国文集丛刊》第252辑，韩国首尔：景仁文化社，2000，第79页。

代嘉靖丁未（1547）进士张天复所编地理著作。说《皇舆考》记载，天下神山有三座在朝鲜，枫岳（金刚山）是蓬莱，汉拿山是瀛洲，智异山是方丈。当时秦朝方士徐福等人说的三神山上的不死药，指的是人参，他们说人参是"不死药"，以此来欺骗希望长生不老的"贪生"的秦始皇。作者这里也是说，当年徐福一行东渡，是到朝鲜半岛来采集"不死药"人参的。朴趾源在《铜兰涉笔》一文中再次谈道："方士所说三神山，蓬莱、方丈、瀛洲，在海中，神仙常往来游居其间。日本人自认为其国所有，我国亦以金刚山为蓬莱，济州汉拿山为瀛洲，智异山为方丈。"① 说当时的朝鲜人认为，"方士所说三神山"，就是朝鲜的金刚山、汉拿山、智异山。朴趾源这里的记载的"方士"，指的主要是徐福。

第二节　三韩之辰韩与徐福文化

高丽时期就有官员、学者提出，秦汉时期活跃在朝鲜半岛的辰韩应与徐福东渡有关，朝鲜王朝时期更有官员、学者明确指出，辰韩就是徐福东渡来到朝鲜半岛南部后建立的国家。

一　徐福寻仙处，新罗入贡余

元朝时期的高丽官员，著名学者、诗人李谷，字仲父，初名芸白，号稼亭，谥号文孝。李谷历官高丽政堂文学、知春秋馆事、大匡韩山君、艺文馆大提学、都佥议赞成事、上护军、奉议大夫征东行中书省左右司员外郎、郎中等职。《高丽史·李谷列传》记载，李谷"中征东省乡试第一名，遂擢制科"，殿试"第二甲"，"谷与中朝文士交游讲劘，所造益深。为文章操笔立成，辞严义奥，典雅高古，不敢以外国人视也"，"性端严刚直，人皆敬之"。李谷有《稼亭集》传世，明永乐壬寅年（1422），曾任朝鲜王朝大提学的柳思讷在《稼亭集跋》中记载："父子相继擢高科登史翰，名闻中夏，世称其美，惟稼亭与牧隐两先生而已。"② 说李谷和他的儿子李穑相继在

---

① （朝鲜）朴趾源：《燕岩集》卷一五，《韩国文集丛刊》第252辑，韩国首尔：景仁文化社，2000，第324页。

② 见（朝鲜）李谷《稼亭集》跋，《韩国文集丛刊》第3辑，韩国首尔：景仁文化社，1990，第239页。

中国的科举考试中取得了好成绩，在中国有很大影响。"牧隐"，指李谷之子李穑，号牧隐，朝鲜高丽末、朝鲜王朝初著名理学大师。明代万历年间编的《朝鲜诗选》收录李谷的诗二首。朝鲜王朝中期编纂的诗歌总集《箕雅》收录李谷诗歌"七绝一首、五律三首、七律四首、五古二首、七古一首"[1]。朝鲜王朝著名文学评论家、诗人徐居正在《东人诗话》评论说："稼亭之诗精深平淡，优游不迫，格律精严。"[2]

李谷曾写有诗歌，说朝鲜半岛东南部的蔚州一带是当年徐福东渡寻仙落脚的地方。

郑仲孚示予去年蔚州所作东莱十首次其韵
其三

> 行迈嫌为客，淹留拟卜居。
> 凭轩闻怪鸟，举网得嘉鱼。
> 徐福寻仙处，新罗入贡余。
> 孤城与乔木，极目故踌躇。[3]

《郑仲孚示予去年蔚州所作东莱十首次其韵》共十首，这里选录的是其中的第三首。诗歌是与他人的和答诗。高丽时期的蔚州，及后来的蔚州郡，今韩国蔚山广域市西南部，这一带也称东莱，朝鲜王朝时期在此设置过东莱府。东莱府辖区，包括今韩国蔚山、釜山一带。这一带也是朝鲜半岛三国时期新罗国的地盘。新罗国的前身是辰韩，原活跃在朝鲜半岛东南部，今韩国东部一带，唐高宗时期，在唐朝军队的支持下，统一了朝鲜半岛。这一带与日本对马岛隔海相望，也是传说的徐福东渡日本的必经之路，所以，作者在蔚州作东莱诗，就把徐福东渡和新罗国的史料纳入诗中。

首联"行迈嫌为客，淹留拟卜居"，意思是说，蔚州的主人埋怨我们这些远游的客人，不能行走不止，要停下来歇歇脚，并给我们选择了居所，

---

① 赵季、张景昆：《〈箕雅〉五百诗人本事辑考》，人民文学出版社，2013，第96页。
② 赵季、张景昆：《〈箕雅〉五百诗人本事辑考》，人民文学出版社，2013，第96页。
③ （朝鲜）李谷：《稼亭集》卷七，《韩国文集丛刊》第3辑，韩国首尔：景仁文化社，1990，第206页。

极力地挽留，让我们住下来。"行迈"，行走不止，远行。"淹留"，这里应是挽留、留住的意思。"卜居"，选择居住的地方。首联主要交代蔚州主人的热情好客。

颔联"凭轩闻怪鸟，举网得嘉鱼"，意思是说，在我们的住处就能听到各种各样鸟的鸣叫声，在住处的海边，撒下网去就能捕到珍贵美味的鱼。颔联主要交代蔚州的美景美食。

颈联"徐福寻仙处，新罗入贡余"，意思是说，蔚州沿海一带也是当年徐福寻仙落脚的地方，也是与中国保持密切关系、向中国纳贡的新罗国的地盘。颈联主要交代蔚州与中国往来的历史，三韩时期的辰韩是当年徐福一行活跃的地方，后来的新罗国更是与中国保持着密切的往来。这里的意思也是说，新罗国之所以与中国保持着友好的往来，是因为新罗国的前身是辰韩，而辰韩的建立应与当年秦人徐福寻仙有关。此句也可以这样理解，因徐福一行开通了朝鲜半岛东南沿海一带与中国的航路，所以地处朝鲜半岛东南部的新罗也开始了与中国的往来，而且与中国关系密切，所以向中国"入贡"。

尾联"孤城与乔木，极目故踌躇"，意思是说，在蔚州城与高大的树木旁，遥望远处拿不定主意。这里是照应前面三联的内容，交代作者当时犹豫不决的心情：在蔚州主人热情的挽留下，蔚州这里不仅有美景美食，而且还有深厚的历史文化，是立即动身继续远行，还是再逗留几天，拿不定主意。

秦朝与朝鲜半岛南部沿海一带的海上往来，《三国志·魏书·东夷传》记载有"循海岸水行"[1]，即沿着海岸行航行。由于当时远海航行只能靠日月星辰或目视导航，船的动力只能靠海风或人力摇橹，"循海岸水行"，遇到大的风浪时可紧急靠岸避风。船只受损，也可以及时靠岸维修，同时也便于沿途淡水、粮饷的补给。《新唐书·志第三十三下·地理七下》详细记载了从山东半岛到朝鲜半岛东南部新罗都城这一段"循海岸水行"航线，即从"登州（今烟台蓬莱）东北海行"，过庙岛群岛"至马石山东之都里镇（今大连石岚子）"，再沿辽东半岛海岸线往东偏北至"乌骨江（鸭绿江

---

① （晋）陈寿：《三国志·魏书·东夷传》，中华书局，2000，第854页。

口）",再沿朝鲜半岛海岸线南下"至新罗王城（今韩国庆州）"①。这样一条航线，是否是当年徐福船队开辟的，我们无法断定，但在这条航线上，有载有几千人甚至上万人的大型船队通过，徐福一行是先行者，为汉代直至唐代中国、朝鲜、日本海上官方往来开辟了航路。李谷诗歌"徐福寻仙处，新罗入贡余"句，也应包含这样的意思，即徐福东渡寻仙使后来朝鲜半岛东南部的新罗与中国有了密切的官方往来。这也是徐福东渡给朝鲜半岛南部带来的重要影响。

二　不堪烦役，浮海而来

朝鲜肃宗朝进士，肃宗、景宗、英祖朝官员权相一，字台仲，号清台，有《清台文集》传世。权相一历官朝鲜承政院右副承旨、司谏院大司谏、中枢府知事兼司宪府大司宪等职。朝鲜王朝晚期著名学者李象靖撰写的《知中枢府事清台权公行状》记载："公资禀清介，符彩精明，皎如玉树临风。幼袭庭训，长益励志。潜心性理之学，以尊德性道问学，为进修之门，以毋自欺慎其独，为省察之要。……爵秩愈高，益厉难进之志。而爱君忧国之诚，不以退闲而暂忘。往往发于梦寐，见于诗章。见西来人，必问圣候之安否。莅县邑，以视民如伤为治本，以兴学育材为己任。不为赫赫近名之事，而士慕民悦，久而不能忘也。"②"西来人"，指来自中国的人。说权相一潜心研究学问，为人为官严于律己，官位越高，对自己要求越严，以爱国忧民为己任，得到了同僚和百姓的赞赏。

权相一在《答李子新》一文中也谈到了徐福东渡，他认为当年徐福一行应落脚在朝鲜半岛东南部，朝鲜半岛的辰韩应与徐福东渡有关。

> 盖东海中三神山，语涉荒诞，初出于燕、齐方士辈虚夸之说。然既曰有之，则我国之以金刚、智异、汉拿拟之者好矣。杜子美诗一句，足为证案。而我国名山，以金刚为第一，则蓬莱之称，舍此山不可得也。徐市为避秦计，以神山采药之说，欺弄始皇，其所止泊处，

---

① （宋）欧阳修等：《新唐书·志第三十三下·地理七下》，中华书局，2000，第751页。
② （朝鲜）李象靖：《大山先生文集》卷五〇，《韩国文集丛刊》第227辑，韩国首尔：景仁文化社，1999，第495~496页。

不可详知。而惟日本有徐福祠，此或近之。秦人之为辰韩似分明，秦
时有浮宅之民，若青齐等地，不堪役烦，浮海而来，接于我国东南，
势或有之也。①

权相一在记载中说，传说中的三神山，是燕、齐方士编造出来的，如
果有三神山，就是朝鲜半岛的金刚山、智异山、汉拿山，而这三山中，号
称蓬莱山的金刚山应排名第一。当年徐福为逃避秦始皇的迫害，"以神山采
药"为名东渡大海，人们并不知道徐福到哪里去了，因为"日本有徐福
祠"，故传说徐福到了日本，"此或近之"，虽说也有可能，但是朝鲜半岛的
"辰韩似分明"，辰韩是徐福一行建立的可能性更大些。因为秦朝就有山东
半岛的原齐国的百姓"不堪役烦，浮海而来"，乘船到了朝鲜半岛东南部，
即辰韩的所在地。

"金刚、智异、汉拿"，即前面提到的朝鲜半岛的金刚山、智异山、
汉拿山，作者在这里之所以说"以金刚为第一"，是要说明徐福一行与辰
韩的联系，因为金刚山近邻辰韩，或就在当时辰韩活动的辖区内。"杜子
美诗"，杜甫的诗中有"方丈三韩外"句。"浮宅"，指船。"青齐"，指
中国古代的青州和春秋战国时的齐国，二者辖区基本一致，都指山东半岛
或今山东大部。徐福是原齐国的方士，秦始皇时期，也是从山东半岛起航
东渡。

三　秦人而浮海非流民所办

朝鲜王朝中后期著名哲学家、实学派代表人物李瀷，还写有《徐市》
一文，关于徐福东渡的原因、目的地谈了自己的看法，他认为辰韩应是徐
福一行依仗所携带的大量的秦朝的人力物力所建立的。《徐市》一文全文
如下。

徐　市

三山之说昉于燕齐之君，《史记·封禅书》云：邹衍以阴阳主运显

---

① （朝鲜）权相一：《清台先生文集》卷六，《韩国文集丛刊·续集》第 61 辑，韩国首尔：景
仁文化社，2008，第 328~329 页。

于诸侯，而燕齐海上之方士传其术不能通，自齐威、宣、燕昭使人入海，求蓬莱、方丈、瀛洲，此三神山者，其传在渤海中，去人不远。及至始皇，乃赍童男女入海求之。衍是齐人，而燕昭王师事之，则燕齐迂怪之说，衍为之作俑，而三山非起于始皇矣。既云去人不远，而射鱼于之罘山下，之罘在莱州文登县东北，始皇尝登临刻石，若远入东洋，何必道由莱海耶。由此而直抵者，惟朝鲜在耳。其间虽岛屿罗络，曷尝有仙居，如方士所言，此其所指，可以仿佛识取矣。倭人言：三山在其国，以热田、熊野、富士当之，徐市之后为秦氏。《括地志》云：市居亶州，晋时异人来贸易，此孙权之欲俘其民而不能达者也。又安知亶非檀君之国耶。句丽而亦称骊，何以异是。朝鲜人云：三山在国中，以金刚、智异、汉拿当之。杜诗："方丈三韩外"，注云：在带方国南。此诗此注，未知何据。渠必有考，而非的证也。《通典》云：百济海中有三岛，出黄桼树，六月取汁桼器物若黄金，此乃今之黄漆，而惟济州产此物。则三岛者，即济州之称，又或岛中有三座山而云尔也。《高丽赵彝传》云：有金裕者，叛，入元绐云：海东三山有药物，遣我可得。于是贵元丞相安童书来曰：闻王国土产可备药，用其品三山液药方：大岭山香栢子，智灵洞全蜜，有体人参，南海岛失母松，金刚山石茸，观音松上水，风眠松叶，不尽录。盖或有或无，后徐市而同套者也，且置三山之有无。市之东浮，则非讹五百童船，果何处止泊而不还耶？惟我太平之邦，爰自邃古，箕子逊荒则来居，孔圣浮海则欲居，自是海外乐地之首。如倭者不过一味岛夷，风气俗尚无足言者。市既避秦入海，必不舍朝鲜而投倭也。其所谓三山仙药，特誓言瞒人也。按《东史》：辰韩者，秦之避乱者。《通考》云：其言语有类秦人，故或谓秦韩。秦与辰音同，《左传》辰嬴可证也。夫朝鲜之于秦，即风马牛也。齐民流移之徒，岂有越万里度夷貊得至东国之理。又岂有过辽沈四郡之墟，而穷到我东南之一角耶。想其势非浮海则不能达也。关中之于东海，既东西厓角，秦人而浮海非流民所办，必将赖国之资送者也。当其时徐市浮海而东邦，果有自秦来泊者，辰韩之为徐市国可知。史云：马韩割东界与辰韩，箕准者立国于汉初者也。然杜佑《通典》云：准攻马韩破之，自立为韩王。则准之前已有马韩矣。意者童船直指三山，来泊马韩之界，马韩割其东与之为辰韩。而未几，马韩为箕准所逐也。《通典》只云弁辰，而不谓之辰韩，又弁、辰二国之所统小国二十四，而以弁辰称者十一。然则弁国亦必秦人同时来者矣，东人不能深考谓。三韩之号，起自箕准误矣。其以枫岳当蓬莱者，无所据。佛书有一万二千、昙无竭住在东海金刚之语，于是以枫岳当之，而又以峰岫之多当一万二千之目，不但昙无竭之非峰岫，亦何曾有许多峰耶。又因徐市三山之语，乃据杜注指智异为方丈，而蓬莱无所故，臆以为三山之一，其不根如此。《史记·淮南王传》：秦皇帝遣振男女三千人，资之五谷种百工而行，徐福得平原广泽，止王不来。语有不同，当考。①

　　"邹衍"，又称邹子，战国时期齐国人，稷下学宫著名学者，五行学说创始人，阴阳家的代表人物，代表作《邹子》。邹衍到过赵、魏、燕等诸侯国，均受到礼遇。《史记·封禅书》记载："驺衍以阴阳主运显于诸侯，而燕齐海上之方士传其术不能通，然则怪迂阿谀苟合之徒自此兴，不可胜数也。"②《徐市》一文提到"邹衍"，主要是说"三山之说"，"衍为之作俑，而三山非起于始皇矣"。这里也是说，"三山之说"不是徐福的创造，是邹衍提出来的，而且影响了战国时期齐国、燕国的国君，进而影响了后来统一中国的秦始皇。

　　"文登县"，今威海市文登区，明清时期属登州府管辖，这里提到"莱州文登县"，应指从西汉开始一直到唐代武则天时期，文登县都属治所在莱州的东莱郡、光州、莱州管辖。中国南北朝时期至唐初，芝罘岛都属文登县管辖，《徐市》一文说"之罘在莱州文登县东北"，应是来自中国唐代《括地志》"之罘山在莱州文登县西北"③，只是作者将"文登县西北"写成了"文登县东北"，应是引用时的笔误。"热田、熊野、富士"，日本传说的三座神山，也是传说徐福东渡到日本采药和落脚之地。

　　"《括地志》"，唐初唐太宗时魏王李泰组织编纂的大型地理著作。

---

① （朝鲜）李瀷：《星湖僿说》卷二〇，《韩国古典翻译书》第 8 辑，韩国古典综合库 DB，第 30~31 页。

② （汉）司马迁：《史记·封禅书》，中华书局，2000，第 1170 页。

③ （唐）李泰等著，贺次君辑校《括地志辑校》，中华书局，1980，第 150 页。

"带方国"，指北带方，治所在今朝鲜平壤南沙里院一带。《三国遗事》记载："北带方，本竹覃城。新罗弩礼王四年（27）带方人与乐浪人投于罗。此皆前汉所置乐浪郡名，其后僭称国，今来降。"① 《徐市》一文提到"带方国"，是说明徐福当年寻找的"三神山"，在"在带方国南"，即朝鲜半岛南部。

"《通典》"，唐代杜佑所著，《徐市》一文提到的"百济海中有三岛"等相关记载，载《通典》卷一百八十五《边防一·东夷上·百济》："南海中有三岛，出黄漆树，似小棕树而大，六月取汁漆器物若黄金，其光夺目。"作者引用《通典》的记载，是为了说明徐福当年寻找的"三神山"应是"百济海中有三岛"，或是济州岛，或是"岛中有三座山"。

"《高丽赵彝传》"，指《高丽史》列传卷第四十三《赵彝·金裕·李枢》②，《徐市》一文引用《高丽史》中的相关记载，是为了说明朝鲜半岛的"三山有药物"，是当年徐福东渡采集仙药的地方。

"《东史》"，应指安鼎福所著《东史纲目》。安鼎福曾直接受教于李瀷，《东史纲目》也是受李瀷实学思想影响完成的。李瀷《徐市》一文引用的《东史》中的"辰韩者，秦之避乱者"，出自《后汉书·东夷列传》和《三国志·魏志·东夷传》，如《后汉书·东夷列传》记载："辰韩，耆老自言秦之亡人，避苦役，适韩国，马韩割东界地与之。……有似秦语，故或名之为秦韩。"③《三国志·魏志·东夷传》："辰韩在马韩之东，其耆老传世，自言古之亡人避秦役来适韩国，马韩割其东界地与之，有城栅，其言语不与马韩同，名国为邦，弓为弧，贼为寇，行酒为行觞。相呼皆为徒，有似秦人。"④

李瀷《徐市》一文引用的《通典》中马韩、辰韩、弁韩的记载，最早见载于《后汉书·东夷列传》和《三国志·魏志·东夷传》，马韩是朝鲜半岛原有的居民，居住在今韩国西部一带，辰韩是由"秦之亡人"所组成的，居住在今韩国东部一带，弁韩在马韩和辰韩之间，由当地居民和辰韩人"杂居"所组成。《徐市》一文引用相关内容，也是为了说明，是徐福东渡

---

① （高丽）一然著，孙文范等校勘《三国遗事》，吉林文史出版社，2003，第34页。
② 孙晓主编《高丽史·列传卷第四十三》（标点校勘本），西南师范大学出版社、人民出版社，2014，第3941页。
③ （南朝·宋）范晔：《后汉书·东夷列传》，中华书局，2000，第1905页。
④ （晋）陈寿：《三国志·魏志·东夷传》，中华书局，2000，第632页。

将山东半岛齐地的先进生产力和文明习俗带到了朝鲜半岛。

"《通考》"，指中国宋元之际马端临所撰《文献通考》，简称《通考》。《徐市》一文引用的"《通考》云：其言语有类秦人，故或谓秦韩。秦与辰音同"，出自《后汉书·东夷列传》和《三国志·魏志·东夷传》。作者引用中国的《通考》和朝鲜《东史纲目》的记载，都是为了说明，中国的秦汉时期，活跃在朝鲜半岛东南部的辰韩是"秦之避乱者"建立的，这也是为论证辰韩是徐福建立的做铺垫。

"《左传》"，相传是中国春秋时期鲁国史官左丘明所撰，是中国第一部叙事的编年史著作。《徐市》一文引用的"《左传》辰嬴可证也"，"辰嬴"，指春秋时期秦穆公之女怀嬴，也称"辰嬴"。作者引用这段中国早期的史料是想说明，"辰嬴"即秦嬴，辰韩即秦韩，也是在论证辰韩是秦人徐福建立的。

"夷貊"，古代中国中原地区对东方和北方少数民族的称谓，这里代指山东半岛原齐国的百姓走陆路去朝鲜半岛所经过的北方及东北地区

"东国"，指当时的朝鲜，明清时期，朝鲜是中国的附属国，其位置在中国中原地区以东，故自称"东国"。

"辽沈四郡"，指西汉时期辽西郡、辽东郡、玄菟郡、乐浪郡。《徐市》一文提到"辽沈四郡"，同提到"夷貊"一样，都是说居住在山东半岛的"齐民流移之徒"，不可能"越万里度夷貊"，再过"辽沈四郡之墟"，绕这样一个大圈，走这么远的距离，到朝鲜半岛的"东南之一角"的马韩的东部一带。这也都是为了说明要到达"东南之一角"，"非浮海则不能达也"，只能乘船才能来到这里。作者也是为论证辰韩是徐福建立的做铺垫。

"箕准"，箕氏朝鲜最后一任国王，箕氏朝鲜的辖区在朝鲜半岛北部，今平壤一带。箕氏朝鲜汉初时被卫满所破，箕准带领余众数千人渡海南逃朝鲜半岛西南部的马韩，自立为韩王，后又被马韩人推翻。《徐市》一文引用箕准这段历史，主要是强调在箕准"自立为韩王"之前，"已有马韩矣"，"三韩之号，起自箕准误矣"。同时指出"马韩割其东与之为辰韩"，早于箕准"自立为韩王"。

"佛书有一万二千"，指《华严经》记载的金刚山一万两千座山峰。

"昙无竭"，中国东晋末南北朝初期僧人，南北朝宋永初元年（420），昙无竭带领二十五位僧人西天取经，事迹载《高僧传》卷三《释昙无竭

传》。《徐市》一文将朝鲜半岛的金刚山与佛教经典《华严经》和高僧昙无竭相联系，主要是强调金刚山的仙山特色，以说明金刚山就是蓬莱山，是徐福东渡寻找的三神山之一。

李瀷在《徐市》一文中主要强调的观点是，徐福东渡"避秦入海，必不舍朝鲜而投倭也"。他的称王之地在朝鲜半岛南部和济州岛一带。由"秦之避乱者"建立的辰韩，是"齐民流移之徒"越海到这里建立起来的，"辰韩之为徐市国可知"，辰韩是秦朝人徐福建立的国家。因为秦朝的齐人"非浮海则不能达也"，只有乘船来才能达到朝鲜半岛南部和济州岛一带。但仅是乘船来的秦朝的流民还建立不了国家，"秦人而浮海非流民所办，必将赖国之资送者也"，只有像徐福那样带着大批的赖以建立国家的人员和物资才有可能办得到。

辰韩的建立在朝鲜半岛历史上有着划时代的重要意义，李瀷作为朝鲜王朝著名的哲学家、实学派代表人物，虽然没有提到辰韩为朝鲜的发展所带来的巨大影响，但他能够将辰韩与徐福联系在一起，提出徐福建立了辰韩，就是说徐福曾为朝鲜半岛南部，即今韩国一带的社会进步做出了重大贡献。

先秦时期，朝鲜半岛南部的本地居民是马韩，马韩当时还处在原始社会生活状态，生产力低下，这一点，《后汉书》和《三国志》均有相同的记载，因《后汉书》成书早于《三国志》一百多年，这里摘录《三国志》的记载：

> 其民土著，种植，知蚕桑，作绵布。……其俗少纲纪，国邑虽有主帅，邑落杂居，不能善相制御。无跪拜之礼。居处作草屋土室，形如冢，其户在上，举家共在中，无长幼男女之别。其葬有椁无棺，不知乘牛马，牛马尽于送死。以璎珠为财宝，或以缀衣为饰，或以悬颈垂耳，不以金银锦绣为珍。[1]

《三国志》记载的应是当时，或中国汉朝时期马韩人的生活状态，即使到了这个时间，马韩仍保留着许多原始部落的生活特征。"其俗少纲纪"

---

[1] （晋）陈寿：《三国志·魏志·东夷传》，中华书局，2000，第630页。

"无长幼男女之别"的礼仪习俗，说明马韩人仍停留在原始社会的人际关系中；"居处作草屋土室，形如冢，其户在上"的居住条件，等同于原始人类的半地下房屋；"不知乘牛马，牛马尽于送死"，牛、马只能作为猎杀的对象，也说明马韩当时生产力的低下，因为牛、马的使用标志着生产力水平发展的一个重要阶段；"以璎珠为财宝，""不以金银锦绣为珍"，这是告诉我们，马韩当时生产不了"金银锦绣"，不了解"金银锦绣"，所以也就不知道它的珍贵。"璎珠"只是一些经过粗加工的、似玉的石头，也反映了马韩的生活水平还停留在一个非常落后的时期。

有关辰韩当时的情况，《三国志》记载：

> 辰王常用马韩人作之，世世相继。辰王不得自立为王。土地肥美，宜种五谷及稻，晓蚕桑，作缣布，乘驾牛马。嫁娶礼俗，男女有别。以大鸟羽送死，其意欲使死者飞扬。国出铁，韩、濊、倭皆从取之。……其俗，行者相逢，皆住让路。[1]

辰韩人的生活状态和生产力的水平，应该同中国秦汉时期的山东半岛一带类似。

辰韩"宜种五谷及稻"，《三国志》这样记载是为了说明马韩当时还做不到这一点。大面积种植水稻，山东半岛早在先秦时期就开始了，而朝鲜半岛大面积种植水稻应是在中国的东汉时期，这在朝鲜半岛高丽时期成书的《三国史记》中就有记载，《三国史记·百济本纪》记载：白济多娄王六年（33）"二月，下令国南州郡，始作稻田"[2]。百济的前身是马韩，这说明马韩在中国的东汉时期才"始作稻田"，而这也应是受到辰韩"宜种五谷及稻"的启示，或是在"避秦役"的"秦人"指导下"始作稻田"的。按照李瀷的观点，这些"避秦役"的"秦人"就是徐福一行。

辰韩"晓蚕桑，作缣布"，"缣布"，东汉刘熙的《释名》解释说："缣，兼也，其丝细致，数兼于绢，染兼五色，细致，不漏水也。"[3] 东汉王

---

① （晋）陈寿：《三国志·魏志·东夷传》，中华书局，2000，第632页。

② （高丽）金富轼著，孙文范等校勘《三国史记》，吉林文史出版社，2003，第280页。

③ （清）王先谦：《释名疏证补》，中华书局，2008，第149页。

充在《论衡》中也提到，只有"富人之宅"才有"缣布"①。这都说明"缣布"是高档丝绸制品，制作工艺复杂。山东半岛早在齐国之前，莱夷就懂得养蚕制丝了，《尚书·禹贡》记载："莱夷作牧，厥篚檿丝。"② 檿丝即柞蚕丝，说的是要老百姓缴纳蚕丝作贡赋。苏注云："惟东莱出此丝，以织缯，坚韧异常，莱人谓之山茧。"③ 齐国时期，"宜桑麻，人民多文彩布帛鱼盐"，因而"齐冠带衣履天下"④，当时各诸侯国贵族头上戴的，身上穿的，脚穿的鞋子，所用的高档丝绸都来自齐国，这说明山东半岛在先秦时期就已经掌握了制作高档丝绸的技术了。即使到了汉代，山东出产的"缣布"仍是全国最好的，《盐铁论·本议》就提到，"齐陶之缣"⑤，说齐地的缣布是国家实行均输的主要物品。徐福是齐人，又带着"五谷种种百工而行"，必然会把齐地的"晓蚕桑，作缣布"等高超的生产工艺带到朝鲜半岛南部，并在辰韩推行开来。

辰韩"乘驾牛马"，也说明其生产力水平远高于马韩。中国春秋时期，牛、马就已经成为人们乘坐、运输、耕作的助手了，在山东半岛齐国，牛、马的使用更是普遍，《国语·晋语九》记载，春秋末年，晋国的贵族范氏、中行氏逃亡到了齐国，"令其子孙，将耕于齐，宗庙之牺，为畎亩之勤"⑥，教导他们的子孙把过去宗庙里用作牺牲祭器的牛，用于田间耕作上。战马和配备牛、马的战车更是春秋战国时期各诸侯国取得战争胜利的重要保障，齐国齐景公时期，"有马千驷"⑦。千驷，四千匹。东渡朝鲜的徐福一行，也必然会把使用牛、马的技能带到朝鲜半岛，进而推动朝鲜生产力水平的大幅度提升。

辰韩"国出铁，韩、濊、倭皆从取之"，"韩"，这里主要指马韩，"濊"，指濊貊。"倭"，这里指日本九州岛一带，与辰韩隔日本海相望。辰韩能够大量地生产铁器制品，而且辰韩周边地区所需铁器也都到辰韩索取。徐福一行不仅给辰韩带去了制铁技术，也促进了当地贸易，把代表当

---

① （汉）王充：《论衡·别通篇》，岳麓书社，第 207 页。
② （唐）孔颖达等：《尚书注疏》第 3 册，中华书局，1989，第 55 页。
③ 曾枣庄、舒大刚主编《三苏全书》第 1 册，语文出版社，2001，第 498 页。
④ （汉）司马迁：《史记·货殖列传》，中华书局，2000，第 2463 页。
⑤ （汉）桓宽：《盐铁论·本议》，上海古籍出版社，1990，第 9 页。
⑥ 《国语·晋语九》，上海书店（影印），1987，第 178 页。
⑦ 杨树达：《论语疏证》，上海古籍出版社，2007，第 438 页。

时先进生产力的铁器推广到了周边地区，有力地推动了朝鲜和日本生产力发展。考古发现，中国最早的铁器出现在春秋时代，中国著名史学家范文澜曾指出：冶铁技术很可能是胶东半岛的莱夷人发明的，先秦时期铁字是由金和夷组成写作"銕"，意为夷人炼铁。"春秋初期，已能熔解铁矿石成为生铁。生铁性硬而脆，可铸不可锻，用以铸农具，称为恶金"①。"恶金"就是铁，《国语·齐语》记载，"美金以铸剑戟，试诸狗马，恶金以铸锄夷斤劚，试诸壤土。"② 这是我国关于使用铁制农具最早的文字记载。《管子·海王篇》也记载："今铁官之数曰：'一女必有一针一刀，若其事立。耕者必有一耒一耜一铫，若其事立'"③。这都足以证明铁制农具在齐国已经得到相当广泛的使用。战国中期以后，铁器制品遍及当时的各诸侯国，徐福东渡，带领的"百工"中，必然有制铁的技术人员，这也应是辰韩能大量生产铁器的主要原因。古代制造铁器的原理，与现在的相当，从寻找、采集铁矿石，到冶炼出生铁，再到制作农具或武器，每一道工序都需要技术人员，而且由于人工操作，每一道工序都需要很多的工匠，如解放后发现的齐叔夷钟，上有铭文："余命汝司予莱，陶铁徒四千。"④ 说齐灵公因叔夷灭莱国有功，命叔夷管理莱国并赏给叔夷四千冶铁工人。陶铁是制造铁器的一道工序，相当于现在的翻砂，即用陶土制作模具，将高温熔化的生铁水浇铸进去，齐灵公一次就赏给叔夷"陶铁徒四千"，足见当时冶铁需要的工匠数量之多，也说明当时山东半岛东部的莱国，在战国时期铁器制造也非常发达。辰韩能够大量地生产铁器制品，必定是徐福东渡带去了数量可观的冶铁技术人员，否则不可能制造的铁器除了供自己使用外，还能供应周边的国家和地区。而当时能做到这一点的，也只有徐福一行。包括前面提到的辰韩"作缣布"，制造高档丝绸，也需要多种工序，需要各道工序的技术人员，徐福是齐人，熟悉自己家乡铁器制造、高档丝绸织造的情况，他带领的"百工"中，必定有熟悉铁器制造、高档丝绸制造的各种工匠，及组织生产所需要的生产设施，甚至部分生产原材料等。

李瀷之所以认为，辰韩非"秦人而浮海非流民所办"，不是零散的"避

---

① 范文澜等：《中国通史》，人民出版社，1994，第140页。
② 《国语·齐语》，上海书店（影印），1987，第84页。
③ 黎凤翔：《管子校注》，中华书局，2004，第1255页。
④ 李英森：《齐文化丛书（14）齐国经济史》，齐鲁书社，1997，第410页。

秦役"的流民所建立，其主要原因是，"避秦役"的流民不可能在短时间内组织起铁器制造等大规模的生产，而只有徐福"赖国之资"才能做得到，所以他的结论是"辰韩之为徐市国"。虽说辰韩的"秦人"不一定全部是徐福东渡时所带去的人员，但以徐福一行为核心，再团结其他"避秦役"的流民，建立一个独立的政治、经济集团是完全可能的。李瀷的"辰韩之为徐市国"这一观点，鲁东大学刘凤鸣研究员在 2010 年出版《山东半岛与古代中韩关系》一书中也指出，"辰韩应是徐福和其随从人员在朝鲜半岛东南部建立的国家或部落，至少辰韩的大部分部落是徐福和其随从人员建立的"，"辰韩在短时间内就能熟练掌握先进生产技艺，并能在异地组织起有效的生产，没有熟练的技工和有准备的设备、原材料的投入是不可能的，这应该也与徐福带去的'百工'和先进的经营方式有关。……徐福第二次东渡，诱使秦始皇不仅派遣了'男女三千人'，而且'资之五谷种种百工而行'，就是有准备有目的地到海外去开拓新的事业，徐福集团完全有能力在较短的时间里组织起有效的生产，而这一点，其他的'避秦役'的散兵流民是不可能在短时间里完成的"[①]。实际上以上观点，早在七百多年前，高丽王朝的著名学者李谷就提到了，四百年后朝鲜王朝的实学大家李瀷更是对这一论断进行了详细论证。

徐福东渡，大幅度地推动了朝鲜各个方面的进步，不仅给朝鲜输入了当时东亚地区最先进的铁器和高档丝绸制造技艺以及"宜种五谷及稻"和"乘驾牛马"等最先进的生产力和生产方式，还有山东半岛一带，齐鲁文化圈文明的生活习俗。

辰韩"嫁娶礼俗，男女有别"，"其俗，行者相逢，皆住让路"，这样一种生活习俗，也是儒家学说所倡导的礼仪规范。儒学经典《礼记》就记载："男女有别，然后父子亲。父子亲，然后义生。义生，然后礼作。礼作，然后万物安。无别无义。禽兽之道也。"[②] 这里的"男女有别"，主要指的是相互尊重，并强调在家庭中分工不同，各有各的职责。《孔子家语·好生》也有"耕者让畔，行者让路"[③] 的记载。辰韩这些儒家学说所倡导的礼仪规

---

① 刘凤鸣：《山东半岛与古代中韩关系》，中华书局，2010，第 105、106~107 页。
② 丁鼎：《礼记解读·郊特性第十一》，中国人民大学出版社，2010，第 326 页。
③ （三国）王肃注《孔子家语》，上海古籍出版社，1990，第 26 页。

范，也应是齐人徐福带去的，用以约束自己的下属，在当地倡导一种文明的生活习惯。

辰韩"以大鸟羽送死，其意欲使死者飞扬"，反映了对大鸟的崇拜，说明了辰韩部落仍然保留着东夷人的宗教信仰。山东半岛东部许多部落把鸟作为自己的图腾，《左传·昭公十七年》就记载，（郯子曰）"我高祖少昊挚之立也，凤鸟适至，故纪于鸟，为鸟师而鸟名"①。据考古资料，连接山东半岛和朝鲜半岛的海上通道庙岛群岛大黑山岛北庄遗址就出土了鸟形陶鬶。庙岛群岛也是徐福东渡朝鲜半岛、日本"循海岸水行"的必经之路。辰韩人这种对大鸟崇拜的宗教信仰，也应是徐福传到朝鲜半岛南部的。

徐福一行在朝鲜半岛东南部定居下来，并建立了辰韩，其大片土地不是靠掠夺侵占的，而是马韩"割其东界地与之"，是马韩划定土地让他们居住在这里的。而且徐福一行建立的辰韩承认马韩是他们的领袖，"辰王常用马韩人作之，世世相继。辰王不得自立为王"，而且这样一种体制，在辰韩延续了好多代，至少在《后汉书》《三国志》成书时，仍然是这样，否则他们不会这样记载。这样的记载可说明两点。一是，到朝鲜半岛南部"避秦役"的秦人，不是松散的流民，而是一大批有组织有首领的秦人，否则，马韩不会割让大片土地让他们居住。而史料记载，秦代有组织的大批东渡人员唯有徐福一行，这也可说明，"避秦役"的秦人组成的辰韩就是徐福一行人建立的。二是，虽说徐福东渡时有较强大的兵力相随，组成辰韩后还有着发达生产力，能生产先进的铁制武器，但辰韩始终尊重马韩，与马韩和平相处，全少从秦末一直延续到中国的三国时期，四五百年来，辰韩都甘愿做马韩附属，拥戴马韩人做自己的领袖。徐福一行正是奉行了这样一种尊重对方、礼让对方、感恩对方的文化，才使得马韩能够接受辰韩，辰韩人与当地人融为一体，并在异国他乡长期生存下去。我们在前面已经提到，多位朝鲜王朝时期的文人赞颂徐福一行给朝鲜半岛和日本带来了和平友好，辰韩与马韩的关系，也是一个很好的证明。

朝鲜王朝著名实学派代表人物李瀷认为"辰韩之为徐市国"，除了辰韩是"赖国之资"建立的外，也是因为辰韩所具有的秦朝的先进生产力和文化特色，而当地马韩还处在原始人生活状态里。徐福东渡给马韩带来的是

---

① 张明林：《四书五经·第六卷·左传·昭公十七年》，中央民族大学出版社，2002，第222页。

文明进步和友好和平。这也应是是二千多年来，朝鲜半岛人民仍在纪念和怀念徐福的主要原因。

李瀷在《徐市》一文为了支撑"辰韩之为徐市国"的观点，曾提到："市既避秦入海，必不舍朝鲜而投倭也"①，这一提法，李瀷在《日本刀歌》一文中再次做了阐述。

日本刀歌

欧阳公《日本刀歌》曰："传闻其国居大海，土壤沃饶风俗好。前朝贡献屡往来，士人往往贡词藻。徐福行时书未焚，逸书百篇今尚存。令严不许传中国，举世无人识古文。先王大典藏夷貊，苍波浩荡无通津。令人感激坐流涕，锈涩短刀何足云。"此盖传闻之误也。我国壤地与日本接近，其国所行之书，往往得之，如陈北溪性理字义，不得于中国而得于彼，又如我国李相国集，失于本国而传于彼，然其俗崇武备而后文艺，至近时极欲夸张词藻，犹不见有古经之存焉。若或有之，则彼必不待求而衔售者久矣。其令严不传，是甚谋计，而若此之绸缪乎。中国与之绝域，流传易惑如此，甚可笑也。韩无咎云：高丽进六经不曾焚者，神宗即欲颁行，王介甫恐坏他新经，奏止之，本亦不传。朱子以为未必有，此然尤延之云。孟子：仁也者，人也。章下高丽本云：义也者，宜也。礼也者，履也。智也者，知也。信也者，实也。合以言之道也。朱子于此却云：此说近是，今注中采而录之。以此观之，高丽真本未必不有其书也，今不可得见，可胜叹哉。②

李瀷在《日本刀歌》中提到了几个历史人物及相关书籍。

"欧阳公《日本刀歌》"，指中国北宋时期著名政治家、文学家欧阳修创作的诗歌《日本刀歌》。欧阳修的《日本刀歌》原文："昆夷道远不复通，世传切玉谁能穷。宝刀近出日本国，越贾得之沧海东。鱼皮装贴香木鞘，

---

① （朝鲜）李瀷：《星湖僿说》卷二〇，《韩国古典翻译书》第 8 辑，韩国古典综合库 DB，第 31 页。

② （朝鲜）李瀷：《星湖僿说》卷二六，《韩国古典翻译书》第 10 辑，韩国古典综合库 DB，第 61~62 页。

黄白间杂鍮与铜。百金传入好事手，佩服可以禳妖凶。传闻其国居大岛，土壤沃饶风俗好。其先徐福诈秦民，采药淹留卯童老。百工五种与之居，至今器玩皆精巧。前朝贡献屡往来，士人往往工词藻。徐福行时书未焚，逸书百篇今尚存。令严不许传中国，举世无人识古文。先王大典藏夷貊，苍波浩荡无通津。令人感激坐流涕，锈涩短刀何足云。"① 李瀷在引用时做了删节。欧阳修在诗中说徐福给日本带去了"百工五种"和许多经典图书，不仅使得日本"器玩皆精巧"，而且宋朝时，日本还存有当年徐福带去的古籍："逸书百篇今尚存"。正因为日本受到徐福带去的中国传统文化的影响，所以日本"士人往往工词藻"，也有着很高的文学修养。欧阳修在诗中还认为，徐福在秦始皇焚书坑儒之前到了日本，因而使得"先王大典藏夷貊"，"夷貊"，这里指日本，说日本保存了中国失传的一些春秋战国时期的经典图书，这里也是赞扬徐福为保存中国古籍和中日文化交流做出的贡献。这里也应是说，欧阳修认同徐福东渡到了日本。

"陈北溪性理字义"，指中国宋代理学家陈淳及所著理学专著。《宋史·道学列传第一百八十九·道学四（朱氏门人）》记载："陈淳字安卿，漳州龙溪人，……其所著有语孟大学中庸口义、字义详讲、礼、诗、女学等书。"② 陈淳是宋代理学大师朱熹的弟子，因居龙溪县北溪，世称北溪先生。

"李相国集"，应指李奎报的文集。李奎报，字春卿，朝鲜高丽己酉（1189）状元，官至高丽参知政事。李奎报也是文学家、哲学家，传世有《东国李相国集》53卷。

"王介甫"，指中国北宋时期著名思想家、政治家王安石，字介甫，宋神宗熙宁年间，王安石任参知政事、同中书门下平章事，主持改革变法。李瀷在《日本刀歌》中提到的"高丽进六经不曾焚者，神宗即欲颁行，王介甫恐坏他新经，奏止之，本亦不传"，指的就是这一时期。

"朱子"，即中国南宋时期理学大师，程朱理学集大成者朱熹，世尊称为朱子。

"章下"，指《孟子·梁惠王章句下》。

---

① （宋）欧阳修著，李之亮笺注《欧阳修集编年笺注》，巴蜀书社，2007，第478页。
② （元）脱脱等：《宋史·道学列传第一百八十九·道学四（朱氏门人）》，中华书局，2000，第9990~9991页。

李瀷的短文虽然和欧阳修的诗歌都以《日本刀歌》为题，但二者表达的观点却决然相反，欧阳修所要表达的是，徐福东渡到了日本，"逸书百篇今尚存"，日本至今还保存有当年徐福带去的中国经典书籍。李瀷的观点是，欧阳修之所以这样认为，"此盖传闻之误也"，是消息来源有误。李瀷认为"我国壤地与日本接近，其国所行之书，往往得之"，如果日本真有被秦始皇焚毁了的儒学经典，朝鲜也会拥有，但日本至今没见到这些图书："至近时极欲夸张词藻，犹不见有古经之存焉。"中国和朝鲜毗邻，而与日本"绝域"，离得很远，如果有存世的被秦始皇焚毁了的图书，是否应该保留在朝鲜而不是日本？"高丽真本未必不有其书也"，高丽可能曾有过这样的图书。高丽时期，"高丽进六经不曾焚者"，就向当时中国宋朝时宋神宗进献过此类图书。同样，"我国李相国集，失于本国而传于彼"，高丽宰相李奎报的文集，在朝鲜半岛失传了，但在中国找到了。李瀷的《日本刀歌》同前面提到《徐市》一文观点一致，都是在强调，"市既避秦入海，必不舍朝鲜而投倭也"，当年秦人徐福东渡，目的地是朝鲜半岛而不是日本。

第三节　朝鲜半岛的徐福文化遗存

朝鲜王朝时期的官员、文人笔下，还提到了朝鲜半岛南部一带有徐福村、徐市宅、徐生岛，还有当地百姓自称是当年徐福一行人的后裔，虽然我们无法考证他们与当年徐福东渡的直接联系，但这可以说明，在徐福东渡一二千年之后，徐福文化仍在朝鲜半岛有着深远的影响。

一　百姓自称徐福后裔

前面提到的朝鲜仁宗、明宗朝官员，很受朝鲜仁宗国王赏识的著名哲学家、诗人金麟厚，朝鲜王朝中期编纂的诗歌总集《箕雅》收录金麟厚诗歌"五绝一首、七绝三首、五律五首、七律三首、五排一首、五古二首、七古二首"[1]，足见其诗歌在当时的影响。

金麟厚写有诗歌《岑夫子歌》，其中提到，朝鲜沿海的岑姓，即"姓秦"的居民，自称是当年"徐市楼船"带来的"童男女"的后裔。

---

① 赵季、张景昆：《〈箕雅〉五百诗人本事辑考》，人民文学出版社，2013，第515页。

岑夫子歌（节选）

戊申春，先生避寓玉川之鲇岩村，得桴槎于矶头，甚奇古。仍以岑夫子目之，作歌以戏之。桴，俗所谓水青木，即医书之秦，是也。

岑夫子风骨何峭峻，先世避秦仍姓秦。

不独采芝种桃者，童男女亦解寻蓬瀛。

徐市楼船不复回，手携绿玉杖群行。

当年未作葛陂龙，往往云气随雷声。①

此诗节选自《岑夫子歌》的前半部分，诗歌主要内容是歌颂年长而有学问的岑姓友人（岑夫子）。诗序中提到的"戊申"，指朝鲜明宗戊申年（1548）。"玉川"，指玉川河，在智异山的西南，今韩国全罗南道顺天市沿海一带。"桴槎"，用白蜡树制作的木筏，这里指用白蜡树制作的船。"矶头"，这里指海边防浪潮的堤坝。

"岑夫子风骨何峭峻，先世避秦仍姓秦"，意思是说，岑夫子有骨气，刚直不阿，他的祖先为逃避秦祸从中国来到这里，他们为纪念自己的祖先仍延续了秦姓。"风骨何峭峻"，应是借用了中国唐代著名文学家、诗人韩愈的《感春五首》中时句"孔丞别我适临汝，风骨峭峻遗尘埃"②。

"不独采芝种桃者，童男女亦解寻蓬瀛"，意思是说，当年为逃避秦祸从中国来到这里的不仅仅有采药的、开荒种果树的人，更有来这里寻找仙山的童男童女。"蓬瀛"，指海上仙山蓬莱、瀛洲，这里代指海上仙山。

"徐市楼船不复回，手携绿玉杖群行"，承接上句，说来到这里的童男童女是乘坐着徐福的楼船来的，他们来到这里就不回去了，成群结队地拄着绿色的竹杖在这里寻找仙药。

"当年未作葛陂龙，往往云气随雷声"，意思是说，因为当年徐福一行没有后来汉代方士费长房的葛陂龙竹杖，可以用来乘风驾云，所以只能乘船伴随着大海中的雷雨声来到这里。"葛陂龙"，典故，说东汉时期的费长房有一竹杖，"骑此任所之，则自至矣。既至，可以杖投葛陂中也。……以杖投

---

① （朝鲜）金麟厚：《河西全集》卷四，《韩国文集丛刊》第 33 辑，韩国首尔：景仁文化社，1989，第 74 页。

② 周振甫主编《唐诗宋词元曲全集》第 7 册，黄山书社，1999，第 2500 页。

陂，顾视则龙也。"① 骑着它可以去任何想去的地方，而且瞬间可至。费长房将竹杖扔在葛陂，竹杖化为龙。典故出自《后汉书·方术列传下·费长房》和《太平广记》卷十二《神仙十二·壶公》。

金麟厚的诗歌告诉人们，朝鲜半岛南部沿海一带的岑姓居民，是当年徐福带来的童男童女的后裔，他们为了纪念自己的祖先，仍延续了秦（岑）姓，他们还传承了当年徐福敢于挑战权贵、刚直不阿的品德。金麟厚也是在告诉人们，徐福东渡一千七百多年之后，朝鲜半岛南部的徐福一行的后人仍在怀念他们的祖先，仍在传承祖先身上的优秀品德。虽然我们无法考证这些自称是当年"徐市楼船"带来的"童男女"后裔与徐福东渡的关系，但金麟厚《岑夫子歌》诗歌所传递的信息，至少说明，徐福文化在当地当时有着强烈的影响，这种影响的文化基因形成于当年徐福东渡，还是后来徐福文化的传播，都值得我们认真探讨。

二　徐生岛和徐福村

前面提到的朝鲜中宗、仁宗、明宗三朝文臣黄俊良，还写有诗歌《自茅浦渡永登》，其中提到朝鲜半岛东南部大海中有岛屿名为"徐生岛"：

自茅浦渡永登

茅浦城边谷雨晴，熊神江口晚潮生。
旗翻西日山云乱，帆驶东风海若惊。
岩老春撞棱角瘦，鹭新澡雪羽仪明。
遥看一发徐生岛，想得求仙采药行。②

此诗系作者在朝鲜半岛东南沿海一带的茅浦（今韩国庆尚南道昌原市镇海区熊川洞）乘船去永登（今韩国庆尚南道所属岛屿，在今韩国巨济岛以东）途中所作，诗中提到航行途中见到了"徐生岛"，即徐福岛，联想到了当年徐福"求仙采药"，也应经过了这一段航程。

---

① （南朝·宋）范晔：《后汉书·方术列传下·费长房》，中华书局，2000，第1853页。
② （朝鲜）黄俊良：《锦溪先生文集》卷四，《韩国文集丛刊》第37辑，韩国首尔：景仁文化社，1989，第108页。

首联"荠浦城边谷雨晴，熊神江口晚潮生"，意思是说，谷雨时节荠浦城周边一片晴空，熊神江口入海的晚潮正在生成。首联交代了作者乘船出行的季节、时间：春天的谷雨时节，下午涨潮的时候。"熊神江"，应是邻近今韩国庆尚南道昌原市的江河。

颔联"旗翻西日山云乱，帆驶东风海若惊"，意思是说，春风吹得旗子舒展开来，西山落日映衬的云霞纷乱。船帆借助东风行进之快，连海神都觉得惊奇。"驶"，古通"快"，迅疾。"海若"，古代中国传说中的海神。

颈联"岩老春撞棱角瘦，鹭新澡雪羽仪明"，意思是说，大海中的岩石在海浪长年累月的冲击下，把棱角都磨没了。新生的白鹭经过洗涤之后羽翼洁白而又明亮。"春撞"，冲撞；冲击。"羽仪"，翼翅；羽翼。"澡雪"，洗涤使之清洁。

尾联"遥看一发徐生岛，想得求仙采药行"，意思是说，航海途中还见到了远处的徐生岛，由此联想到我们船只行驶的航线，也应是当年徐福一行求仙采集仙药所经过的路线。"徐生"，这里指徐福。

黄俊良的诗歌说明，当时朝鲜东南部有名为"徐生岛"的岛屿，这一带也必定流传着徐福的传说，所以作者才将徐福"采集仙药"写进自己的诗作。

朝鲜明宗朝文科状元、明宗、宣祖朝官员、诗人高敬命，字而顺，号霁峰、苔轩，有《霁峰集》传世。宣祖朝壬辰倭乱时，已辞官回乡的高敬命组织义兵，协同朝鲜军队作战，并重创日军，后与长子高从厚、次子高因厚一起殉国，被誉为朝鲜民族英雄。《朝鲜宣祖修正实录》二十五年六月乙丑记载："前府使高敬命居光州，闻贼入京，与学喻柳彭老共图起兵讨贼"，"敬命年老文官，被推为盟主，慨然不辞。士庶多应募，得兵六千余人。又传檄诸道，文辞激切，国人传诵焉"，"敬命败死，追赠礼曹判书。其后立祠于光州"，"风流文彩为世所艳。……其诗号为大家，有遗稿行世。"[①]朝鲜王室不仅褒奖了高敬命的爱国精神，也对高敬命诗文的影响大加赞扬。朝鲜王朝中期编纂的诗歌总集《箕雅》收录高敬命诗歌"五绝一首、七绝五首、五律二首、七律一一首、五古一首"[②]。清代编纂的《御选明诗》

---

① 《朝鲜宣祖修正实录》卷二六，宣祖二十五年六月一日，韩国首尔：探求堂1973年影印本，第25册，第620~623页。

② 赵季、张景昆：《〈箕雅〉五百诗人本事辑考》，人民文学出版社，2013，第589页。

《明诗综》也均收有高敬命的诗作。高敬命在创作的诗歌中提到，朝鲜半岛东南部的东莱府一带有"徐福村"。

狂吟

> 东莱城上鼓角喧，东莱城外云若屯。
>
> 是风非风海波怒，欲雪未雪天气昏。
>
> 鲁连玉貌不可见，徐福童男何处村？
>
> 行当拉取海云老，绿发晓晒扶桑暾。①

此诗应是作者在担任朝鲜东莱府使时所作，从诗中可以看出，作者认为地处朝鲜半岛东南部沿海一带的东莱府，应是当年徐福率童男童女东渡时的落脚之地。"东莱府"，辖今韩国蔚山、釜山一带。

首联"东莱城上鼓角喧，东莱城外云若屯"，意思是说，东莱城上战鼓和号角齐鸣，东莱城外的起伏云朵也像是守卫边疆的士兵在那里操练。"屯"，这里是屯兵的意思。朝鲜东莱城邻近大海，与日本对马岛隔海相望，是朝鲜防止日本入侵的重要战略要地。任职东莱府的朝鲜官员，均把海防建设作为第一要务。所以，任职朝鲜东莱府使的高敬命在诗歌首联表达的也是这样一种认识。

领联"是风非风海波怒，欲雪未雪天气昏"，意思是说，当下没有大风，海面却波涛汹涌，虽然像下雪的样子但并没有下雪，天色已经很昏暗了。作者字面上是描述当时天气的情况，实则是担忧国家的安全，因当时日本已在磨刀霍霍，准备随时入侵朝鲜了。

颈联"鲁连玉貌不可见，徐福童男何处村"，意思是说，东边的大海里是见不到鲁仲连的，当年徐福带领童男童女来到这里寻找仙药时落脚的村庄也不知在什么地方。"鲁连"，即鲁仲连。中国战国时齐国人。秦军围赵国都城邯郸时，鲁连劝说赵魏大臣，不要尊秦为帝，还说"彼（秦昭王）即肆然而为帝，……则连有蹈东海而死耳"②。鲁连还曾帮助齐国收复被燕

---

① （朝鲜）高敬命：《霁峰集》卷五，《韩国文集丛刊》第 42 辑，韩国首尔：景仁文化社，1989，第 124 页。

② （汉）司马迁：《史记·鲁仲连邹阳列传》，中华书局，2000，第 1920 页。

国占据的聊城，齐王要授予鲁连官位，他便逃到东海做了隐士。作者这里提到鲁连和徐福，表达了祈求和平、反对侵略的意愿，应是说，鲁连为制止秦国的侵略，宁可"蹈东海而死耳"，虽然鲁连当时制止了秦国的侵略，但最后还是归隐于东海。徐福来到这里也只是为逃避秦始皇而已，而且与当地人和睦相处，有他们居住的村庄。

尾联"行当拉取海云老，绿发晓晒扶桑暾"，这里是照应首联，说东莱城外大海上空的云朵，随着世人行走的时光也变老了，可现在的年轻人正在面向着东方大海，让初生的明亮而温暖的太阳，照射在他们乌黑亮丽的头发上。这里主要表达了作者对和平的期盼，希望明亮而温暖的阳光永远照耀在朝鲜半岛的土地上。"行当"，这里是行走的意思。"绿发"，前面提到，指乌黑而有光泽的头发。"扶桑"，借用"日出扶桑"之意，即日出之地，这里指太阳。"暾"，指阳光明亮而温暖。

作者的诗中也说明，当年带领童男童女东渡的徐福最后在朝鲜半岛东南沿海一带落了脚，并有了自己的村落。朝鲜半岛东南部东莱府一带，也是当年辰韩活动的主要区域，作者应是联想到了徐福一行当年在这里活动过，而且应有他们的后人生活在这里，这一带必定也流传着徐福的传说，所以作者才写出了"徐福童男何处村"的诗句。

三 徐市宅

朝鲜显宗朝进士，显宗、肃宗朝官员、文学家任埅，字大仲，号水村，又号愚拙翁，谥号文僖，有《水村集》传世。任埅历官朝鲜都承旨、工曹判书、左参赞、中枢府知事等职，晚年因直言被贬官，朝鲜英祖即位后，恢复了生前正二品的官衔及子女应享受的待遇。朝鲜中枢府判事的俞拓基为其撰写的《谥状》记载："公自少甚严于阴阳淑慝之分，其视詡詡强征逐求合者如浼。及登朝，姜桂之性，至老愈辣，直道而行，无所挠夺。义所当为，未尝疑顾。""公素不喜修饰矜持，而虽燕居，口不出俚言，容不设惰色。……居恒不以家事经意，唯看书哦诗，萧然有出尘想。人或疑近迂而阔于事，乃其见于施措之间者，刚毅坚确，人所不及。""公六典州郡，廉操愈厉。田园无所置，臧获无所加。位跻上卿，而章服亦不备，终身无一区宅。于物无所嗜好，唯耽书到老不衰，殆忘寝食。""气度之贞介清粹，已非人人可及。"①"淑慝",善恶。"浣",污染。"姜桂",生姜与肉桂,其性愈老愈辣。比喻人越到老年性格越刚强。俞拓基对任埅正直敢言、刚正不阿的人品和为官清洁廉政的官品均给予了很高的赞誉。

任埅编著的小说集《天倪录》,至今在朝鲜半岛仍颇有影响。

任埅写有诗歌《以事到东莱,赠府伯权定卿以镇求和》,谈到了朝鲜东南沿海的东莱府一带,曾是徐福一行当年的落脚的地方,还保留有"徐市宅"。

以事到东莱,赠府伯权定卿以镇求和

> 莱州地接海冥冥,马岛东看一点青。
> 大贝南金丰贡赆,轻裘缓带肃威灵。
> 楼闲靖远眠花月,轩敞寅宾燕使星。
> 蛮舶倘从徐市宅,试询秦火未焚经。②

"东莱",指当时朝鲜王朝东南部的东莱府,辖今韩国釜山、蔚山一带,与朝鲜海峡的对马岛隔海相望。"权定卿以镇",即权以镇,时任东莱府使。权以镇于戊子年（1708）离京（指朝鲜王朝都城汉城）出任东莱府使,辛卯年（1711）回京任都承旨,这说明此诗写于1708年至1711年间。

诗歌首联"莱州地接海冥冥,马岛东看一点青",意思是说,朝鲜东莱府的莱州城地接茫茫的大海,向东看就是大海中的日本对马岛。"莱州",指朝鲜半岛东南部东莱府的府治,在今釜山一带。"马岛",指今日本对马岛。

颔联"大贝南金丰贡赆,轻裘缓带肃威灵","大贝",应指海里出产的大型贝类。"南金",指南方出产的铜,后借指贵重之物。"轻裘缓带",成语,意思说,穿着轻暖的皮衣,系宽大的带子,仪态从容,很有雅士的风度。"贡赆",进贡的财物,这里指诗中提到的"大贝、南金"等贵重之物。意思是说,朝鲜东莱府出产的"大贝、南金"等贵重之物,是向纳贡的贡

---

① 见（朝鲜）任埅《水村集》卷一三附录,《韩国文集丛刊》第149辑,韩国首尔:景仁文化社,1995,第277~278页。

② （朝鲜）任埅:《水村集》卷五,《韩国文集丛刊》第149辑,韩国首尔:景仁文化社,1995,第109页。

品，镇守东莱府的府使权以镇虽然穿着从容闲适，却显得虎虎生威。

颈联"楼闲靖远眠花月，轩敞寅宾燕使星"，意思是说，东莱府非常安定安全，在高大宽敞的楼舍里接待我们的是曾经做过燕行使的朝鲜官员。"燕使"，即燕行使，指朝鲜出使清的使者。

尾联"蛮舶倘从徐市宅，试询秦火未焚经"，意思是说，从事海上贸易船舶上的人，从东莱府海边当年徐福住过的房子经过时，询问有没有徐福带出来的儒学经典，而许多儒学经典被秦始皇"焚书坑儒"时烧毁了。作者在这里明确指出，朝鲜半岛东南部的东莱府一带有"徐市宅"，这里应是当年徐福东渡寻仙的落脚地或路过的地方，而且在这一带有较大影响，否则从外地来的人不会询问徐福当年的有关事宜。"蛮舶"，这里指从事海上贸易的船舶。

任埅创作诗歌的时间晚于金麟厚、黄俊良、高敬命一百多年，甚至近二百年，说明在这一二百年时间内，朝鲜半岛东南部一带，不仅有自称徐福一行的后人在纪念徐福，而且这一带还"徐生岛""徐福村""徐市宅"，这也说明，徐福文化在当地有着非常重要的影响，而且影响的起始时间，将大幅度向前推进，虽然无法得知确切的时间，但"徐生岛""徐福村""徐市宅"这些名称的由来，应远远早于作者生活的年代。

第四节　各地流传的徐福传说

除上面提到的朝鲜半岛金刚山、智异山、济州岛汉拿山一带，及有"徐生岛"、"徐福村"、"徐市宅"和自称徐福一行后人的地方外，朝鲜还有多地流传着徐福的传说，这在朝鲜官员、文人笔下也有记载。

一　镜浦湖、蔚陵岛和岛潭

前面提到，朝鲜仁祖朝著名文臣金世濂在游览金刚山时，在创作诗歌中有"秦帝童男何日返"[1]句，说秦始皇派遣徐福带着童男童女在金刚山采过仙药，但不知什么时间离开了。金世濂还写有诗歌《镜湖》，说徐福带着童男童女在镜湖（在今韩国江原道江陵市辖区内）一带采过药。

---

① （朝鲜）金世濂：《东溟集》卷二，《韩国文集丛刊》第95辑，韩国首尔：景仁文化社，1992，第145页。

镜湖

回首蓬莱万国东，茫茫云海几人通。

汉家方士无消息，秦帝童男有异同。

采药曾从韩众鹿，寻真或骑葛陂龙。

银台金阙神仙窟，只许排空驾烈风。①

此诗应是金世濂游览朝鲜半岛旅游胜地镜浦湖时所作。"镜湖"，指"镜浦湖"，位于今韩国江原道江陵市东北 6 公里处。

诗歌首联"回首蓬莱万国东，茫茫云海几人通"，意思是说，回望大海中的蓬莱仙山，在很远的东方，在茫茫的云海之中，没有几个人能到达那个地方。

颔联"汉家方士无消息，秦帝童男有异同"，意思是说，汉武帝时派了许多方士入海寻找长生不老的仙药，没有任何音讯，可秦始皇派遣徐福带着童男童女寻找仙山、仙药就不同了。这里也是说，徐福和他带领的童男童女在镜湖一带留下了遗迹和传说。"汉家方士"，这里指汉武帝派遣寻找长生不老仙药的方士。《史记·孝武本纪》记载："乃益发船，令言海中神山者数千人求蓬莱神人。……宿留海上，予方士传车及间使求仙人以千数。"②"秦帝童男"，指秦始皇和徐福寻仙带走的童男童女。

颈联"采药曾从韩众鹿，寻真或骑葛陂龙"，意思是说，徐福带着童男童女采集仙药是跟着乘白鹿车的韩众去的，他们寻找仙人时可能也骑着"葛陂龙"。"韩众"，也写作"韩终"，秦代方士，传说成为仙人。《史记·秦始皇本纪》："因使韩终、侯公、石生求仙人不死之药。"③《列仙传》也记载："齐人韩终，为王采药，王不肯服，终自服之，遂得仙也。"④"葛陂龙"，典故，即骑竹龙得道成仙，出自《后汉书·方术列传下·费长房》。

尾联"银台金阙神仙窟，只许排空驾烈风"，意思是说，徐福带着童男

---

① （朝鲜）金世濂：《东溟集》卷三，《韩国文集丛刊》第 95 辑，韩国首尔：景仁文化社，1992，第 154 页。

② （汉）司马迁：《史记·孝武本纪》，中华书局，2000，第 333 页。

③ （汉）司马迁：《史记·秦始皇本纪》，中华书局，2000，第 333 页。

④ 周建忠、汤漳平主编《楚辞学通典》，湖北教育出版社，2003，第 239 页。

童女到了天上神仙居住的用金银镶嵌的宫殿，他们上天的时候只能乘着烈风凌空而上。"银台"，是我国古代月亮的别称，这里指天上。"金阙"，这里指仙人或天帝居所，道家谓之黄金阙。"排空"凌空，冲向天空。徐福到了仙人居住的地方，出自《史记·淮南衡山列传》，徐福第一次东渡寻仙后，回到了出发之地琅琊（今青岛胶南琅琊镇），向前来视察寻仙情况的秦始皇说："臣东南至蓬莱山，见芝成宫阙，有使者铜色而龙形，光上照天。"[1] 尾联说徐福带着童男童女到了神仙居住的"金阙神仙窟"，应是依据《史记》的记载。

从金世濂的《镜湖》诗可以看出，朝鲜半岛镜浦湖一带，在徐福东渡一千八百多年之后，仍广泛流传着当年徐福一行在这里采集仙药的传说，

前面提到的朝鲜光海君朝进士，仁祖朝领议政，孝宗、显宗重臣李景奭写有长诗《枫岳行》，其中有"万古共相传，三山在海东"句[2]，说自古以来就传说徐福一行寻找的"三山"在朝鲜半岛。李景奭还创作有长诗《三神山行，赠襄阳太守李君之行》，其中写道："三神山在三韩，三韩之人多未观。……海上有山山下江，岳顶磨空雪色古。洛山晓日悬碧窗。长笛横吹义相台。沧溟万里红云开，鬣毛飒飒双袂举。六月寒风天上来，东海仙坛俨且幽。"[3] "襄阳"，今韩国江原道襄阳郡，地处韩国雪岳山东南，因雪岳山主峰白青峰一年中有五六个月积雪，故诗中有"六月寒风天上来"句；因辖区的洛山寺久负盛名，东临大海，故诗中有"洛山晓日悬碧窗"句。作者在诗中所写"三神山在三韩"，明确告诉人们，当年徐福东渡要寻找的"三神山"，就在当时朝鲜王朝管辖的疆域内，而从诗中所描绘的情景可以看出，"三神山"就在当时朝鲜襄阳太守所辖的区域内，包括风景奇特的雪岳山、千年古刹洛山寺一带，都应是徐福东渡来到的地方，说明这里也流传着徐福东渡传说。

朝鲜显宗朝进士，显宗、肃宗朝官员朴守俭，字养伯，号林湖散人，历官礼曹佐郎兼春秋馆记事官、安州判官、槐山郡守、通礼院左通礼等职，

---

[1] （汉）司马迁：《史记·淮南衡山列传》，中华书局，2000，第 2348 页。

[2] （朝鲜）李景奭：《白轩先生集》卷一〇，《韩国文集丛刊》第 95 辑，韩国首尔：景仁文化社，1992，第 507 页。

[3] （朝鲜）李景奭：《白轩先生集》卷一二，《韩国文集丛刊》第 95 辑，韩国首尔：景仁文化社，1992，第 546 页。

有《林湖集》传世。朝鲜嘉善大夫金铣在谈到《林湖集》时说："示遗集，于是益知德学节行之高。而文简之笔，果可信也。公德性宽厚，笃于孝友。为士友所推服。"① 说朴守俭的文章就像他的人品一样，德行高尚，诚实可信，为同僚和读书人所信服。同朝为官的学者姜华锡撰写的《林湖集序》记载："先生之文，虽天成不若黏谷，而人工所造，可与泽堂相埒矣。早攻公车之文，雄健烂烨，蔚然擅场。一时操觚之士，皆莫之及也。……及其为古文辞，宏富而得鼓铸阖辟之柄，庞茂而有珠贝炯澈之美。从流溯源，波澜浩洋，非世之蹈袭肤率者比也。诗律亦沉健工笃，以成一家言。"② "操觚"，原指执简写字，后指写文章。"鼓铸阖辟"，这里形容朴守俭的诗文富有激情，富于变化。

朴守俭写有诗歌《次蔚陵岛韵》，说蔚陵岛也是当年徐福一行寻找的蓬莱仙山和采集仙药的地方。

次蔚陵岛韵（节选）

于山古国隔同天，云海微茫指点边。

日荡扶桑波万里，春深蓬岛药千年。

汉庭久罢珠崖贡，徐福新牵象外缘。

鲸路可期风一帆，九重今不候神仙。

……

可惜千寻余数丈，碧筒堪把赠诗仙。③

作者在此诗结尾有自注："海客采岛竹，湖商买来。一卿求为诗筒，步韵以赠之。""海客"，这里指出海经商的人。"湖商"，应指浙江省湖州府"商帮"，为浙江省商人群体的统称。"蔚陵岛"，朝鲜半岛东部远离陆地的岛屿，面积73.15平方公里，又名郁陵岛、羽陵岛、芋陵岛、武陵岛，今属

---

① 见（朝鲜）朴守俭《林湖集》序，《韩国文集丛刊·续集》第39辑，韩国首尔：景仁文化社，2007，第205页。

② 见（朝鲜）朴守俭《林湖集》序，《韩国文集丛刊·续集》第39辑，韩国首尔：景仁文化社，2007，第206页。

③ 见（朝鲜）朴守俭《林湖集》卷二，《韩国文集丛刊·续集》第39辑，韩国首尔：景仁文化社，2007，第242页。

韩国庆尚北道管辖。这说明当时蔚陵岛有来自中国的湖商，而且中国的湖商与作者关系融洽，故作者以诗相赠。《次蔚陵岛韵》，指诗人和答《蔚陵岛》诗，但《蔚陵岛》诗的具体内容和作者无考。有可能是中国的湖商所作，尾句"赠诗仙"，说明作者提到的"湖商"也善于作诗，所以作者"步韵以赠之"，这也体现了当时中国与朝鲜人民之间的友好关系。

诗歌的首句"于山古国隔同天，云海微茫指点边"，意思是说，郁陵岛曾属古老的于山国，与朝鲜陆地相隔，如同两个世界，在朝鲜陆地上远眺云雾之中的蔚陵岛，就像是在天边上。"于山古国"，指新罗国时期的于山国，建在蔚陵岛上，高丽时期编纂的《三国史记》记载，智证王"十三年（512）夏六月，于山国归服，岁以土宜为贡。于山国在溟州正东海岛，或名郁陵岛。"[1] 蔚陵岛从此被纳入新罗国版图。

"日荡扶桑波万里，春深蓬岛药千年"，意思是说，蔚陵岛在日出扶桑的万里波涛之中，相传也是一千多年前寻找的蓬莱仙山和春暖花开之季采集仙药的地方。"日荡扶桑"，即日出扶桑，扶桑是太阳升起的地方。"蓬岛"，海上蓬莱仙岛。作者这里虽然没有提到徐福，但在下句明确提到徐福，这说明"蓬岛药千年"，指的是一千多年前徐福东渡在蔚陵岛采集仙药之事。

"汉庭久罢珠崖贡，徐福新牵象外缘"，意思说，汉朝曾经拥有的海外岛屿珠崖郡，因管理不善，放弃了很长一段时间。秦代的徐福远走海外，定居海外，并与海外的国家建立了友情。这里的意思也是说，拥有了的海外之地，管理不好照样能失去，只有像徐福那样与当地百姓结缘成为朋友，才能长期生存下去。"汉庭"，这里指中国的汉朝。"罢珠崖贡"，汉武帝时于海南岛东北部置珠崖郡，汉元帝时罢黜珠崖郡。"象外"，尘世之外或海外。

"鲸路可期风一帆，九重今不候神仙"，意思是说，蔚陵岛离朝鲜很近，只要顺风很快就能到达，这个仙岛已经有主人了，不欢迎外来的神仙。"鲸路"，航路。"九重"，这里指天门或天上，这里是说蔚陵岛是仙岛。作者自注："时日求岛于我国。"此句显然是强调蔚陵岛是朝鲜的领土。这里也照应上句，我们欢迎像徐福这样有缘的朋友，不欢迎侵略朝鲜的人，这是经历了壬辰倭乱之后，作者发自内心的情感。

尾句"可惜千寻余数丈，碧筒堪把赠诗仙"，意思是说，可惜自己寻寻

---

[1]　（高丽）金福轼著，孙文范等校勘《三国史记》，吉林文史出版社，2003，第50页。

觅觅，冥思苦想，也作不出好的诗歌来，只能把刚砍伐的竹子做成的诗筒，送给会作诗的来自中国的湖商了。"千寻"，古以八尺为一寻，千寻，形容极高或极长，这里应指寻寻觅觅，不停地思索。"碧筒"，这里应指用刚砍伐的绿色的竹子做成的诗筒。"诗仙"，这里指来自中国的湖商。作者在诗尾自注："海客采岛竹，湖商买来，一卿求为诗筒，步韵以赠之。"

朴守俭在《次蔚陵岛韵》诗中，明确表明了自己对一千多年前来自中国的徐福和当时来蔚陵岛经商的中国湖商的欢迎和友好，而对觊觎朝鲜王朝领土的人则表明了不欢迎和反对的态度。诗歌也告诉我们，当时的蔚陵岛也流传着徐福的传说，认为蔚陵岛就是当时徐福要寻找的神山，而且徐福一行人来到了蔚陵岛，并在这里采过药。蔚陵岛远离朝鲜陆地，距陆地最近处也有 140 多公里，这里仍流传着徐福采集仙药的传说，既说明徐福东渡在朝鲜半岛影响范围之大，连远离陆地的海岛上也有影响，说明影响之深远，在徐福东渡一千八百多年之后影响仍在，而且朝鲜文臣将此写进了自己的诗歌。

崔锡恒，字汝久，号损窝，朝鲜显宗朝己未（1679）进士，历官朝鲜成均馆大司成、司谏院大司谏、司宪府大司宪、刑曹判书、兵曹判书、吏曹判书、京畿监司等要职，朝鲜景宗朝官至朝鲜左议政。崔锡恒有《损窝遗稿》传世。崔锡恒去世五十多年后，其后人整理的崔锡恒行状记载："其处身也，简率俭约，不喜华靡。虽爵位崇显，禄廪丰腆，而起居饮食，一如布素。田园不增，垣屋不修。""居官尽职，不择剧易。公退之暇，闭户读书。……诵读不倦，不为文学词章。而经史百家，用工勤笃。奏札明畅，辞理俱到。诗亦流丽精致，文贞公方以文章服一世。……而疏章之作，赒挽之篇，往往脍炙人口。文苑之望，世皆推许。"① "布素"，形容衣着俭朴，这里代指平民百姓。"剧易"，轻重，难易。此行状虽系崔锡恒后人整理，但也可从中看到崔锡恒为官廉洁，洁身自好，居官尽职，酷爱读书，且文章、诗歌在当时有较大影响。

崔锡恒写有诗歌《访岛潭》，说当年秦始皇派徐福等方士寻找的三神山就在岛潭。

---

① 见（朝鲜）崔锡恒《损窝遗稿》损窝先生纪实，《韩国文集丛刊》第 169 辑，韩国首尔：景仁文化社，1996，第 613 页。

访岛潭

谁遣渔舟世路通，一村篱落武陵同。

空余石上耕田迹，不见松间采药翁。

游屐踏穿红树里，梵钟飞出白云中。

三山秖在丹丘畔，却笑秦皇枉费功。[①]

此诗系作者访问岛潭（今韩国忠清北道丹阳郡丹阳邑岛潭里）时所作。岛潭在南汉江中心位置，江中有高6米的将军峰（也称夫君峰），以它为中心，左侧有妾峰（也称女儿峰），右侧有妻峰（也称儿子峰），三峰也称三山。诗歌主要记叙了作者观赏南汉江风光一事及其感触，因南汉江两岸盛传是当年徐福采集仙药的地方，作者由此联想到，秦始皇当年要寻找的三山就在丹阳的南汉江中，江中三峰就是三山。

诗歌首联"谁遣渔舟世路通，一村篱落武陵同"，意思是说，是谁派遣打鱼的船开通了与人世间相通的道路，使人们能够来到如同武陵山世外桃源一样的村落。"武陵"，指中国的武陵山或古代的武陵郡，武陵郡郡治在今湖南省常德市城区。作者这里提到的"武陵"，特指著名诗人陶渊明《桃花源记》中记载的武陵郡辖区内的世外桃源。

颔联"空余石上耕田迹，不见松间采药翁"，意思是说，岛潭中的三山礁石上只留下了农夫耕田的印迹，已经见不到松林间采药的老人了。这里提到的"采药翁"，应指的是徐福，因为尾联有"秦皇枉费功"句。

颈联"游屐踏穿红树里，梵钟飞出白云中"，意思是说，我们来岛潭游玩，穿梭在红叶林中，寺院里的钟鸣好像从空中的白云中飞出。"游屐"，出游时穿的木屐，这里应指旅游、游玩。"红树"，这里应指红叶。"梵钟"，寺院钟楼中的大钟。作者这里写"红树""梵钟"，是在烘托仙山的氛围。

尾联"三山秖在丹丘畔，却笑秦皇枉费功"，意思是说，秦始皇派徐福寻找的海上三神山，只在神仙居住的旁边，秦始皇白费了功夫，空忙一场，只能让后人讥笑。作者这里也是说，岛潭的三山是传说中的三神山，岛潭一带也是传说当年徐福采集仙药的地方。"丹丘"，传说中神仙所居之地，

---

① （朝鲜）崔锡恒：《损窝遗稿》卷二，《韩国文集丛刊》第169辑，韩国首尔：景仁文化社，1996，第345页。

昼夜常明。出自《楚辞·远游》："仍羽人于丹丘兮，留不死之旧乡。"①

崔锡恒的诗歌说明，徐福东渡的传说不仅流行于朝鲜半岛沿海一带，在远离海岸的内陆地区也流行，同时作者也认可徐福当年东渡来到了朝鲜半岛，并在岛潭一带活动过。

二 杆城和七点山

朝鲜肃宗朝甲戌（1694）进士，官员、著名学者崔昌大，字孝伯，号昆仑，历官朝鲜户曹参议、杨州牧使、成均馆大司成兼承文院副提调、高阳郡守、兵曹参议、开城留守等职，有《昆仑集》传世。《朝鲜肃宗实录》四十六年（1720）四月二十二日记载："昌大，清明高朗，炯如冰玉，承家学，深究经传百家，灵心慧识，殆见昭旷之源。虽处横逆怨憾而议论常，公无一毫忿懥气。出入经幄，多所规切，不避触杵，以此常龃龉留落，……昌大虽官位未尊，而世道之责倚为轻重焉，至是遽卒，年五十二。朝野痛惜之，虽异趣者亦为之嗟悼。昌大早以文章名，体裁均停辞理俱到，可与朴世堂、金昌协数人并驾云。"说崔昌大敢于直言，不避权贵，而且很有文采，与当时著名文人朴世堂、金昌协等齐名。"经幄"，指经筵。"留落"，谓人留滞于下，不能擢升。朴世堂，字季肯，号西溪樵叟，增广甲科第一名，朝鲜王朝中晚期哲学家，著有《大学思辨录》《新注道德经》《尚书思辨录》，后学结集《西溪全书》传世。金昌协，朝鲜状元出身，朝鲜王朝中晚期著名文学家、书法家。朝鲜艺文馆大提学李德寿撰写的《弘文馆副提学崔公墓志铭》还记载："（崔昌大）笃好文章，手不释卷，所著有《日知录》及诗文二十卷。论者谓公文，骨理明畅，辞气精炼，华藻外被，韵折傍叶。若其风雅一致，理事兼该，尤非近世词翰家所能及云。"②"明畅"，明畅，明白流畅。"被"，同"披"，覆盖。"兼该"，兼备。说崔昌大撰写的诗文是当时的诗人、学者很难超越的。

崔昌大在创作的诗歌中提到，朝鲜杆城（今属韩国江原道）一带，也是当年徐福采集仙药的地方。

---

① 罗剑平主编《屈原名篇名句赏读》，阳光出版社，2016，第96页。
② （朝鲜）李德寿：《西堂私载》卷一〇，《韩国文集丛刊》第186辑，韩国首尔：景仁文化社，1997，第497页。

送伯舅（李公寅燡）之任杆城

新除东郡宠金章，双凫翩然出尚方。

野鹿导行随露冕，水禽迎盖上琴堂。

公田采药分徐福，仙阁停觞唤永郎。

解释渭阳相送意，春风彩服有辉光。①

此诗是作者写给自己舅父李寅燡的一首送别诗。作者的舅父李寅燡到杆城郡（今属韩国江原道）任职，杆城在今韩国东北部的沿海地区，北部紧邻有朝鲜蓬莱仙山之名的金刚山。诗歌除记叙了杆城仙境般的自然风光外，还提到了当年徐福在这里采过药，表达了与伯舅的恋恋不舍之情。"伯舅"，即母亲的哥哥。

首联"新除东郡宠金章，双凫翩然出尚方"，意思是说，你得到朝廷的恩宠带着金印到东海边的郡走马上任，那里是有仙鸭双飞的仙人之地。"新除"，新任命的官职。"金章"，金质的官印，也泛指官印。"双凫"，两只水鸟，或两只野鸭，但这里指两只仙鸭，出自《后汉书·方术传上·王乔》："乔有神术，每月朔望，常自县诣台朝。帝怪其来，数而不见车骑，密令太史伺望之。言其临至，辄有双凫从东南飞来。于是候凫至，举罗张之，但得一只凫焉。乃诏尚方视，则四年中所赐尚书官属履也。"② 作者这里用"双凫"一词，除说明杆城是仙人之地外，也是说，徐福同《后汉书》记载的王乔一样，也是方士，也有"神术"，所以能来到远离中国的杆城。

颔联"野鹿导行随露冕，水禽迎盖上琴堂"，意思是说，那里山间的野鹿也有灵性，会为你引路，引导你很好地为民执政，并能得到国王的恩宠；那里的水鸟也会欢迎你的到来，引导你进入有乐器吹奏迎接你的厅堂。"露冕"，这里指官员治政有方、皇帝恩宠有加，出自晋代陈寿《益都耆旧传》："郭贺拜荆州刺史，明帝巡狩到南阳，特见嗟叹，赐以三公之服，黼黻旒冕，敕去幨露冕，使百姓见此衣服，以彰其德。"③。

① （朝鲜）崔昌大：《昆仑集》卷二，《韩国文集丛刊》第 183 辑，韩国首尔：景仁文化社，1997，第 24 页。

② （南朝·宋）范晔：《后汉书·方术传上·王乔》，中华书局，2000，第 1831 页。

③ 罗竹风主编《汉语大词典》卷一一，汉语大词典出版社，2001，第 739 页。

颈联"公田采药分徐福，仙阁停觥唤永郎"，意思是说，那里是官家控制的山野，也是当年徐福采集仙药后离开的地方，在那里的亭台仙阁欢饮之后可以呼唤新仙人永郎，你们在那里也会得到上天的神助的。公田，也称官田，这里指官家控制的土地、山岚。"觥"，古代酒器。"停觥"，停止饮酒。"永郎"，指新罗时期传说的四仙之一。这里再次强调杆城是仙人之地，说不仅当年徐福东渡来到这里采集过仙药，朝鲜的仙人永郎也在这里活动过。

尾联"解释渭阳相送意，春风彩服有辉光"，意思是说，我解释《渭阳》诗，因为这首诗也是一首赠别舅父的诗歌，表达的与舅父的恋恋不舍之情和我是一样的。舅父您穿着彩色的官服，迎着春风出发，在阳光的映照下熠熠生辉。"渭阳"，这里指《诗经·秦风·渭阳》诗："我送舅氏，曰至渭阳。何以赠之？路车乘黄。我送舅氏，悠悠我思。何以赠之？琼瑰玉佩。"①"彩服"，彩色服色，亦借指穿彩服的官员。

崔昌大的诗歌说明，在朝鲜中部沿海一带，也盛传着徐福来到这里采集过仙药的传说，徐福文化在这一带也有着深远影响。

朝鲜王朝中后期著名哲学家、实学派代表人物李瀷，写有《送崔七七之日本》诗三首，第一首诗提到了徐福东渡开通了朝鲜东南部沿海一带与中国山东半岛北部的航路；第二首提到了朝鲜东南部是当年徐福一行寻求仙药的地方；第三首诗虽然没有提到徐福，因作者知悉日本有许多徐福的传说，也有希望了解日本有关徐福情况的意思。

送崔七七之日本·三首

鳌头山色邈连空，鲸死之罘路始通。
声教东渐问何世，天心会借一帆风。

九郡山川历览多，胸中包括果如何。
当年徐福求仙地，又逐星轺按辔过。

---

① 张明林编《四书五经·第一卷·诗经》，中央民族大学出版社，2002，第180页。

拙懒平生欠壮观，奇游天外隔波澜。

扶桑枝上真形日，描画将来与我看。[1]

　　此诗系作者为崔北（崔七七）赴日本所写的送别诗，共三首。崔北，字七七，当时的朝鲜诗人、画家，放荡不羁，嗜酒喜出游，居无定所。

　　第一首前两句"鳌头山色邈连空，鲸死之罘路始通"，意思是说，你去的日本在大海与天相连的远方，当年徐福东渡，在芝罘岛射死了大鲸鱼之后开通了航路。"鳌"，海中大鳌。"鳌头"，这里指大海。"鲸死之罘路始通"，出自《史记·秦始皇本纪》的记载，徐福第一次东渡入海寻找仙药，找了好几年也没找到，就欺骗秦始皇说，寻找蓬莱仙药的海中有大鱼阻挡，无法到达仙山，秦始皇"乃令入海者赍捕巨鱼具，而自以连弩候大鱼出射之。自琅邪北至荣成山，弗见。至之罘，见巨鱼，射杀一鱼。遂并海西"[2]。

　　第一首后两句"声教东渐问何世，天心会借一帆风"，意思是说，中国古代的声威德教什么时候开始向东传播的呢？上天的意愿是借着一帆风顺的船只从大海上传过去。"声教"，声威德教，出自《尚书·禹贡》："东渐于海，西被于流沙，朔南暨声教讫于四海。"[3] 这里也是说，徐福东渡将中国的优秀文化传到了朝鲜半岛南部。

　　第二首前两句"九郡山川历览多，胸中包括果如何"，意思是说，天下的山川很多，只能在胸中逐一地游览一遍。"九郡"，中国古代天下分九州，这里应指天下。崔北喜游天下名山，曾酒醉后大呼："天下名人崔北，当死于天下名山。"[4] 作者这里应是就此而劝说崔北。

　　第二首后两句"当年徐福求仙地，又逐星轺按辔过"，意思是说，朝鲜半岛东南部是当年徐福求仙的地方，你去日本的途中要路经徐福当年活动过的地方。"星轺"，本指使者所乘的车，也借指使者，但史载崔北没有以使者身份出使日本，这里只能借指崔北本人，或所乘车马。"按辔"，扣紧

①　（朝鲜）李瀷：《星湖全集》卷五，《韩国文集丛刊》第198辑，韩国首尔：景仁文化社，1997，第135页。

②　（汉）司马迁：《史记·秦始皇本纪》，中华书局，2000，第186~187页。

③　张明林编《四书五经》第三卷《尚书》，中央民族大学出版社，2002，第30页。

④　（朝鲜）南公辙：《金陵集》卷一三，《韩国文集丛刊》第272辑，韩国首尔：景仁文化社，2001，第250页。

马缰使马缓行或停止。

第三首前两句"拙懒平生欠壮观，奇游天外隔波澜"，意思是说，我这个人又笨又懒，过去这大半生欠缺的就是欣赏壮观的美景，更没有越过波涛汹涌的大海到天边的日本去游览奇景。

第三首后两句"扶桑枝上真形日，描画将来与我看"，意思是说，日本是传说的"日出扶桑"之国，你到了日本，要把日出扶桑枝头的真实情景描绘下来，将来回国时带给我欣赏。《崔七七传》记载，崔北的画在当时很有影响，作者这里也有赞美崔北的意思。第三首诗虽然没有提到徐福，也有希望崔北到了日本后能了解有关徐福的情况，回国后能告诉他。

朝鲜肃宗、景宗、英祖时期隐士郑栻，字敬甫，号明庵居士，有《明庵集》传世。郑栻之所以归隐山林，是因为不愿意为被迫投靠清王朝的朝鲜王朝效力，并念念不忘明王朝对朝鲜的恩德，特别是万历年间，明王朝帮助朝鲜把日本侵略者赶出了朝鲜，"龙蛇再造，万古难忘"，所以"生为大明之臣，死为大明之鬼"[1]。朝鲜资宪大夫、诗人赵性教在《明庵集序》中记载："处士生于明亡四十余年，而抱怀西之悲，励蹈东之节。脱屣举业，放怀物外。国中名山韵水，屡及无遗。而义气峥嵘于烟霞之表，忠胆轮囷于泉石之间。布谷之口，脱丸之句，对境辄发，澹然忘归。所得诗无虑数千首，尽是匪风下泉之音，返魂于千载之下矣。"[2] 对郑栻对明王朝的"义气峥嵘""忠胆轮囷"给予了肯定，同时对郑栻的诗作给予赞赏。

郑栻写有诗歌《七点山》，说当年徐福一行到过朝鲜半岛东南部的七点山。

七点山

徐市东来欲自谋，欺秦难得掩千秋。
当时只播三神在，不说仙山七点浮。[3]

---

① 见（朝鲜）郑栻《明庵集》序，《韩国文集丛刊·续集》第65辑，韩国首尔：景仁文化社，2008，第435页。
② 见（朝鲜）郑栻《明庵集》序，《韩国文集丛刊·续集》第65辑，韩国首尔：景仁文化社，2008，第436页。
③ （朝鲜）郑栻：《明庵集》卷二，《韩国文集丛刊·续集》第65辑，韩国首尔：景仁文化社，2008，第475页。

"七点山"，在今韩国釜山广域市，邻近大海，与今日本对马岛隔海相望。对马岛是徐福东渡日本的必经之路。

诗歌前两句"徐市东来欲自谋，欺秦难得掩千秋"，意思是说，徐福当年东渡是要实现他自己的谋划，他虽然欺骗了秦始皇，但隐瞒不了后人。

诗歌后两句"当时只播三神在，不说仙山七点浮"，意思是说，徐福当时欺骗秦始皇说海里有三神山，却不说仙山就是朝鲜的七点山。作者的意思是，七点山就是传说中的仙山，完全没有必要再从这里出发到日本去寻找仙山。"三神"，指海上三神山。作者这里也是说，当年徐福一行到过七点山，并从这里去了日本。这也说明，当时朝鲜半岛东南部七点山也流传着徐福东渡的传说，正因为受此影响，作者才能有感而发，赋诗抒怀。

三　淡婆姑和妙安寺院

朝鲜肃宗朝进士、官员林象德，字润甫，又字彝好，号老村。《校理林公墓碣铭》记载，林象德"四岁，能属文。未成童，通经史百家。十七，成进士。二十三，魁增广"，后历官校理、南平县监、吏曹正郎兼司书、珍山郡守、绫州牧使，任职绫州牧使期间病逝，"寿三十七"①。林象德有《老村集》《东史会纲》传世。

林象德写有《淡婆姑传》，其中提到朝鲜半岛南部传说的淡婆姑，是当年跟随徐福东渡的童女：

> 淡婆姑，南蛮比丘尼也。世莫知其本，或曰：秦始皇帝时，方士徐市入海求不死药，婆以童女从，独得灵药，秘之不与市，逃入蛮中服食，遂得神灵之术，幻身匿形，隐于草木云。蛮俗信佛，婆自以有匿药恶业，遂舍身结愿。性酷烈，截体燃肌，了不爱恋。积习沙门淡泊之教，因自号其法，名曰淡。蛮人尊之，遂呼为淡婆姑。②

"南蛮"，这里指朝鲜南部的居民。"比丘尼"，佛教用语，俗称尼姑。

---

① （朝鲜）赵显命：《归鹿集》卷一四，《韩国文集丛刊·续集》第212辑，韩国首尔：景仁文化社，1998，第540页。

② （朝鲜）林象德：《老村集》卷四，《韩国文集丛刊·续集》第206辑，韩国首尔：景仁文化社，1998，第76页。

"沙门",指出家修道者。

淡婆姑的传说主要流传于当时朝鲜庆尚道一带,即今韩国庆尚南道、庆尚北道,这里也是当年辰韩活动的主要区域,因这一带广泛流传着徐福的传说,所以淡婆姑传说出现,人们也容易将其与徐福东渡在这里采集仙药相联系。传说淡婆姑是徐福东渡时所带的"童女",因对徐福隐瞒"匿药恶业",偷吃"灵药",故此出家"舍身结愿","积习沙门淡泊之教",因而"蛮人尊之",获得了当地的原谅和尊重。通过淡婆姑的传说,我们也可以看出徐福东渡在当地有着非常正面的影响,淡婆姑有背叛的行为,不仅当地人不会原谅,就连淡婆姑本人也认识到必须赎罪,哪怕是"舍身""截体燃肌"也在所不惜。淡婆姑的传说也进一步扩大了徐福东渡在当地的影响。

朝鲜肃宗朝进士,肃宗、景宗、英祖朝官员金始镔,字休伯,号白南,有《白南集》传世。《金始镔传》记载,金始镔病逝于蔚山府使的官位上,"得年四十六",送葬之日"州民老少妇孺,奔走号恸,如悲亲戚。靷发之日,蜒户攀辌,随哭者数千人"①。这说明金始镔任蔚山府使期间,为当地百姓做了许多有益的事情,在百姓心目中有着很正面的形象。与金始镔同时期的朝鲜通训大夫汉城主簿李钟祥评价金始镔说:"公负杰然之气,蕴经世之具,尝位于朝矣而卒不通显,吁其命也夫。文足以演纶掌诰,才足以经事综物。而其学甚博,又无所不窥,如风后握奇之法,武侯风云之阵,皆涉其藩而哜其蕝,盖间世之器也。使公出入迩英,则必能沃赞睿猷,裨益弘多矣。处于廊庙。则必能尊主庇民,流名竹素。入而掌国计,出而专方面,无所施而不宜。"②对金始镔的学识和才能给予了很高的评价。"风后",指传说中的黄帝时的臣子,善兵法。"武侯",指中国三国时期的诸葛亮,相传发明八卦阵。"迩英",指迩英阁,代指朝堂。

金始镔写有诗歌《妙安师求诗,书赠》,其中提到当年徐福为采集仙药曾在僧人妙安的寺院所在地停留过。

① 见(朝鲜)金始镔《白南先生文集》卷六附录,《韩国文集丛刊·续集》第66辑,韩国首尔:景仁文化社,2008,第123页。
② 见(朝鲜)金始镔《白南先生文集》跋,《韩国文集丛刊·续集》第66辑,韩国首尔:景仁文化社,2008,第126页。

妙安师求诗，书赠

君如青鸟我如仙，引入青都第几天。

露挹汉皇承后掌，药留徐市采时船。

琼楼突兀三千尺，宝笈玲珑八万篇。

须唤白云遮去路，出山还怕再尘缘。[①]

　　此诗系作者赠给僧人妙安的诗作，诗中提到的僧人妙安的寺院应在作者任职的蔚山府辖区内。蔚山府所在地，即今天韩国蔚山广域市。广域市，即直辖市。

　　诗歌首联"君如青鸟我如仙，引入青都第几天"，意思是说，你是神鸟青鸟，我是仙人，你引导我来到这仙人居住的地方已经好几天了。"青鸟"，古代传说的神鸟，出自《山海经·西山经》："又西二百二十里，曰三危之山，三青鸟居之。"[②]　"青都"，指神话传说中天帝居住的宫阙，出自《楚辞·远游》："集重阳入帝宫兮，造旬始而观清都。"《列子·周穆王》："清都、紫微、钧天、广乐，帝之所居。"[③]　这里指仙人居住的地方，实指僧人妙安的寺院。首句也是为颔联做铺垫，因为这里是仙人居住的地方，有神仙所在，所以当年徐福才会到这里寻找仙人。

　　颔联"露挹汉皇承后掌，药留徐市采时船"，意思是说，汉武帝所建造的承露盘里的甘露早已外溢了，当年徐市为采集仙药乘坐的楼船曾在这里停留过。"露挹汉皇承后掌"，出自《史记·封禅书》："（汉武帝）作柏梁、铜柱、承露仙人掌之属矣。"[④]　颔联的意思也是说，汉武帝建造承露盘，想以此见到神仙并未如愿，但徐福来到这里，应是见到了神仙，因为这里是神仙之地。

　　颈联"琼楼突兀三千尺，宝笈玲珑八万篇"，意思是说，僧人妙安所在寺院高耸云天如同仙界楼阁，寺院还收藏了相当多的珍贵的书籍。"琼楼"，

---

① （朝鲜）金始镱：《白南先生文集》卷三，《韩国文集丛刊·续集》第66辑，韩国首尔：景仁文化社，2008，第51页。

② 王蔚主编《诗经 山海经》，内蒙古文化出版社，2007，第373页。

③ 周建忠、汤漳平主编《楚辞学通典》，湖北教育出版社，2003，第263页。

④ （汉）司马迁：《史记·封禅书》，中华书局，2000，第1184页。

指月中宫殿或仙界楼台，这里指僧人妙安的寺院，也是形容寺院的建筑富丽堂皇，如同仙界楼阁。"三千尺"，这里形容寺院的大殿又高又大。"宝笈"，指珍贵的书籍。"八万篇"，这里是很多、相当多的意思。

尾联"须唤白云遮去路，出山还怕再尘缘"，意思是说，我来到这里就不想回去了，要呼唤天上的白云挡住我回去的道路，因为担心一旦出山就失去了这次与仙家的因缘了。作者在颈联、尾联再次强调，妙安寺院的所在地就是仙界，在妙安的寺院修行就可以成仙，这里也是再次说明，妙安寺院的所在地当年为什么能"药留徐市采时船"，因为这里有神仙，有仙药。诗歌也告诉我们，妙安的寺院一带也盛传着徐福的传说，徐福文化在这里也有着深远的影响。

四　永嘉台、海云台和盆山镇城

朝鲜肃宗甲申年（1704）进士，景宗四年（1723）任王子师傅，英祖朝担任成均馆祭酒、司宪府大司宪的沈鏑，字和甫、彦和，号樗村、樗轩，有《樗村先生遗稿》传世。沈鏑曾数次拒绝朝廷的授职，大部分时间在讲学或游览名胜。沈鏑曾以朝鲜陈慰使兼进香使书状官身份出使中国燕京（今北京），出使中国期间沿途所作诗歌收录在《樗村遗稿》卷之六《燕行录》中。沈鏑去世后，《朝鲜英宗实录》英宗二十九年（1753）记载，"上亲自祭文，致祭于古祭酒沈鏑"。朝鲜国王亲自为沈鏑撰写祭文，也可见其在朝鲜王室中的地位和影响。

沈鏑创作有诗歌《永嘉台》，其中提到当年徐福一行曾到过朝鲜半岛东南沿海的永嘉台一带。

永嘉台

万古岩然海上台，云烟开敛恍蓬莱。
鲸波不动将军睡，大壑藏舟百岁来。

春风独上永嘉台，大海前头万室开。
可笑求仙劳远思，何须辛苦访蓬莱。

　　　　曾从望海亭边游，童女童男事谬悠。
　　　　不识沧溟天外大，秦皇汉武漫区区。①

　　此诗是沈錥游览朝鲜半岛东南沿海的永嘉台而作，"永嘉台"，今韩国东南沿海釜山子城台，这里面向大海，与今朝鲜海峡中日本对马岛隔海相望。

　　第一首"万古岩然海上台，云烟开敛恍蓬莱"，意思是说，高高的永嘉台自古以来就耸立在海边，云雾消散的时候站在永嘉台上看大海，可以遥望到海上恍恍惚惚的仙山"蓬莱"。作者这里点出海上仙山"蓬莱"，是为下面徐福来到永嘉台海边做铺垫。

　　"鲸波不动将军睡，大壑藏舟百岁来"，意思是说，大海上没有惊涛骇浪，朝鲜水师的将士们可以安逸地入睡了，永嘉台下海沟储藏战船的历史也有百年多了。"鲸波"，指惊涛骇浪。此句也是说，永嘉台地处朝鲜边境，边境安宁了，驻守海疆的将士才能安心入睡。"百岁来"，应指壬辰倭乱以来，作者生活的年代，已远离壬辰倭乱一百多年了。

　　第二首"春风独上永嘉台，大海前头万室开"，意思是说，高高的永嘉台最先感知到了春风的到来，大海岸边的千家万户也打开了门窗享受温暖的春风。这里承接上首诗，"春风"，也有和平时光的意思，说永嘉台地处朝鲜边境，能最先知晓外敌入侵和国家的安危。

　　"可笑求仙劳远思，何须辛苦访蓬莱"，意思是说，当年的秦始皇是那么的可笑，派徐福一行跑那么远的地方去寻找仙山，其实根本没有必要那么辛苦地去寻找蓬莱仙山。言外之意是，根本就没有什么蓬莱仙山，即使再费心劳神，再辛苦跑更远的路也找不到。

　　第三首"曾从望海亭边游，童女童男事谬悠"，意思是说，传说当年徐福带着童女童男曾从永嘉台望海亭海边一带路过，秦始皇让"童女童男"跟着徐福进入了大海，此事已不可证。"童女童男"，这里指徐福"入海求仙人"带走的童女童男。

　　"不识沧溟天外大，秦皇汉武漫区区"，意思是说，秦始皇、汉武帝不知道茫茫的大海无边无际，认为在中国周边的海里就能寻找到仙山。"秦皇

---

　　①　（朝鲜）沈錥：《樗村遗稿》卷一〇，《韩国文集丛刊》第 207 辑，韩国首尔：景仁文化社，1998，第 147~148 页。

汉武",指秦始皇、汉武帝,《史记·封禅书》记载,二人均多次派人到大海中寻找过仙人、仙药。"区区",指小的范围。

沈銷《永嘉台》诗说明,今韩国东南沿海釜山一带,当时也流传着徐福东渡的传说。釜山是韩国第二大城市和第一大港口,自古以来就在朝鲜半岛有着重要影响,这里既是当年辰韩活动的重要区域,又是朝鲜半岛与日本往来的重要通道,也是徐福东渡日本的最佳航道,所以这里才能盛传徐福东渡的传说。

朝鲜英祖朝进士、官员、诗人郑敏侨,字季通,号寒泉,有《寒泉遗稿》传世。朝鲜嘉善大夫、庆尚道观察使兼巡察使赵显命撰写的《郑进士季通墓志铭》记载:"辛亥(1731)十一月初三日。得奇疾,死于旅次,其年三十五。……是岁上元之夕,余待月南楼,君既醉,觅纸挥毫,飒飒如风雨。余亦强拙,联和百篇成轴,亦可谓风流韵事。而今不可复得矣,岂不悲哉!君眉目如画,面白皙骨清。性又耿介有操,可与友也。""其为诗赡敏,遇境输写,造语多新警"①。对郑敏侨的人品及诗作均给予了很高的评价。历官朝鲜弘文、艺文两馆大提学的吴瑗于戊午(1738)仲冬撰写的《寒泉遗稿序》记载:"其为诗未尝刻意于声调,而羁旅牢骚之所发,皆情真语新,思致赡逸。此其志亦不欲以诗求名,而非一时行辈雕镂以为工者所能及。余盖惜其才而益悲其意也。"② 朝鲜英祖、正祖朝著名文献学家、诗人李德懋也评价郑敏侨的《寒泉遗稿》说,"《寒泉集》,诗颇清警:'花外微风来隐几,柳边斜日照看书。''乱山人独宿,沧海月孤悬。'……皆楚楚可传"③。由此也可见郑敏侨诗歌的艺术成就及在当时的影响。

郑敏侨作有《海云台》诗,其中提到当年徐福曾带着童男童女来到朝鲜半岛东南海边的海云台,并从这里离开后再也没有回来。

---

① (朝鲜)赵显命:《归鹿集》卷一五,《韩国文集丛刊》第212辑,韩国首尔:景仁文化社,1998,第567~568页。
② 见(朝鲜)郑敏侨《寒泉遗稿》序,《韩国文集丛刊·续集》第75辑,韩国首尔:景仁文化社,2009,第425~426页。
③ (朝鲜)李德懋:《青庄馆全书》卷三三,《韩国文集丛刊》第258辑,韩国首尔:景仁文化社,2000,第21页。

海云台

其一

漠漠天高海上台，身边咫尺是蓬莱。

翻风浪作千层涌，眩日云成五色开。

马岛堇如弹子见，蛮船忽若鸟飞来。

神仙从古徒闻语，徐市童男去不回。[①]

《海云台》诗歌共二首，这是第一首。"海云台"，应在朝鲜半岛东南海边，今韩国釜山或巨济岛一带，因为这里能够看到大海，同时能远眺日本对马岛。

诗的首联"漠漠天高海上台，身边咫尺是蓬莱"，意思是说，站在海边的高台上，远眺雾蒙蒙的天空和茫茫的大海，海上的蓬莱仙山仿佛近在咫尺。"蓬莱"，指传说中的海上蓬莱仙山，联系下文，这里指徐福一行要寻找的三神山。

颔联"翻风浪作千层涌，眩日云成五色开"，意思是说，海风卷起了海面的层层巨浪，阳光照在云雾中呈现了多色的光晕。

颈联"马岛堇如弹子见，蛮船忽若鸟飞来"，意思是说，看到的日本对马岛仅像一个小小的弹丸，往来的日本船只就像一只只鸟在飞来飞去。"马岛"，指今日本对马岛，也是当年徐福东渡日本的必经之地。"堇"，这里是"仅"的意思。"蛮船"，这里指日本的船只。

尾联"神仙从古徒闻语，徐市童男去不回"，意思是说，自古以来流传的长生不死的神仙实际都是没有的，所以当年徐福带着童男童女东渡求仙，从这里离开后再也没有回来。

同前面沈鏥的《永嘉台》诗一样，郑敏侨的《海云台》诗也说明，朝鲜半岛东南沿海一带，广泛流传着徐福的传说，是朝鲜半岛受徐福文化影响较大的地区之一。

朝鲜纯祖朝期进士，纯祖、宪宗、哲宗朝官员李源祚，初名李永祚，字周贤，号毫宇、凝窝，谥号定宪，有《凝窝文集》传世。李源祚官至工

---

① （朝鲜）郑敏侨：《寒泉遗稿》卷一，《韩国文集丛刊·续集》第 75 辑，韩国首尔：景仁文化社，2009，第 451 页。

曹判书，年八十进秩崇政大夫。

《凝窝文集》卷二有《南游录》诗多首，其中提到当年徐福东渡的船只在朝鲜半岛南部沿海一带活动过。

坐仙台

洪崖百丈架层涛，涨海帆樯不敢高。

徐福当年船上望，分明我辈是仙曹。[1]

此诗系作者在朝鲜半岛沿海一带游览时所作，"坐仙台"，具体地址不详，诗人《南游录·坐仙台》后面第二首诗歌是《途中望方丈》[2]，提到路经头流山（智异山），说明"坐仙台"应是在头流山（智异山）南部的沿海一带。

诗歌前二句"洪崖百丈架层涛，涨海帆樯不敢高"，意思是说，百丈高的洪崖在海浪的冲击下激起层层浪涛，即使在涨潮的日子里船上的桅杆也不敢和洪崖比高低。"洪崖"，应是海岸或海边岛屿高大岩石的名字。"帆樯"，这里指船上的桅杆。

诗歌后二句"徐福当年船上望，分明我辈是仙曹"，意思是说，当年徐福东渡路经这里时曾向洪崖张望，如果我们是当年站在洪崖上的人，徐福一定会认为我们就是仙人。"仙曹"，这里指仙人。

李源祚的《坐仙台》诗说明，朝鲜半岛沿海一带广泛流传着徐福的传说，认为当年徐福东渡不仅路经过这里，还在这一带寻找过仙人。作者也深信这些传说，来到这里时，有感而发，将其写进了自己的诗作。

朝鲜王朝末期学者许熏，字舜歌，号舫山，朝鲜李朝末期学者，有《舫山文集》传世。许熏墓碣铭记载，许熏少年时，"终日对案，至夜深定钟而不倦"。成人后"谢绝公车，益专意于向里"，"屡以文学行谊，荐于

---

① （朝鲜）李源祚：《凝窝先生文集》卷二，《韩国文集丛刊·续集》第 121 辑，韩国首尔：景仁文化社，2011，第 66 页。

② （朝鲜）李源祚：《凝窝先生文集》卷二，《韩国文集丛刊·续集》第 121 辑，韩国首尔：景仁文化社，2011，第 66 页。

朝。至甲辰，除庆基殿参奉，病不就，其微意可知也。"① "公车"，指为去京应试的举人服务的皇家公车，后代指举人进京应试。"向里"，指含而不露。这里说许熏一心研读学术经典，谢绝参加科举考试，无意为官，朝鲜王室征召他，也以有病予以回绝。

许熏写有诗歌《盆山镇城》，说朝鲜半岛南部的盆山镇城旁边的青山就是当年徐福一行采药的地方。

盆山镇城
其二

舄底吹回万里风，萧萧木叶下长空。

居登片石江声里，徐福青山雾气中。

天地东南形势旷，干城筹策古今同。

浮生白日如生翰，琼阙银台信息通。②

许熏的《盆山镇城》诗共八首，此诗是第二首。"盆山镇城"，即今韩国东南部庆尚南道的金海市盆山城，邻近大海，与日本对马岛隔海相望。因徐福东渡日本，对马岛是必经之路，所以，作者联想到朝鲜东南沿海一带的盆山镇城，也应是当年徐福来过的地方。

首联"舄底吹回万里风，萧萧木叶下长空"，意思是说，脚底下吹来来自万里之外的风，长空中的风声伴随着落叶飘下。"舄"，高档的鞋，古代泛指皇上皇后等贵族穿的鞋子，这里指鞋。"木叶"，即树叶，古典诗词中常见，多指落叶，出自战国时期著名政治家、诗人屈原《九歌》："袅袅兮秋风，洞庭波兮木叶下"③。

颔联"居登片石江声里，徐福青山雾气中"，意思是说，我们站在居住地方的岩石上能听到江水流动的声响，旁边云雾笼罩的青山就是当年徐福

---

① 见（朝鲜）许熏《舫山先生文集》卷二三附录，《韩国文集丛刊》第 328 辑，韩国首尔：景仁文化社，2004，第 211~213 页。

② （朝鲜）许熏：《舫山先生文集》卷三，《韩国文集丛刊》第 327 辑，韩国首尔：景仁文化社，2004，第 500 页。

③ 陈君慧主编《中华国学经典读本·古诗三百首》，北方文艺出版社，2013，第 34 页。

采药的地方。"居登",这里指站在居住的地方。

颈联"天地东南形势旷,干城筹策古今同",意思是说,盆山镇城地处朝鲜的东南方,地势开阔,古代在此筑城,今天又重筑,想法都是一样的。作者在诗后自注:"高丽朴将军葳,筑城于此。我朝废弃不修,郑侯显奭,因遗址重筑。具廨舍,置军校,为阴雨之备。"这里虽然没有很明确地指出在这里筑城实际就是加强海防建设,防止日本再次入侵,但诗人提到现在筑城是为了"置军校",则暗示了这一点。

尾联"浮生白日如生翰,琼阙银台信息通",意思是说,虚浮不定的人生就如同身上有了长而坚硬的羽毛,只要努力,是可以入朝为官的。"浮生",指虚浮不定的人生。"翰",长而坚硬的羽毛。"琼阙",这里指皇宫,借指朝廷。"银台",古代月亮的别称,也是中国古代的官职,这里指朝廷官员。

此诗说明,今韩国庆尚南道金海市一带也流传着徐福一行活动的传说。

朝鲜王朝一直流传着徐福的传说,使得朝鲜王朝的许多文人、官员对徐福一行来过朝鲜半岛深信不疑,有关徐福的传说在朝鲜半岛千百年来经久不衰,也说明徐福东渡的深远影响。

第二章　徐福文化在日本的传播与影响

朝鲜半岛高丽时期和朝鲜王朝时期的历史人物，也谈到了徐福东渡到了日本，特别是去过日本的高丽和朝鲜王朝时期的文臣还记载了徐福东渡对日本带来的多方面影响。朝鲜半岛历史人物关于徐福东渡对日本影响的记载，主要来源于去过日本的朝鲜文臣的日记、诗歌等，也有部分内容是朝鲜文臣依据这些资料整理的文稿或创作的诗歌，主要涉及以下几个方面：徐福一行定居在日本，并在那里称王；更有记载说，日本古代的"阿每氏"国，就是徐福一行在日本建立的国家；日本纪伊州熊野山下有徐福祠，其子孙今为秦氏，世称徐福之后；日本不少地方的文化和生活习俗受到了秦文化的影响，而这些影响都与徐福东渡有关；日本不少地方仍在祭祀徐福，徐福文化的影响在日本源远流长。虽说我们无法对徐福一行是否到过日本做出定论，但徐福东渡曾给日本带来了很大的影响，徐福信仰和徐福文化对日本的影响至少上千年来经久不衰。

第一节　徐福"止王不来，即今日本国也"

《史记·淮南衡山列传》记载，"徐福得平原广泽，止王不来"，说徐福东渡是去海外称王，开拓新的事业，《史记》的这一观点，也得到部分朝鲜王朝文人的认同，有的还认为徐福海外称王的地点在日本。

一　申叔舟与《海东诸国纪·日本国纪》

朝鲜世宗朝己未（1439）进士殿试第三名，世宗至成宗朝重臣、世祖朝领议政（首相），著名政治家、史学家、语言学家申叔舟，字泛翁，号希贤堂、保闲斋。申叔舟对史学、语言学的主要贡献：一是将自己出使日本时所见所闻及获得的有关史料主持编纂成了《海东诸国纪》；二是在多年研究朝鲜语的音韵和一些外国文字的基础上，组织一批优秀语言学学者创制了由 28 个字母组成的朝鲜文字。申叔舟去世后，《朝鲜成宗实录》记载："叔舟博洽经史，议论常持大礼，不为苛细。处大事，断大义，如江河之决，朝野倚以为重。久掌礼曹，以事大交临为己任，词命多出其手。解正音，通汉语，翻译洪武正韵，学汉语者多赖之。亲涉日本，做《海东诸国纪》以进。自号'保闲斋'，有集通于世。谥'文忠'。"① "事大"，指当时朝鲜王朝与中国的交往。当时朝鲜将中国作为自己的宗主国，故视中国为大。朝鲜世宗朝文科状元、历官朝鲜吏曹判书，官居崇政大夫的李承召在为申叔舟撰写的《碑铭》中评价说："出将入相，身佩安危。德洽于民，威叠于夷。历事三朝，多于嘉绩。指誓山河，畴庸锡爵。功盖一代，位冠群工。久典文衡，亦掌秩宗。礼乐明备，神人以和。学修教明，仁义渐磨。……德既厚积，流庆益深。"② 对申叔舟为官的业绩和官德及学识，均给予了很高的评价。"畴庸锡爵"，这里指为国家做了很大贡献及获得的爵位封赏。

申叔舟在《海东诸国纪·日本国纪》中记载了徐福东渡到了日本，并在日本有较大影响。

> 日本孝灵天皇时期，"秦始皇二十九年（前 218），秦始皇遣徐福，入海求仙。福遂至纪伊州居焉"。

> 日本崇神天皇时期（前 97~前 30），"是时熊野权现神始现，徐福死而为神，国人至今祭之"。③

记载说，日本孝灵天皇时期，徐福一行东渡来到了日本纪伊州，并定居在这里。日本崇神天皇时期，纪伊州熊野山出现了权现神，这应是东渡到日本的徐福死了以后成为熊野山的权现神，所以，当时（指申叔舟到日本时）的日本人仍在祭祀徐福。

---

① 吴晗辑《朝鲜李朝实录中的中国史料》（二），中华书局，1980，第 625 页。
② 见（朝鲜）申淑舟：《保闲斋集》，《韩国文集丛刊》第 10 辑，韩国首尔：景仁文化社，1988，第 166 页。
③ （朝鲜）申叔舟：《海东诸国纪·日本国纪天皇代序》，《韩国古典翻译书》第 1 辑，韩国古典综合库 DB，第 19~20 页。

《海东诸国纪》成书于朝鲜成宗三年（1471）。朝鲜世宗二十五年（1443），申叔舟曾以日本通信使书状官身份出使过日本，其《海东诸国纪·日本国纪》关于徐福东渡到了日本的记载，除了所见所闻外，有关日本历史的记载，主要源于日本的官方记载，可能来自日本的《神皇正统记》。《神皇正统记》是日本南朝重臣北畠亲房所著，成书于日本天皇延元四年（1339）。《神皇正统记》关于徐福东渡有这样的记载："孝灵四十五年，秦始皇即位，始皇好神仙，求长生不死之药于日本，日本欲求彼国之五帝三王遗书，始皇乃悉送之。其后三十五年，彼国因焚书坑儒，孔子之全经遂存于日本。"① 《神皇正统记》关于秦始皇"求长生不死之药于日本"的记载，虽然没提到徐福，但《史记》的记载，及唐宋时期大量的文献资料，秦始皇派遣去海外，特别是东渡日本的，只有徐福一行人，所以这里记载的秦始皇派遣日本的人，也只能是徐福一行。《神皇正统记》的上述记载，是依据之前的日本史料，还是日本的民间传说，不得而知。但北畠亲房作为日本重臣，编纂的又是日本官方史书，在史料来源选择上必定是严肃认真的，将秦始皇"求长生不死之药于日本"作为重要历史事件记载的，也必定是编纂人员，甚至当时的日本官方认为是可信的。《神皇正统记》记载的"孔子之全经遂存于日本"，这也与欧阳修在《日本刀歌》中记载的"徐福行时书未焚，逸书百篇今尚存"相符，虽说其事件的真伪还需考证，但徐福东渡到了日本这一认定，应是可信的。徐福东渡到了日本，写进了日本天皇的《神皇正统记》和朝鲜王朝的《海东诸国纪》等官方史书，也等于徐福东渡到了日本，并对日本产生了重要影响，得到了当时日本天皇和朝鲜王室的认可。

二　车天辂与《五山说林·草稿》

朝鲜宣祖朝进士，宣祖、光海君时期官员，著名文人车天辂，字复元，号五山，其代表作《五山说林》，不仅在朝鲜半岛有较大影响，其中许多文章也传到了中国，朝鲜承政院左副承旨兼宣传官，春秋馆记事官李冕宙在为车天辂写的《行状》中就提道："我东文章之著于中国，五山之

---

① 〔日本南朝〕北畠亲房：《神皇正统记》卷二，日本国立国会图书馆所藏，江户时代初期版本，第9页。

力居多。"①"五山",即车天辂。由此可见车天辂在当时的影响。车天辂在《五山说林·草稿》一文中提到了徐福东渡入海,"止王不来":

> 三神山皆在海中,自燕昭王遣方士寻之。不得,秦始皇遣徐市,载男女三千,求不死药。又不得,每以风引舟去为解。伍被谓徐福至亶州,得平原广泽,止王不来。即今日本国也。杜诗有"方丈三韩外"之句,说者以为三神山皆在我国,方丈即智异山,瀛洲即汉拿山,蓬莱即金刚山也。余以为汉拿山耸出海中。在唐之世,闻日本国富士山高四百里,冬夏有雪,疑是瀛洲山。然列子:归墟有五山,六鳌戴之,至龙伯国人钓鳌后,五山随流上下,岱舆、圆峤二山漂失其所,只有蓬莱、方丈、瀛洲三山,始得根着。三山在东海大荒中,不在我国,明矣。②

"伍被",西汉时期淮南王刘安的门客,《淮南子》作者之一,事迹载《汉书·伍被传》。《史记·淮南衡山列传》的"徐福得平原广泽,止王不来",是伍被与淮南王刘安对话中的内容,"徐福至亶州",当时的对话没有涉及,也不见于《史记·淮南衡山列传》。徐福东渡到了"亶州"的最早记载出自《三国志》,"亶洲在海中,长老传言秦始皇帝遣方士徐福将童男童女数千人入海,求蓬莱神山及仙药,止此洲不还。世相承有数万家。……所在绝远"③。成书晚于《三国志》的《后汉书》也有相同记载,这在下文还会提到,都是传说徐福东渡到了"亶州",但"亶州"在什么地方,《三国志》和《后汉书》都只是说"所在绝远",并没有提到"亶州"就是日本,"亶州"与日本相联系,是中国唐代的史料提到的,这在下文会提及。车天辂在《五山说林·草稿》中说"亶州","即今日本国也",应是受了中国唐宋时期史料的影响。

"杜诗",指中国唐代著名诗人杜甫的诗。"方丈三韩外",出自杜甫的

---

① 见（朝鲜）车天辂:《五山续集》卷四,《韩国文集丛刊》第61辑,韩国首尔:景仁文化社,1991,第548页。

② （朝鲜）车天辂:《五山说林·草稿》,《韩国古典翻译书》第2辑,韩国古典综合库DB,第504页。

③ （晋）陈寿:《三国志·吴书孙权传》,中华书局,2000,第840页。

《奉赠太常张卿二十韵》，说"方丈"等海上神山在朝鲜半岛三韩的外海中。"三韩"，中国秦汉时期朝鲜半岛南部，今韩国一带的马韩、卞韩、辰韩，这里代指朝鲜半岛。

"智异山"，即前面提到的"头流山"，现为韩国智异山国家公园，在今韩国全罗北道、全罗南道与庆尚南道交界处。智异山在古代新罗时期称"方丈山"，与金刚山、汉拿山并称"三神山"。

汉拿山，在今韩国济州岛，前面提到的徐福第一次东渡采集仙药之处。汉拿山也是古代新罗时期传说的朝鲜半岛的"三神山"之一，称"瀛洲山"。"金刚山"，前面提到，位于今朝鲜东南部，邻近韩国。古代新罗时期传说的朝鲜半岛的"三神山"之一，称"蓬莱山"。

"列子"，中国战国时期著名哲学家、道学家，有《列子》一书传世。《五山说林·草稿》一文中提到的"归墟有五山，六鳌戴之"等内容，载《列子·汤问》"渤海之东不知几亿万里，有大壑焉，实惟无底之谷，其下无底，名曰归墟。……其中有五山焉：一曰岱舆，二曰员峤，三曰方壶，四曰瀛洲，五曰蓬莱。而五山之根无所连箸，常随潮波上下往还，不得暂峙焉。……帝恐流于西极，失群仙圣之居，乃命禺强使巨鳌十五举首而戴之。……而龙伯之国有大人，举足不盈数步而暨五山之所，一钓而连六鳌，合负而趣归其国，灼其骨以数焉。于是岱舆员峤二山流于北极，沈于大海"①。

车天辂在《五山说林·草稿》中的记载，一是认同《史记》中徐福东渡"止王不来"的观点，二是认为徐福东渡寻找的海上神山并在那里称王，不是在朝鲜半岛，应该是在日本。

三　"三神山"在扶桑国

朝鲜宣祖戊子（1588）进士，宣祖、光海君、仁祖时期官员金德诚，字景和，号醒翁，谥号忠贞，有《醒翁遗稿》传世。金德诚历官成均馆大司成、承政院左承旨、司谏院大司谏、司宪府大司宪、大护军等职，去世后，《朝鲜仁宗实录》十四年（丙子）九月记载，前大司宪金德诚"刚清有志操，……朝廷选清白吏。"朝鲜王朝中期著名政治家，显宗朝左议政宋时烈撰写的《神道碑铭》记载，"公平生喜看宋朝诸贤事，故公之所行，多从

---

① （晋）张湛注《列子·汤问》，上海古籍出版社，2014，第130页。

此出来。……始终名节，愈洁愈贞。岂公正直，神保是听。我观其世，其世多贤。虽则多贤，莫与公肩"。朝鲜肃宗朝领议政崔锡鼎为《醒翁遗稿》写的《序言》中这样评价："公之献议，辞约而义明。百世之下，凛然有生气。余尝读而敬之。今观公遗稿，其诗尚奇峻而绝不蹈陈言，其文主劲切而类不涉曼辞。是皆出于真正刚大之所禀而象之然也。"由此可见金德诚在朝鲜王室和高官心目中的地位和影响。金德诚写有《送李从事景稷日本之行》诗，其中提到徐福一行东渡留在了日本。

"李从事景稷"，指出使日本的朝鲜官员李景稷。李景稷曾于光海君九年（1617）七月以朝鲜回答使从事官身份出使日本。《送李从事景稷日本之行》共二首，这里选录的是第二首。

送李从事景稷日本之行
其二

从事今朝辞紫闼，汉江离思动悲吟。
去帆恶说扶桑树，归棹愁看若木林。
风伯有神应助顺，豚鱼怀信必恢心。
灵槎故国回须早，徐福遗踪莫浪寻。①

诗歌首联"从事今朝辞紫闼，汉江离思动悲吟"，意思说，你们今天就要离开朝鲜王宫了，离别之际，我在京都汉城（今首尔）的汉江赋诗表达我们依依不舍的伤感之情。"紫闼"，指宫廷，这里指朝鲜王宫。

颔联"去帆恶说扶桑树，归棹愁看若木林"，意思说，你们乘船渡海出使日本归来的时候，我们还会在一起诉说我们的离别之苦的。"扶桑"，扶桑国，这里代指日本，《山海经·海外东经》"汤谷上有扶桑，十日所浴"，因为日本传说是日出之地，古人常用扶桑来代指日本。"若木"，古代神话中的树名。《山海经·大荒北经》："大荒之中，有衡石山、九阴山、洞野之山，上有赤树，青叶，赤华，名曰若木。"这里也是说，日本就是传说的当

---

① （朝鲜）金德诚：《醒翁遗稿》卷一，《韩国文集丛刊·续集》第12辑，韩国首尔：景仁文化社，2006，第325页。

年徐福一行要寻找的神山所在地，因为作者在尾联提到，当年徐福东渡留在了日本。

颈联"风伯有神应助顺，豚鱼怀信必怵心"，意思说，你们放心地起航吧，因为我们坚信航程中一定会得到风伯等神帮助，一帆风顺的。"风伯"，指风神。东汉蔡邕《独断》记载："风伯神，箕星也。其象在天，能兴风。""豚鱼怀信"，成语，说像豚鱼这样微贱的鱼类也能怀抱忠信。

尾联"灵槎故国回须早，徐福遗踪莫浪寻"，意思说，你们完成使命就早一点乘船回来，不要因寻找、观赏"徐福遗踪"而耽搁了归国的行程。这也说明，朝鲜使臣出使日本渡海所路经的航道，也是当年徐福从朝鲜到日本去的路线，无论是沿途，还是到了日本，都会有"徐福遗踪"。"灵槎"，能去往天河的船筏，典出晋代张华《博物志》，这里指出使日本的朝鲜使团乘坐的船只。这也说明，朝鲜光海君时期，日本还保存有当年徐福在日本活动的遗迹。

与车天辂、金德诚同时期的朝鲜著名理学家、文学评论家、诗人李睟光，字润卿，号芝峰，宣祖朝进士第一，宣祖、光海君、仁祖朝官员，曾三次出使中国，写有《朝天录》《续朝天录》，谥号文简，有《芝峰集》《芝峰类说》传世。朝鲜王朝中期编纂的诗歌总集《箕雅》收录李睟光诗歌"五绝一首、七绝六首、五律四首、七律七首、五排一首"[①]。李睟光在自己的著作中多次谈到徐福，他也认为徐福东渡到了日本。李睟光在《芝峰类说》中记载：

> 世谓三山，乃在我国。以金刚为蓬莱，智异为方丈，汉拿为瀛洲。以杜（甫）诗"方丈三韩外"证之。余谓三神山之说，出于徐福。而徐福入日本，死而为神。则三山应在东海之东矣。老杜不曰："方丈在三韩"，而曰"方丈三韩外"。其言宜可信也。[②]

李睟光在记载中说，当时的朝鲜人认为"蓬莱、方丈、瀛州"三座神山就是朝鲜的金刚山、智异山、汉拿山，还用中国著名诗人杜甫的诗句

---

① 赵季、张景昆：《〈箕雅〉五百诗人本事辑考》（上），人民文学出版社，2013，第757页。
② （朝鲜）李睟光：《芝峰类说》卷二，韩国古典原文，1633。

"方丈三韩外"来说明这一点。李睟光认为，三神山不在朝鲜而是在日本，杜甫"方丈三韩外"的诗句，恰恰说明三神山在"三韩"之外，即在朝鲜之外。"三韩"，指包括济州岛在内的朝鲜半岛。李睟光在这里表述的观点就是"徐福入日本，死而为神"，徐福东渡到了日本，死后并被日本信奉为神。

李睟光在《芝峰类说》中还记载：

> 《后汉书》曰：徐福入海，止夷、澶洲。韩文所谓海外夷、亶之州是也。按夷、亶二州名，今倭国南海道，有纪伊州、淡州。淡与亶音相近，疑即夷、澶洲也。姜沆《闻见录》云：倭人谓伊势之热田山，纪伊之熊野山，骏河之富士山，为三神山。又徐福死而为神，故纪伊州，今有徐福祠。熊野山守神者，徐福之神也。……赵完璧言日本京都，见有徐福祠。徐福之裔主之云。①

李睟光用语音相近来说明，《后汉书》记载的夷州、亶州，指的就是日本的"纪伊州、淡州"，因为"淡与亶音相近，疑即夷、澶洲也"。为进一步论证当年徐福东渡寻找的三神山在日本，李睟光还用日本"纪伊州，今有徐福祠""熊野山守神者，徐福之神也"，及"日本京都，见有徐福祠，徐福之裔主之云"，来佐证自己的观点。记载中提到的"赵完璧"，李睟光在《芝峰集》中记载："赵生完璧者，晋州士人也。弱冠，值丁酉倭变，被掳入日本京都，即倭皇所居。……在日本时，见京都有徐福祠，徐福之裔主之。"② 被日军掳到日本的朝鲜人赵完璧，见到日本京都有徐福祠，而且是徐福的后人在管理着。"丁酉倭变"，指朝鲜宣祖三十年（1597），日军第二次大规模入侵朝鲜。

李睟光记载中提到的"姜沆《闻见录》"，姜沆，字太初，号睡隐，朝鲜宣祖戊子年（1588）进士，有《睡隐集》传世。朝鲜壬辰战争期间，时任朝鲜刑曹佐郎的姜沆被日本侵略军掳到日本三年，在日本期间，他将在

---

① （朝鲜）李睟光：《芝峰类说》卷二，韩国古典原文，1633。
② （朝鲜）李睟光：《芝峰集》卷二三，《韩国文集丛刊》第 66 辑，景仁文化社，1991，第 252~253 页。

日本的见闻记录了下来，结集为《睡隐集看羊录》，其中在《倭国八道六十六州图》记载：

> 秦始皇时，徐福载童男女入海，至倭纪伊州熊野山，止焉。熊野山尚有徐福祠，其子孙今为秦氏，世称徐福之后。今为倭皇则非也。洪武中，倭僧津绝海，入贡中原，太祖命赋诗，诗曰："熊野山前徐福祠，满山药草雨余肥。至今海上波涛稳，直待好风须早归。"太祖赐和章曰："熊野峰高血食祠，松根琥珀亦应肥。昔时徐福浮舟去，直至于今犹未归。"①

记载说，朝鲜宣祖朝官员姜沆在日本听闻，当年秦始皇派徐福带着"童男女入海"东渡，来到了日本的"纪伊州熊野山"，"熊野山尚有徐福祠"，还有日本人"世称徐福之后"。"熊野山"，在今日本歌山县东牟娄郡境内。记载还提到，明朝洪武年间，日本僧人津绝海到中国来，明太祖朱元璋让津绝海作诗，津绝海在诗中也提到"熊野山前徐福祠"，朱元璋还作了和答诗，不仅提到熊野山的徐福祠，其中还写道"昔时徐福浮舟去，直至于今犹未归"，这也说明，双方都认可徐福东渡到了日本。"太祖"，指明太祖朱元璋。"倭僧津绝海"，即日本僧人津绝海，也称绝海中津。绝海中津于洪武元年（1368）来到中国，洪武九年（1376）春觐见明太祖朱元璋，这也说明，日本熊野山的"徐福祠"在元代，甚至更早之前就有了。朱元璋与绝海中津作和答诗之事，成为明代中日文化交流的一段佳话，也对明代的中日文化交流起到了很大的推动作用。朱元璋作为明朝丌国皇帝，如此关注1500多年前徐福东渡之事，并认定徐福东渡到了日本，从而扩大了徐福东渡在中日两国文化交流中的影响。

进士出身的朝鲜宣祖朝官员鲁认，字公识，号锦溪，朝鲜宣祖壬午年（1582）进士，历官朝鲜水原府使、黄海水使等，有《锦溪集》传世。鲁认有着和姜沆相同的经历，朝鲜宣祖三十年（1597），日军第二次大规模入侵朝鲜时他也被日本俘虏，在日本关押期间，记载了一些在日本的见闻，结

---

① （朝鲜）姜沆：《睡隐集看羊录》卷四，《韩国文集丛刊》第73辑，景仁文化社，1991年，第93页。

集在《倭俗录》中。

> 秦始皇时，徐福载童男女入海，至倭纪伊州熊野山，止焉。熊野
> 山尚有徐福祠。其子孙今为秦氏，世称徐福之后。今为倭皇则非也。
> 洪武中，倭僧津绝海，入贡中原。太祖命赋诗，诗曰："熊野山前徐福
> 祠，满山药草雨余肥。至今海上波涛稳，直待好风须早归。"太祖赐和
> 章曰："熊野峰高血食祠，松根琥珀亦应肥。昔时徐福浮舟去，直至于
> 今犹未归。"①

鲁认的上述记载同前面姜沆记载的完全一样，这说明，二人的信息来
源是一致的，应是抄录自同一资料。除鲁认的记载外，进士出身的朝鲜宣
祖朝官员郑希得对此也有记载。郑希得，字子吉，号月峰，也是在丁酉年
（1597）倭乱时被日军俘虏并扣压在日本。郑希得将在日本的见闻写入《月
峰海上录》中，其中有关于徐福东渡的内容，因与鲁认、姜沆的记载相同，
这里不再赘述，可见于郑希得的《月峰海上录》卷一《附日本总图》。这说
明，姜沆、鲁认、郑希得三人的记载，应是抄自日本官方编纂的介绍日本
情况的资料或地方志一类的史料。否则三人的记载不会完全一致。

朝鲜宣祖朝官员鲁认在《东海道十五国》一文中还记载："又有富士
山，山形如覆甑，高可接天。顶有大穴，其深无底，暖气自下直上，有同
云雾。六月尚有白雪。皇明宋太史景濂，有诗曰：'万朵莲花富士山，蟠根
压地三州间。六月雪花飘素霎，何处深林求白鹇'者是也。倭僧尝传熟田、
熊野、富士，谓之三神山。"②说富士山和熟田山、熊野山，都是日本传说
的徐福东渡要寻找的"三神山"。鲁认在这里也是再次说明，徐福一行当年
到了日本。"宋太史景濂"，指元末明初一代文宗，著名政治家、文学家、
史学家宋濂，字景濂，号潜溪。宋濂曾是明太祖朱元璋所倚重的文臣，明
初朝廷礼仪多为其制定，史称太史公、宋龙门。

前面提到的朝鲜宣祖、光海君、仁祖时期官员、诗人、文学家赵纬韩

---

① （朝鲜）鲁认：《锦溪集》卷六，《韩国文集丛刊》第 71 辑，韩国首尔：景仁文化社，
1991，第 233 页。
② （朝鲜）鲁认：《锦溪集》卷六，《韩国文集丛刊》第 71 辑，韩国首尔：景仁文化社，
1991，第 235 页。

曾撰文说："三神山之实在于吾邦也"，说徐福一行当年要寻找的"三神山"
在当时朝鲜王朝所辖区域内，但赵纬韩同时也认为，徐福一行到了日本，
并给中日文化交流和友好往来带来很大影响。赵纬韩写有诗歌《送李尚古
景稷入日本》，其中提到徐福一行留在了日本，日本有他们当年活动留下的
遗墟。

送李尚古（景稷）入日本

其一

> 扶桑东极海连天，徐福遗墟日出边。
> 自古蜂屯千圣化，从今鸮变谢前愆。
> 巴氓要待相如论，汉诏终须陆贾宣。
> 此去定知驯犷俗，伫看图画在凌烟。

其二

> 茫茫沧海接瀛蓬，万里扶桑东复东。
> 采药秦童犹不返，乘槎汉使讵能穷。
> 鲸鹏倒侧长空外，日月升沉积水中。
> 持节此行真快意，往来惟信一帆风。①

　　此诗系赵纬韩写给出使日本的朝鲜官员李景稷的送别诗。"李景稷"，
前面提到，字尚古，号石门，曾于万历四十五年（1617）七月以朝鲜回答
使从事官身份出使日本。送别诗共二首，作者在诗中认为徐福到了日本，
而且徐福一行给日本的文化带来很大影响。

　　第一首首联"扶桑东极海连天，徐福遗墟日出边"，意思说，日本在东
海与天相连之处，在太阳升起的日本有徐福一行人当年活动留下的遗墟。
"扶桑"，即日出扶桑，指日本。

　　颔联"自古蜂屯千圣化，从今鸮变谢前愆"，意思说，日本自古以来就
得到了圣人的教化，并从此改变旧的野蛮的习俗。这里是说，徐福将中国

---

① （朝鲜）赵纬韩：《玄谷集》卷五，《韩国文集丛刊》第 73 辑，韩国首尔：景仁文化社，
1991，第 226 页。

的文明带到了日本，使日本进入了文明社会。"蜂屯"，犹蜂聚，形容成群的人聚集在一处。唐代著名文学家韩愈《送郑尚书序》："蜂屯蚁杂，不可爬梳。""鸮"，古代对猫头鹰一类猛禽的统称，这里代指没有文化教养的人。"前愆"，指以前的罪过、过失。

颈联"巴氓要待相如论，汉诏终须陆贾宣"，意思说，谈论巴蜀的百姓，需要司马相如这样出生在巴蜀之地的文学大家，出使周边国家，宣示国家的诏书、意图，需要陆贾这样能言善辩的使臣。"巴氓"，巴蜀的百姓。"相如"，司马相如，西汉蜀郡成都人，辞赋家，其代表作为《子虚赋》。"陆贾"，西汉初期著名外交家，曾两次出使南越，对安定汉初局势做出极大的贡献。

尾联"此去定知驯犷俗，伫看图画在凌烟"，意思说，你们这次出使，定会将圣化文明、和平意愿带到日本，影响他们犷悍、好战的习俗。你们出使一定会成功的，回国后也会像中国唐朝将有功之臣的画像高挂在凌烟阁一样，得到表彰的。"凌烟"，指凌烟阁，是唐朝为表彰功臣而建筑的绘有功臣图像的高阁。尾联照应首联，希望朝鲜使臣会像当年徐福一样，到日本去传递先进文化，改变他们的野蛮习俗。当时结束反击日军侵略朝鲜的"壬辰战争"（1592～1598）不久，朝鲜官员以胜利者的姿态出使日本，所以才会有"驯犷俗"之语。

第二首诗的首联"茫茫沧海接瀛蓬，万里扶桑东复东"，意思说，苍茫的大海与海上神山瀛洲、蓬莱等相连，万里之外的日出之地日本在东边很远的地方。"瀛蓬"，指前面多次提到的徐福东渡要寻找的海上神山瀛洲、蓬莱。

颔联"采药秦童犹不返，乘槎汉使讵能穷"，意思说，徐福带去的采集仙药的童男童女留在日本也没有回去，但中国汉代的使臣仍乘船往来于海上。这里的意思也是说，徐福一行开通的航路使得中国汉朝的使臣得以乘船往来于中国、日本两地，徐福带去童男童女留在日本繁衍生息，使得中日之间的文化交流和友好往来从不间断。

颈联"鲸鹏倒侧长空外，日月升沉积水中"，意思说，鲸鱼和鹏鸟都游到、飞到天海相连的长空之外极远的地方去了，日月升起和落下的地方也是在天海相连的大海中。鲸鱼和鹏鸟，指大海和空中特大的鱼和鸟。唐代韩愈《鳄鱼文》："潮之州，大海在其南，鲸鹏之大，虾蟹之细，无不容归，以生以食。""倒侧",向一旁偏倒,这里指天空倒向大海,海天相连。"积水",这里指大海。《荀子·儒效》:"积土而为山,积水而为海。"

尾联"持节此行真快意,往来惟信一帆风",意思说,你们这真是一次心情舒畅的出使活动,相信你们定会一帆风顺。"持节",指奉命出使。古代奉命出行的使臣,必须执符节以为凭证,故称"持节"。

朝鲜孝宗朝庚寅(1650)进士,孝宗、显宗、肃宗朝官员俞场,字伯圭,号秋潭、云溪、雪鬓翁,历官朝鲜广州牧使、兵曹参判开城府留守等职,晚年因不满朝政而归隐山林,有《秋潭集》传世。与其同朝为官,状元出身的朝鲜著名政治家宋时烈在《秋潭集》序中赞赏俞场的文稿《闲居录》:"《闲居录》一册,古律诗杂文凡若干篇,优游闲淡,绝无讥刺怨怼之语。而忧时悯俗之意,时寓于其中,信乎可以居乱世而不失古人忠厚之意矣。"① 说俞场虽然因对朝中政治生态不满而归隐山林,但写出来的文章、诗歌并没有对朝廷讥刺和怨恨的意思,其忧国忧民之情,显示出他对国家、对百姓的"忠厚之意"。俞场的《秋潭集》中有多处提到徐福,他也认为徐福东渡到了日本,其中《备后州福禅寺馆楼记》记载:

> 所谓蓬(莱)、瀛(洲)、方丈,在扶桑东极之地,而世称安期居焉。吾东之所谓三山,无让于此二者。而人之贵耳贱目,其来尚矣。我国虽僻在海外,而文献彬彬,号称小(中)华。与中国通,自箕封始。中国之人,无异视中国,是故穆王之求王母也。不于吾东而必于瑶池阆苑,始皇之求神仙也。不于吾东而必于日东殊域,何怪乎徐市之舍我而就彼也。……不置于中华文献之邦,而乃使蛮夷蜂虿之类居焉,是亦无可疑者欤。②

"安期",亦称安期生、安丘先生,秦汉时期传说中的成仙之人,《史记·封禅书》记载:"安期生。食巨枣,大如瓜。安期生仙者,通蓬莱中,

---

① (朝鲜)俞场:《秋潭集》,《韩国文集丛刊·续集》第33辑,韩国首尔:景仁文化社,2007,第71页。
② (朝鲜)俞场:《秋潭集》,《韩国文集丛刊·续集》第33辑,韩国首尔:景仁文化社,2007,第204页。

合则见人，不合则隐。"① "箕封"，指箕子受封于朝鲜，给朝鲜半岛带去了中原地区的先进文化，促进了朝鲜半岛的文明进步。"穆王"，指中国西周时期的周穆王，周穆王曾西游昆仑山之西到了西王母之国，见到了西王母。

俞场的上述记载主要是说明，秦始皇派徐福东渡大海寻找的三神山在太阳升起的"扶桑东极之地"，那里是仙人安期生居住的地方，朝鲜半岛所谓的三神山，不具备这两个条件。而且朝鲜半岛自箕子朝鲜开始，就与中国有了紧密的文化联系，朝鲜"号称小中华"，其文化信仰和生活习俗与中国没有太大的差别，"中国之人，无异视中国"，中国人也觉得朝鲜半岛和中国差不多，所以秦始皇不会让徐福到朝鲜半岛来寻找仙山和长生不死的仙药，而是要他到很远的海外，即"蛮夷蜂虿之类"居住的地方去寻找，就像当年周穆王到很远的西方去求见西王母一样。俞场的结论是，"不于吾东而必于日东殊域，何怪乎徐市之舍我而就彼也"，徐福东渡的目的地不是朝鲜半岛，而是朝鲜以东的日本。

朝鲜孝宗七年（乙未，1655），俞场以通信副使的身份出使日本，返程途中写有诗歌《回泊鳄浦》，也提到徐福东渡到了日本。

回泊鳄浦

隔岁归期莫叹迟，早归安得兴如斯。

遥从异域瞻邦域，及到来时胜去时。

涉海曾闻徐市远，寻河肯美博望奇。

东穷日出扶桑外，橐里题盛五百诗。②

此诗是作者于出访日本第二年（1656）回国途中在日本对马岛鳄浦停泊时所写，"鳄浦"，这里指日本对马岛鳄浦。

首联"隔岁归期莫叹迟，早归安得兴如斯"，意思说，虽说我们出使日本的第二年才起程归国，但如果提前回来，我们回国的喜悦心情，肯定不

---

① （汉）司马迁：《史记·封禅书》，中华书局，2000，第1182页。

② （朝鲜）俞场：《秋潭集》卷之元，《韩国文集丛刊·续集》第33辑，韩国首尔：景仁文化社，2007，第93页。

会像现在这样高涨。

颔联"遥从异域瞻邦域，及到来时胜去时"，意思说，我们在日本对马岛遥望自己的国家，喜悦的心情胜过来的时候。

颈联"涉海曾闻徐市远，寻河肯羡博望奇"，意思说，徐福入海求仙人到很远的大海中去了，就像汉武帝时张骞到天河里见到天宫一样遥远。这里既有离开日本越来越远的意思，也是说，只有"涉海"的人，才知道大海广阔无边，才能体会到当年徐福东渡走了多么远的航程。"博望"，指汉武帝时博望侯张骞。南北朝时期的宗懔在《荆楚岁时记》中记载说，张骞曾乘槎至天河。

尾联"东穷日出扶桑外，橐里题盛五百诗"，也是紧扣主题，意思说，我们向东看日出扶桑的日本，从日本出来一路航程都兴致很高，行囊里已有沿途创作的五百首诗歌了。"橐"，这里应指存放诗歌集的"囊"，即口袋或木盒。结合上面颈联"涉海曾闻徐市远"，作者这里也是说，徐福东渡的目的地就在很远的"日出扶桑"之地日本。

朝鲜显宗朝庚子（1660）进士，显宗、肃宗朝官员申厚载，字德夫，号葵亭，历官朝鲜礼曹参判、江华留守、政府右参赞、汉城判尹等职，有《葵亭集》传世。朝鲜王朝中后期著名哲学家、实学派代表人物李瀷撰文称赞申厚载"为汉城右尹，特升资宪阶为判尹，时称广汉之神"，"为文务情实，不事雕缋。至簿书丛委，敏给纤悉，见者惊叹。人谓惟此词章，足以鸣当世，但恨其谦不自妤耳"[1]。申厚载写有《游清凉山记》，在文章开篇提到了日本有"徐福之墟"："始余癖山水，闻有佳境胜观，无远不到。自窃禄十数年来，宦迹殆遍于湖岭间。西瞻田横之岛，东看徐福之墟。其间名山水，自谓领略无遗。而人亦以济胜目之。"[2]"清凉山"，位于今韩国庆尚北道奉化郡境内，申厚载在介绍清凉山的游记中，说自己喜欢游览山水"佳境胜观"，到西边的中国瞻仰过田横岛，到东边的日本看过徐福的遗址、墓葬。这说明当时的日本不但有徐福的遗址、墓葬，而且这些还是作者心目中著名的"佳境胜观"。申厚载跑到日本去参观"徐福之墟"，并作为游

---

[1] （朝鲜）李瀷：《星湖全集》卷六〇，《韩国文集丛刊》第200辑，韩国首尔：景仁文化社，1997，第35页。

[2] （朝鲜）申厚载：《葵亭集》卷七，《韩国文集丛刊·续集》第42辑，韩国首尔：景仁文化社，2007，第382页。

览的重点记录下来予以介绍，也可看出"徐福之墟"在作者心目中的地位和当时在朝鲜和日本的影响。

朝鲜肃宗朝甲子年（1684）进士，英祖朝官至领议政的郑澔，字仲淳，号丈岩，擅长诗文书法，谥号文敬，有《丈岩集》传世。《朝鲜英祖实录》十二年十月记载："（郑澔）持己刚方，言论激昂，以此不能久安于朝，位至三事而家累，不继饘粥，以清慎善居乡称之。"说郑澔在朝中坚持己见，刚正不阿，以致因直言曾被罢官，还说郑澔为官清廉，身为高官，家里还常常吃不上饭，其为官之道得到乡民称赞。郑澔写有《送李持宪邦彦奉使日本》诗歌二首，其中第二首谈到徐福东渡到了日本。

送李持宪邦彦奉使日本
其二

有国扶桑外，徐生所止云。
山饶不死药，经遗未燔文。
好去穷搜索，持归替献芹。
桑蓬吾已矣，侧耳伫奇闻。①

此诗是写给出使日本的朝鲜通信使官员李邦彦的，"李持宪邦彦"，即李邦彦，字持宪。朝鲜肃宗三十七年（1711），李邦彦以朝鲜通信使从事官（书状官）身份出使日本。

诗歌首联"有国扶桑外，徐生所止云"，意思说，你们出使的日本国，是传说中的海外日出扶桑的地方，也是当年徐福东渡的目的地。"徐生"，这里指徐福。

颔联"山饶不死药，经遗未燔文"，意思说，传说日本的神山有许多长生不老的仙药，还有当年徐福带过去的、在中国已被秦始皇烧毁了的经典书籍。"经遗未燔文"，最早来自中国北宋时期著名文学家欧阳修的《日本刀歌》中的"徐福行时书未焚，逸书百篇今尚存。令严不许传中国，举世无人识古文"。欧阳修的这一提法，朝鲜王朝时期的文人也多有评论，有认

---

① （朝鲜）郑澔：《丈岩先生集》卷一，《韩国文集丛刊》第157辑，韩国首尔：景仁文化社，1995，第22页。

同的，有不认同的，本书选录的诗歌也多有涉及。

"好去穷搜索，持归替献芹"，意思说，你们这次到日本去，要借此机会多收集一些有关徐福的资料，归国回来的时候就作为礼物送给我吧。"献芹"，意思是进献礼物以表亲近，典出《列子》卷七《杨朱篇》。

"桑蓬吾已矣，侧耳伫奇闻"，意思说，你们出使日本的雄心大志我已经知道了，你们回来时，我主要想听一听你们在日本见到听到的一些奇闻逸事。"桑蓬"，即桑弧蓬矢，比喻男儿要有雄心大志，出自《礼记·射义》："故男子生，桑弧蓬矢六，以射天地四方，天地四方者，男子之所有事也。"

诗歌说明，作者认同徐福东渡到了日本，并将中国先秦时期的文化传到了日本，同时，作者非常关注徐福东渡给日本带来的影响，否则不会叮嘱出使日本的朝鲜官员去搜集徐福在日本的资料，并非常看重这些资料。

朝鲜肃宗、景宗、英祖朝官员朴弼周，字尚甫，号黎湖，历官吏曹判书、左赞成兼世子贰师，成均馆祭酒等，谥号"文敬"。有《黎湖集》传世。《朝鲜英祖实录》记载，"（朴弼周）固穷笃学，四书五经读至万遍数，橡矮处之裕如杜门自守，不广交游。……盖短于经济，而清苦之节无一尚矣。三朝礼遇之士，惟此一人在"。说朴弼周是肃宗、景宗、英祖三朝元老，甘于清苦，酷爱读书。朴弼周写有《送洪参议纯甫启禧日本使行》诗八首，送给出使日本的朝鲜通信使正使洪启禧。洪启禧，字纯甫，"参议"正三品。朴弼周在第四首诗中提到了徐福东渡去了日本。

送洪参议纯甫启禧日本使行
其四

徐福楼船何处去，晁监日本此中归。
千年往事无人问，唯有蜃烟满眼飞。[①]

诗歌前二句意思说，当年徐福的楼船从这里（指朝鲜沿海）出发到了日本哪里去了呢？日本的晁监（晁衡）从中国返回日本时，也是路经朝鲜

---

① （朝鲜）朴弼周：《黎湖先生文集》卷二，《韩国文集丛刊》第196辑，韩国首尔：景仁文化社，1997，第49页。

回到日本去的。"晁监",即文中多次提到的,入唐做官的日本人晁衡,原名阿倍仲麻吕,日本奈良时代的遣唐留学生,在国子监太学毕业后参加科举考试,中进士,留在唐朝做官,历仕玄宗、肃宗、代宗三代皇帝,备受厚遇,官至客卿,荣达公爵。晁衡在唐期间,与著名诗人李白、王维等交往颇深,晁衡回国时,王维有诗《送秘书晁监还日本国》。作者这里表达了两点认识:一是徐福路经朝鲜半岛去了日本;二是唐代晁衡从中国返回日本,走的也是当年徐福开通的中朝日海上航道。

后二句意思说,徐福、晁衡这些历史人物所经历的事情已经是千年前的往事了,现在很少有人再谈论了,但他们当年路经的大海中的云雾仍在航海人的眼前飘过。"蜃烟",这里指大海中的云雾。这句也是说,徐福、晁衡这些历史人物所开创的不同时期的中、朝、日文化交流航道,仍有着很大影响,后人在这条航道上继续前行。

上面提到的朝鲜宣祖朝官员姜沆、鲁认、郑希得关于徐福东渡到了日本,日本"熊野山尚有徐福祠"的记载,对朝鲜王朝后来的文人也有很大影响。朝鲜英祖、正祖时期官员,编著一代史学名著《东史纲目》和《临官政要》的著名政治家、历史学家安鼎福,字百顺,号顺庵,赠谥号"文肃,博闻多见曰文,正己摄下曰肃",被当朝人尊称为"当世之大儒"①。安鼎福在《书东史问答·上星湖先生书(丙子)》中记载:

> 徐福、韩终同入海求仙,而所谓三神山在渤海中,渤海东南,即我国与日本。则(徐)福等所入,要不出二国矣。欧阳公《日本刀》诗云:徐福行时书未焚。逸书百篇今尚存。姜沆《看羊录》云:徐福入倭伊纪州熊野山止焉,今有祠,子孙为秦氏。据此则(徐)福之入日本信矣。其称秦氏,犹辰韩之称秦韩,盖以自秦而来也。自秦来者谓秦,则自韩来者谓韩,亦不异矣。第终辈只是避乱逃生之人,安有兵威气势,能越海数千里而掩人国哉。《通典》曰:三韩古辰国也。汉书亦云:辰国欲上书,右渠壅遏不通。右渠之时,三韩已存,则辰国之称,或因其旧乡也。海东一隅,在汉北者为朝鲜,汉南者为辰国。

---

① 见(朝鲜)安鼎福《顺庵集·年谱》,《韩国文集丛刊》第230辑,韩国首尔:景仁文化社,1999,第396页。

而或韩亡流人东逬，各立部落，以韩为号。秦人后来，亦云秦韩。以别其为异。而辰国亦随而称韩耶。①

安鼎福认为，当年徐福东渡不是留在朝鲜半岛，就是去了日本，"不出二国矣"，但依据姜沆《看羊录》的记载，日本熊野山有徐福祠，而且当地人自称是徐福的子孙，所以，"（徐）福之入日本信矣"，应该相信徐福东渡到了日本，这就如"辰韩之称秦韩"一样，无论是朝鲜半岛的辰韩，还是日本熊野山的秦氏，都与中国的秦人有关。"辰韩"，前面提到，不少朝鲜王朝时期的著名文人认为"辰韩之为徐市国"，中国秦汉时期，朝鲜半岛东南部的辰韩国是徐福建立的，安鼎福在这里将日本熊野山的秦氏与朝鲜半岛的辰韩相提并论，都是强调二者与徐福东渡有关。

朝鲜纯祖壬午（1822）进士，纯祖、宪宗朝官员赵秉铉，字景吉，号成斋，历官朝鲜刑曹判书、司宪府大司宪、礼曹判书、兵曹判书、户曹判书、吏曹判书、议政府左参赞等要职，后因陷入朝鲜王室权力之争而被罢官流放，朝鲜哲宗元年（1849）被赐死，哲宗四年（1853）恢复名誉，赐号成斋，有《成斋集》传世。赵秉铉为官时一心为民，得到百姓拥戴，"民皆追颂遗惠，勒之金石。别立生祠五十余邑，无邑无之"，甚至在其被罢官流放时，仍有"关外士民千百为群，为言冤状"②。赵秉铉写有诗歌《赠崔生明植》，其中提到当年徐福东渡曾路经朝鲜半岛南部沿海一带，并从这里去了更远的地方，即日本。

赠崔生明植

数间茅榭压汀斜，千里同炊便一家。

徐市何年空过此，三山长发四时花。③

---

① （朝鲜）安鼎福：《顺庵先生文集》卷一〇，《韩国文集丛刊》第229辑，韩国首尔：景仁文化社，1999，第546页。

② 见（朝鲜）赵秉铉：《成斋集·年谱》，《韩国文集丛刊》第301辑，韩国首尔：景仁文化社，2003，第564页。

③ （朝鲜）赵秉铉：《成斋集》卷六，《韩国文集丛刊》第301辑，韩国首尔：景仁文化社，2003，第336页。

此诗是作者写给诗友崔明植的，应是在朝鲜半岛东南沿海一带所作，"崔生明植"，即崔明植，作者与其有多首诗歌唱和，具体身份不详。

诗歌前两句"数间茅榭压汀斜，千里同炊便一家"，意思说，有数间茅草房建在海边的高台上，我们相距千里，但有相同的饮食习俗。从作者撰写的其他诗文看，崔明植应居住在朝鲜半岛东南部歧城一带（今属韩国庆尚北道星州郡），所以笔者推断，这里提到"数间茅榭"，应指崔明植居住在歧城一带房屋。这里离作者为官的朝鲜都城汉城（今首尔）也有近千里之遥。

后两句"徐市何年空过此，三山长发四时花"，意思说，当年徐福寻找三神山的时候曾从这里路过，没有在这里采集到灵药，实际这里也是传说中的三神山，也有四时都开的仙花。前面多次提到，徐福东渡到了朝鲜半岛南部沿海一带，包括济州岛，已成为朝鲜半岛高丽时期、朝鲜王朝时期不少学者的共识，同时也有许多学者认为徐福东渡的目的地是日本，作者这里提到的"徐市何年空过此"，应是认为徐福东渡去了日本。

朝鲜王朝末期学者金基洙，字致远，号柏后，有《柏后集》传世。金基洙在《德川游录》一文中记载：

> 史称三神山在渤海中，说者以我国之金刚蓬莱，头流方丈，及汉拿瀛洲当之。似涉傅会。然尝观少陵诗云"方丈三韩外，昆仑万国西"。据此则方丈之在东暆较然明甚。[①]

金基洙也认为，当年徐福东渡要寻找的蓬莱、方丈、瀛洲在日本，而不是朝鲜的金刚山、头流山、汉拿山。其主要依据是杜甫的诗句"方丈三韩外"，三神山之一方丈在朝鲜半岛之外，具体地点应是在"东暆"，东方太阳升起的地方，即日本。对杜甫的诗句"方丈三韩外"，朝鲜王朝时期的官员、文人有着不同的解读，但朝鲜王朝末期的学者对徐福东渡到了日本的认知，依据的已绝不仅仅是杜甫的诗句，还有日本当时广泛流传的徐福的传说及多处有关徐福的纪念设施。

---

① （朝鲜）金基洙：《柏后集》卷六，《韩国文集丛刊·续集》第132辑，韩国首尔：景仁文化社，2012，第652页。

第二节　日本古代"阿每氏"国和九州岛"黑齿别种"

朝鲜王朝时期的许多学者不仅认为徐福东渡到了日本，还明确提到，徐福在日本建立了自己的国家。

一　"阿每氏"国，盖中国之苗裔也

朝鲜世祖朝甲申（1464）进士第一，朝鲜世祖、睿宗、成宗三朝的官员李陆，字放翁，号青坡居士，有《青坡集》传世。与李陆同朝为官的礼曹判书成倪撰写的《青坡碑铭》记载"（李陆）莅官莅事，不失其正。孝友恭恪，自出天性。文辞苕发，心手相应。谈论悬河，人无与竞。精明所照，物莫逃镜。其理刑狱，先办五听。其受言责，忠言有诤。出按四道，咸服善政。历扬六部，皆有声称"①。"五听"，是中国古代司法官吏在审理案件时观察当事人的五种方法，即辞听、色听、气听、耳听、目听。"四道"，当时朝鲜全国下辖八个道，相当于八个省。四道，四个省。"六部"，指朝鲜吏、户、礼、兵、刑、工六曹，相当于中国明清时期的六部。说李陆为人正直，能言善辩，在地方为官有善政，还是朝中为官有好评。李陆《青坡集》第二卷有《日本国赖忠使，送师川首座，请僧景撤字圆行字说》一文，其中记载：

> 东海中，有国最大曰阿每氏，其俗尚浮屠，喜清净。亦不得不有君臣父子，以为之治。朝觐聘问，以为之礼。自以为天子，不受中国之正朔。尚矣，昔秦皇帝尝遣童男女，入海中神山，求所谓不死之药，或者其后因留不返，遂国于海中，盖中国之苗裔也。故吾尝慕其人，而恨不得见矣。既见之矣，又恨其语音之殊也。我殿下即位之明年岁庚寅秋，首座川公，奉主将命，来觐于京师。将还也，以景撤圆行字说相请。余初以不得见为恨，又以语音殊为恨。所不恨者，天下之文同也，天下之心同也。文同而心亦同，言虽不

---

① 见（朝鲜）李陆《青坡集·青坡碑铭》，《韩国文集丛刊》第 13 辑，韩国首尔：景仁文化社，1988，第 424~425 页。

同，而吾之心可以文晓也。①

"浮屠"，这里指佛教。

李陆的上述记载，主要是说明日本古代的"阿每氏"国，应与当年秦始皇"遣童男女，入海中神山"，"或者其后因留不返"有关，"阿每氏"国可能是徐福一行"遂国于海中"，而建立的国家。"盖中国之苗裔也"，说"阿每氏"是中国人的后代子孙。"苗裔"，即后裔，后代子孙，语出屈原《楚辞离骚》"帝高阳之苗裔兮"。上述记载还提到，日本的"阿每氏"国有着和中国古代相同的风俗礼仪，"有君臣父子，以为之治。朝觐聘问，以为之礼"，虽然"语音之殊也"。讲的语言和中国不同，但"天下之文同也，天下之心同也"，书写的文字是一样的，而且许多观念也相同，心是相通的。这里提到的"文同"，指的是写的都是汉字，因当时朝鲜流行的文字也是汉字。"心同"，指的是对历史事件、人物的是非评判标准，基本是相同的。作者和"阿每氏"国的人"言虽不同"，但因为"文同而心亦同"，所以没有隔阂，"吾之心可以文晓也"，彼此间可以通过文字进行交流。这也是说，日本的"阿每氏"国，应是徐福或徐福的后裔建立的。

李陆的上述观点，在其《送日本僧圣津首座还国诗序》中也被提及："日本。在东海中建国，盖古号阿每氏，其俗专尚浮屠法。汉建武中。始与中国通焉。……然吾尝闻三神山。在东海中。其地多仙人居之。"② 这里说，三神山在日本，日本的古国"阿每氏"，在中国东汉建武年间与中国有了官方往来。

李陆记载中提到的"阿每氏"，《旧唐书·东夷列传·日本》有记载："倭国者，古倭奴国也。……其王姓阿每氏，置一大率，检察诸国，皆畏附之。设官有十二等。其诉讼者，匍匐而前。地多女少男。颇有文字，俗敬佛法。……衣服之制，颇类新罗。"③ 李陆有关"阿每氏"国的记载，与《旧唐书》的记载相符。《旧唐书》记载提到，"阿每氏"所穿衣服"颇

---

① （朝鲜）李陆：《青坡集》卷二，《韩国文集丛刊》第 13 辑，韩国首尔：景仁文化社，1988，第 444 页。
② （朝鲜）李陆：《青坡集》卷二，《韩国文集丛刊》第 13 辑，韩国首尔：景仁文化社，1988，第 447 页。
③ （后晋）刘昫等：《旧唐书》卷一九九上，陈焕良、文华点校，岳麓书社，1997，第 3380 页。

类新罗"，与朝鲜半岛新罗时期人们穿着的衣服相近。我们前面提到，新罗的前身是辰韩，而朝鲜王朝著名哲学家李瀷认为，"辰韩之为徐市国"，说辰韩是徐福建立的。《旧唐书》的记载，为我们探讨徐福东渡与朝鲜半岛东南部的辰韩和日本"阿每氏"国的关系提供了新的线索。徐福东渡的目的地，极有可能是朝鲜半岛南部和日本二地，有的学者还撰文提道："徐福东渡先到朝鲜半岛南部，再由朝鲜半岛南下至日本，已成为现当代许多中、日、韩学者的共识。但徐福集团把日本作为登陆地，还是把朝鲜半岛南部作为登陆地，看法并不一致。我们认为，徐福二次东渡，因受航海能力和对日本了解的限制，第一次东渡应是停留在了朝鲜半岛东南部，辰韩的建立应于徐福一行有关。在开发朝鲜半岛时，由于技术人员和生产资料的短缺，才有了徐福携'五谷种种百工而行'的第二次东渡。朝鲜半岛东南部临近日本，随着对朝鲜海峡和日本的了解，徐福一行又有大批人员从朝鲜半岛移居日本九州岛，也就有了九州岛吉野里遗址出现的生产力飞速发展的景象。"①

朝鲜宣祖、光海君、仁祖朝官员朴弘美，字君彦，号灌圃，有《灌圃文集》传世。朝鲜辅国崇禄大夫，原任吏曹判书兼弘文馆大提学洪敬谟撰写的《灌圃先生文集》序记载："公之文章，稽古研精，学有根柢，深知正变之源流，而亦得乎辞达之意，于以见性情之所通者大而其机自有真也。……故诵其诗读其书，可以知其人而论其世也。"② 洪敬谟撰写的《吏曹参判灌圃朴公行状》记载："敬谟生公后二百余年，读其书，可以论其世。而公之清芬骏烈，邈然若上世事，顾何以知公。概公之状，亦足以知公也。士之自行大节有三：曰在家之孝，曰立朝而忠，曰居官而廉，三善皆得则斯可谓成人。公遭遇宣仁盛际，历践名涂，文行言论，为世所推重。盖当时之贤大夫，而又得士之三大节焉。"③ 洪敬谟称赞朴弘美有三大节："在家之孝""立朝而忠""居官而廉"。朴弘美在去世二百多年后，仍被身

---

① 张炜、祁山：《徐福与海上丝绸之路考辨》，《山东师范大学学报》（人文社会科学版）2018年第3期，第15~16页。

② （朝鲜）朴弘美：《灌圃先生文集》，《韩国文集丛刊·续集》第17辑，韩国首尔：景仁文化社，2006，第91页。

③ （朝鲜）朴弘美：《灌圃先生文集》，《韩国文集丛刊·续集》第17辑，韩国首尔：景仁文化社，2006，第93页。

为朝鲜王朝高官的洪敬谟给予如此高的评价，应说是经得起时间的检验。
朴弘美写有诗歌《洛山寺观日出》，其中谈到日本有"徐市国"：

洛山寺观日出

义相千年寺，东溟万里限。

天连徐市国，波撼洛山台。

日月扶桑近，金银古殿开。

此身疑羽化，骑鹤上蓬莱。①

此诗系作者在朝鲜半岛东海岸洛山寺观日出时所作，"洛山寺"，位于今
韩国江原道襄阳郡洛山海水浴场北 4 公里处，系朝鲜半岛新罗时期高僧义湘大
师所建，后又经多次重建，现在的建筑建于 1953 年。义湘曾于唐高宗总章二
年（669）到中国留学，学成回国路经山东半岛登州所辖文登县沿海时，还留
下了感人至深的爱情传说，具体事迹载于《宋高僧传·唐新罗国义湘传》②。

此诗首联"义相千年寺，东溟万里限"，意思说，当年义湘大师建的洛
山寺已有千年的历史了，洛山寺建在海边，东边就是茫茫的万里大海。

颔联"天连徐市国，波撼洛山台"，意思说，在洛山寺向东望去，海天
相连的地方就是当年徐福在日本建立的"徐市国"，万里大海的波涛冲击着
洛山寺庙下的洛山台。这里既可以理解为：日本有"徐市国"，是当年徐福
东渡到日本建立的；也可以这样理解：当时的日本，就是徐福东渡到日本
建立起来的。这两种观点，在日本历史上都曾有过。

颈联"日月扶桑近，金银古殿开"，意思说，日本就在升起太阳和月亮
的地方，那里有用金银建造的古老宫殿。"金银古殿"，《史记·淮南衡山列
传》记载，徐福"至蓬莱山，见芝成宫阙，有使者铜色而龙形，光上照
天"。作者这里把徐福居住的日本，说成他寻找到的海上仙山，徐福就是得
道成仙的仙人，他居住的宫殿也应是金银建造的。

尾联"此身疑羽化，骑鹤上蓬莱"，意思说，我们在洛山寺观日出，也

---

① （朝鲜）朴弘美：《灌圃先生文集》上卷，《韩国文集丛刊·续集》第 17 辑，韩国首尔：景
仁文化社，2006，第 99 页。

② （宋）赞宁：《宋高僧传·唐新罗国义湘传》，中华书局，1987，第 75~76 页。

好像飞升成仙，骑上仙鹤飞上传说中的蓬莱仙山了。"羽化"，这里指得道飞升成仙。作者这里既有照应首联，说千年洛山寺就是一个修行的好场所，来到这里就被周围的环境和深厚的佛教文化氛围感染；同时也是在颔联、颈联的基础上，再次赞扬了徐福，希望自己也能像徐福一样得道成仙，闯出一片天地来。作者这里赞扬徐福，赞扬义湘，也有肯定中国优秀传统文化的意思，肯定徐福把中国的先秦文化传到了日本，肯定义湘把中国的盛唐文化带到了朝鲜半岛。

二　日本黑齿国

朝鲜孝宗、显宗、肃宗朝官员，著名思想家、教育家、文学家许穆，字文父、和父，号眉叟，历官朝鲜成均馆大司成、吏曹判书、司宪府大司宪、右议政等，谥号文正（道德博闻曰文，以正服人曰正），追赠为领议政，有《记言》传世。《记言·卷之三十六》有《黑齿列传》一文，其中提到日本黑齿国的一个分支应是徐福和他带领的童男童女建立起来的。

黑齿列传（节选）

黑齿者，东海蛮夷之国，在沧海东浮海外，亦曰日本之倭。秦始皇时，有徐市者，请与童男童女五千人，入海求三神山不死药，为黑齿别种。前古有桓武者，谓之桓武天皇者也，长子孙传其世。月十五日以前，斋戒礼天，不预朝聘讨伐。凡出令之事，有关白主之，其令于国中，称明教，畏惧如国君。关白者，其贵臣，执国命者也。

黑齿，古无姓氏。至齐、梁时，山城州主允恭者，始称姓氏。藤氏最先，平、源氏次之。桓武子孙，为平氏、源氏云。三姓皆大，而源氏最盛。

其俗信鬼神，事浮屠。男子削须发，妇人委发。男女皆服袆子，贵人漆齿，妇人亦漆齿，故曰黑齿之夷。……通商贾为利，通国轻死，好击刺，萨摩风俗，最强暴好杀。[①]

---

① （朝鲜）许穆：《记言》卷三六，《韩国文集丛刊》第98辑，韩国首尔：景仁文化社，1992，第211页。

黑齿国，"亦曰日本之倭"，就是古代日本的倭国，这里指活跃在日本九州岛的日本人。当年徐福和带领的"童男童女五千人"为了"入海求三神山不死药"而来到的日本九州岛，成了"黑齿别种"。很早之前的日本国王"桓武天皇"就出自"黑齿别种"，但桓武天皇时期真正掌握国家权力、"执国命者"是"关白"，类似中国古代的丞相。而当时日本有三大姓氏——藤氏、平氏、源氏，以"源氏最盛"。桓武天皇时期，"执国命者"的"关白"就是出自源氏。日本的藤氏、平氏、源氏，据传是徐福一行人的后裔，这在下文会提到。许穆在《黑齿列传》中虽然没有说三大姓氏与徐福一行人的关系，但把"桓武天皇""关白"放在"黑齿别种"之后来叙述，实际就是暗示"桓武天皇""关白"出自"黑齿别种"，即徐福一行人。黑齿国"其俗信鬼神，事浮屠"，即信奉佛教，这与前面提到的日本"有国最大曰阿每氏，其俗尚浮屠"一致，说明早期的黑齿国就是日本的"阿每氏"国。黑齿国的"须发""漆齿""通商贾为利，通国轻死，好击刺"等生活习俗和价值观念，也是受到了中国先秦时期的文化影响。"通国"，指整个国家，全国。《孟子·离娄下》："匡章，通国皆称不孝焉。""萨摩"，指日本古代萨摩国，也称萨摩藩，活跃在日本九州岛的西南方，今属鹿儿岛县，"萨摩风俗，最强暴好杀"，主要是强调日本人的尚武精神，这也与中国先秦时期的秦人相似。日本人受中国秦文化影响的情况，在后面还会专题谈到，不再赘述。这里要说明的重点是，徐福一行人在日本建立了自己的国家，虽说这不是第一手的资料，都是旁证，但这至少说明，徐福东渡曾给日本带来了重大影响。

日本古代的黑齿国，最早见于《汉书·东夷传》："倭国东四千余里，有裸国，裸国东南有黑齿国，船行一年可至也。"《后汉书·东夷列传》也记载："倭在韩东南大海中，依山岛居，凡百余国……自女王国南四千余里至朱儒国，人长三四尺。至朱儒东南行船一年，至裸国、黑齿国，使驿所传，极于此矣。"《梁书·倭国传》也记载："其（倭国）南有侏儒国，人长三四尺。又南黑齿国。"从这些记载的方位看，黑齿国应在今日本的九州岛，或更远的菲律宾一带，但如果黑齿国与徐福一行有联系，其活动区域应在日本九州岛一带，这里是徐福一行东渡日本的必经之路和在日本活动的主要区域，日本九州岛也广泛流传着徐福东渡的传说。朝鲜王朝的著名文臣许穆在这里提到日本的黑齿国与萨摩藩相联系，显然指的是在日本九州岛一带。

三　国是秦徐福

　　朝鲜肃宗朝己卯（1699）状元，肃宗、景宗、英祖朝官员、著名学者鱼有凤，字舜端，号杞园，官至议政府参赞，著有《经说语录》《五子粹言》《论语详说》《语类要略》等专著，有《杞园集》传世。《朝鲜英祖实录》二十年（1744）十一月三日记载："参赞鱼有凤卒，有凤，……从事学问，颇负世望，至是卒。"说鱼有凤知识渊博，在社会上很有声望。朝鲜王朝晚期著名学者，朝鲜弘文馆、艺文馆两馆大提学洪奭周撰写的《杞园鱼先生行状》记载："其读书也，自四子、六经，循环讲绎，未尝一日释手。而尤用工于《论语》，反复究索者六年而后，始易它书。晚而玩《（周）易》，若将终身，方其洒扫一室，深坐瞑目，悠然有手舞足蹈之乐，人莫能测其所造。……持守既严，操存又熟。动容不离乎礼，喜怒不形乎色。"①说鱼有凤不仅熟读、精通《四书》《六经》，自身操守也严守礼仪。"四子"，指《四子书》，也称《四书》，即反映孔子、曾子、子思子、孟子思想的《论语》《大学》《中庸》《孟子》。"六经"，即《诗经》《尚书》《礼记》《周易》《乐经》《春秋》的合称。

　　鱼有凤在《送李美伯（邦彦）奉使日域》诗中，有"国是秦徐福"句，意思说，你们出使的日本国，是当年秦人徐福建立起来的。

送李美伯（邦彦）奉使日域
其一

送君大外去，极目海茫茫。
国是秦徐福，舟同汉博望。
衔纶邦有彦，绥远策须良。
忠敬书绅在，何忧鴃舌乡。②

----

① （朝鲜）洪奭周：《渊泉先生文集》卷三一，《韩国文集丛刊》第294辑，韩国首尔：景仁文化社，2002，第16页。
② （朝鲜）鱼有凤：《杞园集》卷四，《韩国文集丛刊》第182辑，韩国首尔：景仁文化社，1997，第451页。

此诗系鱼有凤创作的为出使日本的朝鲜官员李邦彦的赠别诗。李邦彦，字美伯。朝鲜肃宗三十七年（1711），李邦彦以朝鲜通信使从事官（书状官）名义出使日本。《送李美伯（邦彦）奉使日域》诗共四首，这是其中的第一首。

首联"送君天外去，极目海茫茫"，意思说，我们为您送别，你们要出使到天外的地方去，要越过一眼望不到边的茫茫大海。

颔联"国是秦徐福，舟同汉博望"，意思说，你们出使的国家是当年徐福建立起来的，你们乘坐的航船，就如同当年张骞乘坐的到天河去的竹舟。"国是秦徐福"，应来自当时日本人的一些观点。徐福东渡建立日本国，这一观点在日本历史上很有市场，甚至有观点认为，日本天皇就是徐福的后裔。"汉博望"，指西汉时期出使西域的博望侯张骞，传说他乘竹筏到了天河。

颈联"衔纶邦有彦，绥远策须良"，意思说，你们都是国家的优秀人才，怀揣着治国的方略，但安抚日本也需要良策。

尾联"忠敬书绅在，何忧鴂舌乡"，意思说，你们只要忠诚恭敬地把圣人说过的话记在心上，就不要怕到了日本有解决不了的问题。"鴂舌"，比喻语言难懂，出自《孟子·滕文公上》："今也南蛮鴂舌之人，非先王之道。""鴂舌乡"，这里指日本。"书绅"，把要牢记的话写在绅带上。出自《论语·卫灵公》："子张书诸绅"，这里指牢记圣人经典。

四　姜世晋与《寄呈东莱府伯》

朝鲜王朝晚期著名文人姜世晋，字嗣源，号警弦，有《警弦斋集》传世。朝鲜王朝晚期著名学者郑宗鲁撰写的《墓碣铭》记载："（姜世晋）自少好读书著诗文。……以经术词华闻一世。……肆力于古作者，浸涵有年。发为辞，皆老练可诵。"[1] 说姜世晋的文章诗词在当时有较大的影响。朝鲜王朝晚期知名学者郑象履在《警弦斋集》跋中也记载："公之两世文章，钟灵于奎璧，步骤于汉唐。不以沉屈少沮，聊以自娱，郁有轨范。一代操觚之评，推为巨匠。则其联芳遗韵，不亦炜炜之至哉。"[2] 说姜世晋的文章在他去世后仍有很大影响，姜世晋亦被"推为巨匠"。"奎璧"，即"奎壁"，

---

① 见（朝鲜）姜世晋《警弦斋集》卷四，《韩国文集丛刊·续集》第84辑，韩国首尔：景仁文化社，2009，第216~217页。

② 见（朝鲜）姜世晋《警弦斋集》，《韩国文集丛刊·续集》第84辑，韩国首尔：景仁文化社，2009，第218页。

二十八星宿中奎宿与壁宿并称。传说奎宿与壁宿主文运，这里夸耀姜世晋写文章的灵感来自上天。"操觚"，古代书写用的木简，指执简写字，后指写文章。

姜世晋的《警弦斋集》卷之一有诗歌《寄呈东莱府伯》，谈到了徐福东渡在日本的影响：

寄呈东莱府伯

骊山草宿一抔寒，徐市楼船去不还。

青童遗种开三岛，故事吾妻镜里看。

（吾妻镜，日本国史名。）①

诗歌题目中的"东莱府"，指当时的朝鲜东莱府，辖区在今韩国东南沿海釜山一带，与日本对马岛隔海相望，应是当年徐福东渡日本的必经之路。

诗的前两句"骊山草宿一抔寒，徐市楼船去不还"，意思说，骊山脚下秦始皇陵墓上的荒草只能在寒风中与墓土做伴，当年秦始皇派遣徐福一行乘坐着楼船离开中国到大海中寻找仙药再也没有回来。这里也可这样理解：徐福的楼船从朝鲜东莱府沿海离开去了日本，再也没有回来。"骊山"，位于今中国西安市临潼区城南，秦始皇的陵墓就在骊山脚下，包括闻名世界的秦兵马俑军阵，这里代指秦始皇陵墓，"抔"，这里指陵墓上的土。

后两句"青童遗种开三岛，故事吾妻镜里看"，意思说，到了日本的徐福及童男童女的后代，开发了日本三岛，他们开发日本三岛的故事在日本国史中就有记载。"青童"，这里指徐福带到日本三岛的童男童女。"三岛"，这里指日本三岛，即本州岛、四国岛、九州岛，也是当时日本的本部领土，是当时日本的别称，所以这里也可代指日本。"吾妻镜"，作者在诗后自注："吾妻镜，日本国史名"，作者这里强调，徐福东渡到了日本，并写进了日本的国史。作者在诗中表达了这样的观点：徐福一行东渡到了日本，他和他的随从及带到日本的童男童女，包括徐福一行的后人开发了日本三岛，促进了日本的进步和发展，这些情况被写进了日本的国史。

---

① （朝鲜）姜世晋：《警弦斋集》卷一，《韩国文集丛刊·续集》第84辑，韩国首尔：景仁文化社，2009，第149页。

五　徐福与日本的四大姓氏

朝鲜正祖、纯祖朝著名学者郑墧，字仲乔，号进菴，有《进菴集》传世。朝鲜半岛近代学者，主理学派传承人卢相稷撰写的《墓碣铭》记载："弱冠通九经，善作文。应试至京，见士风日渝，耻与低仰，归而读祖书。至心经发挥，惕然曰道在是矣。遂净扫一室，危坐对卷。非圣贤谟训，未尝接目。非端人正士，未尝交结。出言而务合义理，跬步而务循规矩，春秋至八十一而如一日。""戊辰（1808），方伯荐于朝，拜翼陵参奉不就。后七年乙亥（1815），邦有庆，加爵朝绅耆老，升先生为通政大夫（正三品）拜敦宁府都正。后三年戊寅（1818），升嘉善（从二品）拜同知敦宁府事。""其著述之为后学指南者，则性理汇纂，常变纂要两书，皆百代之言也。"①"九经"，九部中国古代儒家经典的合称。记载说，郑墧精通儒家经典，但无意为官，王室授予官职也不赴任，因其学术上的影响，晚年先后被授予正三品、从二品的官衔。还说郑墧的著述很有影响，是"后学指南"，"百代之言"。

郑墧写有《玉水事》一文，也提到了日本的"黑齿别种"是当年徐福东渡日本时组成的。

> 日本处士玉水，抄《退陶集》编为十卷，命之曰《退溪书抄》，……噫日本在东海中本黑齿，周幽王时神武天皇始立国，自谓泰伯之后。秦始皇时方士徐市入海，为黑齿别种。齐梁时山城主允恭始称姓，为藤氏、平氏、源氏、橘氏。其俗信鬼神，事浮屠好清净，以跣足赤顶，膝行匍匐为恭。无拜礼，性淫巧尚奇技。与南蛮通，轻信易怒，好击刺。玉水子出于其中，扶正道辟异说，尊朱子、退陶之学，表章之依归之，岂非豪杰之士乎。其氏村上名宗章，字幸藏，玉水其号也。其先仕于大和筒井氏，筒井氏亡，移居江户，诸侯闻其名，多厚礼以聘之，皆辞不就，以处士终云。②

---

① 见（朝鲜）郑墧《进菴先生文集》卷八，《韩国文集丛刊·续集》第 122 辑，韩国首尔：景仁文化社，2011，第 747、748 页。

② （朝鲜）郑墧：《进菴先生文集》卷四，《韩国文集丛刊·续集》第 122 辑，韩国首尔：景仁文化社，2011，第 667 页。

"处士"，指有德才而不愿做官的人，后泛指未做官的文人。

"退陶""退溪"，均指朝鲜王朝中期著名儒学家，朝鲜朱子（朱熹）学的主要代表人物李滉，字景浩、季浩，号退溪、陶翁、退陶，谥号文纯。历官朝鲜礼曹判书、丹阳郡守、成均馆大司成、弘文馆、艺文馆大提学等，晚年定居故乡，在退溪建立书院，创立退溪学派，有《退溪集》《朱子书节要》等传世。李滉在朝鲜半岛和日本都有很大影响，李滉的头像还印在现今韩国一千韩元的正面上。

"泰伯"，即吴太伯，中国西周时期吴国的第一任君主。《史记·吴太伯世家》记载说，吴太伯是周太王之子，周文王姬昌是吴太伯的侄子。日本自古以来就传说日本神武天皇是泰伯的后裔。《晋书·倭人传》也记载："男子无大小，悉鲸面纹身，自谓泰伯之后。"

"齐梁时"，指中国南北朝时期的齐国、梁国时期，从公元 479 年至 557 年。

郑墧的记载说，日本处士村上宗章（号玉水）编纂了朝鲜儒学家李滉的书稿，村上宗章是日本黑齿国别种的后裔，黑齿国别种是当年徐福东渡日本时形成的，日本的四大姓氏"藤氏、平氏、源氏、橘氏"出自黑齿国别种。郑墧还记载了日本这四大姓氏的习俗，这些习俗与前面提到的朝鲜王朝早期文臣李陆和朝鲜王朝中期著名思想家、教育家、文学家许穆的记载相同。许穆在《黑齿列传》一文记载说，日本黑齿国的一个分支应是徐福一行建立起来的，而且他们的后人藤氏、平氏、源氏、橘氏成为日本国的实际掌权者。许穆的记载提到黑齿国别种"其俗信鬼神，事浮屠"①，郑墧的记载也提到黑齿国别种"其俗信鬼神，事浮屠好清净"，李陆也记载日本古代的"阿每氏"国"其俗尚浮屠，喜清净"②，这说明三者的史料来源是一致的，说明至少几百年来，日本一直流传着这样的传说，并且影响着朝鲜半岛。

朝鲜王朝末期著名实学派思想家李圭景，字伯揆，号五洲、啸云居士，著有《五洲衍文长笺散稿》六十册，引用的国内外书籍多达 660 余种，被

① （朝鲜）许穆：《记言》卷三六，《韩国文集丛刊》第 98 辑，韩国首尔：景仁文化社，1992，第 211 页。
② （朝鲜）李陆：《青坡集》卷二，《韩国文集丛刊》第 13 辑，韩国首尔：景仁文化社，1988，第 444 页。

称为19世纪朝鲜的百科全书。李圭景在多篇文稿中提到徐福东渡，他也认为徐福到了日本，并在日本建立了自己的国家。

李圭景在《清帝倭皇姓氏辨证说》一文中记载：

按日本人所著诸书，……《墨谈》以为倭国有徐福祠，谓为（徐）福后。

徐福者，诸书皆以福居檀、夷二州，号秦国，但属之倭耳。①

上述记载说，日本的图书《墨谈》记载，日本有徐福祠，徐福祠由徐福的后人在祭祀、管理。日本的许多图书都记载徐福居住在"檀、夷二州"，建立的国家称为"秦国"，但实际檀州、夷州都属于日本，徐福建立的"秦国"在日本的领土上。李圭景在《箕子朝鲜本尚书辨证说》一文中也提到徐福到了日本："徐市为秦博士，因李斯坑杀儒生，托言入海求仙。尽载古书，至岛上，立倭国，即今日本是也。"②"李斯"，中国战国时期著名政治家，在秦国统一中国的事业中发挥了重大作用，也是当年秦始皇焚书坑儒的主要执行者。这说明，李圭景不仅认为当年徐福东渡到了日本，甚至也认为，徐福当年为了逃避秦始皇的迫害，而以"入海求仙人"的名义骗过了秦始皇来到了日本岛，"立倭国"，建立了日本国，即认为日本国是徐福一行人建立的。

第三节　纪伊州熊野山与徐福文化

朝鲜世宗至成宗时期著名政治家、史学家申叔舟在《海东诸国纪·日本国纪》中记载说，徐福东渡"至纪伊州居焉""徐福死而为神，国人至今祭之"。③朝鲜宣祖时期到过日本的朝鲜官员姜沆也记载说："秦始皇时，徐

---

① （朝鲜）李圭景：《五洲衍文长笺散稿·人事篇·人事类·氏姓［0262］》，韩国古典综合库DB。
② （朝鲜）李圭景：《五洲衍文长笺散稿·经史篇·经传类·书经［0944］》，韩国古典综合库DB。
③ （朝鲜）申叔舟：《海东诸国记·日本国纪·天皇代序》，《韩国古典翻译书》第1辑，韩国古典综合库DB，第19页。

福载童男女入海，至倭纪伊州熊野山，止焉。熊野山尚有徐福祠，其子孙今为秦氏，世称徐福之后。"[①] 他们都说徐福东渡到了日本纪伊州熊野山一带，并对这一带有较大影响。类似的记载，朝鲜王朝时期出使日本的官员也多次提到。

一　熊野山徐福祠

朝鲜宣祖朝官员庆暹，字退甫，号七松，于宣祖四十年（1607）以朝鲜通信副使身份出使日本。出使日本期间，庆暹将在日本的活动情况和见闻以日记的形式记录在《海槎录》中，其中七月十七日记载："（日本）孝灵天皇时，秦始皇遣徐福，入海求仙药。徐福至纪伊州，居一百八十九年而死。国人为之立祠，至今祭之云。"[②] 朝鲜王朝中后期著名哲学家、实学派代表人物李瀷在其撰写的《日本史》中也记载："孝灵天皇七十一年壬午，徐福至纪伊州。"[③] 上述记载，和申叔舟的记载相似，都说是徐福东渡到日本发生在日本孝灵天皇时期，这说明，庆暹、李瀷的记载应是抄自日本《神皇正统记》等官方资料，或在出使日本期间听到的来自日本民间的传说。虽说庆暹记载的徐福"居一百八十九年而死"，在日本活了这么多年是不可能的，但他被日本人"为之立祠，至今祭之"，应该是真实的记载，这也与上述姜沆等人的记载相一致，都说明当时的日本纪伊州一带，传承着浓郁的徐福文化，当地人是把徐福作为他们的祖先来纪念的。

朝鲜宣祖朝进士出身的官员赵庆男，字善述，号山西、山西病翁、昼梦堂主人，写有壬辰战争期间朝鲜军民抗击日本入侵的《乱中杂录》，其中也记载了这期间朝鲜王室的一些外交活动，在谈到日本神舍时，宣祖二十三年（1600）五月有这样的记载："（日本）神舍宏侈，金碧照耀，有天照皇大神宫者，其始祖女神也，有熊野山权现守神者，徐福之神也。"[④] 这说

① （朝鲜）姜沆：《睡隐集看羊录》，《韩国文集丛刊》第 73 辑，韩国首尔：景仁文化社，1992，第 93 页。
② （朝鲜）庆暹：《庆七松海槎录·七月十七日》，《韩国古典翻译书》第 2 辑，韩国古典综合库 DB，第 68 页。
③ （朝鲜）李瀷：《星湖僿说》卷一八，《韩国古典翻译书》第 7 辑，韩国古典综合库 DB，第 6 页。
④ （朝鲜）赵庆男：《乱中杂录［四］·庚子》，《韩国古典翻译书》第 7 辑，韩国古典综合库 DB，第 6 页。

明当时的日本熊野山有"金碧照耀"的徐福庙，徐福被奉为"熊野山权现守神"。"神舍宏侈"，说明徐福庙香火兴盛，徐福信仰在日本熊野山一带广为传承。赵庆男的这段记载，应是来自出使日本的朝鲜官员抄录的来自日本的相关资料。前面提到的朝鲜进士出身的光海君、仁祖朝官员金世濂，曾于朝鲜仁祖十四年（1636）以朝鲜通信副使身份出使日本，出使日本期间写有《海槎录》，其中有与赵庆男完全相同的记载："神社宏侈，金碧照耀，有天照皇大神宫者，其始祖女神也，有熊野山权现守神者，徐福之神也。"① 金世濂记载的资料来自日本，且晚于赵庆男的记载三十多年，这说明，金世濂的记载也应是抄录来自日本的相关资料，否则不会出现一字不差的完全相同的记载。

朝鲜宣祖朝进士，宣祖、光海君、仁祖朝官员李景稷，字尚古，号石门，历官京畿观察使、都承旨、户曹判书、江华留守等职，去世后赠辅国崇禄大夫、议政府右议政。李景稷曾于朝鲜光海君九年（1617）七月以从事官身份随正使吴允谦出使日本，出使期间，很受吴允谦器重，"吴公敬爱公，每事咨议。至其国，辞却例赠银币，值累千金。书契有不逊语，力争改定。倭人不能难"②。说明李景稷协助正使吴允谦圆满完成了出使使命，维护了朝鲜的国家尊严。吴允谦，官至朝鲜领议政，世称"贤相"。李景稷能得到吴允谦的"爱护"，可见李景稷的人品和能力。李景稷出使日本期间，写有《扶桑录》，记载了在日本期间发生的事情及所见所闻，其中提到日本熊野山有徐福祠：

> （十月十八日）只见山城之爱宕山，纪伊之熊野山，俱是名山。而熊野，即徐福祠所在处也。大概土地瘠薄，故山谷则草木不茂，田野则禾谷不盛。③

---

① 见（朝鲜）庆暹《海槎录下·闻见杂录》，《韩国文集丛刊》第95辑，韩国首尔：景仁文化社，1992，第329页。

② （朝鲜）李植：《泽堂别集》卷十，《韩国文集丛刊》第88辑，韩国首尔：景仁文化社，1992，第439页。

③ （朝鲜）李景稷：《扶桑录·十月十八日》，《韩国古典翻译书》第3辑，韩国古典综合库DB，第193页。

记载说，日本熊野山是日本"名山"，但却"土地瘠薄"其作为"名山"，并非因山势峻峭和树木茂盛，而是因为山上有"徐福祠"，"徐福祠所在处也"，强调了"徐福祠"在当地的影响和地位。李景稷出使日本时，进士出身的同朝官员李润雨，字茂伯，号石潭，写有赠别诗《送李从事尚古景稷奉使日本》，其中提到"徐福祠前叶正秋"①，这说明，日本的"徐福祠"有着很高的知名度，无论是出使日本的朝鲜使臣，还是未去过日本的朝鲜官员，都非常关注日本的"徐福祠"，因为这里是传说徐福东渡归宿之地，有徐福后人生活在那里并管理着"徐福祠"。

朝鲜宣祖朝丙午（1606）进士、光海君、仁祖时期官员姜弘重，字任甫，历官朝鲜承政院都承旨、承文院判校、江原道监司等。朝鲜仁祖二年（1624），姜弘重以朝鲜回答副使身份出使日本，出使期间，姜弘重将在日本的活动情况结集在《东槎录》中，其中记载：

> （甲子岁，十月小二十八日）大风，留蓝岛。橘倭送酒柑，午玄方来见叙话。仍问徐福祠在何处？答曰："在南海道纪伊州熊野山下，居人至今崇奉，不绝香火。其子孙亦在其地，皆称秦氏云。熊野山一名金峰山云。"又问徐福之来，在秦火之前，故六经全书在于日本云。然耶？答曰："日本素无文献，未之闻也。其时设或有，日本好战，翻覆甚数，兵火之惨，甚于秦火。岂能保有至今耶。"②

姜弘重的上述记载，是姜弘重与负责接待的日本官员的对话，姜弘重询问了两个问题。一是"徐福祠在何处"，二是日本是否保存有当年徐福带到日本的"六经全书"。日本官员的回答是，徐福祠在"纪伊州熊野山下"，而且"至今崇奉，不绝香火。其子孙亦在其地"，熊野山下的徐福祠一直在祭祀供奉着徐福，徐福的子孙也居住在当地，姓秦。日本官员还说，没有听说过日本国内保存有徐福当年带来的"六经全书"，即使徐福当年把中国的"六经全书"带到日本，"日本好战"，"兵火之惨，甚于秦火"，也

---

① （朝鲜）李润雨：《石潭先生文集》卷一，《韩国文集丛刊·续集》第16辑，韩国首尔：景仁文化社，2006，第320页。

② （朝鲜）姜弘重：《东槎录［甲子岁］十月小二十八日》，《韩国古典翻译书》第3辑，韩国古典综合库DB，第226页。

会在战乱中焚毁，不可能保存下来。姜弘重的记载再次说明，徐福东渡一千七八百年之后，日本熊野山下不但有徐福祠，而且年代久远，一直香火不断，徐福祠周边还有自称是徐福的后人生活在那里。日本官员肯定了当时的日本并没有徐福当年带去的"六经全书"。"秦火"，这里指秦始皇焚书坑儒，大火烧毁了许多经典图书。这也说明徐福在当地有着很大影响。

二 南龙翼与《徐福墓赋》

徐福东渡来到日本熊野山一带，还有多位出使日本的朝鲜王朝官员也提到。

朝鲜仁祖朝状元，仁祖、孝宗、显宗、肃宗时期官员南龙翼，字云卿，号壶谷，著名文臣、文章大家，历官刑曹判书、工曹判书、礼曹判书、吏曹判书，孝宗朝官至辅国崇禄大夫。南龙翼还是朝鲜王朝著名诗人，在朝鲜半岛文学史上有较高地位。南龙翼编纂了在东亚华文化圈影响很大的朝鲜半岛古代汉诗诗集《箕雅》，《箕雅》贯穿新罗、高丽、朝鲜三朝，收录了"八百年间共计四百九十位诗人的二千二百五十三首汉诗作品。……几乎囊括了朝鲜全部优秀汉诗作品，向以规模宏大而采择全面著称"①。南龙翼的文学作品很受朝鲜国王肃宗赏识，但因在太子问题上得罪肃宗，其被发配，病逝于发配地，但肃宗仍谥号"文宪"。

朝鲜孝宗六年乙未（1655），南龙翼以朝鲜通信使从事官身份出使日本，出使期间写有《扶桑日录》，其中在九月初五日写道：

> 熊野在（大阪）南四十里，即纪伊州之地。而徐福到此山居焉，山下有墓，子孙皆姓秦氏。②

记载说，当年徐福东渡来到了日本纪伊州熊野山一带，并在此居住下来，熊野山还保留有徐福的墓葬，生活在日本的徐福的后人都姓秦。南龙翼在介绍日本历史的文章中还写道："壬午（前219），秦始皇遣徐福求仙。

① （朝鲜）南尤翼编，赵季校注《箕雅校注》，中华书局，2008，前言第3页。
② （朝鲜）南龙翼：《扶桑日录·九月初五日》，《韩国古典翻译书》第5辑，韩国古典综合库DB，第320页。

（徐）福至纪州居焉，在位七十六年，寿一百二十八。……徐福死称为熊野权现，神国人至今祭之。"① 徐福在日本为王"七十六年，寿一百二十八"，应同前面提到的徐福"居一百八十九年而死"一样，都是日本当地的传说，当时人的寿命很难活过百岁，"寿一百二十八"，几乎没有可能，但徐福"至纪州居焉"，应是来自日本的官方资料，虽说其真实度也需要更有力的证据来说明，但要否定它，同样没有令人信服的证据。

作为著名诗人的南龙翼，在日本期间还创作了多首与徐福有关的诗作，其中长诗《徐福墓赋》，应是在孝宗六年（1655）九月初五日记载《扶桑日录》这一时间段所作。《徐福墓赋》除了写"瞻熊野之远山兮，认纪伊之封疆"，说徐福东渡来到日本纪伊州熊野山，并在建立自己的国家外，还谈到了徐福东渡在日本的影响："异百世之流芳"。

徐福墓赋

　　乘天风而远游兮，謇吾道夫扶桑

　　浮黄云以作帆兮，折若木以为樯。

　　朝解缆于兵关兮，夕余至乎阪庄。

　　瞻熊野之远山兮，认纪伊之封疆。

　　询风谣于卉服兮，云是徐福之所藏。

　　何所独无丛祠兮，聊于此而相羊。

　　非旷世而相感兮，窃有疑夫当日之行装。

　　方嬴氏之煽虐兮，讪百家而自强。

　　才两士之亡匿兮，已多士之罹殃。

　　曾焉足以少留兮，宜色斯而翱翔。

　　故假名于采药兮，具浮海之舟航。

　　无可到于蓬莱兮，岂鲛鱼之为戕。

　　行与逝而不归兮，占一区于殊方。

　　托不死而逃死兮，诚保身之谋臧。

　　既身谋之有裕兮，何后计之太长？

---

① （朝鲜）南龙翼：《闻见别录·倭皇代序·人皇》，韩国古典综合库 DB。

> 搂千人之男女兮，易丑种于豺狼。
>
> 文其身而涑齿兮，换中国之冠裳。
>
> 遗刚戾之习气兮，异百世之流芳。
>
> 彼桃源之逸民兮，与商颜之绮黄。
>
> 或举家以避祸兮，或抽身以遁荒。
>
> 隐不违于斯道兮，身虽晦而名彰。
>
> 胡明哲之昧此兮，甘自摈于蛮乡？
>
> 倘神灵之有知兮，应觍然于千霜。
>
> 神茫茫其莫闻兮，吾将置此说于荒唐。①

　　首句"乘天风而远游兮，謇吾道夫扶桑"，意思说，徐福乘着天风张帆起航远游大海，他直言要去日出扶桑之地推行自己的主张。"謇"，正直敢言。"謇吾"，这里是阐明自己主张的意思，出自屈原《离骚》："謇吾法夫前修兮"。

　　"浮黄云以作帆兮，折若木以为樯"，意思说，徐福一行有祥瑞之气保佑着他们一帆风顺，他们乘坐的船只也是用神奇的若木做成的。"黄云"，祥瑞之气。《史记·孝武本纪》："至中山，晏温，有黄云盖焉。"唐代著名诗人李白《梁园吟》："我浮黄云去京阙，挂席欲进波连山。""若木"，中国古代传说中的树名，出自《山海经·大荒北经》："大荒之中，有衡石山、九阴山、泂野之山，上有赤树，青叶，赤华，名曰若木。""樯"，本指帆船上挂风帆的桅杆，这里指为帆船。

　　"朝解缆于兵关兮，夕余至乎阪庄"，意思说，徐福一行的船只早晨从有士兵守卫的关塞出发，晚上停泊在偏僻的海边山庄旁。"阪"，同"坂"，山坡、斜坡，或崎岖贫瘠的地方。"阪庄"，这里应指偏僻的山庄。

　　"瞻熊野之远山兮，认纪伊之封疆"，意思说，徐福一行乘船来到了日本岸边，瞻望远处的熊野山，并认定在熊野山周边的纪伊建立自己的国家。

　　"询风谣于卉服兮，云是徐福之所藏"，意思说，我们在熊野山一带询问穿着用葛布做的衣服、正在唱着民谣的当地人，他们说，这里曾经是徐

---

① （朝鲜）南龙翼：《壶谷集》卷一二，《韩国文集丛刊》第131辑，韩国首尔：景仁文化社，1994，第260页。

福躲避的地方。"风谣"，这里指民间反映风土民情的歌谣。"卉服"，用葛布做的衣服，出自《尚书·禹贡》"岛夷卉服"，也借指边远地区少数民族或岛居之人。

"何所独无丛祠兮，聊于此而相羊"，意思说，这里为什么没有徐福的寺庙呢？我们在这里提出了这样一个疑问。"丛祠"，乡野林间的神祠。"相羊"，亦作"相佯"，徘徊，犹豫不决，出自《楚辞·离骚》"折若木以拂日兮，聊逍遥以相羊"以及《楚辞·九辩》："揽骓辔而下节兮，聊逍遥以相佯"。

"非旷世而相感兮，窃有疑夫当日之行装"，意思说，我们并不是因为徐福的事情历时久远而感慨，主要是认为徐福一行来了那么多的人，怎么会没有后人祭祀呢？"旷世"，这里是历时久远的意思。

"方嬴氏之煽虐兮，诎百家而自强"，意思说，因为当时秦始皇实施暴政，任意残杀和迫害异己，罢黜百家为了自己的强大。"嬴氏"，这里指秦始皇，因嬴姓，名政，也称秦嬴政。"煽虐"，肆虐。"诎百家"，本指汉武帝推行的"罢黜百家，独尊儒术"之策，但这里是指秦始皇"焚诗书，坑术士"。《史记·秦始皇本纪》记载，因求仙不成的方士们害怕秦始皇追究他们的责任，携带求仙用的巨资出逃，秦始皇迁怒于方士和儒生，将抓获的方士和儒生"四百六十余人，皆坑之咸阳"。

"才两士之亡匿兮，已多士之罹殃"，意思说，就是因为侯生、卢生两个方士逃到深山里躲藏起来，结果那么多的人跟着遭殃，丢了性命。"两士"，这里指秦代方士侯生、卢生。秦始皇派侯生、卢生去寻找仙药，因害怕找不到被秦始皇责罚，侯生、卢生一起逃遁，隐居山野。《史记·秦始皇本纪》记载："始皇闻（侯生、卢生）亡，乃大怒曰：'吾前收天下书不中用者尽去之。'"秦始皇下令对所有在咸阳与侯生、卢生有关的人员进行审查讯问，最后圈定"四百六十余人，皆坑之咸阳"。

"曾焉足以少留兮，宜色斯而翱翔"，意思说，这里哪里能够留得住徐福一行呢？因为这里是可以躲避（秦始皇迫害）的地方。"焉"，这里做文言疑问词：怎么？"足以"，完全可以，够得上，出自《孟子·梁惠王上》："是心足以王矣。""色斯而翱翔"，出自《论语·乡党》："色斯举矣，翔而后集。""色斯"，这里指远遁以避世。

"故假名于采药兮，具浮海之舟航"，意思说，徐福假借着采集仙药的名义，乘舟船漂洋过海来到了这里。

"无可到于蓬莱兮，岂鲛鱼之为戕"，意思说，徐福一行不能到达蓬莱仙山，哪里是因为鲛鱼阻挡呢？这里也是说，世上没有什么蓬莱仙山，因鲛鱼阻挡去不了蓬莱仙山，那是徐福编造的，用来蒙骗秦始皇的。"鲛鱼"，多指鲨鱼，这里指徐福编造的阻挡他们去不了蓬莱仙山的海中大鱼，来自《史记·秦始皇本纪》的记载："方士徐市（福）等入海求神药，数岁不得，费多，恐谴，乃诈曰：'蓬莱药可得，然常为大鲛鱼所苦，故不得至，愿望请善射与俱，见则以连弩射之'。"

"行与逝而不归兮，占一区于殊方"，意思说，徐福一行来到这里躲避起来，再也没有回到中国，在远方的异域安顿了下来。"殊方"，远方，异域。东汉班固《西都赋》："逾昆仑，越巨海，殊方异类，至于三万里。"

"托不死而逃死兮，诚保身之谋臧"，意思说，徐福以请求入海寻找长生不老药的名义，逃脱了秦始皇的迫害，为了保全自己而谋划了好的结局。"臧"，好、善。《诗经·邶风·雄雉》："不忮不求，何用不臧？"

"既身谋之有裕兮，何后计之太长"，意思说，既然徐福为自己出逃谋划得这样周密，为什么还要为身后的事情也考虑得这么长远呢？

"搂千人之男女兮，易丑种于豺狼"，意思说，徐福带着上千的童男童女，居住在这豺狼出没的荒漠之地，改变了这里丑陋的习俗。"搂"，《说文》"曳聚也"，这里是带领、聚集的意思。"易"，这里是改变的意思。

"文其身而涑齿兮，换中国之冠裳"，意思说，今天的日本人文身（刺青），漱洗牙齿，换穿中国秦时的服装。"涑齿"，染齿，日本古代有染齿的习俗。前面提到，中国古代也有染齿的习俗，这里的意思说，日本染齿的习俗应受中国的影响。

"遗刚戾之习气兮，异百世之流芳"，意思说，今天的日本人保留着秦人刚愎暴戾的习气，即使经历了久远的时光仍然在流传着。

"彼桃源之逸民兮，与商颜之绮黄"，意思说，如同桃花源的秦人逸民仍然保留着秦人的生活习俗，商颜山的四老为躲避秦始皇的迫害而隐居深山。"桃源之逸民"，桃花源里的秦代逸民，出自晋代陶潜《桃花源记》。《桃花源记》记载说，秦时避乱者的后裔居住在大山之中的桃花源，"黄发垂髫，并怡然自乐"，后遂以"桃花源"比喻避世隐居之地。"商颜之绮黄"，指秦末汉初隐居商颜山的秦朝博士绮里季、夏黄公等。结合前句，这里也是说，徐福一行是秦时的避乱者，不过他们的避难之地是日本。他们如同陶潜在《桃花源记》里记叙的秦人逸民，仍然保留着秦人的生活习俗，他们和隐居商颜山的四老一样，都是为了躲避秦始皇的迫害而隐居的。徐福一行隐身于日本，但同桃花源逸民和商颜山四老一样，都没有背离秦时的中国文化习俗，徐福一行虽然隐居在远离中国的日本，但他们的影响照样显名于世。

"或举家以避祸兮，或抽身以遁荒"，意思说，他们或是全家出走来到深山以避秦祸，或是乘机脱身离开朝堂而逃到了荒无人烟之地。"遁荒"，跑到荒野，隐居荒野的意思，语出《尚书·商书·说命下》"既乃遁于荒野，入宅于河"。

"隐不违于斯道兮，身虽晦而名彰"，意思说，徐福虽然为了避秦祸隐身于这里，但没有背离中国的文化习俗，虽然隐藏在远离中国的日本，但照样显名于世。

"胡明哲之昧此兮，甘自摈于蛮乡"，意思说，为什么徐福这么一个洞察事理的人做出了这样一个使人难以理解的决定，情愿离开家乡来到一个落后偏僻之地呢？

"倘神灵之有知兮，应觍然于千霜"，意思说，假如徐福的神灵有知，千年来也会时时想到这个问题。"觍然"，面目、相貌。《国语·越语下》："余虽觍然而人面哉，吾犹禽兽也。""千霜"，千年。唐代著名诗人李白《古风》之十四："白骨横千霜，嵯峨蔽榛莽。"

"神茫茫其莫闻兮，吾将置此说于荒唐"，意思说，神灵在茫茫的天海之中，他们怎么想的，我们不知道，我这里所作的《徐福墓赋》可能是不着边际的荒唐之言。

南龙翼在长诗《徐福墓赋》中表达的意思，是出使日本期间有感而发，同《扶桑日录》九月初五日的记载完全一致。诗中所记叙徐福东渡在日本的影响，应是来源于他在日本期间的所见所闻，而这些见闻，也使得南龙翼对徐福东渡有了自己的认识。南龙翼在《徐福墓赋》中主要表达了这样几个观点。一是当年徐福东渡到了日本，所以日本纪伊熊野山有"徐福之所藏"，即徐福墓。二是徐福当年入海东渡，是为了躲避秦始皇的迫害，"故假名于采药兮，具浮海之舟航"，假借着到大海神山采集仙药的名义，

"行与逝而不归兮",去了就没有回来。三是当年徐福一行入海东渡的行动是应该值得赞赏的,他们虽远离故土,隐姓埋名,但"隐不违于斯道兮",既躲避了秦始皇的迫害,又把中国的文化带到了异国他乡,"异百世之流芳",在日本期间,传播了中国秦朝的先进文化,改变了日本的落后现状,也使得徐福一行名扬四海。

南龙翼在日本期间创作的诗歌,还有多首也谈到了徐福东渡来到了日本,如《次杜工部秋兴》《除夜,放舟行二百里,纪壮游述客怀,得二百韵排》《和秋潭国名体》《次柏师〈富士山〉韵要和》。

三 熊野古道的徐福传说

朝鲜肃宗朝进士、官员孙命来,字显承,号昌舍,有《昌舍集》传世。朝鲜王朝末期著名理学家李震相在《昌舍集》跋中评价孙命来说:"公以逸群之材,当明陵之世,进之可以鸣国家之盛,退之可以抗赤帜于盟坛。而仅得以贾董口气,脍炙于功令家。……则公之才纵屈于一时,公之文足传于百世,无愧乎天假之善鸣也审矣。"① "贾董",指中国汉贾谊和董仲舒,二人以文才闻名于世。"赤帜",太阳或太阳的炎威,这里指领袖人物或领袖地位。

孙命来的《昌舍集》收录有介绍日本情况的《日本策》,其中记载:"徐福入海之说,见于后汉之书。纪夷州有徐福庙之说,源乎方舆之图。"② "后汉之书",指《后汉书》。前面提到,《后汉书·东夷列传》记载:"有夷洲及澶洲。传言秦始皇遣方士徐福将童男女数千人入海,求蓬莱神仙不得,徐福畏诛不敢还,遂止此洲,世世相承,有数万家。"③ "纪夷州",即前面提到的纪伊州。"方舆之图",这里指日本绘制的地图。孙命来的记载说,中国的《后汉书》说徐福东渡去了"夷洲及澶洲",而日本绘制的地图上,"纪夷州有徐福庙"。孙命来的言外之意是,中国史书的记载和日本的地图相吻合,说明徐福东渡来到日本纪伊州应该是可信的。

---

① 见(朝鲜)孙命来《昌舍集》,《韩国文集丛刊·续集》第54辑,韩国首尔:景仁文化社,2008,第581页。
② (朝鲜)孙命来:《昌舍集》卷四·日本策,《韩国文集丛刊·续集》第54辑,韩国首尔:景仁文化社,2008,第537页。
③ (南朝·宋)范晔:《后汉书·东夷列传》,中华书局,2000,第1907页。

日本纪伊州熊野山下有徐福祠，是长期以来朝鲜王朝官员和文人关注的热点问题。

朝鲜英祖朝领议政李宜显，字德哉，号陶谷，有《陶谷集》《东槎日记》等传世。李宜显在《东槎日记·坤·江关笔谈》序中记录了朝鲜肃宗三十七年（1711）朝鲜通信使正使赵泰亿（平泉）、副使任守干（青坪）与日本官员白石的一段对话："平泉曰：'或传熊野山徐福庙，有蝌蚪书古文，厄于火而不传云。此言信否？'白石曰：'此乃俗人诬说。'青坪曰：'有书不传，与无书同。'"① 这段对话说明，熊野山有徐福庙，得到了日本官员的肯定，但徐福庙并没有"蝌蚪书古文"，即徐福东渡带到日本的古书。这里也有两种可能，一是徐福带到日本的中国古书没有流传下来，二是徐福没有带着古书到日本。

朝鲜肃宗朝进士，肃宗、景宗、英祖朝官员申维翰，字周伯，号清泉，历官朝鲜平海郡守、涟川县监、延日县监、奉常判事等职。肃宗己亥（1719），申维翰"拜制述官兼典翰，往日本。国朝置制述官，自宣庙朝通信后，择朝士之能词翰者，所以管使行文事，宣耀异国"②。说申维翰擅长诗文、书法，所以派遣他担任出使日本的"制述官兼典翰"。出使日本期间，申维翰写有《海槎东游录》《海游闻见杂录》，记载了在日本的活动情况，在《海游闻见杂录（上）》中有如下记载：

> （余与雨森东笔谈时）问"纪伊州有徐福冢、徐福祠？（徐）福等之入海，在秦皇燔书之前，故世传日本有古文真本云云。至今数千年，其书之不出于天下何也？"东曰："此说悠悠，欧阳子亦有所言，然皆不近理。夫圣贤经传，自是天地间至宝，神鬼之所不能秘。故古文《尚书》，或出于鲁壁，或见于大舫头。日本虽远在海中，自有不得不出之理。日本人心好夸耀，若有先圣遗籍，独藏于此，而可作千万世奇货。则虽别立邦禁，当不能遏其转卖，况初非设禁者乎！
>
> 徐福入海之后，莫知所向，世之好事者仍言（徐）福之子孙，至

① （朝鲜）李宜显：《东槎日记·坤·江关笔谈》，《韩国古典翻译书》第9辑，韩国古典综合库DB，第76页。

② 见（朝鲜）申维翰：《青泉先生续集》卷一一，《韩国文集丛刊》第200辑，韩国首尔：景仁文化社，1997，第547页。

今为倭皇。五百童男女，各为氏族，始有倭国，此乃无稽之言。夫开辟以来，有土斯有人，有人斯有君长。倭地并合诸岛，殆数千万里，佳山丽水，膏壤沃野，百谷丰焉，万宝生焉。此岂待秦时而有人，岂待徐福而有君耶。徐福父子，本以方外异人，见海中可居之地而为避秦之计，以采药之说，得楼船男女而去。其时中国不知有倭地之饶乐如此。（徐）福之居于日本，死于日本，似为可据。而其为子孙及五百男女遗种，皆易其姓，远而无征。"①

"欧阳子"，指中国北宋时期的欧阳修。"鲁壁"，指鲁壁藏书。秦始皇焚书坑儒时，孔子九代孙孔鲋将《论语》《尚书》等儒家经书藏于孔子故宅墙壁中。

申维翰的上述记载，是与日本官员的一段对话，不过是以笔谈的形式进行的，可能因为口头语言交流有障碍，申维翰用笔谈询问了日本官员有关徐福的问题，其内容也是两个方面，一是日本纪伊州（熊野山下）是不是"有徐福冢、徐福祠"；二是当年徐福东渡发生在"秦皇燔书之前"，即秦始皇焚书坑儒之前，传说"日本有古文真本"，既然有，"至今数千年。其书之不出于天下何也"，为什么日本从来没有拿出来告知天下人。日本官员的回答，同前面提到的日本官员的回答结论是相同的，只是从不同的角度进行分析而做出了相同的结论。日本纪伊州有没有"徐福冢、徐福祠"，日本官员没有否定，并认为徐福东渡到了日本，"居于日本，死于日本，似为可据"，应该是真的，但不认可日本国是徐福建立的，倭皇就是徐福，"此乃无稽之言"，因为日本国自古就有，不是徐福建立的，在徐福来到日本之前，此地已"有人斯有君长"，徐福一行只是"方外异人"，来到这里是"为避秦"。至于"世传日本有古文真本云云"，日本官员给予了否定，"此说悠悠，欧阳子亦有所言，然皆不近理"，虽然这个说法很早了，连中国北宋时期的欧阳修都这样认为，但这个说法没有道理。"日本人心好夸耀"，如有"先圣遗籍"，必定会作为"千万世奇货"宣示于世，不可能至今没有看到，没有人知道。对于日本官员的上述解释，朝鲜肃宗朝官员申

---

① （朝鲜）申维翰：《青泉先生续集》卷七，《韩国文集丛刊》第 200 辑，韩国首尔：景仁文化社，1997，第 503~504 页。

维翰没有予以置评，应该是认可了日本官员的说法。

申维翰一行从本国釜山乘船起航，在近海遥望日本岛屿时，申维翰还赋诗提到"徐福塚蓁芜"①，说日本的徐福墓是不是没人管理而杂草丛生了。这说明，申维翰还没进入日本领土，就非常关注纪伊州"徐福冢"了，所以才有了前面与日本官员的一段对话。

申维翰《海游闻见杂录》中还有这样的记载："熊野山守神者徐福也。""闻热田山有太真院，此假明皇梦游太真院之语，欲以热田为蓬莱而虚置宫观，唤作仙窟。安知熊野之徐福祠，亦非此类耶！一笑。"② "太真"，指唐明皇宠妃杨玉环，号太真，居所太真院。《旧唐书·卷五十一·杨贵妃传》记载，杨玉环因兵乱在马嵬坡"缢死于佛室，时年三十八"③。但也有传说杨玉环当时没有死，更有传说杨玉环到了日本。申维翰的记载，说日本的熊野山把徐福作为"守神者"，还建立了"徐福祠"，可能和日本的热田山太真院一样，都是在借名人的身价提高当地的知名度。这说明，申维翰应是认可了徐福东渡到了日本，日本纪伊州（熊野山下）"有徐福冢、徐福祠"，而且在日本有着很高的知名度及很大影响，否则，居住在熊野山一带的日本人不会为徐福建祠纪念，并封徐福为"熊野山守神者"，以徐福的名义进行大肆宣传熊野山。

朝鲜英祖时著名文臣赵曮，字明瑞，号永湖，又号济谷，历官朝鲜东莱府使、司宪府大司宪、艺文馆大提学、礼曹判书、刑曹判书、吏曹判书等职，去世后赠议政府左赞成，谥号文翼。赵曮任职东莱府使期间，曾出色处理了日本对马岛的事务。英祖三十九年（1763），赵曮又被任命为朝鲜通信正使出使日本。赴日期间，其首次把从日本对马岛所获甘薯种子引种到朝鲜济州岛，解决了当地饥荒，所以当时甘薯在朝鲜半岛又被称为"赵薯"。赵曮出使日本期间，写有《海槎日记》，其中甲申（1764）二月初九日记载：

---

① （朝鲜）申维翰：《青泉先生续集》卷三，《韩国文集丛刊》第200辑，韩国首尔：景仁文化社，1997，第424页。

② （朝鲜）申维翰：《青泉先生续集》卷七，《韩国文集丛刊》第200辑，韩国首尔：景仁文化社，1997，第515页。

③ （后晋）刘昫等：《旧唐书》卷五一，中华书局，2000，第1470页。

遥望东北间有山屹然特立，而形如银兜覆顶，问之云是富士山也，此山是日本主镇之山。而世传富士、热田、熊野三山，谓以蓬莱、方丈、瀛洲。而富士山在骏河州地方，熊野山在纪伊州地方，热田山或言在三河州地方。而三神山之说，本涉荒唐，又安知必尽在于日本地也。徐市之必来日本，既未可信，则仙药之必采于此岛三山，又是皮不存之毛也。瑶草奇花，固非人间之所有。金丹炼精，自是方士之妄言。如求延寿之灵药，必无过于人参一种耳。我国既是产参之乡，济州之汉拿，高城之金刚，南原之智异，世称三神山，此言亦未必信矣。虽然如使徐市，欲求灵药，则岂必舍朝鲜多产参之地，往日本不产参之邦乎。吾则尝以此谓三山不在于日本，灵药不产于日本，徐市（福）不到于日本。此行后闻文士辈之言，则与此处稍有知识者，相为笔谈之际，问徐市庙有无？则答以熊野山。虽有所谓徐福庙，而此是妄言，徐市初无到日本之事云。如果真有，则以日本诞妄之习，岂不夸张而敷演也。于此益可验其齐东野人之说，不可信也。[①]

赵曦在日本期间，了解到日本流传着徐福东渡的传说，日本的"富士、热田、熊野三山，谓以蓬莱、方丈、瀛洲"，是当年徐福寻找的"三神山"，而且日本熊野山还有"徐福庙"。赵曦认为，徐福东渡到日本寻找"仙药""未可信"，说日本熊野山的"徐福庙"，也是"妄言"。赵曦要表达的观点是，"延寿之灵药，必无过于人参一种耳"，人参是最好的延年益寿的药，而朝鲜半岛多地都出产人参，日本不产人参，所以，徐福"欲求灵药，则岂必舍朝鲜多产参之地，往日本不产参之邦乎"，徐福为了采集"延寿之灵药"，只能是在朝鲜半岛，不可能越过朝鲜半岛跑到日本去。但赵曦的记载说明，当时日本熊野山有"徐福庙"，徐福文化在当地有较大影响。赵曦出使日本期间还创作有诗歌《大浦次秋兴》，提到日本熊野山有徐福庙（祠）：

---

① （朝鲜）赵曦：《海槎日记》卷三，《韩国古典翻译书》第 7 辑，韩国古典综合库 DB，第 235 页。

大浦次秋兴

其五

徐福荒祠熊野山，国中人语信疑间。

纵然寄□源家土，犹是全生函谷关。

绮里晚年攀鹤驾，淮阴一饭慕龙颜。

扁舟独去无消息，秦汉归来促美班。[①]

《大浦次秋兴》是作者依照中国唐代诗人杜甫的《秋兴》诗韵而创作的诗歌，而内容与杜甫的《秋兴》诗没有联系。杜甫的《秋兴》诗共八首，作者也创作了八首，这里选录的是第五首，诗中提到日本的熊野山有徐福祠。"大浦"，据作者《海槎日记》的记载，应是在日本九州岛佐贺沿海一带。

首联"徐福荒祠熊野山，国中人语信疑间"，意思说，中国秦朝的徐福东渡到了日本，熊野山的徐福祠是不是与当年的徐福有关，当时日本国内的人也有质疑。"熊野山"，日本纪伊国东牟娄郡熊野山（今属日本和歌山县），前面多位出使日本的朝鲜官员也记载，日本熊野山有徐福祠。"荒祠"，这里主要指年代久远的祠庙。

颔联"纵然寄□源家土，犹是全生函谷关"，意思说，纵然当今的日本国来自源氏家族，但也如同刘邦绕道函谷关攻占了秦国都城咸阳，导致秦朝的灭亡一样，建立日本第一个幕府政权的源氏家族，也很快被他人取代了。"源家"，这里指 12 世纪末建立日本第一个幕府政权（源氏幕府）的关东源氏家族，但不久即被农民起义和不满幕府的武士们打击灭亡了。日本有传说，源氏家族与当年徐福一行人有关，作者这里提到"源家"，可能也有照应首联"徐福荒祠熊野山"的意思。"函谷关"，这里指中国战国时期秦国所建的抵御其余六国联合攻秦的函谷关。由于函谷关易守难攻，秦末，刘邦接受张良的建议绕道进入关内，攻占了秦国都城咸阳。"全生函谷关"，指的是这一段历史，事迹载于《史记·留侯世家》。

颈联"绮里晚年攀鹤驾，淮阴一饭慕龙颜"，汉初隐士绮里季八十多岁时还能协助太子刘盈登上皇位，淮阴候韩信因吃不上饭而从军，最后投靠、

---

① （朝鲜）赵曦：《海槎日记》卷五，《韩国古典翻译书》第 7 辑，韩国古典综合库 DB，第 381 页。

协助刘邦击败项羽夺得了天下。"绮里",指中国汉初隐士绮里季,为"商山四皓"之一,八十多岁时协助太子(即后来的汉惠帝刘盈)登上皇位。绮里季事迹载于《史记·留侯世家》。"淮阴",指西汉开国功臣淮阴候韩信。韩信潦倒之时因吃不上饭而出走,最后投靠刘邦,协助刘邦夺得天下。后因担心韩信功高盖主,威胁朝廷,吕后设计杀害之。韩信事迹载于《史记·淮阴候列传》。

尾联"扁舟独去无消息,秦汉归来偃羡班",意思说,徐福东渡寻仙的船只去了再就没有任何消息了,有的信息都是后来的那些喜欢编造故事、贪慕虚荣的人造出来的。作者这里阐述了这样的观点:许多历史人物和历史事件,如徐福东渡,史书是有记载的,但因为日本熊野山有徐福祠,就说徐福东渡到了日本,这都是后人编造的,没什么史料依据。作者这一观点,与《海槎日记》的记载一致,赵曦提出的疑问,仍是今天学者们常常提到的,这里引用赵曦的诗,不是为了考证徐福东渡到日本的真伪,而是再次说明,日本熊野山一带有着历史悠久的徐福传说,徐福文化在日本有着深远的影响。

朝鲜正祖朝官员,实学家、文献学、诗人家李德懋,初字明叔,二十八岁时改字懋官,号青庄馆、雅亭等,有《青庄馆全书》《雅亭遗稿》等传世。李德懋的学识深得朝鲜正祖国王赏识,《李懋官墓志铭》记载,正祖时"设奎章阁,置检书官四人,懋官首被其选。凡朝廷纂修,巨曲莫不预闻"。李德懋在世时,正祖国王就催他:"汝将老矣,宜及此时成一书,以作后世文献,不亦善乎!"李德懋去世后,"上追念其才识,赐内帑钱,刻其遗稿"①。

李德懋编纂有《蜻蛉国志》,即《日本国志》,其中《神佛》一节里记载了徐福东渡来到了日本纪伊州熊野山:

> 纪伊州,有高野山,一名熊野山。传言孝灵时,秦人徐市,与其子福,乘舟,至纪伊州止焉,国人尊敬之。(徐)市寻死。(徐)福年一百八十而死,多灵异。国人立祠于高野山中,为权现守神。或称(徐)福,即(徐)市之改名,或称(徐)市之子。又称(徐)福之

---

① (朝鲜)李书九:《惕斋集》卷九,《韩国文集丛刊》第270辑,韩国首尔:景仁文化社,2001,第200页。

孙，为天皇，皆误传也。乾隆癸未（1763）朝鲜书记元重举，问倭儒龟井鲁等："以古文六经，徐市赍来否？"答曰："仆亦见欧阳公《日本刀歌》，然本国无此事。且国俗好夸矜，与贵国通使久矣，假使国有禁，必无不泄之理。且国中，今日尚不能真知六经之贵，如其知贵，当与天下万国共之。如不知贵。何必秘之禁之也。

……

蕉坚道人中津，字绝海，入大明，高皇帝召问法要，奏对称旨。因命赋熊野祠诗，即对曰："熊野山前徐福祠，满山药草雨余肥。至今海上波涛稳，万里好风须早归。"帝赐和曰："熊野峰高血食祠，松根琥珀也应肥。昔时徐福浮舟去，直至于今犹未归。"①

　　从李德懋的资料看，李德懋没有出使日本的经历，上述记载，依据的应是出使日本的其他朝鲜官员带回的日本史料及其他资料。李德懋将"秦人徐市"乘舟东渡"至（日本）纪伊州止焉"记作"传言"，说明作者是非常严谨的，但这并不意味着李德懋不相信徐福东渡到了日本。李德懋把"徐市""徐福"写成了父子二人，这应是有些日本人不了解"徐市"与"徐福"为同一个人，说"（徐）福年一百八十而死"，李德懋也不相信，故用"多灵异"记之，但作者记载的日本"国人立祠于高野山中，为权现守神"，是当时真实的情况。对于日本传说的徐福，或徐福之孙是日本天皇，作者认为"皆误传也"。作者也记载了欧阳修提到的日本保存有徐福带去的"古文六经"之事，并以日本学者之口予以了否定。但这同样不影响作者认为徐福东渡来到了日本纪伊州熊野山，所以，作者将日本僧人绝海中津与明太祖朱元璋二人的唱和诗也做了记载，并在编写《日本国志》时作为重要事件记于史册，这再次说明日本熊野山有"徐福祠"。李德懋在《蜻蛉国志·世系》也记载："孝灵时，秦人徐福，来居纪伊州。景行时，使其子武尊。"② 这也说明，作者认定了徐福到了日本纪伊州熊野山，并在纪伊州居住下来，他的后人还以武显贵。

---

① （朝鲜）李德懋：《青庄馆全书》卷六四，《韩国文集丛刊》第 259 辑，韩国首尔：景仁文化社，2000，第 167~168 页。

② （朝鲜）李德懋：《青庄馆全书》卷六四，《韩国文集丛刊》第 259 辑，韩国首尔：景仁文化社，2000，第 151 页。

从上面的记载可以得知，至晚在中国的元朝时期，日本熊野山一带就有"有徐福冢、徐福祠"，还有家族自称是"徐福之子孙"，一直到中国的清代，熊野山徐福祠仍香火不绝，虽然我们无法考证这些自称徐福的后人是否与徐福有血缘关系，但这样的信仰和风俗代代相传，至少几百年，也可能是上千年，甚至更长时间，可见徐福及中国秦文化在当地的重大影响。

由于日本多地都有徐福的传说，李德懋《蜻蛉国志·舆地》还记载："富士山，在骏河国。峰如削成，三面是海，直耸属天，顶有火烟，徐福止此山。日本之名山，无逾于此。"① 我们在前面提到，中国的五代十国时期，就有来华的日本僧人谈到徐福到了日本富士山一带，并居住在这里，"至今子孙皆曰秦氏"。李德懋在这里除说明"徐福止此山"，徐福到了日本富士山，更是强调"日本之名山，无逾于此"，日本人借徐福之名，以提高当地的知名度，熊野山是这样，富士山也是这样，由此可见徐福文化在当时的影响，从中国的五代十国时期，到中国清朝的后期，至少在长达一千年时间里都是这样，也说明，徐福文化在日本的影响源远流长。

朝鲜正祖朝癸卯（1783）进士，纯祖朝官至领议政的沈象奎，字稚教，号斗室，又号彝下，谥号文肃，有《斗室存稿》传世。沈象奎在朝为官、平时为人，包括他的诗文、书法在当时都有很高的声誉。《朝鲜宪宗实录》载，沈象奎"以清雅恺悌之姿，有端方坚贞之操，华国之文章也，传家之秉持也"。《议政府领议政文肃沈公墓志铭》也提到，沈象奎藏书的数量"甲于国中"；写文章精练，"宁简毋冗"；书法上乘，"人皆珍惜"；诗歌"造语铦利，创辟蹊径，自成一家"②。

《斗室存稿》卷一有沈象奎创作的诗歌《寄别金公世马州信使之行，次枫皋韵》，是写给出使日本的朝鲜官员金履乔的送别诗，诗中有"熊野漫传饶药草"句，作者在句后自注："日本蕉坚道人入大明，高皇帝命赋徐福祠，即对曰：'熊野山前徐福祠，满山药草雨后肥。'"③ 意思说，当年日本

① （朝鲜）李德懋：《青庄馆全书》卷六四，《韩国文集丛刊》第 259 辑，韩国首尔：景仁文化社，2000，第 178 页。
② （朝鲜）徐有榘：《金华知非集》卷八，《韩国文集丛刊》第 288 辑，韩国首尔：景仁文化社，2002，第 453 页。
③ （朝鲜）沈象奎：《斗室存稿》卷一，《韩国文集丛刊》第 290 辑，韩国首尔：景仁文化社，2002，第 11 页。

道人蕉坚（津绝海）去中国时，曾与明太祖皇帝朱元璋有诗歌唱和，其中提到日本熊野山前有徐福祠，雨后的熊野山长满了药草，徐福曾在这里采过药。日本僧人蕉坚（绝海中津）和朱元璋诗歌唱和之事，前面已提到。这里再次说明，日本熊野山的"徐福祠"，在徐福东渡过去两千年了，徐福文化仍在日本熊野山一带"漫传"，这也说明，徐福文化在日本熊野山一带有着广泛而深远的影响。

第四节　徐福东渡与日本的秦俗文化

日本传统文化受中国秦文化影响的情况，朝鲜王朝官员、文人的笔下也多有记载，许多人还把这一现象与徐福东渡日本联系起来，认为是徐福一行把中国秦朝时期的先进文化传到了日本，所以当时的日本仍保留着中国秦朝时期的民风民俗。

一　李穑与《扶桑吟》

高丽末元朝进士，高丽末、朝鲜王朝初期官员、理学大师、著名教育家、诗人李穑，字颖叔，号牧隐，有《牧隐集》《牧隐诗稿》等传世。高丽时期，李穑官至守门下侍中。高丽王朝灭亡后，朝鲜李朝王室封李穑为韩山伯。李穑不事朝鲜李朝，回故乡骊州隐居，后在骊江落水而死。《高丽史·李穑列传》评价曰："（李）穑天资明敏，博览群者，为诗文操笔即书，略无凝滞。勉进后学，以兴起斯文为己任，学者仰慕。掌国文翰数十年，屡见称中国。"[1]《朝鲜太祖实录》也记载说："（李）穑大资明睿，学问精博，秉心宽恕，处事详明。为宰相务遵成宪，不喜纷更，勉进后学，孜孜不倦。局文章操笔即书，辞意精到。有集五十五卷行于世。"[2] 李穑培养了郑道传、权近等朝鲜王朝时期著名的政治家、理学家。李穑也是著名诗人，与李奎报、李齐贤并称（高）丽朝三李，与郑梦周（圃隐）、李崇仁（陶隐）并称（高）丽末三隐。其诗浑博浩瀚，雄深雅健。韩国古代诗评："东

① 孙晓主编《高丽史》（标点校勘本），西南师范大学出版社、人民出版社，2014，第3536页。
② （朝鲜）《朝鲜太祖实录》卷一九，太祖五年七月二日癸亥，韩国首尔：探求党1973年影印本，第91页。

方诗道之昌，始自（高）丽朝三李。……至于牧隐（李穑），天分既高，人工尤至。入唐出宋，纵横驰骛，殆近于古之所谓化者。气魄之雄，声响之深，东方所未有也。"① 明代万历年间编的《朝鲜诗选》收录李穑的诗三首。清代编纂的《御选明诗》《明诗综》中也均收有李穑的诗作。朝鲜王朝中期编纂的诗歌总集《箕雅》收录李穑诗歌"五绝一首、七绝五首、五律六首、七律九首、五古四首、七古五首"②，均来自《牧隐诗稿》，也可见《牧隐诗稿》在当时的地位和影响。

李穑在文章和诗作中多次谈到徐福，其中在长诗《扶桑吟》中提到徐福一行乘坐楼船东渡到了日本，李穑生活的年代，日本仍有中国秦文化的印记。

扶桑吟（节选）

六龙捧日扶桑东，夜半浴海波涛红。

灵台太史政寅宾，华夏蛮貊同王春。

徐生楼船托仙药，不有异域逃枉秦。

似闻椎髻知读书，竹简不是坑灰余。③

此诗节选自李穑《扶桑吟》诗的前四行。诗歌首句"六龙捧日扶桑东，夜半浴海波涛红"，意思说，六条巨龙驾车载着太阳从东边日出扶桑之地日本腾空而起，映红了夜晚中的大海波涛。"六龙捧日"，中国神话传说，日神乘车，驾以六龙。西汉经学家、文学家刘向《九叹·远游》："贯澒蒙以东薅兮，维六龙于扶桑。"

"灵台太史政寅宾，华夏蛮貊同王春"，意思说，太史令在灵台上观测日出等天文星象，中国的华夏大地及周边的部族同帝王一样沐浴着相同的春季的阳光。"灵台"，这里指古时帝王观察天文星象、妖祥灾异的建筑。《文选·张衡》："左制辟雍，右立灵台。"三国时期薛综注："司历纪候节气者曰灵台。""太史"，指秦汉时期的太史令，是掌管起草文书，编写史书，

---

① 赵季、张景昆：《〈箕雅〉五百诗人本事辑考》（上），人民文学出版社，2013，第140页。
② 赵季、张景昆：《〈箕雅〉五百诗人本事辑考》（上），人民文学出版社，2013，第140页。
③ （朝鲜）李穑：《牧隐诗稿》卷四，《韩国文集丛刊》第3辑，韩国首尔：景仁文化社，1990，第566页。

兼管国家典籍、天文历法、祭祀的官员。"寅宾"，恭敬导引。语出《尚书·尧典》："分命羲仲，宅嵎夷，曰旸谷，寅宾出日。""蛮貊"，指古代中国南方和北方落后部族，亦泛指四方部族。

"徐生楼船托仙药，不有异域逃枉秦"，意思说，当年徐福以采集仙药的名义，逃避了秦朝的暴政，来到异国他乡日本。"徐生"，指徐福。虽说"扶桑国"具体指何处，学界有不同看法，但前面提到，至晚在唐代，徐福东渡日本之说就多次出现在文人的记载中了，作者把徐福东渡采集仙药与"扶桑"相连，就是认同了徐福东渡到了日本之说。

"似闻椎髻知读书，竹简不是坑灰余"，意思说，似乎听说梳有"椎髻"发型的日本人也知道读书，还有保存的古代竹简也没有被烧毁。这里是说，日本人受徐福的影响，也知道读书，徐福带到日本的中国秦代竹简是没有被秦始皇焚书坑儒时烧毁的。"椎髻"，形容发型如椎。《汉书·李陵传》："两人皆胡服椎结。"唐代著名训诂学家颜师古注："结读曰髻，一撮之髻，其形如椎。"[1] 这里指梳有"椎髻"发型的日本人。《旧唐书·东夷列传·日本》记载，日本人"贵人戴锦帽，百姓皆椎髻"[2]。"焚书坑儒"，《史记·儒林列传》："及至秦之季世，焚诗书，坑术士，六艺从此缺焉。"[3] 这里把日本与徐福东渡带去的图书联系到了一起，也是说明徐福东渡到了日本。

除《扶桑吟》外，李穑还有多首诗歌提到徐福东渡，如在《独坐》诗中有"扶桑日出思徐福"句[4]，说看到东方的日出，就思念起了徐福；在《散步》诗中有"海外留徐福"句[5]，说当年秦代徐福入海寻仙留在了海外；在《偶念江上秋》诗中有"总道严光独辞汉，更怜徐福不归秦"句[6]，意思说，我们总是称颂严光不仕汉官，归隐山林，但更应该理解徐福为什么不回到自己的国家。作者这里既有为徐福不能回到自己的国家而感到惋

① （汉）班固编撰《汉书·李陵传》，中华书局，2000，第1872页。
② （后晋）刘昫等《旧唐书·东夷·日本》，中华书局，2000，第1532页。
③ （汉）司马迁：《史记·儒林列传》，中华书局，2000，第2370页。
④ （朝鲜）李穑：《牧隐诗稿》卷六，《韩国文集丛刊》第4辑，韩国首尔：景仁文化社，1990，第190页。
⑤ （朝鲜）李穑：《牧隐诗稿》卷一六，《韩国文集丛刊》第4辑，韩国首尔：景仁文化社，1990，第195页。
⑥ （朝鲜）李穑：《牧隐诗稿》卷一九，《韩国文集丛刊》第4辑，韩国首尔：景仁文化社，1990，第240页。

惜和遗憾，但更多的是表达了对徐福"不归秦"的理解和支持。以上诗句说明，李穑不仅认为徐福东渡去了海外扶桑之国日本，也对徐福东渡日本不归国给予理解。

二 郑梦周与《奉使日本作》

高丽王朝末期状元出身的著名政治家、文学家、理学大师，官至高丽门下侍中郑梦周，字达可，号圃隐。郑梦周因维护高丽王朝，高丽恭让王四年（朝鲜王朝太祖元年，1392）被推翻高丽王朝的李成桂之子李芳远所害，但鉴于郑梦周在当时的地位和影响，改朝换代的朝鲜王朝仍追封郑梦周为"大匡辅国崇禄大夫、领议政府事、修文殿大提学、兼艺文春秋馆事、益阳府院君，谥文忠"①。郑梦周后人被誉为"高丽王朝忠义精神的代表，韩国理学的鼻祖"，"现在韩国全国有三十四处供奉他的书院、祠宇"②。郑梦周也是著名诗人，朝鲜王朝中期编纂的诗歌总集《箕雅》收录郑梦周诗歌"五绝一首、七绝六首、五律三首、七律八首、五排一首，五古一首、七古一首"③。明代万历年间编的《朝鲜诗选》收录郑梦周的诗十七首。清代编纂的《御选明诗》《明诗综》中也均收有郑梦周诗作，今天韩国的中学教材还收录有郑梦周的《春兴》一诗。

郑梦周曾于高丽祸王三年（1377）九月奉命出使日本，第二年（1378）七月回国。在日本期间，郑梦周创作了《奉使日本作》诗十二首，其中第七首、第八首诗歌提到了徐福东渡在日本的影响。

奉使日本作
其七

弊庐貂裘志未伸，羞将寸舌比苏秦。

张骞槎上天连海，徐福祠前草自春。

眼为感时垂泣易，身因许国远游频。

故园手种新杨柳，应向东风待主人。

---

① 孙晓主编《高丽史》（标点校勘本），西南师范大学出版社、人民出版社，2014，第3585页。
② 〔韩〕圃隐学会编《圃隐先生遗迹大观》，韩国迎日郑氏圃隐公派宗约院，2012，第250页。
③ 赵季、张景昆：《〈箕雅〉五百诗人本事辑考》（上），人民文学出版社，2013，第146页。

其八

山川井邑古今同，地近扶桑晓日红。

但道神仙居海上，谁知民社在天东。

斑衣想自秦童化，染齿曾将越俗通。

回看三韩应不远，千年箕子有遗风。①

《奉使日本作》第七首的首联"弊庐貂裘志未伸，羞将寸舌比苏秦"，意思说，在花木掩映的房子里，自己身着官服，肩负着国家的重任，可还没有完成出使日本的使命，这是因为自己没有中国战国时期苏秦那样的外交才能。"弊庐"，多指简陋的房屋，这里应指掩隐在花木中或丛林中的房屋。"貂裘"，本意指用貂的毛皮制作的衣服，这里指作者穿戴的出使日本的官服，借指作者的官员身份。"苏秦"，中国战国时期著名的纵横家、外交家，他提出了合纵六国以抗秦的战略思想，组建了合纵联盟，兼佩六国相印，使秦国十五年不敢出函谷关。

颔联"张骞槎上天连海，徐福祠前草自春"，意思说，中国汉代的张骞出使西域，打通了通往天河的道路，中国秦代徐福东渡日本，日本人民至今还在纪念他，日本徐福祠前的花草也正沐浴在春光里。"张骞槎"，指典故"张骞泛槎"。"张骞"，汉武帝时期杰出的外交家、探险家，曾奉汉武帝之命出使西域，打通了通往西域的道路，即历史上有名的丝绸之路。传说张骞为寻找黄河的源头，乘槎（竹木筏）来到天河。作者这里赞颂张骞和徐福，仍是在表达首联的意思，说自己没有做出像苏秦、徐福、张骞那样的成就。

颈联"眼为感时垂泣易，身因许国远游频"，意思说，像眼前这样无声地检讨、埋怨自己是很容易的，但真正做到以身许国不辜负自己频繁地远游所肩负的使命是不容易的。"垂泣"，低头无声地流泪，这里应是检讨、埋怨自己的意思。

尾联"故园手种新杨柳，应向东风待主人"，意思说，出使日本之前，自己曾在故乡的园子里亲手栽种了新的杨柳树，现在春风来了，应该发芽

---

① （朝鲜）郑梦周：《圃隐先生文集》卷一，《韩国文集丛刊》第 5 辑，韩国首尔：景仁文化社，1990，第 581 页。

了，在盼着他的主人回去呢。这里主要表达了作者思念故乡的情怀，结合全诗看，也有催促自己早一点完成使命的意思。

《奉使日本作》第八首诗的首联"山川井邑古今同，地近扶桑晓日红"，意思说，日本的山川和村庄从古至今没有太大的变化，这里是靠近日出之地，最先得到了破晓的红日照耀。"井邑"，指城镇、村庄。

颔联"但道神仙居海上，谁知民社在天东"，意思说，都说神仙居住在海上的仙山上，哪里会知道天的尽头，日出之地的日本居住着这么多的平民百姓呢？

颈联"斑衣想自秦童化，染齿曾将越俗通"，意思说，日本穿的有斑纹、斑点的衣服，应是当年徐福东渡带去的童男童女一代代沿袭下来的，日本把牙齿染黑的习俗在中国南方越地也流行过。"斑衣"，本指中国汉代虎贲骑士穿的虎纹单衣，这里指有斑纹、斑点的衣服。"越俗"，《史记》有多处提到，指古代中国南方越地的风俗习惯。《史记》中谈到的"越俗"，包括今越南一带。作者这里强调了徐福东渡对日本的影响。

尾联"回看三韩应不远，千年箕子有遗风"，意思说，朝鲜的古代三韩地区离日本并不远，三韩地区千百年来受到中国箕子影响的文化也应该影响了日本。"三韩"，指中国的秦汉时期在朝鲜半岛南部，有马韩、辰韩、弁韩，合称三韩，今在韩国一带。前面提到，今韩国东部一带的辰韩，应是徐福一行建立起来的。这一带与日本对马岛隔海相望，也是传说徐福东渡日本的必经之路。"箕子"，商纣王的叔父，因受排挤，"走之朝鲜"，建立东方君子国。周灭商后，被周武王封于朝鲜，其政权延续千余年，汉初被卫满所灭，箕子后人箕准带领余众数千人入海，攻占朝鲜半岛南部的马韩，自立为韩王。尾联接续颈联的主题，继续强调中国历史文化对日本的影响。

郑梦周的上述二首诗歌均谈到了徐福东渡在日本的影响，而且在作者的笔下，这些影响都是正面的。"徐福祠前草自春"，既说明在徐福东渡一千五百多年之后，日本人民仍在纪念徐福，怀念徐福，也是在强调"草自春"，说因为受徐福传到日本的中国文化的影响，日本才有春意，才有生机。"斑衣想自秦童化，染齿曾将越俗通"，则进一步强调说明徐福一行，特别是随徐福东渡的童男童女及其后人在一代代传承着中国秦朝时期的生活习俗和文化。

三　皆言徐福来，遗俗不变秦

高丽末恭愍朝进士，与李穑、郑梦周同时期的著名文学家、诗人李崇仁，字子安，号陶隐，有《陶隐集》传世。李崇仁因维护高丽王朝，反对推翻高丽王朝的李成桂，先是被削职流放，后被杀害。李崇仁的诗作在当时有很大影响，朝鲜王朝中期编纂的诗歌总集《箕雅》收录李崇仁诗歌"五绝一首、七绝三首、五律七首、七律三首、五排一首、五古四首、七古三首"①。明代万历年间编的《朝鲜诗选》收录李崇仁的诗十一首。清代编纂的《御选明诗》《明诗综》中也均收有李崇仁诗作。同前面提到的郑梦周一样，其诗作在当时也有很大影响。李崇仁写有诗歌《奉送罗判事使日东》四首，其中第三首和第四首提到徐福东渡在日本的影响，及日本人祭祀徐福的情况。

奉送罗判事使日东
其三

藤橘原平四姓贤，遥闻千载有云玄。

烦公郑重携家乘，题纪凭将大史传。

其四

徐生避世一乘桴，沧海横流今几秋。

可是日东重人物，岁时祭祀未曾休。②

此诗是写给高丽末出使日本的高丽官员罗判事的，"判事"，多为从一品高官。

第三首前两句"藤橘原平四姓贤，遥闻千载有云玄"，意思说，听闻日本的藤、橘、源、平四个姓氏，是日本历史悠久的姓氏。作者这里虽然没有提到这四个姓氏与徐福东渡的关系，但由于传说这四个姓氏与徐福东渡

---

① 赵季、张景昆：《〈箕雅〉五百诗人本事辑考》（上），人民文学出版社，2013，第55页。
② （朝鲜）李崇仁：《陶隐集》卷三，《韩国文集丛刊》第6辑，韩国首尔：景仁文化社，1990，第569页。

带去的秦人后裔有关，这一点，我们在赵秀三的《咏史》诗序时还会提到。这里的"千载有云玄"，指的就是日本的藤、橘、源、平这四个姓的家族是徐福东渡带去的秦人后裔。

后二句"烦公郑重携家乘，题纪凭将大史传"，意思说，麻烦出使日本的官员罗判事把日本藤、橘、源、平这四个姓的家谱认真地抄录后带回来，这将是太史公司马迁在《史记》中提到的有关徐福东渡的重要参考。"家乘"，这里指家谱。"大史"，太史，这里指撰写《史记》的太史令司马迁，后世多称司马迁为"太史公"。以上主要意思是，日本的藤、橘、源、平四姓，据传与当年徐福东渡有关，如果真是这样，就是对《史记》记载的徐福东渡的最好注释。

第四首前两句"徐生避世一乘桴，沧海横流今几秋"，意思说，徐福为逃避秦始皇的迫害乘船去了日本，从当年徐福东渡到现在（指作者写诗的高丽末期，即中国的元末明初时期），已度过了许多个春秋。"沧海横流"，这里指时光流逝。

后两句"可是日东重人物，岁时祭祀未曾休"，"日东"，这里指日本。意思说，尽管徐福东渡到日本已是多年前的事情了，可徐福仍是日本人非常尊崇的重要人物，日本人对徐福的祭祀活动从来就没有停止过。结合第三首诗的内容，这里至少可以说明两点：一是当年徐福东渡到了日本，而今日本有些大的家族应是徐福及随行人员的后裔；二是徐福在日本一直有着较大的影响，不仅可能是有些日本人的先祖，更为日本的发展做出了贡献，否则不会"岁时祭祀未曾休"，千百年来一直在纪念徐福，成为日本人敬仰的重要历史人物。

李崇仁的上述诗歌再次说明，徐福东渡无论是否到了日本，徐福文化对日本的影响都是无可置疑的。中国的元末明初时期，日本广泛流传着徐福东渡到了日本的传说，因为徐福是"日东重人物"，许多日本人还自称徐福一行人的后裔，并有纪念徐福的设施和活动，"岁时祭祀未曾休"，多年来一直在祭祀纪念徐福。也正是因为如此，才引起李穑、郑梦周、李崇仁等人的高度关注，这也同时说明，徐福东渡在朝鲜半岛也有着重要影响，以至于像李穑、郑梦周、李崇仁这样一些高层次的官员、文人去关注、研究徐福。

朝鲜半岛高丽末、朝鲜王朝初，除前面提到的李穑、郑梦周、李崇仁外，还有多位有影响的官员、文人在自己的文章或诗作中谈到了徐福东渡在日本的影响。高丽末恭愍朝进士，朝鲜王朝开国元勋，太祖朝领议政赵浚，字明仲，号吁霁、松堂，谥文忠。赵浚写有诗歌《送朴秘书奉使日本》，其中有诗句"洪涛日出紫松冈，香火烟斜徐福宅"[①]，意思说，出使日本的朴秘书一定会顺利地抵达日本，在日本紫松冈欣赏洪涛中的日出，还可以到徐福当年住过的村宅去看看。这说明，朝鲜高丽末、朝鲜王朝初，即中国的元末明初时期，日本有徐福村宅，还有自称是徐福的后人住在那里。无论这些徐福村宅与当年徐福东渡有没有直接的关系，都可以说明当时日本的徐福文化有着较大的影响，连隔海相望的朝鲜半岛都有所耳闻。

徐福东渡带到日本的中国秦朝的"遗俗"在日本传承的情况，朝鲜王朝中后期的官员、文人也多次提到。

朝鲜世宗朝文科状元，历官朝鲜礼曹判书、吏曹判书、刑曹判书、议政府右、左参赞等官职，官居崇政大夫的李承召，字胤保，号三滩，谥号文简，有《三滩集》传世。李承召去世后，《朝鲜成宗实录》记载，李承召"年六十三，谥文简：博闻多见，文；居敬行简，简。为人天资温醇，学问精深，凡阴阳、地理、医药之书，无不通晓。为文章典雅精纯，为一时冠。性廉恭谨，不事表襮，襟怀洒落，日以书史自娱。死之日，家无余财。史臣曰：'承召风姿端雅，操律清慎。不营产业，不妄交游，人称金玉君子。性谦退，未尝以能先人。'"[②] 朝鲜王室官方文献给予了李承召极高的评价，说李承召的文章"为一时冠"，而人品尤佳，"人称金玉君子"。

李承召也是当时著名诗人，朝鲜王朝中期编纂的诗歌总集《箕雅》收录李承召诗七绝二首、七律四首。中国明代万历年间编的《朝鲜诗选》、清代编纂的《御选明诗》《明诗综》中也均收有李承召的诗作。李承召写有《送日本使僧正球首座》诗九首，其中第一首提到了徐福东渡在日本的影响。

① （朝鲜）赵浚：《松堂集》卷二，《韩国文集丛刊》第6辑，韩国首尔：景仁文化社，1990，第419页。

② （朝鲜）《朝鲜成宗实录》卷一六二，成宗十五年一月十日，韩国首尔：探求堂1973年影印本，第10册，第560页。

送日本使僧正球首座
其一

> 扶桑远在天一边，开国茫茫太古前。
> 徐福几时游不返，至今遗俗尚依然。①

《送日本使僧正球首座》是李承召写给从朝鲜回国的日本使臣的送别诗。

前两句"扶桑远在天一边，开国茫茫太古前"，意思说，日本国在日出扶桑的天边，日本人在远古时期就有了自己的部落或国家。《梁书·扶桑国传》："扶桑国者，齐永元元年，其国有沙门慧深来至荆州，说云：'扶桑在大汉国东二万余里，地在中国之东，其土多扶桑木，故以为名。'"这里的扶桑国，是日本北海道的虾夷国。中国古代有"日出扶桑"的传说，《山海经·海外东经》："下有汤谷，汤谷上有扶桑，十日所浴，在黑齿北。"《海内十洲记》记载："扶桑在碧海中。树长数千丈，一千余围，两干同根，更相依倚，日所出处。"唐诗及以后的诗词更是多把"扶桑"代指日本。

后两句"徐福几时游不返，至今遗俗尚依然"，意思说，当年徐福东渡到了日本，定居日本后，没有回到中国，徐福将中国的文化及生活习俗带到了日本，所以日本至今还有中国秦朝的一些风俗习惯。作者这里主要强调了当年徐福东渡给日本带来的深远影响，虽然过去这么多年了（徐福东渡离作者所处的年代应是1600多年），但仍然在影响着日本。

因当时的日本仍在传承中国秦朝的一些"遗俗"，朝鲜王朝的官员、文人对此非常关注。朝鲜进士出身的宣祖、光海君朝官员、诗人金玄成，字余庆，号南窗，官至同知敦宁府事，有《南窗杂稿》传世。朝鲜著名学者、诗人，官至右议政的张维在《南窗杂稿》序中写道："南窗公操履端粹，学识淹雅。诗文并美，草隶兼绝，盖所谓玉质金声者。"② 与金玄成同朝为官

---

① （朝鲜）李承召：《三滩集》卷六，《韩国文集丛刊》第 11 辑，韩国首尔：景仁文化社，1988，第 431 页。

② （朝鲜）金玄成：《南窗杂稿》，《韩国文集丛刊·续集》第 5 辑，韩国首尔：景仁文化社，2005，第 157 页。

的朝鲜著名政治家、学者，官至朝鲜吏曹判书的李晬光在撰写的《同知敦宁府事南窗金公神道碑铭》中称赞金玄成："公为人英粹端恪，恭温刚果。处身行事，一循绳墨，无表襮无矫揉。视义以动，守正不变。金精玉洁，终始如一，真笃行君子也。""其文章最长于诗，精致有味，切近的当，自成一家。……公有不可夺之志节，有不可及之德行，有不可掩之才学，而谦虚内美，务自韬晦。故世徒见其在外之文艺而诵之宝之，然不知二者之于公，末也。"① "吏曹判书"，是当时主管官员升迁的最高官员。李晬光还是当时著名的学者，与同为高官的著名学者张维均对金玄成的官德及诗文、书法给予了很高评价，足见金玄成在当时的影响。

金玄成写有《送日本回答使，丁未年》诗，诗歌题目注有"丁未年"，即朝鲜宣祖四十年（1607），说明此诗是写给出使日本的朝鲜通信使（回答使）官员的，诗中提到日本仍然保留有当年徐福东渡时带到日本去的中国秦朝的风俗。

送日本回答使，丁未年
其二

服罪轮诚欵塞频，七旬终见有苗臻。
大邦报答宁亏体，两使抡铨总得人。
槎逐张骞曾上汉，俗询徐福旧欺秦。
归来靴袜生尘土，谁信凌波万里津。②

《送日本回答使，丁未年》共四首，是作者分别写给丁未年（1607）正月出使日本的朝鲜通信使（后改称回答使）正使吕佑吉、副使庆暹、从事官丁好宽、从行杨万世的送别诗，第二首是写给通信副使庆暹的。

首联"服罪轮诚欵塞频，七旬终见有苗臻"，意思说，日本为侵略朝鲜之事多次诚恳地表示了谢罪，我年近70岁了终于见到日本人服输了。"七

---

① （朝鲜）李晬光：《芝峰先生集》卷二三，《韩国文集丛刊》第66辑，韩国首尔：景仁文化社，1991，第230页。

② （朝鲜）金玄成：《南窗杂稿·七言律》，《韩国文集丛刊·续集》第5辑，韩国首尔：景仁文化社，2005，第174页。

句"，这里指作者，当时作者年近 70 岁。"有苗"，本指中国尧舜禹时代南方较强大的部族，《尚书·大禹谟》："帝曰：咨禹，惟时有苗弗率，汝徂征。"《三国志·魏志十·贾诩》："昔舜舞干戚而有苗服。"这里指日本，"有苗臻"，是日本服输的意思。

颔联"大邦报答宁亏体，两使抡铨总得人"，意思说，我们宁肯伤了自己，也要报答大国的恩情，这次你作为副使和正使吕佑吉一起出使日本，是王室选拔的最称职的官员了。"大邦"，这里指中国，因在中国的帮助下，才得以将壬辰年间侵略朝鲜的日本军队，于 1598 年底赶出朝鲜半岛。"抡铨"这里指量才授官，选拔官吏。

颈联"槎逐张骞曾上汉，俗询徐福旧欺秦"，意思说，你们这次乘船去日本，就如同中国汉代的张骞出使西域一样，是为了与周边国家建立友好关系。你们到了日本后，可以了解一下当年徐福东渡日本后，日本是否还保留有中国秦代的一些风俗习惯。朝鲜使臣这次出使日本的主要职责是恢复和日本的正常国家关系，所以将其与当年张骞通西域相比较。但徐福东渡在朝鲜半岛和日本都有着重要影响，所以了解徐福东渡在日本的影响情况，成为当时出使日本的朝鲜官员的一项重要职责。作者让出使日本的朝鲜官员了解日本还有哪些中国秦文化的痕迹，既说明徐福将中国秦文化传到了日本，也说明徐福东渡一千八百多年后，中国秦文化仍然在日本有影响。

尾联"归来靴袜生尘土，谁信凌波万里津"，意思说，你们归来的时候，必定是鞋袜都沾满了尘土，谁又会相信你们是渡过了万里航程，历经了风涛海浪才回到祖国的呢。

朝鲜宣祖、光海君时期官员、诗人任錪，字宽甫，号鸣皋，有《鸣皋集》传世。朝鲜宣祖四十年（丁未年，1607），朝鲜官员丁好宽以朝鲜通信使书状官身份出使日本时，任錪也写有送别诗《送丁好宽日本之行》，其中有诗句"徐福曾传求药使，晁卿旧缀泛槎名"[①]，意思说，徐福作为秦始皇寻求海上仙药的使者，传说到了日本，日本人晁卿也曾随日本遣唐使船往来于朝鲜与日本之间。丁好宽一行当年正月起程，七月回，此诗应创作于 1607 年正月起程时。"晁卿"，即晁衡，日本人，原名阿倍仲麻吕，也称仲

---

① （朝鲜）任錪：《鸣皋集》卷五，《韩国文集丛刊·续集》第 11 辑，韩国首尔：景仁文化社，2006，第 403 页。

满，随日本遣唐使团来中国求学，学成后留在唐朝廷作官，历任左补阙、左散骑常侍、镇南都护等职。天宝十二载（753），晁衡以唐朝使者身份，随同日本遣唐使团返回日本。这在《新唐书·东夷·日本传》有记载。天宝十二载，晁衡以唐朝使者身份，随同日本遣唐使团返回日本。"槎"，木筏，这里指日本遣唐使团的航船。任鈗还写有诗歌《送僧惟政往日本》，其中有诗句"逖野逝已远，徐市安在哉"，"逖野"，作者自注"逖野即日本始祖"①，意思说，日本的始祖逖野，离我们这个时代太远了，在日本已经感受不到逖野的影响了，但徐福在日本的影响却实实在在地存在着。这里主要强调徐福在日本社会的影响，及徐福带来的中国秦文化在日本得到了传承。"惟政"，朝鲜王朝时期史料记载："宣庙乙巳（1605）春，朝廷以雠贼既灭，源氏初定，遣僧惟政至日本。刷还被获男女三千余口。"② 这说明，朝鲜僧人惟政于1605年去日本，回国后，还带回了被日本俘获的三千余朝鲜人。任鈗的《送僧惟政往日本》诗，系写给去日本的朝鲜僧人惟政的送别诗，也应写于"宣庙乙巳春"，即朝鲜宣祖三十八年春。

朝鲜僧人惟政完成使命归国后，时任朝鲜领议政的李德馨写有《松云还自日本，告归台山，再用上年送行韵，寄之》诗，欢迎从日本归来的朝鲜僧人松云。"松云"，即"惟政"，"松云一名惟政"③，诗中也谈到了徐福在日本的影响。诗歌题目提到的"台山"，应指今韩国江原道平昌五台山，山上有上元寺，现称上院寺。李德馨，字明甫，号汉阴、双松、抱瓮散人，朝鲜宣祖朝进士，殿试第一，宣祖、光海君朝官员，宣祖朝领议政，谥号文翼。李德馨的诗中有"徐福庙前回锡杖，永廊岩畔听笙和"句④，意思说，松云和尚这次去日本，既到日本徐福庙瞻仰、祭拜过，也在日本永廊岩畔听过古笙的合奏。"锡杖"，是和尚行路时所携带的道具。这里既可以理解为朝鲜僧人松云去过日本徐福庙，也可以理解为日本徐福庙有和尚在

---

① （朝鲜）任鈗：《鸣皋集》卷六，《韩国文集丛刊·续集》第 11 辑，韩国首尔：景仁文化社，2006，第 415 页。
② （朝鲜）申维翰：《青泉集》卷五，《韩国文集丛刊》第 200 辑，韩国首尔：景仁文化社，1997，第 332 页。
③ （朝鲜）柳成龙：《西厓先生别集》卷四，《韩国文集丛刊》第 52 辑，韩国首尔：景仁文化社，1990，第 468 页。
④ （朝鲜）李德馨：《汉阴先生文集》卷二，《韩国文集丛刊》第 65 辑，韩国首尔：景仁文化社，1991，第 303 页。

主持和管理着。徐福是方士，信奉的是方仙道，即道教的前身，徐福庙本应是道观，但日本的徐福庙、徐福寺不少是僧人在主持和管理，这也可见徐福在日本的影响。

柳梦寅，字应文，号於于堂等，朝鲜宣祖朝进士，朝鲜宣祖朝、光海君朝官员。柳梦寅历官朝鲜司谏院大司谏、承政院都承旨、吏曹参判、汉城左尹等职，后受诬陷被捕入狱并获死刑，去世后甄别平反，"赠资宪大夫、吏曹判书兼知经筵，义禁府事，弘文馆大提学，艺文馆大提学，知春秋馆成均馆事，五卫都总总府都总管"①，柳梦寅博学多才，擅长书法，是朝鲜王朝中期的著名的汉文学家、小说家，有《於于集》传世。

《於于集》中有文章和诗歌提到了徐福东渡，其中《送回答副使朴典翰梓入日本序》中还谈到了徐福东渡在日本的影响：

> 今者日本，古徐氏遗裔，向微童男女三千人来居之，其地一蔡蓬空虚耳。曾闻之道路言："日本人饶时罗，商贩泊绝岛，值长人磔而食之。"又闻之古老言："南蛮国老弱人不堪佣作者，炙而膏之燔画器。"是皆地绝远，中国之教不泊然也。今日本，自秦时服中国余习。其人小明，可假教化以晓。自前朝许以与国通，玺书者数矣。及今源氏麾平氏，借我一价，要以重其邦，盖源氏世筐筐我，而平氏故仇我故也。②

上述记载是柳梦寅写给出使日本的朝鲜官员朴梓的日本情况介绍，记载说，今天日本的当政者，是"古徐氏遗裔"，是古代东渡到日本的徐福的后人，这里也是说，日本国是当年徐福建立的，徐福带领着"童男女三千人来居之"，住在日本岛，但当时的日本岛"蔡蓬空虚耳"，是荒芜之地，少有人烟。听说徐福一行刚到日本时，这里野草丛生，藤萝遍地，对外封闭，"商贩泊绝岛"，经商的人也不来这里，因为这里还有吃人的习俗，偶尔有外人来就杀死吃掉。还有传言说，日本的南蛮国对年老体弱不能劳作

---

① （朝鲜）柳梦寅：《於于集》卷六，《韩国文集丛刊》第63辑，韩国首尔：景仁文化社，1991，第603页。

② （朝鲜）柳梦寅：《於于集》卷三，《韩国文集丛刊》第63辑，韩国首尔：景仁文化社，1991，第528~529页。

的，"炙而膏之燔画器"，就把他们烧死熬成炙膏作为制作陶器的调料。因为日本远离中国，所以"中国之教不洎然也"，中国的文明习俗当时传不到日本。而"今日本，自秦时服中国余习"，作者所处的中国明代万历年间的日本，从秦朝开始就接受了中国的文明习俗，意思说，日本从中国的秦朝开始，没有了吃人等野蛮习俗，进入了文明社会。这说明日本人还是有一定的认知的，"可假教化以晓"，通过教育还是明白事理的。日本与朝鲜也曾有过一段友好交往的历史，"许以与国通，玺书者数矣"，经常有日本使者来到朝鲜。日本平氏家族执掌日本政权时，曾与朝鲜关系友好，日本源氏家族战败平氏家族，执掌日本政权后，就把朝鲜作为仇敌。作者这里也是说，日本源氏家族背弃了徐福当年在日本时确立的对外友好的睦邻国策。

柳梦寅还曾于光海君己酉年（1609）奉命出使明朝，并写有《朝天录》，其中有《过始皇岛》诗，其中也谈到了徐福东渡的影响。《过始皇岛》中有这样的诗句：

> 徐市驾楼船，童男海冥冥。
> ……
> 遗祠沧海上，居民荐香火。
> 孤岛屹波心，雪岳长风籁。
> 古塑凛如生，玉卫腥云湿。
> 诗书满中国，虽悔何嗟及。
> 况复隔风涛，望夫犹有石。
> 咫尺见敌仇，能无颜生靦。[①]

诗句"徐市驾楼船，童男海冥冥"，意思说，徐福驾驶着楼船，载着童男童女消失在茫茫的大海之中。这里也是说，徐福和童男童女都一去不返，留下的只是一段模模糊糊的历史记忆。

"遗祠沧海上，居民荐香火"，意思说，徐福东渡路经的海岛及目的地至今有祠堂在纪念徐福，周围的百姓祭祀徐福的香火不断。结合《送回答

---

① （朝鲜）柳梦寅：《於于集》卷二，《韩国文集丛刊》第 63 辑，韩国首尔：景仁文化社，1991，第 482 页。

副使朴典翰梓入日本序》中提到的日本有"古徐氏遗裔",作者在这里说的
"遗祠"地点,主要指的应是日本。

"孤岛屹波心,雪岳长风簸",意思说,有徐福"遗祠"的海岛屹立在
大海之中,海岛上大雪覆盖的山峰常年经受着海风的冲击。这里的"雪
岳",可能指日本富士山,因为富士山不仅常年被大雪覆盖,还流传着徐福
来到这里的传说。

"古塑凛如生,玉卫腥云湿",意思说,年代久远的徐福塑像威风凛凛,
栩栩如生,大海的腥风和湿气弄湿了徐福塑像上的玉佩。

"诗书满中国,虽悔何嗟及",这一句应该结合作者在《送回答副使朴
典翰梓入日本序》中表达的观点去理解,意思说,中国有着文明的习俗和
先进的文化,当年徐福也把这些先进的文化在日本做了传播,结束了日本
人吃人的愚昧时代,但后来的日本没有把这些先进的文化传承下来,不仅
国内相互争斗,还侵略朝鲜,日本怎么会这样呢?作者写作此诗时,日本
发动的侵略朝鲜的壬辰战争刚结束不久,故发出了此感慨。

"况复隔风涛,望夫犹有石",意思说,加上中国与日本远隔大洋,在
中国遥望日本如同海岸的望夫石一样,只能望洋兴叹。这里也是说,由于
受大海阻隔,相隔太远,中国的文化很难影响日本。言外之意是,中国再
也不会像当年徐福东渡一样,到日本去传播中华优秀文化了。《过始皇岛》
一诗,应是作者出使中国在秦皇岛所作,秦皇岛近海有望夫石,此句应是
在秦皇岛海岸看到海中的望夫石有感而发。

"咫尺见敌仇,能无颜生靦",意思说,由于朝鲜半岛与日本近在咫尺,
日本侵略我们,我们能不对日本愤怒吗?这一句是《过始皇岛》长诗的尾
句,也是作者要表达的观点,同《送回答副使朴典翰梓入日本序》中表达
的观点一致,这就是日本放弃了当年徐福带到日本的中国先进文化。日本
当年因接受徐福带到日本的先进文化,"自秦时服中国余习",因而摆脱了
落后愚昧,但国力强大了,日本却成了侵略者,"虽悔何嗟及",虽然有点
后悔徐福帮助了日本,可日本为什么会变成这样呢?作者的答案应是,日
本没有很好地将中国优秀的文化传承下去。

朝鲜光海君朝进士,仁祖朝状元,显宗朝官至吏曹判书、辅国崇禄大夫,
去世后追赠领议政的赵䌹,字日章,号龙洲、柱峰老人,谥号文简,有《龙

洲先生遗稿》（《龙洲赵先生文集》）传世。《朝鲜显宗实录》十年二月戊辰记载："赵绚卒，绚字日章，清文苦节，见重一时，位冢宰，秉文衡。……绚为文章雅健近古，其清名直节为世所仰。"说赵绚的操行为世人所敬仰。"苦节"，这里指赵绚坚守节操。"冢宰"，指六卿之首，吏部尚书为冢宰。这里指赵绚担任过朝鲜吏曹判书。"文衡"，这里指赵绚担任过科举考试的主考官。朝鲜王朝中后期著名学者、诗人、文臣李瑞雨在《龙洲赵先生文集》序中赞誉："其文雄博而劲健，苍古而奇峭。或奔放直泻，波涛千里。或淋漓顿挫，崖岸万寻。凡下字作句，起伏将迎。抑扬伸缩之势，又与一时他名手有异焉，美哉其章奏乎。肫肫然其诚恳也，炳炳然其诚诲也。"[①]"肫肫"，诚恳，出自《礼记·中庸》："夫焉有所倚，肫肫其仁。""炳炳"，指文采鲜明。朝鲜王朝后期著名学者许薰在《书龙洲集抄录后》一文中也记载："先生之文章言论，简正博雅，高出古人也。……笔力遒劲，愈出愈奇。宏深汪洋，含蓄万变。如阅武库而戈戟森列，入大海而蛟龙跳跃，不可以正视。然其言皆典则切实，卒泽于道德仁义，非如索隐好诡者之故使难字，妆致险棘也。"[②] 两位著名学者均对赵绚的文章和诗作给予了很高的评价。

赵绚的《龙洲先生遗稿》中有多篇文章和多首诗歌谈到了徐福东渡，认为徐福到了朝鲜半岛南部和日本，并对此谈了自己的看法。朝鲜仁祖癸未年（1643），赵绚作为朝鲜通信副使随正使尹顺之出使日本，出使期间写有《东槎录》，记载了沿途在日本的见闻。

舟中走次滓溟排律，述马州地方风俗（节选）

> 卉衣虽自古，兀顶更惊侬。
> 女嫁唇含漆，童娇面彼秾。
> 屏珍金翡翠，褥诡绣芙蓉。
> 采药称徐福，描鹰说宋宗。[③]

---

① （朝鲜）李瑞雨：《松坡集》卷一一，《韩国文集丛刊·续集》第41辑，韩国首尔：景仁文化社，2007，第228页。

② （朝鲜）许薰：《舫山先生文集》卷一七，《韩国文集丛刊》第328辑，韩国首尔：景仁文化社，2004，第107页。

③ （朝鲜）赵绚：《龙洲先生遗稿》卷二三，《韩国文集丛刊》第90辑，韩国首尔：景仁文化社，1992，第425页。

此诗系作者与尹顺之的和答诗。"滓溟",即朝鲜通信使正使尹顺之,号滓溟。仁祖癸未年(1643)五月初路经对马岛时,赵䌹写有和答长诗《舟中走次滓溟排律,述马州地方风俗》。

"卉衣虽自古,兀顶更惊侬",意思说,日本对马岛的百姓虽然穿着古代的粗布衣服,但并不令人惊奇,使人惊奇的是他们留的高而上平发形。"卉衣",即卉服,原指草服。《后汉书·南蛮西南夷传赞》:"百蛮蠢居,仞彼方徼。镂体卉衣,凭深阻峭。"李贤注:"卉衣,草服也。"后泛指粗布衣。

"女嫁唇含漆,童娇面彼秾",意思说,对马岛的女孩出嫁时,嘴唇上要涂抹漆树脂涂料,儿童的脸上也涂抹着艳丽的色彩。"漆",这里指漆树脂涂料。"秾",这里指艳丽的色彩或华丽的装饰。

"屏珍金翡翠,褥诡绣芙蓉",意思说,女孩出嫁配送的扇屏是用黄金和翡翠装饰的,被褥上绣着芙蓉花。

"采药称徐福,描鹰说宋宗",意思说,对马岛采药的人说,当年徐福也在这里采过药,岛上绘画描鹰的人说,他们传承的也是中国宋代宗室画家的技法。这里主要强调了中国文化对日本对马岛的影响,从秦代徐福传承的采药延年益寿,到宋代的绘画书法艺术,无不对当地产生重要影响。这也说明,对马岛不仅是古代中日往来的重要通道,也是中日文化交流的重要场所。

赵䌹的诗歌说明,当时的日本对马岛,广泛流传着徐福东渡曾路经对马岛,并在这里采过仙药的传说。日本对马岛位于朝鲜海峡,是当年朝鲜半岛往来日本的重要海上通道,也是当年徐福东渡日本的必经之路。诗歌记载百姓的穿戴装束、女孩出嫁的习俗等,也是告诉人们,日本对马岛不仅仅盛传着徐福曾在这里采集过仙药,此地更是受到当年徐福东渡带来的中国秦朝文化的较深影响,这一点,在金世濂的诗歌中,更是明确地给予了说明。

赵䌹出使日本期间还写有《富士山》诗五首,其中第二首谈到了徐福东渡对日本富士山的影响。

富士山
其二

帝压东南地势倾,经营一柱半空撑。
万川不溢坤维壮,八海无偏鳌背平。

天下已知同阆圃，世人谩自说蓬瀛。

秦皇汉武求灵药，耳泯兹山象外名。①

此诗系作者于崇祯癸未年（1643）出使日本期间浏览富士山时所作，诗中提到日本富士山是当年"秦皇汉武"派方士"求灵药"的地方。

首联"帝压东南地势倾，经营一柱半空撑"，意思说，天帝使地势向东南方倾斜，使日本富士山像一个柱子一样支撑着天空。

颔联"万川不溢坤维壮，八海无偏鳌背平"，意思说，江河万川流入大海，大海却从不会满溢，使得富士山东南方向的大海更加波澜壮阔。富士山四方的大海没有偏斜的，海面都是平的。"万川不溢"，出自《庄子·秋水》："天下之水，莫大于海。万川归之，不知何时止而不盈。""坤维"，这里指南方或东南方。"八海"指四方之海。南朝梁陶弘景《水仙赋》："森漫八海，泫汩九河。""鳌背"，借指大海。这里仍是强调富士山凸出于海面之上。

颈联"天下已知同阆圃，世人谩自说蓬瀛"，意思说，天下人已经知道富士山如同一个高大的园圃，也有世人欺骗说，富士山就是当年秦始皇派徐福要寻找的海上仙山蓬莱和瀛洲。"阆"，《说文》"门高也"，门高大的样子。

尾联"秦皇汉武求灵药，耳泯兹山象外名"，意思说，当年秦始皇、汉武帝派方士寻找仙药，这里的人们也借机对外宣称说此处就是有仙药的仙山。"耳泯"，耳朵丧失听力，这里应指编造、传播虚假消息。"外名"，对外宣称。出自《魏书·李冲传》："高祖初谋南迁，恐众心恋旧，乃示为人举，因以胁定群情，外名南伐，其实迁也。"这里虽然没有提到徐福，但日本的史书和民间传说都记载，只有徐福及随从来到了日本富士山。所以，诗中提到的"说蓬瀛""求灵药"，均与徐福有关。

朝鲜光海君朝进士，光海君、仁祖时期官员、诗人金世濂，字道源，号东溟，赋诗说当年徐福一行曾在朝鲜半岛金刚山和镜湖一带采集过仙药。同时，金世濂也认为，徐福一行到了日本，并为日本的文化带来了重要影

---

① （朝鲜）赵䌹：《龙洲先生遗稿》卷二三，《韩国文集丛刊》第90辑，韩国首尔：景仁文化社，1992，第430页。

响。朝鲜仁祖十四年（1636），金世濂以通信副使身份奉命出使日本时，写有《海槎录》，其中记载："有熊野山权现守神者，徐福之神也。"日本熊野山一带，奉徐福为熊野山守护神，说明徐福在日本熊野山一带有着极大的影响。金世濂出使日本期间，还写有多首诗歌，其中也谈到了因徐福东渡日本，秦文化"遗俗"在日本的影响。

马岛十绝
其四

妖童彩服各相耽，五色花钿艳翠岚。
一自秦船留不返，至今遗俗重童男。①

《马岛十绝》共十首七绝，这是第四首，是金世濂出使期间路经日本对马岛时所作。

诗歌前两句"妖童彩服各相耽，五色花钿艳翠岚"，意思说，日本对马岛的美少年穿着彩色的衣服在尽情地玩耍，岛上妇女脸上艳丽的花钿即使笼罩在海岛的雾气中也很靓丽。"妖童"，这里指美少年。东汉末年仲长统《昌言·理乱》："妖童美妾，填乎绮室。""耽"，"耽乐"，沉溺于玩乐。"花钿"，古时女子脸上的一种花饰，以金、银制成花形，蔽于脸上。花钿在中国唐代最为流行。"翠岚"，本指山林中的雾气，这里指海岛上的雾气。

后两句"一自秦船留不返，至今遗俗重童男"，意思说，日本对马岛上的儿童之所以穿"彩服"，妇女之所以风行"花钿"，是因为中国秦朝徐福东渡的船只在这里留下没有回去，跟随徐福来的童男童女也在对马岛长大成人，并留下后代，一代代传承着中国秦朝的一些生活习俗，特别是重视儿童的穿戴和他们的成长。"一自"，自从的意思。唐代诗人杜甫《复愁》诗之五："一自风尘起，犹嗟行路难。""秦船"，这里指徐福一行乘坐的船只。"童男"，指随同徐福"入海求仙人"的童男童女。"秦船""童男"，均出自《史记·秦始皇本纪》："（秦始皇）遣徐福发童男女数千人，入海求仙人。"诗歌说明，当年徐福东渡路经的日本对马岛，仍然流传着中国秦代

---

① （朝鲜）金世濂：《东溟集》卷四，《韩国文集丛刊》第 95 辑，韩国首尔：景仁文化社，1992，第 173 页。

的一些习俗。这些习俗在徐福东渡一千八百多年后还在日本流传，足见徐福文化对日本的深远影响。

金世濂出使期间还作有《大阪诗》共十首，其中第二首提到了当年徐福东渡将中国秦朝时期的生活习俗带到了日本，所以日本"习俗类西秦"。

大阪诗
其二

仲雍或东入，徐福来伺日。

习俗类西秦，富者多侈佚。

与我接邻好，壤地亦已密。

冠盖共修聘，封疆各息卒。

奈何不自量，一朝成蚌鹬。

万代不共天，所仇惟秀吉。[①]

诗歌首句"仲雍或东入，徐福来伺日"，意思说，日本许多的文化习俗或许是吴国的君主仲雍传过来的，但更可能是当年徐福东渡时带到日本来的。"仲雍"，中国商代的吴国第二代君主，曾与其兄太伯从陕西渭水之滨迁居今江苏无锡、常熟一带，为融于当地百姓，断发文身，耕田自足，创建了吴国。前面提到，日本染齿、文身等习俗，是受到中国东南沿海吴越一带的此类习俗的影响，所以作者这里提到中国商代的吴国君主"仲雍"。

"习俗类西秦，富者多侈佚"，意思说，日本的许多习俗和日本西面的中国秦朝时期的习俗相似，富裕的有钱人多数生活奢侈，悠闲享乐。"佚"，同"逸"，安逸、逸乐。这也说明，当时（指作者出使日本时，相当于中国明末时期）的日本仍保留了不少中国秦代的"习俗"。

"与我接邻好，壤地亦已密"，意思说，日本曾与我们朝鲜结为友好的邻国（或邻居），各自的国土也互不侵占。"壤地"，土地、国土、领土。"密"，这里是亲密的意思。作者这里也是承接前句，说这样一种睦邻友好

---

① （朝鲜）金世濂：《东溟集》卷四，《韩国文集丛刊》第95辑，韩国首尔：景仁文化社，1992，第182页。

的关系，也是因为日本受到中国传统文化的影响，而这样的中国传统文化，应是当年徐福一行传到日本去的。

"冠盖共修聘，封疆各息卒"，意思说，日本曾与我们朝鲜友好相处，使者往来不断，各自的边疆祥和安宁，没有兵戈。"冠盖"，泛指官员的冠服和车乘，也指使者，《后汉书·章帝纪》："吾诏书数下，冠盖接道。""修聘"，古代诸侯国之间派遣使臣进行友好访问。

"奈何不自量，一朝成蚌鹬"，意思说，不知怎么了，日本竟不自量力，入侵朝鲜，日本与朝鲜成了蚌鹬相争的敌人。

"万代不共天，所仇惟秀吉"，日本成了朝鲜世世代代不能忘却的不共戴天的敌人，这一切的仇恨都是日本当时的当政者丰臣秀吉造成的。言外之意，不能怪罪日本的其他人。"秀吉"，指日本的关白（即内阁总理大臣）丰臣秀吉。丰臣秀吉于万历二十年（1592，朝鲜宣祖二十五年）调动日本全国的军力，大举入侵朝鲜，占领了朝鲜京都汉城（今首尔）和几乎朝鲜的全部国土。作者这里与前面提到的几位朝鲜王朝文臣所表达的观点是一致的，就是日本的丰臣秀吉背离了当年徐福带到日本的以邻为善的中国优秀文化，背弃了和平，与朝鲜和中国为敌。

金世濂出使日本期间创作的上述几首诗歌都说明，中国的明末时期，日本仍保留着中国秦朝时期的一些文化习俗，金世濂提到的日本"习俗类西秦""至今遗俗重童男"，同柳梦寅记载的"今日本，自秦时服中国余习"相一致，都说明当时的日本仍然受到徐福文化的深刻影响。

朝鲜光海君朝进士，著名诗人、书法家，光海君、仁祖朝官员李明汉，字天章，号白洲，历官弘文、艺文两馆大提学兼成均馆知事、吏曹判书、礼曹判书兼备局提调等职，谥号文靖，有《白洲集》传世。朝鲜王朝中期编纂的很有影响的诗歌总集《箕雅》收录李明汉诗歌"五绝二首、七绝一二首、五律三首、七律九首、五排一首、七排二首、五古一首、七古二首"①，由此可见李明汉的诗歌在朝鲜王朝时期的影响。李明汉写有诗歌《别通信书状》，其中谈到了徐福东渡在日本的影响。

---

① 赵季、张景昆：《〈箕雅〉五百诗人本事辑考》（下），人民文学出版社，2013，第956页。

别通信书状

仙槎初出紫薇垣，八月涛声满海门。

周礼职方何处尽，秦时遗迹此应存。

清风洒洒蒋卿幕，秋草萋萋徐福村。

想睹扶桑新系马，赤云堆里看朝暾。[①]

《别通信书状》是写给出使日本的朝鲜通信使团书状官的送别诗。

首联"仙槎初出紫薇垣，八月涛声满海门"，意思说，你这是第一次作为使者乘船出海离开朝鲜，八月风急浪涌，涛声震动海岸。"仙槎"，传说来往于海上和天河之间的竹筏，这里指朝鲜使臣乘坐的出使日本的航船。"紫薇垣"，本指皇宫，这里指朝鲜。"海门"，多指入海口，这里指海岸。

颔联"周礼职方何处尽，秦时遗迹此应存"，意思说，传到日本的中国"周礼"，即中国古代的治国方略、礼法等不知道什么时候在日本失传了，但中国秦文化的遗迹日本还是应该流传了下来。"周礼"，这里应指中国古代文献《周礼》中记载的通过官制来治国的方案，包括治国的方略、礼法等。"职方"，这里指版图、疆土。"周礼职方"，指中国先秦时期的文化所能传播的范围。

颈联"清风洒洒蒋卿幕，秋草萋萋徐福村"，意思说，清风连续不断地吹拂当年隐士居住的房屋，秋天萎黄的草木也年年出现在徐福村。"蒋卿"，应是笔误，这里应指晁卿，即晁衡。朝鲜王朝诗人在谈到徐福东渡日本时，常常将晁衡与徐福相提并论，认为二人都为将中华文化传播到日本做出了贡献。"幕"，这里代指居住的房屋。"萋萋"，形容衰落的样子。汉代王嫱（王昭君）《怨诗》："秋木萋萋，其叶萎黄。"作者这里主要是说明中国的文化还在日本传承，并希望出使日本的朝鲜使者应该去看看日本"徐福村"和"晁卿墓"，看看这两位将中国文化传到日本去的历史人物在日本的遗迹。

"想睹扶桑新系马，赤云堆里看朝暾"，意思说，我也想看一看日本有什么新的变化，看看日出之地日本朝霞中初升的红日。"朝暾"，指初升的太阳，亦指早晨的阳光。作者这里主要是说，日本在传承中国文化方面有

---

① （朝鲜）李明汉：《白洲集》卷八，《韩国文集丛刊》第 97 辑，韩国首尔：景仁文化社，1992，第 349 页。

什么新的变化。

李明汉在诗歌中主要说明，徐福东渡到了日本，并将中华文化传到了日本，徐福东渡一千八百多年后，日本还有"徐福村"，说明徐福文化在日本的影响源远流长。

朝鲜仁祖朝进士，仁祖、孝宗时期官员、诗人黄㦂，字子由，号漫浪，有《漫浪集》传世。黄㦂去世后，《朝鲜显宗实录》载，"（黄）㦂以文望见猜于时辈"，说黄㦂在写作方面在当时很有影响。与黄㦂同朝为官的朝鲜著名政治家、教育家、作家，官至朝鲜右议政的许穆在《漫浪集》序中记载："公少聪明绝人，大肆力于术艺。弱冠登大科，名誉蔚然。其始仕在仁祖世，方国家中兴，当时耆考诸学士，多在推许，新进才学公为第一云。……为文章，肆而不淫，丽而不媚，尤长于章奏。读其文，其人可知。善乎！使日本诗什、燕京十绝，亦其所操可知。"① 说黄㦂才华横溢，"名誉蔚然""才学公为第一"，出使日本和中国京都北京时创作的诗歌，在当时有较大影响。

黄㦂是朝鲜仁祖丙子年（1636）出使的日本，其间创作有五言古诗《入倭京和东溟连环诗体》十首，记叙了在日本京都及日本境内的观感，其中的第七首提到了徐福东渡到了日本，日本的许多风俗还保留着中国秦朝时期的一些特征。

入倭京和东溟连环诗体
其七（节选）

佛释果何人，自绝于天伦。

……

生发尽剃削，死骨付火薪。

皆言徐福来，遗俗不变秦。

秦俗岂皆然，桃源尚厚淳。

苟欲人其人，胡不加冠巾。②

---

① 见（朝鲜）黄㦂《漫浪集》，《韩国文集丛刊》第103辑，韩国首尔：景仁文化社，1993，第358页。

② （朝鲜）黄㦂：《漫浪集》卷二，《韩国文集丛刊》第103辑，韩国首尔：景仁文化社，1993，第389页。

《入倭京和东溟连环诗体》第七首主要表达了作者尊孔儒，贬道、佛的思想主张，这里节选的是首句和诗歌的最后部分。

首句“佛释果何人，自绝于天伦”，意思说，佛教的学说不符合自然规律和做人的伦理道德。

“生发尽剃削，死骨付火薪”，意思说，日本寺院里的和尚把头发都剃光了，去世后，尸骨放到柴火中火化。

“皆言徐福来，遗俗不变秦”，意思说，日本京都的人都说徐福来到这里，所以中国秦朝的风俗在日本流传至今。这里是说，日本寺院里的“生发尽剃削，死骨付火薪”这种风俗，来自中国，是当年徐福东渡带到日本来的。实际上，佛教的传播与徐福无关，徐福是方士，信奉的方仙道。佛教传到中国是西汉末年的事情，晚于徐福二百多年。

“秦俗岂皆然，桃源尚厚淳”，意思说，实际上中国秦朝的习俗不只是徐福传到日本的内容，中国秦代怡然自乐、民风敦厚的桃花源也是秦朝习俗的重要内容。“桃源”，即桃花源。晋代陶潜《桃花源记》记载，有一渔人从桃花林水源入一山间，见到了秦时避乱者的后裔居住在这里，“阡陌交通，鸡犬相闻”，“黄发垂髫，并怡然自乐”。后遂以“桃花源”比喻世间乐园，或避世隐居之地。这告诉我们，当时的日本不但确信徐福东渡到了日本，而且徐福带到日本去的中国秦朝时期的生活习俗及和睦相处的处事之道，仍在影响着日本社会。

“苟欲人其人，胡不加冠巾”，意思说，我们要把和尚、道士还俗为民，不要去做什么道士、和尚。“冠巾”，又称“小受戒”，行冠巾礼，是出家道人正式成为道人的仪式。作者这里主要是传承了唐代杰出哲学家、文学家韩愈的尊孔儒，贬道、佛的思想主张。“苟欲”，贪求，追求。“人其人”，把和尚、道士还俗为民，出自韩愈《原道》“人其人，火其书，庐其居”，意思说，要把和尚、道士还俗为民，烧掉佛经道书，把佛寺、道观变成民房。

我们这里摘录黄宲的诗歌，主要是为了说明中国明末时期，日本“皆言徐福来，遗俗不变秦”，徐福文化在日本有着很大影响，中国的传统习俗也是日本文化的重要组成部分。

黄宲出使日本之前，即接到出使日本的指令后，还写有诗歌《闻除命口占》，其中谈到了日本就是当年徐福东渡的目的地。

闻除命口占

上下神祇鉴此诚，东西南北任吾生。
童男女昔求仙地，大丈夫今杖节行。
未报君恩十三载，敢论鲸浪五千程。
为言海若休相戏，半世乘危不足惊。①

此诗是作者接到出使日本的诏令时所作。"除命"，指授官的诏令。

首联"上下神祇鉴此诚，东西南北任吾生"，意思说，上上下下的神灵都可以看到我对国家的一片赤诚，无论到天南海北什么地方，我都会全身心地为了国家付出。

颔联"童男女昔求仙地，大丈夫今杖节行"，意思说，日本是当年徐福带着童男童女求仙到达的地方，今天我们一行就要奉命出使日本了。这说明当年徐福东渡到了日本这一说法，已成为朝鲜王朝时期许多官员、文人的共识。

颈联"未报君恩十三载，敢论鲸浪五千程"，意思说，我受国王的恩典已经十三年了，哪里还敢议论说出使的路上要历经大海巨浪，要走上五千多里的航程。这首诗是作者丙子年（1636）接到出使日本的诏令时创作的，十三年前，作者甲子年（1624）"升进士，又登文科"②，入朝为官，到丙子年出使日本，其间正好是"十三载"。"鲸浪"，巨浪。

尾联"为言海若休相戏，半世乘危不足惊"，意思说，我只能说海神海若不要在航程中戏要我们，给我们带来逆风恶浪。我这个已度过半辈子的人即使遇上了危险，也不值得惊吓了。"海若"，古代中国传说中北海的海神，也泛指海神。"半世"，半生、半辈子。"乘危"，登上或踏上危险之地。

黄㦿出使日本期间，还写有和答诗《次权生记事韵录呈两使》，"两使"，指出使日本同行的朝鲜通信使正使任统、副使金世濂。和答诗中有

---

① （朝鲜）黄㦿：《漫浪集》卷四，《韩国文集丛刊》第 103 辑，韩国首尔：景仁文化社，1993，第 421 页。

② （朝鲜）李瀷：《星湖全集》卷六二，《韩国文集丛刊》第 200 辑，韩国首尔：景仁文化社，1997，第 55 页。

"徐福去不还，祖龙受欺卖"句①，说秦始皇派徐福到东海去采集仙药，可徐福来到日本，在日本居住下来没有回去，使得秦始皇受了欺骗。"祖龙"，指秦始皇。《史记·秦始皇本纪》记载，有人预言"今年祖龙死"，果然，秦始皇当年六月病死沙丘。作者这里再次认定当年徐福一行来到了日本，并在日本传播了中国的优秀文化。

朝鲜肃宗朝进士、官员朴泰汉，字乔佰，号正字，去世时年仅三十四岁，有《朴正字遗稿》传世。与朴泰汉同朝为官，官至景宗朝领议政的李光佐在《正字朴公遗事》记载："丁丑（1697）春，公答崔昆仑书，论立身为学之大方，且及自己哀苦之情。而义理洞然，文辞亦绝即送示余，而叹服之不已。"②"崔昆仑"，即朝鲜王朝著名学者、官员崔昌大。朴泰汉写有《闻通信使尹丈趾完还朝，奉寄》，其中谈到了徐福带到日本去的中国秦朝时期文化对日本的影响。

闻通信使尹丈趾完还朝，奉寄

商人时过鲁连海，秦火不延徐福墟。
虞夏文章得见否，江南消息问何如。③

此诗是朴泰汉写给出使日本归来的朝鲜通信使尹趾完的。"尹丈趾完"，即尹趾完，字叔麟，号东山，进士出身，肃宗朝官至右议政。肃宗壬戌年（1682）五月，朝鲜户曹参议的尹趾完以朝鲜通信正使身份率团出使日本，同年十月三十日回到朝鲜釜山，十一月十六日回朝复命。此诗创作时间应是尹趾完回到朝鲜京都汉城后。

诗歌前两句"商人时过鲁连海，秦火不延徐福墟"，意思说，中国战国时期鲁连提到的东海，已经成为商人往来的海上通道了。当年徐福渡过东海带到日本去的中国秦朝的文化在日本没有延续下来。"鲁连"，指鲁仲连，

---

① （朝鲜）黄㦿：《漫浪集》卷二，《韩国文集丛刊》第 103 辑，韩国首尔：景仁文化社，1993，第 383 页。
② 见（朝鲜）朴泰汉：《朴正字遗稿》，《韩国文集丛刊·续集》第 55 辑，韩国首尔：景仁文化社，2008，第 499 页。
③ （朝鲜）朴泰汉：《朴正字遗稿》卷一〇，《韩国文集丛刊·续集》第 55 辑，韩国首尔：景仁文化社，2008，第 357 页。

中国战国末期齐国人，一个兼有隐士、侠客特点的政治家，常周游各国排难解纷。秦军围赵都邯郸时，鲁连以利害劝说赵、魏大臣，阻止他们尊秦为帝："彼（秦昭王）即肆然称帝，（鲁）连有蹈东海而死耳！"鲁仲连还在破燕复齐的战争中为齐国出奇谋，立奇功，为光复齐国做出了重要贡献，齐王授予鲁仲连官位时，鲁仲连归隐于东海。鲁仲连事迹载《史记·鲁仲连邹阳列传第二十三》。"鲁连海"，指鲁仲连提到的"东海"，这里借指连接中朝（韩）日之间的大海。"徐福墟"，指当年徐福住过或活动过的地方。日本多地有徐福的传说，及徐福当年活动的地方，还有徐福的墓葬等，作者这里肯定了徐福曾到了日本。前面的诗歌也提到，当时的朝鲜官员、诗人多认为，日本好炫耀武力，并侵略了朝鲜，没有传承徐福带到日本去的与人为善、与邻友好的中华传统文化。当时的朝鲜常常以"小中华"自居，而认为日本没有传承徐福带去的中华优秀文化，这里有批判日本不能传承优秀传统文化的意思。但也同时说明，徐福将中国先秦时期的文化传到了日本，并开通了东亚海上航路，成为海上贸易的重要通道。

诗歌后两句"虞夏文章得见否，江南消息问何如"意思说，你们能见到徐福东渡时带到日本去的中国先秦时期的古书吗？你们回国后，路经汉江以南的地区有什么值得告诉我们的见闻吗？表达了作者急于了解出使日本的朝鲜官员在航海途中的情况，及在日本有关徐福的传说和影响，还有进入朝鲜境内后沿途的一些见闻。"虞夏"，指中国虞舜时期和夏代，这里指中国的先秦时期。"江南"，这里指朝鲜半岛汉江以南的地区，出使日本归来的朝鲜官员回朝途经朝鲜半岛南部地区。

朴泰汉的诗歌再次说明，当时的朝鲜文人、官员非常关注徐福东渡历史事件，关注徐福东渡在日本的影响，特别是中国先秦时期的文化对日本的影响。

朝鲜景宗、英祖朝官员金履万，字仲绥，号鹤皋，有《鹤皋集》传世。金履万为官尽职，为民尽责，与金履万同时期的著名哲学家李瀷撰写的《墓碣铭》记载，金履万为人"厚重端悫"，任职地方官员时，当地百姓"立碑颂惠"，退职回乡后，"讲课劝导，受益者多"[1]。"端悫"，正直诚实。

---

[1]（朝鲜）金履万：《鹤皋先生文集》卷一一，《韩国文集丛刊·续集》第65辑，韩国首尔：景仁文化社，2008，第236页。

金履万写有诗歌《见〈海槎录〉，述日本风土》，谈到了徐福东渡时将中国秦朝文化传到了日本，并且至今影响着日本社会。

见《海槎录》，述日本风土

徐福东来竟不还，秦时风俗至今传。

轻生尚气粗豪甚，重法无恩刻薄偏。

朱鸟影中舟万里，金鳌背上国千年。

也知寒燠东南别，花发枇杷十月天。①

"《海槎录》"，系出使日本的朝鲜官员金诚一撰写。金诚一，字士纯，号鹤峰，朝鲜宣祖朝进士，宣祖二十三年（1590）任朝鲜通信副使出使日本，沿途记载撰有《海槎录》。此诗是金履万在阅读金诚一的《海槎录》后创作。"述日本风土"，即讲述日本的风俗。

诗歌首联"徐福东来竟不还，秦时风俗至今传"，意思说，徐福东渡到了日本竟然不回去了，所以日本至今传承着中国秦朝时的风俗习惯。

颔联"轻生尚气粗豪甚，重法无恩刻薄偏"，意思说，许多日本人都崇尚气节，视死如归，性情豪爽；日本人重视法规，很少考虑人的情感因素。言外之意是，这些都与中国秦朝时的法制观念相同，是当年徐福东渡把秦朝的文化带到了日本，中国的秦朝文化给日本带来了巨大而深远的影响。

颈联"朱鸟影中舟万里，金鳌背上国千年"，意思说，当年徐福一行的楼船在朱鸟的引导下航行了万里才到达日本，在海中岛国日本建国也一千多年了。"朱鸟"，一名朱雀，中国古代传说的神鸟。《楚辞·惜誓》："飞朱鸟使先驱兮。"东汉王逸注："朱雀神鸟，为我先导。"古代军事家布阵，军旗画四种图形为标识，前方为朱鸟。《礼记·曲礼上》："行，前朱鸟而后玄武，左青龙而右白虎。""金鳌"，神话传说中的海中金色巨龟。唐代诗人王建《宫词》："蓬莱正殿压金鳌，红日初生碧海涛。"古诗词中也常比喻临水山丘，或岛屿。南宋陆游《平云亭》诗："满槛芳醪何处倾？金鳌背上得同行。"这里指日本。

尾联"也知寒燠东南别，花发枇杷十月天"，意思说，枇杷也知道各地

---

① （朝鲜）金履万：《鹤皋先生文集》卷六，《韩国文集丛刊·续集》第65辑，韩国首尔：景仁文化社，2008，第139页。

的天气变化和冷热情况，日本到了十月枇杷花就开了。这里主要照应颈联，写岁月流逝，时光变迁，但花开花落，寒暑依旧。作者诗中写"花发枇杷十月天"，应是金诚一的《海槎录》中有日本十月份枇杷开花的描述。"寒燠"，寒暑冷热。《汉书·天文志》："故日进为暑，退为寒。若日之南北失节，暑过而长为常寒，退而短为常燠。此寒燠之表也，故曰为寒暑。"

金履万在诗中主要表达了这样一个主题：徐福东渡到了日本，也把中国秦朝时期的文化传到了日本，虽然徐福东渡已经过去一千八九百年了，但徐福一行带到日本去的中国秦朝时期的文化，仍然对日本有着重要影响。

朝鲜英祖朝乙巳（1725）进士，英祖朝官员权万，字一甫，号江左。权万去世后，著名学者，时任朝鲜刑曹判书兼五卫都总府都总管丁范祖撰写的《行状》记载："公志高才逸，……于书无不读，而尤好读羲文、子思氏书。""为文章，信笔滔滔，有不可御之势。"① 说权万喜读书，有才华，说书、写文章，气势磅礴。"羲文"，指中国古代的伏羲氏和周文王，这里指羲文之《易》，即《易经》（《周易》），据传为周文王所作。"子思"，指孔伋，字子思，孔子的嫡孙。《史记·孔子世家》记载："子思作《中庸》。"《行状》还提到，权万应朝鲜英祖国王之命，为其讲解中国理学大家朱熹、吕祖谦的《近思录》，朝鲜英祖国王说："权万尽有识，以敷陈易文义观之。可知其多读书矣。"② 称赞权万讲解得很好，很有见识，读书很多。权万写有诗歌《送南弼善奉使之日本》，其中赞赏了徐福把中国先秦时期优秀文化传到了日本。

送南弼善奉使之日本
其四

博士藏随入海艘，徐生功比伏生高。
全书倘购先王旧，焉用区区锈齿刀。③

---

① （朝鲜）权万：《江左先生文集》卷一〇，《韩国文集丛刊》第209辑，韩国首尔：景仁文化社，1998，第272页。
② （朝鲜）权万：《江左先生文集》卷一〇，《韩国文集丛刊》第209辑，韩国首尔：景仁文化社，1998，第272页。
③ （朝鲜）权万：《江左先生文集》卷四，《韩国文集丛刊》第209辑，韩国首尔：景仁文化社，1998，第135页。

此诗是写给出使日本的朝鲜通信使官员的赠别诗。"南弼善",应指南泰耆,字洛叟,进士出身,英祖丁卯年(1747)以朝鲜通信副使身份出使日本。"弼善",朝鲜世子属官,正四品。《送南弼善奉使之日本》诗共四首,这是其中的第四首。

前两句意思说,当年徐福东渡时,有些博士为避免秦始皇的迫害,带着经书藏在徐福东渡的船里也到了日本,徐福的功劳比收藏经书的博士伏生大多了。"博士",中国古代掌通古今的官员,战国时期已设,秦朝时设博士70人,汉初沿置。汉武帝时,博士专掌儒学。"伏生",指中国秦朝曾为博士的伏生(伏胜)。《汉书·儒林传》记载:"伏生,济南人也。故为秦博士。孝文帝时,欲求能治《尚书》者,天下亡有,闻伏生治之,欲召。时伏生年九十余,老不能行,于是诏太常,使掌故朝错往受之。秦时焚《书》,伏生壁藏之。其后大兵起,流亡。汉定,伏生求其《书》,亡数十篇,独得二十九篇,即以教于齐、鲁之间。齐学者由此颇能言《尚书》。"这里应是说,徐福东渡时,把中国先秦时期的许多经典带到了日本,而伏生只是保存了《尚书》"数十篇"。

后两句意思说,你们到了日本,如果能购买到徐福当年带到日本去的全部书籍,这也是过去的先王们使用的典章,治理国家,怎么能使用生了锈的刀剑呢?"先王旧",指先王旧典。

权万的诗歌除肯定徐福东渡到了日本外,还大力赞赏了徐福为传播中华优秀文化所做的贡献。权万在诗歌中还表达了这样的观点,即治理国家靠的是优秀文化,而不是刀剑。徐福传到日本去的中国先秦时期的优秀文化,主要指儒家文化,是治理国家的宝典,日本的先王们曾依仗这些文化治理过国家。

朝鲜王朝后期著名学者、实学家朴齐家,字次修、修其、在先,号楚亭、贞蕤,有《贞蕤阁集》传世。为《贞蕤阁集》写序的有当时朝鲜著名文献学家李德懋,著名文学家朴趾源,中国乾隆年间进士、文学评论家李调元,乾隆年间进士、著名文学评论家潘庭筠,乾隆年间著名藏书家、校勘家陈鳣。这些当时在中朝两国都有影响的学者为《贞蕤阁集》写序,足见朴齐家在当时中朝两国的学术地位及其影响。李德懋在《贞蕤阁集·序》中说:"(朴楚亭)其为文词,有如粲如星光如贝气如蛟宫之水焉,有如黯如屯云如久阴如枯腐如熬燥之色焉,有如春阳如华川者焉。透透迤迤,有如海运震怒动荡，怪异百出者焉。岂非天下之奇文哉！"① 朴齐家也是当时朝鲜有影响的诗人，其诗作也曾在中国清代文坛中产生了重要影响。

朴齐家在自己的诗作中也提到了徐福东渡，其中也写了徐福东渡对日本的影响，如在长诗《日本芳野图屏风歌》中最后部分写道：

> 徂徕茂卿振风雅，淡海蕉中盛莲社。
>
> 自从万历议封贡，百年文物通辰马。
>
> 讵但繁华雄百蛮，颇怜制度能周官。
>
> 长歌拟续职方纪，徐市一去秋漫漫。②

"徂徕茂卿振风雅，淡海蕉中盛莲社"，意思说，日本高山上生长着的茂密的大树，展现了雄伟高雅的形态，大湖中的莲花（荷花）也正在成片地盛开。"徂徕"，指生长栋梁之材的大山，语出《诗经·鲁颂·閟宫》："徂来之松，新甫之柏。是断是度，是寻是尺。"③ "淡海"，这里指面积较大的湖泊。

"自从万历议封贡，百年文物通辰马"，意思说，自从明朝万历年间日本军队被赶出朝鲜以后，一百多年来，朝鲜与日本可以平等地往来，并开展文化交流了。"万历议封贡"，指万历壬辰战争期间，日本与明朝停战和谈，实际上是日本以假和谈的名义积蓄力量准备再次侵略朝鲜，最后在中朝联军的反击下，日本军队被迫退出朝鲜半岛。"辰马"，指朝鲜半岛南部，今韩国一带的辰韩、马韩，这里应指当时的朝鲜。

"讵但繁华雄百蛮，颇怜制度能周官"，意思说，日本曾经很繁华强大，可以在日本周边的国家中称雄，这是因为日本学习了《周官》，对国家治理及官员的管理形成了制度。"百蛮"，本是对中国中原地区周边少数民族的总称，这里指日本周边的国家。"周官"，这里指《周官》，出自《尚书·周

---

① 见（朝鲜）朴齐家《贞蕤阁集》，《韩国文集丛刊》第 261 辑，韩国首尔：景仁文化社，2001，第 441 页。

② （朝鲜）朴齐家：《贞蕤阁集·贞蕤阁二集》，《韩国文集丛刊》第 261 辑，韩国首尔：景仁文化社，2001，第 506 页。

③ 张明林编《四书五经·第二卷·诗经》，中央民族大学出版社，2002，第 138 页。

书·周官》：“成王既黜殷命，灭淮夷，还归在丰，作《周官》。”① 《周官》记叙的主要内容是中国西周时期周成王如何管理治事的官员。作者这里提到日本用《周官》中的制度来治理官员，是为下句，也是为全诗的最后一句做铺垫的。

“长歌拟续职方纪，徐市一去秋漫漫”，是全诗的尾句，意思说，我之所以作长诗来叙说日本官员的治理情况，是因为当年徐福把中国管理官员的制度传到了日本，虽说现在离徐福的年代已经很久远了，但徐福带到日本的管理官员的制度还在发挥着作用。作者这里也是强调，日本之所以能够繁华强大，“繁华雄百蛮”，应该与当年的徐福是有关系的。“职方”，古代官名，辅佐天子的主管之官，出自《礼记·曲礼下》：“五官之长曰伯，是职方。其摈于天子也，曰‘天子之吏。’”② 这里有管理官员的意思。

作者在《临东海》一诗中还有这样的诗句：“深浅何能目力求，风霆百怪滀为幽。虾夷列传无三史，徐市人烟外九州。此岸吾当观日出，今行恨未值鲸游。”③ “虾夷”，这里代指古代日本。日本北海道旧称虾夷。“九州”，这里指中国。《尚书·禹贡》记载“禹别九州”④，即当时的中国分为冀州、兖州、青州、徐州、扬州、荆州、豫州、梁州、雍州九个州，后以“九州”泛指全中国。诗句意思说，大海深不见底，眼睛是看不到它的深浅的，大海的狂风、雷暴和各式各样的海怪积聚在一起，显得更加神秘莫测。日本的虾夷在史书中是没有记载的，但徐福东渡远离中国，到了没有人烟的荒漠之地，史书是有记载的。结合作者在《日本芳野图屏风歌》中提到的“长歌拟续职方纪”，这里也应该有开发日本没有人烟的荒漠之地之意。诗句还说，我在海岸遥望太阳从日出之地升起，恨不能像鲸鱼一样畅游大洋。言外之意是，作者也想像当年徐福东渡一样，到日出之地的日本去。同作者在《日本芳野图屏风歌》中表述的观点一样：徐福东渡日本应该是真实的，徐福为开发日本、帮助日本脱离愚昧时代做出了贡献。

---

① 张明林编《四书五经·第三卷·尚书》，中央民族大学出版社，2002，第119页。
② 张明林编《四书五经·第四卷·礼记》，中央民族大学出版社，2002，第19页。
③ （朝鲜）朴齐家：《贞蕤阁集·贞蕤阁初集》，《韩国文集丛刊》第261辑，韩国首尔：景仁文化社，2001，第454页。
④ 张明林编《四书五经》第三卷，中央民族大学出版社，2002，第24页。

朝鲜王朝末期著名诗人、进士赵秀三，字芝园、子翼，号秋斋等，有《秋斋集》传世。赵秀三曾多次随朝鲜使团出使中国，赵秀三的诗作，在当时的中朝两国都很有影响，"为晓岚、船山诸名辈所推重"①，即得到了清朝著名文人纪晓岚、王船山（王夫之）的赞赏。赵秀三的诗歌结集在《秋斋集》中，其中有多首诗歌写到了徐福，在《日本》一诗中，还写到了徐福东渡在日本的影响。

日本

日本在朝鲜东南海中，相传秦始皇时，方士徐市请五百童男女，求不死药。阴以五谷百工随之，入海得大野平原，止王焉。地多藤、橘，故仍以平、原、藤、橘赐土姓。隋开皇中，遣使入聘，其书云日出处天子致书日没处天子无恙云云。至明万历中，有平秀吉，欲伐中国，先侵朝鲜。李如松、杨镐、骆尚志等御之。会秀吉死矣，遂使朝鲜讲和。后复入侵闽海，今犹不入版籍。自长崎岛通贩于杭州。其地潴屿硗确，其俗好斗哄，怒辄戕命。人带二剑，曰公曰私。公剑则非临阵不拔。其法甚峻，尚多秦旧。妇人漆齿为容，见尊人脱屐叩头而敬礼为恭。民家皆二层为间，官府至有五层者。种薯而食，织橘而衣者半之。待客馔饭皆洒金。其语天为唆喇，地为只，日为非禄，月为读急。山川则寿安镇国山、阿苏山、日光山。物产如意、宝珠、青玉砚、细绢、漆器、鲣节、良剑、金桃。

长养臣民五百童，还从鳌背起金宫。

山头无限春风草，尚在秦皇醉梦中。

三岛五畿六百州，二层民户五层楼。

尺寸镜磨□山殿，公私剑出萨摩洲。

文身漆齿女为容，脱屐叩头恭应命。

嫩土甘薯洒金饭，平原藤橘四尊姓。②

① 见（朝鲜）赵秀三《秋斋集·题辞》，《韩国文集丛刊》第 271 辑，韩国首尔：景仁文化社，2001，第 345 页。

② （朝鲜）赵秀三：《秋斋集》卷七，《韩国文集丛刊》第 271 辑，韩国首尔：景仁文化社，2001，第 494 页。

《日本》诗写了一段较长的序言，序言的内容对诗句做了说明，所以，对理解诗词的含义很有帮助。

诗序说，徐福一行东渡到了日本，"得大野平原，止王焉"，找到了一大片平原居住下来。因为这一带"地多藤、橘"，生长着许多藤和橘树，又地处大平原，"故仍以平、原、藤、橘赐土姓"，所以，随徐福东渡的童男童女及其他人员分别被赐予"平、原、藤、橘"四个姓氏。作者在这里也是暗示说，日本古代四大豪族"源平藤橘"，即源氏、平氏、藤氏、橘氏应是随徐福东渡的童男童女等人的后裔。正是因为徐福当年在日出扶桑之地日本称王，中国隋朝开皇年间（581~600），日本派使者到中国访问，其公文上还写有"日出处天子致书日没处天子无恙云云"，自称日出之地，中国是日没之地。作者借用《隋书》中的一段史料，是为了说明隋朝时，日本国王自称是"日出处天子"，而把中国皇帝称为"日没处天子"，是缘于当年徐福在日本称王。这段史料载《隋书·东夷·倭国》："开皇二十年（600），……（倭国）使者言倭王以天为兄，以日为弟"，"大业三年（607），其王多利思北孤遣使朝贡。……其国书曰'日出处天子至书日没处天子无恙'云云。帝览之不悦。"[①] 诗序还提到，明朝万历年间，日本的执政者平秀吉（指丰臣秀吉）为了侵略中国，先侵占了朝鲜，万历朝廷派出了明军将领"李如松、杨镐、骆尚志等"，赴朝参战，因丰臣秀吉去世，日本被迫与明军讲和，日军退出朝鲜半岛。又有倭寇"入侵闽海"，骚扰中国福建沿海一带，因为这些原因，中国中断了与日本的官方往来，只是有"长崎岛通贩于杭州"，日本长崎与中国的杭州有贸易上的往来。作者这里提到这样一段中日不友好的交往史，是在批评丰臣秀吉等人违背了当年徐福东渡在日本建国的初衷，没有传承中日文化交流、友好往来的传统。诗序还说，日本"瀠屿硗确"，海岸的礁石坚硬，"其俗好斗哄"，有与人争吵的习俗，发起怒来甚至可以拼命。日本人尚武，"人带二剑，曰公曰私"，身上带着两把剑，一把称"公剑"，一把称"私剑"，公剑"非临阵不拔"，只有列阵打仗时才使用。而且制度规定严厉苛刻，许多都是当年中国秦朝的传统。作者这里也是说，日本的许多制度，还是当年徐福从中国带过来的，至今还在日本传承。诗序还记载，"妇人漆齿为容，见尊人脱屦叩头而敬礼为恭"，说日本妇女以漆

---

① （唐）魏征主编《隋书·列传第四十六东夷·倭国》，中华书局，2000，第1225~1226页。

齿为美，见到她值得尊敬的人，脱掉鞋子磕头以示恭敬从命。普通百姓的民居多为二层，但官府的房子有五层高的。多数的百姓依靠种植谷物和薯类生存，但也有种植橘树和织布来维持生计的，但招待客人时，为表达敬意在饭菜里洒上金屑。这应是当时日本富裕家庭或官府的待客方式，朝鲜宣祖甲午年（1594），有朝鲜僧人到日本，"至倭京入倭宫，宫阙极奢丽，庭铺屖甲。使行拜礼，仍赐坐，……馈以食物一大盘，盘中所列，皆洒金屑"①。说明当时日本皇宫待客食物也"皆洒金屑"。诗序还记载了当时日本人的语音和物产。

诗句"长养臣民五百童，还从鳌背起金宫"，说徐福乘船渡过大海来到日本，在这里建起了的自己的王宫，并抚育培养了他带去的五百童男童女。"长养"，抚育培养。"鳌背"，借指大海。"金宫"，指王宫，这里借指国家。

"山头无限春风草，尚在秦皇醉梦中"，说徐福在日本占山为王，春风得意，可秦始皇还如醉如梦，等着徐福带回仙药呢。

"三岛五畿六百州，二层民户五层楼"，说日本有三个大岛，五畿六百个州，民居多为二层的楼房，官府还有高达五层的。"三岛"，指日本的本州岛、四国岛、九州岛。"五畿六百州"，指古代日本的行政区划。

"尺寸镜磨□山殿，公私剑出萨摩洲"，说日本□山殿里有一尺多长的镜磨，成年男人带公、私二剑的习俗始于萨摩洲。"萨摩洲"，指日本古代萨摩国，也称萨摩藩，活跃在日本九州岛的西南方，今属鹿儿岛县，这里应是徐福东渡日本的主要通道和落脚之地。古代日本盛行尚武之风，也是诗序中提到的日本"尚多秦旧"的内容之一。

"文身漆齿女为容，脱屦叩头恭应命"，此内容在诗序已经提到，说日本女人以文身、漆齿为美，见到尊贵的客人要脱掉鞋子叩头敬礼以示恭敬从命。作者在序言中之中说这些习俗乃"秦旧"，是中国秦朝时的风俗习惯，也等于说，这是当年徐福东渡带到日本来的，至今还在日本传承。

"嫩土甘薯洒金饭，平原藤橘四尊姓"，此内容在诗序中也提到，说日本人招待客人的饭菜有新鲜的甘薯和洒金饭，日本"平、源、藤、橘"四

---

① （朝鲜）金寿增：《谷云集》卷六，《韩国文集丛刊》第 125 辑，韩国首尔：景仁文化社，1994，第 250 页。

个姓氏的祖先应是徐福一行人的后裔。"甘薯"，俗称的"地瓜"。

作者在诗序和诗句中都在反复强调，日本的许多习俗"尚多秦旧"，无论是女子"文身漆齿"的扮相习俗，还是"脱屣叩头""待客馔饭皆洒金"的敬客待客之道，包括日本"其法甚峻"的尚武之风，都有着当年中国秦朝文化的烙印，都应该是与徐福东渡日本有关。作者还提出了自己的观点，说日本古代四大豪族源氏、平氏、藤氏、橘氏应是随徐福东渡的随从及童男童女等人的后裔。作者的上述观点，虽说需要更多的史料来支撑，但日本上千年来浓郁的徐福文化，和许多人自称是徐福及随从人员与童男童女的后人，都为作者展开丰富的想象奠定了基础。

第五节 徐福文化"异百世之流芳"

徐福东渡是否到了日本，虽然至今仍是学界争论的话题，但日本至今仍有人自称是徐福或徐福随从，或徐福带到日本的童男童女的后裔，之所以有这样的情况，是因为在六七百年前的日本，就有人自称是东渡到日本的徐福等人的后人了。通过高丽时期、朝鲜王朝的官员、文人的记载，千百年来，徐福在日本的形象，都是正面的，日本不少地方都有古老的徐福庙、徐福祠，世世代代的祭祀纪念徐福，如朝鲜中期著名文臣、文章大家南龙翼在《徐福墓赋》中赞扬徐福"异百世之流芳"①。

一 金宗直与《送日本蔺上人，又三首》

朝鲜端宗癸酉（1453）进士，端宗至成宗朝官员，著名的学者、诗人金宗直，字季昷、孝盥，号占毕，历官朝鲜咸阳郡守、善山府使、承政院都承旨、全罗道观察使、刑曹判书、中枢府知事等职，谥号文忠，后改谥文简，有《占毕斋集》传世。时任朝鲜知中枢府事兼弘文馆大提学、艺文馆大提学、知春秋馆、成均馆事洪贵达撰写的《刑曹判书兼同知成均馆事谥文简金公神道碑铭》记载："（金宗直）行为人表。学为人师。华国有万丈文光。临民有去后遗爱。……出为咸阳郡守，其治以兴学校育人才为本，

---

① （朝鲜）南龙翼：《壶谷集》卷一二，《韩国文集丛刊》第131辑，韩国首尔：景仁文化社，1994，第260页。

兴除利病，安民和众为务，政成为岭南第一。"[①] 史评"金占毕宗直以学业文章为一世所宗"[②]，明代万历年间编的《朝鲜诗选》收录金宗直诗九首，朝鲜王朝中期编纂的诗歌总集《箕雅》收录金宗直诗"七绝二首、五律六首、七律一二首、五排一首、五古五首、七古九首"[③]，清代编纂的《御选明诗》《明诗综》中均收有金宗直的诗作。可见金宗直在当时的地位和影响。

金宗直在创作的《送日本蔺上人，又三首》诗中，谈到了当时的日本有纪念徐福的"徐福祠"，日本有许多人是徐福或徐福渡海带过去的人员的后裔。

送日本蔺上人，又三首

不二门中早策勋，扶桑学道孰如君。
迩来脚踏人间世，还向松窗管白云。

海云台下浮天浸，徐福祠前落木风。
记得千寻鳌背泊，金鸡初叫日轮红。

海中都是羽人家，员峤方壶取次过。
遥忆夜禅商榷处，一瓶秋水自煎茶。[④]

此诗是作者写给日本道人蔺上人的，作者先赋诗一首，因诗兴未尽，在原诗的基础上，又加作了三首诗，即本书选录的这三首诗。"上人"，指道德高尚或道行高深的人。

第一首诗的前两句"不二门中早策勋，扶桑学道孰如君"，意思说，从朝鲜回国的日本道人蔺上人很早就入道门了，并且道行高深。在日本的道人中，很少有比得上蔺上人的。"不二门"，指道的唯一门径。"策勋"，将

---

① （朝鲜）洪贵达：《虚白亭文集》卷三，《韩国文集丛刊》第 14 辑，韩国首尔：景仁文化社，1988，第 93~94 页。
② 赵季、张景昆：《〈箕雅〉五百诗人本事辑考》（上），人民文学出版社，2013，第 277 页。
③ 赵季、张景昆：《〈箕雅〉五百诗人本事辑考》（上），人民文学出版社，2013，第 277 页。
④ （朝鲜）金宗直：《占毕斋集》卷六，《韩国文集丛刊》第 12 辑，韩国首尔：景仁文化社，1990，第 258 页。

功勋记于策书之上，这里指日本道人蔺上人道行高深。

后两句"迩来脚踏人间世，还向松窗管白云"，意思说，日本道人蔺上人本来是脱离凡尘的，但近来也与人们有了诸多的交往，而且还常在道院或书斋过问凡尘之事。"迩来"，近来。"松窗"，临松之窗，多指别墅或书斋。"管白云"，这里指过问、管辖人间之事。唐代著名诗人白居易《和钱华州题少华清光绝句》有"高情雅韵三峰守，主领清光管白云"句。

第二首诗的前两句"海云台下浮天浸，徐福祠前落木风"，意思说，你（指日本道人蔺上人）就要从海云台起航回到东边海天相连的日本了，到了日本，你会在徐福祠前看到被秋风吹下的落叶。"海云台"，在今韩国釜山东北约18公里临海处，原为新罗国时代末期所建。"海云台"与日本对马岛隔海相望，既是当时朝鲜半岛与日本往来的重要口岸，也是当年徐福东渡日本的重要通道。"落木"，指落叶。唐代著名诗人杜甫《登高》诗有"无边落木萧萧下，不尽长江滚滚来"句。这里也明确告诉我们，当时的日本有着名气很高的"徐福祠"。

后两句"记得千寻鳌背泊，金鸡初叫日轮红"，意思说，我还记得在清晨时刻，我们一起面对着东方的大海欣赏海中红日冉冉升起的情景。"千寻鳌背泊"，应是借用了唐代著名诗人刘禹锡《送源中丞充新罗册立使》诗中"烟开鳌背千寻碧，日凉鲸波万顷金"句。古代八尺为一寻，"千寻"，这里形容大海极大。"鳌"，海中的大龟或大鳖，传说东海中有巨鳌驮着的三座仙山，即蓬莱、方丈、瀛洲。"鳌背"，这里借指大海。"日轮"，多指初生的太阳。《列子·汤问》："日初出，大如车盖（轮）"。唐代著名文学家韩愈《送惠师》诗："夜半起下视，溟波衔日轮"。

第三首诗的前两句"海中都是羽人家，员峤方壶取次过"，意思说，日本有许多学道的人家，是当年方士徐福一行人的后裔。你归国去日本的航道，也是当年徐福东渡寻找海上仙山的航路。"羽人"，学道成仙的人，这里应指徐福。"羽人家"，成道成仙的人家，这里应指徐福或徐福随从的后裔。"员峤方壶"，指海上神山员峤山（也称圆峤山）、方壶山（又名方丈山）。这里借指徐福一行当年寻找的海上神山。

后两句"遥忆夜禅商榷处，一瓶秋水自煎茶"，意思说，我想起很久之前我们在禅房里夜谈的情景，品着用秋水煎煮的香茶，谈论着包括徐福东渡在内的一些事情。

金宗直的诗歌再次说明，当时的日本不仅有"徐福祠"，还有许多人是徐福或徐福渡海带过去的人员的后裔，日本人仍在纪念徐福，徐福文化在当时的日本仍有较大影响。诗歌也说明，无论是朝鲜的官员、著名文人，还是日本的高僧，他们都很关注"徐福祠"，其不仅是他们经常谈论的话题，也是他们向往的圣地。

二　日本百姓供奉、祭拜徐福

朝鲜燕山君朝辛酉（1501）进士，朝鲜燕山君、中宗朝官员朴祥，字昌世，历官朝鲜韩山郡守、弘文馆应教、尚州牧使、忠州牧使、罗州牧使等职。朴祥以正直敢言闻名朝中，也因此险些被二次罢官，有《讷斋集》传世。朝鲜肃宗朝状元，历官朝鲜弘文馆、艺文馆两馆大提学的著名文学家金昌协，于甲戌（1694）九月撰写的《讷斋先生集》跋评价朴祥说："其文章，尤奫崛瑰奇绝世，……可以俟百世而不惑矣。"① 说朴祥撰写的文章，既有深度，内容丰富，又有高度，站得高看得远，是非常珍贵的再难以见到的好文章，即使过去若干年，这样的文章仍然会对后人有教育和启迪意义。作为一代文章大家的金昌协在朴祥去世一百六十多年后，仍给予这样高的评价，也可见朴祥文章的影响。

朴祥写有《享席，次日本国使僧太原韵》，也提到了日本有"徐福祠"。

享席，次日本国使僧太原韵

徐福祠前树欲红，归帆鲸驿趁金风。

君王不薄交邻义，别路开尊答远忠。②

此诗为朴祥写给回国的日本使者僧人太原的送别诗。"享席"，享受宴席，说明此诗是在送别的宴席上所作。

---

① 见（朝鲜）朴祥《讷斋先生集》，《韩国文集丛刊》第 19 辑，韩国首尔：景仁文化社，1988，第 107 页。

② （朝鲜）朴祥：《讷斋先生集》卷四，《韩国文集丛刊》第 19 辑，韩国首尔：景仁文化社，1988，第 499 页。

前两句"徐福祠前树欲红，归帆鲸驿趁金风"，意思说，日本徐福祠前的枫叶就快要变红了，你们乘坐返程的船只，沿途会有凉爽的秋风相伴。"归帆"，返程时乘坐的船只。"鲸驿"，这里指航海途中的船只停泊的地方。"金风"，秋风。古人认为，西方为秋而主金，故秋风曰金风，或西风。

后两句"君王不薄交邻义，别路开尊答远忠"，意思说，我们朝鲜国王为了与邻国交好，对你们的接待很重视，很盛情，所以在你们踏上归途之前举杯饮酒欢送远来的朋友。"不薄"，这里是盛情的意思。"别路"，离别的道路。"开尊"，即开樽，举杯饮酒。"远忠"，远来的朋友。

朝鲜宣祖朝进士，宣祖、光海君、仁祖朝官员、诗人金止男，字子定，号龙溪，有《龙溪遗稿》传世。朝鲜王朝中期诗人，吏曹判书赵绚撰写的《监司龙溪金公墓志铭》也记载："公之文学词章，拔出流辈，与娣子月沙李相不相上下。取科第踵相蹑，声名大噪。至其仕路瞠若乎相公之后，人或叹公蹇连。及乎戊申以后，名位陡盛。……公所著诗文千有余篇。"[1] "月沙李相"，指李廷龟，字圣微，号月沙，朝鲜王朝中期著名学者、诗人，官至右议政。朝鲜进士出身，春秋馆修撰官郑斗卿撰写的《金公墓碣铭》也记载："公文章富博清健，所著诗文及小史、小说、内学、左史节要等书传于世。"[2] 这都说明，金止男的文章、诗文在当时很有影响。金止男分别于壬寅（1602）以谢恩使书状官，丙辰（1616）以谢恩副使出使北京。

金止男的《龙溪遗稿》中有多篇诗歌提到徐福带着童男童女去了日本。

辛持宪启荣赴日本，席上走笔以赠之

曾闻徐氏子，于此避狂秦。
借问童男女，今添几个人。
青山随处在，黑齿讵堪邻。
古庙今应过，君须为我嗔。[3]

---

① （朝鲜）赵绚：《龙洲先生遗稿》卷一四，《韩国文集丛刊》第90辑，韩国首尔：景仁文化社，1992，第254页。

② 见（朝鲜）金止男《龙溪遗稿》，《韩国文集丛刊·续集》第11辑，韩国首尔：景仁文化社，2006，第23页。

③ （朝鲜）金止男：《龙溪遗稿》卷四，《韩国文集丛刊·续集》第11辑，韩国首尔：景仁文化社，2006，第83页。

此诗应作于 1624 年，朝鲜官员辛持宪以回答从事官身份出使日本，作者在送别的宴席上提笔写诗赠给辛持宪。诗歌内容是嘱咐辛持宪到了日本后，路过徐福古庙的时候，了解一下徐福及其随从后人的情况。

首联"曾闻徐氏子，于此避狂秦"，意思说，曾经传闻徐福一行为了躲避秦始皇的暴虐，来到了日本。"徐氏子"，这里指徐福一行。

颔联"借问童男女，今添几个人"，意思说，你们到了日本后，了解一下徐福和他带到日本去的童男童女后人的情况，现在有多少人生活在日本。

颈联"青山随处在，黑齿讵堪邻"，意思说，世上到处都有青山适合人类居住，徐福应是到了日本，怎能会到很远的地方和黑齿人做邻居呢？"黑齿"，这里指黑齿国的人。"黑齿国"，《后汉书·东夷列传》记载："自（倭）女王国南四千余里至朱儒国，人长三四尺。至朱儒东南行船一年，至裸国、黑齿国，使驿所传，极于此矣。"倭女王国在日本九州岛，九州岛之南四千里应是菲律宾，菲律宾东南是印度尼西亚东部的岛国。依《后汉书·东夷列传》记载，黑齿国应在菲律宾东南，今印度尼西亚东部的岛国。作者这里主要是肯定徐福东渡到了日本定居了下来，不可能再继续航行到黑齿国那么远的地方去。

尾联"古庙今应过，君须为我嗔"，意思说，去日本应该是路经徐福庙的，你们到了徐福庙后，帮我了解一下情况吧。"嗔"，《说文》同"阗"，这里应是宾客阗门的意思。

日本多地有纪念徐福的"徐福祠"或"徐福庙"、"徐福寺"，除日本京都、九州岛、本州岛的富士山下、熊野山下外，日本对马岛也有"徐福寺"。

朝鲜宣祖朝进士，宣祖、光海君时期官员黄慎，字思叔，号秋浦，官至朝鲜工曹判书、户曹判书，谥号文敏，有《秋浦集》传世。朝鲜王朝中期著名学者、官至肃宗朝右议政的金锡胄撰写的《秋浦集》序记载："（《秋浦集》）篇篇有奇气，无一语蹈前人辙迹。……先生之义烈精神，所质之以鬼神，证之以天地者，此可以传之千古，无所磨灭。"[1]

朝鲜宣祖二十九年（1596）秋，黄慎以朝鲜通信使正使身份出使日本，出使期间，将在日本的活动情况和所见所闻记录下来，结集于《日本往还

---

① 见（朝鲜）黄慎《秋浦集》，《韩国文集丛刊》第 65 辑，韩国首尔：景仁文化社，1991，第 577 页。

日记》中，其中八月初八日写道："夕抵对马岛之西浦。……浦中人居不甚多，泊船处稍平阔。正使昏乘轿登徐福寺而宿。同寺俯临大洋，累石为磴，以板为屋，居僧仅数十人。"[①] 当时日本对马岛有"徐福寺"，而且徐福寺有僧人"数十人"，这说明，徐福东渡对日本对马岛也有很大影响，徐福东渡一千八百多年之后，对马岛的居民仍在纪念徐福。徐福寺有僧人"数十人"，黄慎却认为"居僧仅数十人"，僧人数量太少了。显然，在作者的心目中，作为徐福东渡日本的必经之路的对马岛，徐福寺的僧人应该更多些。还有一种可能，就是对马岛徐福寺规模较大，"居僧仅数十人"，难以管理规模较大的寺庙。

朝鲜宣祖三十年（1597）进士，宣祖、光海君朝官员、诗人梁庆遇字子渐，号霁湖、点易斋、蓼汀、泰岩，有《霁湖集》传世。《朝鲜正祖实录》载："此人（指梁庆遇）倡议先于赠领相高敬命，勇断优于忠武公李舜臣，而杀身危忠与二人同归。一阅遗集，英爽勃发，如见其马上讨贼，下马草檄之状。……梁庆遇，忠勇劲直，政是肖子。文章、笔翰，犹属余事。况弃官于戊子，逊迹于癸亥，节义圆全，岂或泯然？加赠一阶，其所著《霁湖集》，一体印进。""高敬命"，抗击日本入侵朝鲜的民族英雄，曾发布檄文，组织义兵，并重创日军。"李舜臣"，抗击日本入侵的朝鲜名将，曾数次成功阻击入侵的日军，后在战场中阵亡，谥号忠武，追赠领议政。在梁庆遇去世一百多年之后，朝鲜王室对梁庆遇在抗击日本入侵朝鲜期间的表现给予较高评价，可与高敬命、李舜臣两位民族英雄相提并论，同时，对梁庆遇的文章也给予了很高的评价，并刊印宣传，既说明了梁庆遇百年之后在朝鲜半岛仍有着较大的影响力，也说明了梁庆遇的爱国精神、人格魅力和诗文价值是经得起时间考验的。梁庆遇的《霁湖集》由金堥和金尚宪分别作序，二人都是当时有影响力的高官和诗人。金堥，官至朝鲜领议政，朝鲜王朝中期编纂的诗歌总集《箕雅》收录金堥诗歌九首。金堥在《霁湖集》序中谈到梁庆遇的诗歌影响时说："自成一家之言，而尤工于近体五七言，以此名一代。世之名公卿大夫苟能致力于词翰者，皆欲使出其门，而非君意也。……此是

---

① （朝鲜）黄慎：《日本往还日记》，《韩国古典翻译书》第 8 辑，韩国古典综合库 DB，第 44 页。

词人之极选，人人之所目属而心艳者也。"① 金尚宪，官拜朝鲜左议政，《箕雅》收录诗歌金尚宪十一首，其诗作在中朝两国都有较大影响。金尚宪在《霁湖集》序中谈到梁庆遇的诗歌影响时说："每一篇出，好事者争相传以诵。一时词苑名流，无不折行为交。"② 这都说明梁庆遇的诗歌在当时有很大的影响力。

梁庆遇写有《车五山挽诗》，其中也提到日本有"徐福古祠"。

车五山挽诗（节选）

徐福古祠维画舫，求郎遗迹驻吟筇。

鹏边水击三千里，鳌背天低一万峰。③

此诗是哀悼车天辂的挽诗。车天辂，字复元，号五山，朝鲜宣祖朝进士、官员，著名诗人。《车五山挽诗》共三十韵，此处是选录了其中一部分。此诗应创作于车天辂去世的 1615 年，或稍后。

诗歌前两句"徐福古祠维画舫，求郎遗迹驻吟筇"，意思说，徐福古祠旁边有绳索固定住的美丽的游船，希望你们能够停下来在徐福遗迹这里作诗吟唱。"画舫"，装饰漂亮的游船。"吟筇"，吟唱者的拐杖，这里指诗人的手杖，也代指诗人。车天辂在他的《五山说林·草槁》一文中曾提到了徐福入海东渡之事，作者认为徐福要寻找的三神山不在朝鲜半岛，其中提到"日本国富士山高四百里，冬夏有雪，疑是瀛洲山"，认为日本富士山可能是徐福要寻找的三神山之一的"瀛洲山"。按此推断，"徐福古祠"虽然没有说明何地，但此诗是哀悼车天辂的挽诗，这里提到的"徐福古祠"，是指日本的"徐福古祠"，而当时日本也确有"徐福古祠"。

后两句"鹏边水击三千里，鳌背天低一万峰"，意思说，大鹏鸟在往南

---

① 见（朝鲜）梁庆遇《霁湖集》，《韩国文集丛刊》第 73 辑，韩国首尔：景仁文化社，1991，第 445~446 页。

② （朝鲜）梁庆遇：《霁湖集》，《韩国文集丛刊》第 73 辑，韩国首尔：景仁文化社，1991，第 447 页。

③ （朝鲜）梁庆遇：《霁湖集》卷七，《韩国文集丛刊》第 73 辑，韩国首尔：景仁文化社，1991，第 474 页。

方的大海迁徙的时候，翅膀拍打着水面，能激起三千里的浪涛，大海海面涌起高大的万座浪峰，海天一色，使得天都变得低了。这里也是赞扬车天轱曾乘船驰骋大海"水击三千里"，在大海中搏击风浪"一万峰"。"水击三千里"，出自庄子《逍遥游》"鹏之徙于南冥也，水击三千里"。"鳌背"，这里借指大海。

高丽末重臣郑梦周，虽然因反对新生的朝鲜王朝被害，但在朝鲜王朝时期仍有着很高的地位和很大影响力，郑梦周曾奉高丽国王之命出使过日本，并瞻仰过日本"徐福祠"。鉴于日本"徐福祠"的知名度和郑梦周在朝鲜王朝时期的地位和影响力，出使日本的朝鲜官员，多到日本"徐福祠"瞻仰。

朝鲜宣祖朝丙午（1606）进士，宣祖、光海君、仁祖朝官员李润雨，字茂伯，号石潭，有《石潭集》传世。与李润雨同朝为官，进士第一名，官居二品的金世濂为李润雨写的《墓志铭》："公天资明粹，韵致淡泊，忠信重厚，温良恺悌，气和而色正，内刚而外宽。如良玉浑金，不见圭角，动容周旋，神彩烨如。""律己极严，辞受取舍惟其义。祖业之外，不加一奴一田，以此家益落，箪瓢屡空，处之晏如。"[1] 朝鲜肃宗朝官员李万运撰写的《石潭先生实记》还记载，李润雨任潭阳府使"时值大歉，民多饿莩，首发仓廪以赈之。抄民男女年七十以上者，特赐米馔。俾免饥饿，所全活不可胜数。潭阳文教湮灭，学校颓圮，财力且尽，不足以奉士。先生悉意修治，先葺圣庙，捐供俸以为养士需。月朔望必亲往，率诸生讲艺府之士子，多所成就。七月秩满归，父老百余人来会，设祖帐饯别，垂髫戴白，至有挟路号泣者。邑人立清德碑，士林立兴学碑。"李润雨去世后，"远近莫不惊恸，环其居三十里，里为之废饮，市为之废屠者数月"[2]。可见李润雨在朝鲜官员及百姓中的地位和影响。

朝鲜光海君九年（1617），朝鲜通信使出使日本，李润雨写有赠给朝鲜使团从事官李景稷的赠别诗《送李从事尚古景稷奉使日本》。

---

① 见（朝鲜）李润雨《石潭先生文集·附录》，《韩国文集丛刊·续集》第 16 辑，韩国首尔：景仁文化社，2006，第 422 页。

② 见（朝鲜）李润雨《石潭先生文集·附录》，《韩国文集丛刊·续集》第 16 辑，韩国首尔：景仁文化社，2006，第 395 页。

送李从事尚古景稷奉使日本

鲸波万里一孤舟，满载词臣去国愁。

身入扶桑寻旧迹，手倾沧海洗前羞。

萨摩洲上潮应落，徐福祠前叶正秋。

圃隐郑先生去后，四回丁巳子重游。①

这是一首送别诗，送行出使日本的朝鲜从事官李景稷。李景稷，字尚古，朝鲜官员、诗人，曾于光海君九年（1617）七月以朝鲜从事官身份出使日本。

诗歌首联"鲸波万里一孤舟，满载词臣去国愁"，意思说，在万里大海中的惊涛骇浪里，一艘孤舟载着时时思念故乡的文臣们离开自己的国家。"鲸波"，指惊涛骇浪。"词臣"，指从事文学、写作方面的官员，如翰林院的官员。这里指题目中提到的出使日本的朝鲜从事官李景稷一行。"从事官"的职责类似朝鲜出使中国使团中的书状官，是使团的主要官员之一。

颔联"身入扶桑寻旧迹，手倾沧海洗前羞"，意思说，你们到了日本后，可以寻找一些日本的历史遗迹，在大海里清洗掉我们国家刚刚遭到日本入侵的耻辱。"旧迹"，从下面颈联、尾联的内容看，这里主要指的是"徐福祠"。"前羞"，指"壬辰倭乱"，不久前朝鲜所遭到的日本入侵。

颈联"萨摩洲上潮应落，徐福祠前叶正秋"，意思说，你们到达日本九州岛时，应是海水退潮的时刻，还能够见到秋天的徐福祠的景象。"萨摩洲"，这里指日本九州岛。萨摩藩，为日本古时藩阀属地，位于九州岛西南部。古代中国、朝鲜出使日本首先进入日本九州岛。这里告诉我们，当时的日本九州岛仍有香火旺盛的"徐福祠"。

尾联"圃隐郑先生去后，四回丁巳子重游"，意思说，你在丁巳年游览"徐福祠"，还可以体会二百四十年前，也是丁巳年，郑梦周在日本"徐福祠"题诗的场景。"圃隐郑先生"，指高丽末重臣郑梦周。郑梦周，号圃隐，洪武丁巳年（1377）九月，曾奉高丽国王之命出使过日本，并创作了《奉使日本作》诗十二首，其中提到了日本有徐福祠："徐福祠前草自春"，还

---

① （朝鲜）李润雨：《石潭先生文集》卷一，《韩国文集丛刊·续集》第16辑，韩国首尔：景仁文化社，2006，第320页。

说日本的许多习俗也是徐福传到日本的："斑衣想自秦童化"，"千年箕子有遗风"。"四回丁巳"，第四个丁巳年。这里意思说，距离郑梦周丁巳年出使日本，已经是第四个丁巳年了，即1617年。从诗歌的内容也可以看出，几百年来，日本九州岛的居民一直都有供奉徐福的"徐福祠"，徐福文化在当地有着深远而重要的影响。

朝鲜宣祖朝进士，仁祖朝官至领议政、中枢府事领沈悦，字学而，号南坡，有《南坡相国文集》传世。《朝鲜仁宗实录》载："领中枢府事沈悦卒。悦为人明敏，有才局，自少历清要。"沈悦去世二十年后，出版的《南坡相国文集》跋记载："南坡沈相，即我仁祖朝名相，人皆以吏事推许。而公亦不求誉于艺苑。然而韵语属文，俱埒名家。"① 这说明沈悦不仅官做得好，有"名相"之称，而且其诗歌、文章也有很高的水平，可以和名家媲美。沈悦去世二十年了，仍有这么高的评价，应该说沈悦留给后人的印象是非常正面的。

沈悦写有《送回答副使庆退夫暹》诗，其中也提到了日本"徐福祠"。

送回答副使庆退夫暹

国步多艰日，夷奴款塞辰。
羁縻通使价，抡选极簪绅。
辍讲辞青琐，衔纶出紫宸。
风帆危似叶，云海杳无津。
徐福祠前月，默林寺里春。
兹游信奇壮，临别莫伤神。②

这是一首送别诗，送行出使日本的朝鲜回答使（也称通信使）副使庆暹。"庆退夫暹"，即庆暹，号退夫（一写"退甫"），朝鲜宣祖、光海君时期官员，朝鲜宣祖四十年（1607）正月，庆暹以朝鲜通信副使身份出使日

---

① 见（朝鲜）沈悦《南坡相国文集》，《韩国文集丛刊》第75辑，韩国首尔：景仁文化社，1991，第535页。
② （朝鲜）沈悦：《南坡相国文集》卷一，《韩国文集丛刊》第75辑，韩国首尔：景仁文化社，1991，第441页。

本，所以，此诗应作于庆暹一行乘船起航之前。

诗歌首句"国步多艰日，夷奴款塞辰"，意思说，国家经历了许多艰难的时刻，壬辰倭乱时日本曾侵占了我们的国土。"国步"指国家的命运，亦指国土、国家，出自《诗经·荡之什·桑柔》："于乎有哀，国步斯频。国步灭资，天不我将。""夷奴款塞辰"，这里指壬辰年（1592）日军侵略朝鲜，并侵占了朝鲜大部分国土。

"羁縻通使价，抡选极簪绅"，意思说，你们（指庆暹一行）是经过选拔出来的优秀人才，为了国家的使命担当了出使日本的通信使的重任。"羁縻"，这里是联络的意思。"抡选"，选拔，挑选。"簪绅"，这里比喻官员。"簪"，用来绾住头发的一种首饰，古代亦用以把帽子别在头发上。"绅"，古代士大夫束腰的大带子。

"辍讲辞青琰，衔纶出紫宸"，意思说，你（指庆暹）停止了原来的工作，离开了舒适的工作环境，整理好出使的官服，携带着出使的文书，就要出发离开朝鲜了。"青琰"，青色的美玉，这里应指庆暹出使前好的工作环境。"衔纶"，这里指整理好出使的衣冠及文书。"纶"是古代官吏系印用的青丝带。"紫宸"，皇宫、宫殿的雅称，这里指朝鲜王宫。

"风帆危似叶，云海杳无津"，意思说，你们一行出使的船只，一旦进入大海就像漂浮在海面上的一片枯叶，随时都面临着海上危机，从而杳无音信。

"徐福祠前月，默林寺里春"，意思说，你们到了日本后一定要去徐福祠欣赏祠前明月，也要到默林寺观看春天的景色。沈悦和上面提到的李润雨是同朝官员，沈悦在这里提到"徐福祠"，也有和李润雨在诗中提到"徐福祠"一样的意思，就是要去看看当年郑梦周在徐福祠留下的历史印记，看看徐福祠在日本的地位和影响。

"兹游信奇壮，临别莫伤神"，意思说，你们这次出使日本也是一次壮游，不要为离别家乡和亲人而感到悲伤。

通过此诗，既说明当时的日本有徐福祠，而且名气很大，连远在朝鲜半岛人们都知道，说明当时朝鲜官员非常重视徐福，重视徐福文化对日本的影响。

朝鲜光海君朝进士，光海君、仁祖朝官员金地粹，字去非，号苔川，诗人，《朝鲜仁宗实录》载，"地粹为人刚果，且有文才"，说金地粹为人正直，刚正不阿，而且很有写作方面的才能。金地粹有《苔川集》传世，"赠谥

'贞敏'（清白自守曰'贞'；应事有功曰'敏'）"①。金地粹因坚决反对朝鲜背叛明朝与清朝议和，"不赴科宦，遂痛哭呕血而卒，享年五十五"。"丙子（指崇祯九年，1636）之斥和，出于死社稷，保节义之一大议论。而恳至之诚，正大之义，足以有辞于天下万古矣。""崇祯纪元后二百二年己丑，洪庙二十九年（1829），赠吏曹参判（从二品）。后二十六年甲寅，哲宗四年（1854），赠吏曹判书（正二品）。又十年癸亥，哲宗十四年（1863），赠谥'贞敏'。清白自守曰'贞'。应事有功曰'敏'。"② 金地粹去世二百多年之后，历届朝鲜国王都加封金地粹，并谥号"贞敏"，说明金地粹并未随时间的流逝而被忘掉，二百多年来在朝鲜半岛人民心目中一直有着很正面的形象。

金地粹写有《送姜判校奉使日本》诗赠送给姜弘重，其中也提到了日本"徐福祠"。

送姜判校奉使日本

时平却与海邻和，旸谷扶桑路不遮。
云卷水天瞻使盖，棹横秋日泛灵槎。
威教卉服头皆稽，信及虾夷手尽叉。
徐福庙前陈迹在，郑公曾向此中过。③

朝鲜仁祖二年（1624），朝鲜官员姜弘重以朝鲜通信副使的身份出使日本，当时朝鲜"壬辰战争"已经结束二十多年。

诗歌首联"时平却与海邻和，旸谷扶桑路不遮"，意思说，现在我们和日本和平相处，相互间虽然隔着大海，但阻挡不了我们之间的交往。"旸谷扶桑"，这里代指日本。"旸谷"，也写作"汤谷"，是古代传说日出的地方。《山海经·海外东经》"汤谷上有扶桑，十日所浴"，因为日本传说是日出之

---

① （朝鲜）金地粹：《苔川集》卷三，《韩国文集丛刊·续集》第21辑，韩国首尔：景仁文化社，2006，第542页。
② 见（朝鲜）金地粹《苔川集》卷三，《韩国文集丛刊·续集》第21辑，韩国首尔：景仁文化社，2006，第542页。
③ （朝鲜）金地粹：《苔川集》卷一，《韩国文集丛刊·续集》第21辑，韩国首尔：景仁文化社，2006，第488页。

地，古人常用"旸谷""扶桑"来代指日本。

颔联"云卷水天瞻使盖，棹横秋日泛灵槎"，意思说，空中的云朵及被风吹卷的海浪，都在瞻望着你们这些和平使臣，秋日的航船一定会一帆风顺的。"使盖"，使臣的御盖（雨伞）。这里代指出使日本的朝鲜官员。"灵槎"，传说乘往天河的船筏。这里代指朝鲜官员乘坐的船。首联和颔联，交代了出使的目的和背景，即朝鲜官员是为了和平而出使日本，航程中也会得到神灵的护佑。

颈联"威教卉服头皆稽，信及虾夷手尽叉"，意思说，中朝联军的威力教育了日本，日本人在中国、朝鲜面前只能稽首或行叉手礼。言外之意说，朝鲜使臣到了日本，不要被日本的淫威吓到，而是要以胜利者的姿态，争取朝鲜的利益。"卉服"，用绨葛做的衣服，《尚书·禹贡》"岛夷卉服"，借指岛居之人，这里指日本。"虾夷"，日本北海道称虾夷，这里也指日本。"手尽叉"，指叉手礼，是中国古代打招呼的礼仪，多是地位低者向地位高者行的一种礼，以示尊敬。

尾联"徐福庙前陈迹在，郑公曾向此中过"，意思说，日本"徐福庙"前留下的历史印迹还应该保留着，当年郑梦周出使日本时曾到过这里。"郑公"，指高丽末重臣郑梦周。郑梦周曾奉命出使过日本，并创作了《奉使日本作》诗十二首，其中提到了日本有徐福祠："徐福祠前草自春"。

金地粹的诗歌再次说明，日本的徐福庙（祠）不仅是徐福一行后人祭祀徐福的重要场所，也留下了许多历史文化名人活动的印迹。徐福文化在当时的日本和朝鲜半岛一直有着重要的影响。

朝鲜光海君时进士，仁祖时官至右议政的著名学者、诗人张维，字持国，号溪谷、默所，有《溪谷集》传世。《朝鲜仁宗实录》十六年三月庚辰记载："新丰府院君张维卒。维，为人纯厚明粹，为文章气完而理到，世无及之者。参靖社勋，封新丰君，再典文衡。公私制作多出其手。久处天门，门庭冷落，如寒士家。众望洽然，无疵议者。"说张维为人厚道坦荡；写的文章"世无及之者"，当时没人超过他；为官廉洁，生活简朴，"如寒士家"，所以有着很高的威望。朝鲜王朝中期编纂的诗歌总集《箕雅》收录张维诗歌"七绝三首、五律二首、七律六首、五排一首、五古九首、七古五首"。①

---

① 赵季、张景昆：《〈箕雅〉五百诗人本事辑考》（下），人民文学出版社，2013，第908页。

　　张维的《溪谷集》中有多篇文章提到徐福，如在《送谢恩兼奏请副使吴翻朝京师序》一文中，说秦汉时期的方士徐福、卢敖等在中朝之间的大海（渤海）中寻找"三神山"，这里也是自古以来中朝海上往来的重要通道："浡（渤）海者，东海也。三韩在东海之东，故我国以浡（渤）海为西海。古称三神山皆在东海，秦皇、汉武巡游海上，彷徨眺望于成山、之罘之间，若将有遇焉。徐福、卢敖迁怪之士，往来惝怳者，极其所至。要不出我国西界外，归墟之壑，沃焦之洲，若果有之，大都必在此中。诚天壤间宏旷阔大之区也，（新）罗、（高）丽以来千有余年，夷夏往来者，皆由此焉。"[1] 这里也是说，徐福东渡开通了古代中国与朝鲜半岛海上文化交流的航路。在《世传日本有未经秦火之六经其说无据》一文中，还对传说的日本当时仍保存的徐福当年带去的诸子百家经书进行了考证，认为"徐福行时书未焚者，无乃考之未详耶。况徐市特一方士也，入海不返，盖知秦之将乱，自为避世计耳，岂能眷眷于六经者耶。设令日本果有之，彼将夸衒之不暇，何至讳藏乃尔。"[2] 说当年徐福东渡即使把中国先秦时期诸子百家经书带去了日本，也因为年代久远失传了。张维还写有诗歌《送通信副使金正世濂》，其中也提到了日本"徐福祠"。

送通信副使金正世濂

日域输琛数，天书报聘初。

使材皆特达，行李岂虚徐。

鹢路连旸谷，鲸波注尾闾。

王灵动殊俗，椎髻愧簪裾。

徐福祠应在，晁卿迹已虚。

梅窗见春色，归思定何如。[3]

---

① （朝鲜）张维：《溪谷集》卷六，《韩国文集丛刊》第 92 辑，韩国首尔：景仁文化社，1992，第 98 页。

② （朝鲜）张维：《溪谷集》卷一，《韩国文集丛刊》第 92 辑，韩国首尔：景仁文化社，1992，第 562 页。

③ （朝鲜）张维：《溪谷集》卷二九，《韩国文集丛刊》第 92 辑，韩国首尔：景仁文化社，1992，第 485 页。

此诗是为送行出使日本的朝鲜官员金世濂而作。金世濂，朝鲜仁祖十四年（1636），以通信副使身份出使日本。

诗歌首句"日域输琛数，天书报聘初"，意思说，日出之处的日本，是一个出产珍宝的地方，当初也曾携带着道家经典出使其他国家。"日域"，日出之处，这里指日本。"天书"，指道德经等道家经典。"报聘"，派使臣回访他国。这里是说，日本也曾是一个信奉道教的国家，首句是为下文做铺垫，即日本也是受中国文化影响的国家，当年徐福就把中国的方仙道文化传到了日本。

"使材皆特达，行李岂虚徐"，意思说，金世濂作为出使日本的使臣非常突出，正镇定地整装待发，从容不迫。"虚徐"，从容不迫。《尔雅·释训》："其虚其徐，威仪容止也。"

"鹢路连旸谷，鲸波注尾闾"，意思说，你们出使的航路连接着日本，航程中驶过惊涛骇浪就到了出使的目的地了。"鹢路"，这里应指海上航路。"鹢"，水鸟，古代常画于船头，所以也指船。"旸谷"这里指日本。"鲸波"，惊涛骇浪。"尾闾"，古代传说中海水所归之处，语出《庄子·秋水》。

"王灵动殊俗，椎髻愧簪裾"，意思说，中国文化曾经改变了日本的一些风俗习惯，但日本人的所作所为愧对他们穿的中国传统的华丽服饰。这里指日本发动战争侵略朝鲜。"王灵"，王朝的威德、影响。这里指中国文化对日本的影响。"椎髻"，将头发结成锥形的髻，是中国古老的发式之一，当时日本人也持这样的发式，这里代指日本，说明日本传承了中国的发型。"簪裾"，古代显贵者的服饰。

"徐福祠应在，晁卿迹已虚"，意思说，日本的"徐福祠"应该保留下来了，但唐代回到日本的晁衡，他在日本的遗迹可能不一定有了。这里主要是强调徐福在日本的影响远远大于唐朝时在中国学业有成，并在唐朝廷做官，后回到日本的晁衡。"晁卿"，指晁衡。

尾句"梅窗见春色，归思定何如"，意思说，窗外的梅花已经开了，春天来了，我们思念着你们什么时间能归来呢？尾句既交代了金世濂一行出发的季节，也表达了作者恋恋不舍的思念之情。

从张维的诗歌可以看出，徐福东渡曾给日本带来很大的影响，不仅日本的道教文化受到了徐福东渡带到日本的方仙道的影响，日本的日常穿戴、民风民俗也受到了徐福东渡带到日本的中国传统文化的影响，而且徐福文化的影响年代久远，一直保留着的"徐福祠"也是一个很好的说明。

朝鲜宣祖朝进士，宣祖、光海君、仁祖朝官员姜大遂，初名大进，字勉哉，号寒沙、晚隐，有《寒沙先生文集》传世。姜大遂去世后，《墓碣铭》记载："上以礼赐祭，而远近皆曰贤大夫亡矣。公入朝近五十年，修心谨慎，裨益既多。而又贤于治郡，去后皆有遗爱。"[①] 说姜大遂无论在朝中，还是在地方，离职后均获得了好评。《寒沙先生姜公行状》也记载："八邑为政，静而简，廉白严明，吏畏民安，去后莫不追思立石。"[②] 说姜大遂在下面八个地方任职，普遍得到好评，离任后都为他立碑纪念。姜大遂写有诗歌《送黄子由㦿奉使日本》，提到了日本有"徐市庙"。

送黄子由㦿奉使日本

楼船万里驾长风，帆外扶桑更有东。
欲寄酹词徐市庙，如何不入茂陵中。[③]

这是姜大遂写给出使日本的朝鲜官员黄㦿的送别诗。"黄子由㦿"，即黄㦿，字子由，曾于朝鲜仁祖十四年（1636）以朝鲜通信使从事官身份出使日本。

诗歌前两句"楼船万里驾长风，帆外扶桑更有东"，意思说，你们乘坐着楼船，驾万里长风，就要到东方日出扶桑的日本去了。"楼船"，一种具有多层建筑和攻防设施的大型战船，外观似楼，故曰楼船。当年徐福一行入海东渡，乘坐的就是"楼船"。《海内十洲记·祖洲》记载："（秦始皇）乃使使者徐福发童男童女五百人，率楼船等入海。"唐代著名诗人李白在《古风》诗中也有"徐市载秦女，楼船几时回"的诗句。此句也可以解读为：你们就像当年徐福一样，乘坐着楼船，驾长风破万里浪，到日出扶桑的海上仙山日本去了。"万里驾长风"，应来自中国的典故"乘长风破万里

---

① 见（朝鲜）姜大遂《寒沙先生文集》卷七，《韩国文集丛刊·续集》第 24 辑，韩国首尔：景仁文化社，2006，第 615~616 页。

② （朝鲜）柳厚祚：《寒沙先生文集》卷一，《韩国文集丛刊·续集》第 24 辑，韩国首尔：景仁文化社，2006，第 621 页。

③ （朝鲜）姜大遂：《寒沙先生文集》卷一，《韩国文集丛刊·续集》第 24 辑，韩国首尔：景仁文化社，2006，第 517 页。

浪"。李白在著名的诗篇《行路难》中，有"长风破浪会有时，直挂云帆济沧海"诗句。"扶桑"，这里指日本。日出扶桑，因为日本传说是日出之地，古人常用扶桑来指代日本。所以，诗歌首句也有祝福的意思，说黄㦱一行出使日本的航海途中能一帆风顺，驾长风破万里浪。

诗歌后两句"欲寄酹词徐市庙，如何不入茂陵中"，意思说，日本有传承至今的"徐市庙"，但在日本徐福庙传唱的"酹词"，即祭奠徐福的唱曲，却传不到当年也曾派人入海求仙的汉武帝刘彻的陵墓旁。这里既有歌颂徐福的意思，说徐福东渡到了日本，在日本有很大影响，日本人至今仍在纪念徐福；也是在批判汉武帝，不接受秦始皇的教训，仍劳民伤财开展大规模的寻仙活动，其结局和秦始皇一样，只能是一无所获。"茂陵"，指西汉武帝刘彻的陵墓，因其所在地属汉代槐里县茂乡，故称茂陵。茂陵在今陕西省兴平市东北原上，西距西安四十公里。

日本的京都东京也有徐福庙，这在朝鲜王朝时期的官员笔下也有记载。

朝鲜光海君朝进士，光海君、仁祖朝官员，诗人，书法家，参与编撰《宣祖修正实录》的尹顺之，字乐天，号涬溟，有《涬溟斋诗集》传世。尹顺之历官朝鲜司谏院大司谏、成均馆大司成、承政院都承旨、司宪府大司宪、艺文馆大提学、汉城判尹、工曹判书、议政府左参赞等。尹顺之曾以正使身份出使日本，以副使身份出使中国。《朝鲜显宗改修实录》七年九月丙午记载，"前判书尹顺之卒。顺之，有诗才，典文衡，位六卿"。说尹顺之很会写诗，曾主持过朝鲜的科举考试，在朝鲜六曹均担任过判书级的官员。"文衡"，这里指主持科举考试的主考官。"六卿"，指吏、户、礼、兵、刑、工六部的尚书，当时朝鲜称判书。

尹顺之写有《江户漫笔》诗二首，其中第一首提到日本东京有历史悠久的"徐福庙"。

江户漫笔

其一

街上人肩匝地维，汗珠成雨衽成帷。

稚儿学语犹横剑，美女当垆总画眉。

旧迹尚传徐福庙，遗氓共祭秀忠祠。

风谣夜向闾家采，潜说年来武备嬉。①

尹顺之曾于仁祖二十一年（1643）以朝鲜通信正使身份出使日本，在日本期间创作有诗歌《江户漫笔》，"江户"，即日本东京。

首联"街上人肩匝地维，汗珠成雨衽成帷"，意思说，日本江户的大街上遍地都是人，布满了街道的角落，人们衣襟相接，甩一把汗就是一阵雨。"匝地"，遍地，满地。"帷"，隅、角落。"衽"，衣襟、衣袖。"汗珠成雨衽成帷"，应是来自《史记·苏秦列传》："（临淄）车毂击，人肩摩，连衽成帷，举袂成幕，挥汗成雨。"

颔联"稚儿学语犹横剑，美女当垆总画眉"，意思说，这里刚开始学说话的婴儿就拿着剑玩耍，临街的酒店里总有美女在描眉化妆。

颈联"旧迹尚传徐福庙，遗氓共祭秀忠祠"，意思说，这里的古迹徐福庙仍在传说着当年徐福来到这里的情况。日本的前朝遗民还都在秀忠祠祭祀德川秀忠。"遗氓"，前朝之民。"秀忠"，指德川秀忠，日本江户幕府第二代将军。

尾联"风谣夜向闾家采，潜说年来武备嬉"，意思说，夜间的歌谣随风从里巷传出，我们也在低声嬉笑谈论当年丰臣秀吉壮大日本军队势力，侵占朝鲜，并妄图侵略中国，结果以失败告终，其家族也被德川秀忠所灭。

尹顺之的诗至少可以说明两点，一是当时的日本的东京也有"徐福庙"，徐福及徐福文化在日本有较大影响，日本东京的人们也供奉徐福，认可徐福为日本做出的贡献。二是徐福庙是日本东京的"旧迹"，即古迹，说明徐福庙在日本东京有着很长的历史了。这也可以看出，徐福及徐福文化在日本的深远影响。

光海君、仁祖朝鲜官员张维、李明汉均提到秦代徐福东渡和唐代晁衡回国，将中华文化传到日本，并影响日本文化之事，这一点，和李明汉曾同朝为官的诗人郑斗卿也在诗作中提到。

郑斗卿，字君平，号东溟（金世濂亦号"东溟"），朝鲜仁祖朝进士登魁科，仁祖、孝宗、显宗时期官员、诗人，历官朝鲜弘文馆提学、礼曹参判等职，有《东溟集》传世。郑斗卿去世后，追赠大提学。《朝鲜显宗实

---

① （朝鲜）尹顺之：《潒溟斋诗集》卷三，《韩国文集丛刊》第 94 辑，韩国首尔：景仁文化社，1992，第 504~505 页。

录》载："郑斗卿卒。斗卿性豪嗜酒，不自检束，且善诙谐。为文法马迁，为诗逼杜工部，其文与诗多脍炙人口者。""马迁"，指司马迁。"杜工部"，指杜甫。"礼曹参判"，只是礼曹的副职官员，郑斗卿去世后，《朝鲜显宗实录》之所以专门做了记载，主要看中的还是他的诗文在当时的地位和影响。郑斗卿的《东溟集》由当时朝鲜有影响的诗人，宣祖朝驸马，很受朝鲜宣祖、仁祖国王器重的尹新之作序。《东溟集》序说："君平以眇然之身，晚生东国。究天人之际，通百家之说，力挽颓波，能复古道。记事似司马子长，论事似《战国策》，《乐府》似汉魏，歌行似李杜。五七言绝句近体，都不出初盛唐范围，其以下不为也。"① 说郑斗卿（君平）的诗文传承了中国盛唐及之前的诗文精华。"眇然"，这里是弱小的意思。"司马子长"，指中国汉代《史记》的作者司马迁，字子长。《战国策》，又称《国策》，成书于中国汉代，主要记述了战国时期游说之士的政治主张和言行策略。《乐府》，指北宋时期编的《乐府诗集》，录载了中国汉朝、魏晋、南北朝的民歌精华。"李杜"，指中国唐代著名诗人李白、杜甫。尹新之的《东溟集》序写于丙戌年（1646）。郑斗卿去世后，《东溟集》再版时，担任过朝鲜肃宗朝领议政、世子师的崔锡鼎于肃宗壬辰年（1712）写的《东溟集》序也称赞郑斗卿"公有高才逸气，早负盛名，……诗则独取李杜及盛唐诸名家，为之标准，死不道黄陈以下语。故其为文，洪邑雄伟，如长河巨浸浩荡弥漫，读者茫然有望洋之叹。虽有千里一曲，不害其为大也。其为诗，隽拔扬厉，如天骥名驹奔轶绝尘，往往有蹞啮不驯，而毋失其为上乘也。"② "黄陈"，指中国北宋著名文学家、诗人黄庭坚和陈师道。崔锡鼎也对郑斗卿的诗、文给予了很高的评价。朝鲜王朝中期编纂的诗歌总集《箕雅》收录郑斗卿诗歌"五绝一首、七绝一二首、五律一八首、七律八首、五古二首、七古八首"③，说明郑斗卿的诗歌在当时有很大的影响力。

郑斗卿写有《送南书状云卿龙翼》诗，其中也提到了日本的"徐福祠"。

---

① 见（朝鲜）郑斗卿《东溟集》，《韩国文集丛刊》第 100 辑，韩国首尔：景仁文化社，1992，第 393 页。

② 见（朝鲜）崔锡鼎《明谷集》卷八，《韩国文集丛刊》第 153 辑，韩国首尔：景仁文化社，1992，第 578 页。

③ 赵季、张景昆：《〈箕雅〉五百诗人本事辑考（下）》，人民文学出版社，2013，第 1060 页。

送南书状云卿龙翼

历数仕廷者，惟君真使乎。
挂帆浮海上，持节到天隅。
徐福祠芜没，晁卿宅有无。
鹍鹏惊健笔，六月让南图。①

这是一首写给朝鲜出使日本通信使书状官南龙翼的送别诗。南龙翼曾于朝鲜孝宗六年（1655）作为朝鲜通信使从事官（也称书状官）出使日本，所以此诗也应是写于孝宗六年。

诗歌首联"历数仕廷者，惟君真使乎"，意思说，你（指南龙翼）是一个经过比较选拔的称职官员，只有你才能胜任这次出使的使命。

颔联"挂帆浮海上，持节到天隅"，意思说，你们这次出使的目的地，是要乘船去很远的天边的地方。当时日本称为"日出扶桑之地"，这里的"天隅"，指的就是日本。

颈联"徐福祠芜没，晁卿宅有无"，意思说，日本的"徐福祠"可能"芜没"了，被荒草湮没了，唐朝时曾在中国做官的日本人晁衡回到日本后居住的宅子可能没有了。这里应是说，日本没有很好地传承徐福、晁衡带到日本去的优秀文化，所以日本"徐福祠芜没"了。"晁卿"，指晁衡。

尾联"鹍鹏惊健笔，六月让南图"，意思说，你写的出使文书非常好，震惊四座，所以，我们在六月里一定会见到你们完成使命胜利归来的身影。"鹍鹏"，中国古代传说中的大鸟名。语出《庄子·逍遥游》："北冥有鱼，其名为鲲，鲲之大，不知其几千里也。化而为鸟，其名为鹏。鹏之背，不知其几千里也。""鹍鹏惊健笔"，这里比喻出使日本的朝鲜通信使书状官南云卿写的出使文书震惊四座，都惊动了天上的鹍鹏。"南图"，南飞、南征。语出《庄子·逍遥游》"（鹏）背负青天……而后乃今将图南"，常比喻抱负远大，这里指实现出使的目标。

郑斗卿还写有《送李参判景奭使日本》诗两首，其中第二首提到日本有"徐福遗墟"。

---

① （朝鲜）郑斗卿：《东溟集》卷四，《韩国文集丛刊》第100辑，韩国首尔：景仁文化社，1992，第438页。

送李参判景稷使日本
其二

平明北极拜龙颜，五月南征下百蛮。

日出扶桑常赤色，海连鳌背亦青山。

秦皇鞭石千年后，徐福遗墟一望间。

我欲凭君壮心魄，仙槎此去几时还。①

此诗是朝鲜光海君九年（1617）郑斗卿在写给出使日本的朝鲜官员李景稷的送别诗。"李参判景稷"，即李景稷曾于光海君九年（1617）七月以从事官身份随正使吴允谦出使日本。"参判"，朝鲜六曹（部）官员，从二品。

首联"平明北极拜龙颜，五月南征下百蛮"，意思说，天刚亮出发之前，面向北方朝拜了中国的皇帝，你们五月份就得到征召要南下出使日本。"北极拜龙颜"，这里指面向北方朝拜明朝万历皇帝。日本侵略朝鲜的"壬辰倭乱"爆发后，万历皇帝应朝鲜国王请求派大批明军及粮饷支持朝鲜反击日军入侵，历时七年，终将日军赶出朝鲜半岛，拯救了朝鲜。"百蛮"，中国古代南方少数民族的总称，这里指日本。

领联"日出扶桑常赤色，海连鳌背亦青山"，意思说，太阳刚升起时，天空多是一片红色，天海相连的尽头就是青山。"扶桑"，这里指日出之地。《山海经·海外东经》"汤谷上有扶桑，十日所浴"，"鳌背"，这里借指大海。唐代著名文学家刘禹锡《送源中丞充新罗册立使》诗："烟开鳌背千寻碧，日凉鲸波万顷金。"

颈联"秦皇鞭石千年后，徐福遗墟一望间"，意思说，现在离当年秦始皇造石桥考察徐福"入海求仙人"的时间，已经过去一千多年了，但徐福在日本的遗墟你们还是能够看到的。"秦皇鞭石"，典出《三齐略》："秦始皇作石桥于海上，欲过海看日出处。有神人驱石，去不速，神人鞭之，皆流血，今石桥犹赤色。"说秦始皇"鞭石"作石桥是为了看日出。但渤海沿海一带更多流传的是，秦始皇作石桥于海上，是为了考察徐福等方士入海

---

① （朝鲜）郑斗卿：《东溟集》卷七，《韩国文集丛刊》第100辑，韩国首尔：景仁文化社，1992，第454页。

寻仙的情况。作者在这里对徐福东渡到了日本深信不疑。

尾联"我欲凭君壮心魄，仙槎此去几时还"，意思说，我们凭着对国君的忠诚，所以有着跨越大海的气魄，你们的船只一定能顺利地到达彼岸，我们等着你们胜利归来。"仙槎"，传说往来于海上和天河之间的竹筏，这里借指朝鲜使臣乘坐的船只。

郑斗卿的上述两首诗说明，徐福东渡一千八百多年后的日本还保留有"徐福祠""徐福遗墟"，而且秦代徐福东渡的影响大于从唐代回到日本的晁衡。当年晁衡在日本居住的房子可能没有了，但日本的"徐福祠"虽然因年代更久远"芜没"了，其影响力不如当年了，但"徐福祠""徐福遗墟"还在，就说明在日本的影响还在，徐福文化在日本有着深远的影响。

朝鲜仁祖、孝宗、显宗时期著名学者郑伕，字仲则，号愚川，有《愚川先生文集》传世。郑伕无意为官，仁祖戊寅年（1638）授章陵郎，谢恩即还乡，以文墨自娱，去世后赠通政大夫、承政院左承旨兼经筵参赞官、行宣教郎。《愚川先生行状》记载："公好善疾恶，出于天性。见人有不是处，不翅若浼己。或有一长可取，则辄喜而扬之，惟恐人之不知。尤以尚贤德阐幽潜为务。""发之为文章议论者，率皆典雅条畅，动关世教。不为无益之空言。"①"翅"，古同"啻"。"浼"，玷污。"幽潜"，隐微玄奥的道理。说郑伕伸张正义，见到人有错误敢于批评，人有长处则到处宣扬。《墓志铭》也记载："先生行甚修，学有渊源，自治有方，而不肯为拘儒曲士状。……故世之称敦睦者，必以先生为言。先生论议平正，见识甚高，其言皆心得之余。故其所著述，皆凿凿中理，切于人情，诚有味哉。"②"拘儒"，指固执守旧、目光短浅的儒生。"曲士"，乡曲之士，比喻孤陋寡闻的人。说郑伕学识渊博，"见识甚高"。朝鲜纯祖时文臣柳台佐在《愚川先生文集》跋中也写道："文章固已稀世之宝，又况言论之正士趋而扶世教者哉。……斯文百世之大论，讱隐翁志文中。学可以辅导君，德文可以黼黻皇猷，智可以识微虑远，才可以激浊扬清，行可以表仪衰俗之训，岂非千

---

① 见（朝鲜）郑伕《愚川先生文集》卷七，《韩国文集丛刊·续集》第 29 辑，韩国首尔：景仁文化社，2006，第 188 页。

② （朝鲜）郑伕：《愚川先生文集》卷七，《韩国文集丛刊·续集》第 29 辑，韩国首尔：景仁文化社，2006，第 191 页。

古不朽之实录也哉。"① "黼黻"，这里是辅佐的意思。上述评价，均可以看出郑似在当时的重要影响。

郑似写有《日本全经》，其中提到徐福东渡到了日本，而且带去了中国的经书。

> 光海朝中年，日本献经传全书，他经则不可知，而闻《论语》多至三十卷。人皆以海中蛮夷之所出而不之信，或以戏语曰：《论语》只数卷，而治经举子，犹且厌苦，况三十卷之多乎。时当昏乱，搢绅大夫贤者，忧伤怵迫，不肖者，沈溺驰骛，未暇致意于书籍。不知所献书屏置何处，而为糊壁覆瓿之归也。近见《欧文忠集》日本刀诗，有曰："徐福行时书未焚，逸书百篇今尚存。令严不许传中国，举世无人识古文。先王大典藏蛮貊，……，令人感激坐流涕"云云。则日本经传全书之存，古人已有说矣。惜乎，天诱其衷，得至于我国，而漫不见省，遂至湮没。使吾辈不得见程朱诸贤所未见之书，而为生世之大幸也。每念之不觉扼腕而长痛也。②

郑似认为，欧阳修在《日本刀歌》一诗中提到的徐福东渡将中国的经书带到了日本，应是可信的。"欧文忠"，即欧阳修。"程朱诸贤"，指中国宋代创立程朱理学的学者们，主要代表人物是北宋时期的程颢、程颐和南宋时期的朱熹。"程朱诸贤所未见之书"，意思说，徐福带到日本的儒学经书，有的因秦始皇焚书坑儒时销毁了，在中国已经见不到了，所以中国宋代研究儒学的大师程颢、程颐、朱熹等人也未见到完整的先秦时期的儒学经典。这说明，郑似也认为中国的经书曾对日本产生过重要影响。

朝鲜仁祖朝进士，仁祖、孝宗、显宗朝官员申濡，字君泽，号泥翁、竹堂，有《竹堂集》传世。申濡曾于朝鲜仁祖癸未年（1643）以朝鲜通信使从事官身份出使日本，孝宗壬辰年（1652）以副使身份出使中国。申濡去世后，朝鲜显宗国王遣礼曹官员致祭，祭文中提道："（申濡）气禀精英，

---

① 见（朝鲜）郑似《愚川先生文集》，《韩国文集丛刊·续集》第 29 辑，韩国首尔：景仁文化社，2006，第 195 页。

② （朝鲜）郑似：《愚川先生文集》卷四，《韩国文集丛刊·续集》第 29 辑，韩国首尔：景仁文化社，2006，第 139 页。

玉润金刚。才擅华藻，锦摘绣扬。清介其操，孝友其行。……乘槎日域，文采尤炳，泛应满望，蛮俗起钦。卷有千篇，橐无一金。……文未主盟，世议称屈。有才未究，同朝嗟悼。名既无玷，业足不朽。"① 祭文对申濡的官德人品及文采均给予了很高的评价，还特别提到其"乘槎日域"，即出使日本的影响和廉洁。

朝鲜仁祖癸未年，申濡出使日本期间写有诗歌《文字城》，说日本文字城应与当年徐福东渡有关。

文字城

> 关防岂独截崔嵬，文采还应照海隈。
> 苍颉造时闻雨粟，徐生去日避为灰。
> 气冲星斗连天起，势挟龙蛇拔地回。
> 自拟平生工翰墨，暂思横槊骋诗才。②

"文字城"，在今日本本州岛最西端下关市附近，应是当年徐福一行东渡日本纪伊州熊野山和富士山一带的必经之路。

诗歌首联"关防岂独截崔嵬，文采还应照海隈"，意思说，海洋关防不仅仅是建设一些高大的建筑物，也应有文化氛围，让文化的光芒照射到海边的每一个角落。"崔嵬"，这里指高大雄伟的建筑物。

颔联"苍颉造时闻雨粟，徐生去日避为灰"，意思说，听说远古时期仓颉造字时，天降粟雨，徐福渡海去日本，带去了许多经典图书，是防止被秦始皇烧毁。《史记·儒林列传》记载：秦始皇"焚诗书，坑术士，六艺从此缺焉"。"苍颉"，相传为黄帝的史官，汉字的创造者。《说文》记载，仓颉是黄帝时期造字的左史官，受到鸟兽足迹的启发，创造了汉字。西汉刘安所著《淮南子·本经训》记载："昔者苍颉作书，而天雨粟，鬼夜哭。"

---

① 见（朝鲜）申濡《竹堂先生集》卷一五，《韩国文集丛刊·续集》第31辑，韩国首尔：景仁文化社，2007，第582页。
② （朝鲜）申濡：《竹堂先生集》卷二，《韩国文集丛刊·续集》第31辑，韩国首尔：景仁文化社，2007，第398页。

颈联"气冲星斗连天起，势挟龙蛇拔地回"，意思说，日本文字城拔地而起，直冲云霄，也像是挟持了大地的龙蛇，威武屹立。

尾联"自拟平生工翰墨，暂思横槊骋诗才"，意思说，本来觉得自己还是能写点文章、作点诗歌的，但现在为文字城写诗却要聘请有才华的诗人了。"横槊"，指横槊赋诗，原指中国三国时期的曹操父子，后借指能文能武的诗人。

因日本文字城广泛流传着徐福东渡的传说，作者由此联想到文字城与徐福东渡的联系。文字城名字的由来，当时的学者们有着不同的解读，朝鲜肃宗四十三年（1717）出使日本的朝鲜使臣申维翰曾在《海槎东游录》记载："文字城，是多奇石，青赤莹润，采之为砚，遍国中，城之得名以此。"① 但南龙翼的同名诗歌《文字城》中提到，文字城因当年徐福将中国先秦时期的经典书籍带到日本保存在此地而得名。虽然今天人们仍无法考证文字城名字的真实由来，但文字城一带广泛流传着徐福东渡来到这里的传说，当时的人们把城市名字的由来与徐福东渡联系到一起，在徐福东渡一千八百多年之后还盛传，可见徐福东渡在当地影响之大之深远。

三 南龙翼与《扶桑录》

朝鲜王朝诗文大家，南龙翼，在朝鲜孝宗六年（1655）出使日本期间，也写有诗歌《文字城》。

文字城

仓颉之前字未成，此城当日有何名。
徐生脱得秦家火，疑是全经在此城。②

诗歌前两句"仓颉之前字未成，此城当日有何名"，意思说，仓颉造字之前是没有文字的，那么这座文字城在古代的时候叫什么名字呢？

---

① （朝鲜）申维翰：《青泉先生续集》卷四，《韩国文集丛刊》第 200 辑，韩国首尔：景仁文化社，1997，第 451 页。
② （朝鲜）南龙翼：《壶谷集》卷一一，《韩国文集丛刊》第 131 辑，韩国首尔：景仁文化社，1994，第 233 页。

后两句"徐生脱得秦家火，疑是全经在此城"，意思说，是不是当年徐福脱离秦始皇统治后，将中国的经典书籍带到了这里，使这些书籍没被秦始皇在焚书坑儒时烧毁。

作者想表达的意思是"文字城"名字的由来，也许和徐福保存在这里的经典图书有关，文字城可能因保存了徐福带去的经典书籍而得名。南龙翼虽然是以疑问的语气提出了"文字城"名字的由来，但在作者的心目中，"文字城"是与当年徐福东渡有关系的，至少是当年徐福一行路经此地时，在这里传播了中国的先进文化，这也与作者在长诗《徐福墓赋》中表述的"异百世之流芳"观点相一致，徐福因为将中国优秀传统文化传到了日本，他才能在日本得到长久的尊崇。

南龙翼在日本期间创作的一首唱和诗《次柏师〈富士山〉韵要和》（其五），也表达了相同的观点。

次柏师《富士山》韵要和
其五

秦皇当日议东封，更遣徐生访远踪。
采得仙丹不归去，余风留作屹然峰。

附柏师原韵：

富士山

闻昔宋濂题杰句，何时徐市没遗踪。
朝鲜高岳争高否，试看扶桑第一峰。①

此诗结集在《扶桑录·上》中，作者于朝鲜孝宗六年出使日本期间所作。这是一首和答诗，原唱是日本一岐岛僧人柏师，作者出使日本途中路经一岐岛时，与柏师多次诗歌唱和，这在作者的《扶桑日录》中有记载。

---

① （朝鲜）南龙翼：《壶谷集》卷一一，《韩国文集丛刊》第131辑，韩国首尔：景仁文化社，1994，第245页。

和答诗前两句"秦皇当日议东封，更遣徐生访远踪"，意思说，当年秦始皇东巡议封禅祭山川时，更是派遣徐福远赴大洋寻找仙山。"议东封"，指秦始皇东巡议封禅祭山川。《史记·秦始皇本纪》记载："二十八年，始皇东行郡县，上邹峄山。立石，与鲁诸儒生议，刻石颂秦德，议封禅望祭山川之事。"《史记·秦始皇本纪》记载："遣徐市发童男女数千人，入海求仙人。"

后两句"采得仙丹不归去，余风留作屹然峰"，意思说，徐福到了日本富士山采到了仙药但没有回到中国，而是把中国的先进文化留在了稳固耸立着的富士山下。徐福没有回到中国，见《史记·淮南衡山列传》记载："徐福得平原广泽，止王不来。"说徐福在海外建国称王，没有回去。但徐福是否到了日本，史料没有明确记载，只有日本当地广泛流行的传说，作者这里显然也是相信了这些传说。

日本僧人柏师原唱的前两句"闻昔宋濂题杰句，何时徐市没遗踪"，意思说，听说之前的宋濂很善于题词，名气很大。徐福从什么时间没有了踪迹，史书上没有记载。"宋濂"，中国明初著名文学家、史学家思想家，曾主持编纂《元史》。《明史·宋濂列传》记载，"在朝，郊社宗庙山川百神之典，朝会宴享律历衣冠之制，四裔贡赋赏劳之仪，旁及元勋巨卿碑记刻石之辞，咸以委濂，屡推为开国文臣之首。士大夫造门乞文者，后先相踵。外国贡使亦知其名，数问宋先生起居无恙否。高丽、安南、日本至出兼金购文集。四方学者悉称为'太史公'"。

后两句"朝鲜高岳争高否，试看扶桑第一峰"，意思说，有人说朝鲜的高山比日本的高山高，高不高，去看看日本的第一峰富士山就知道了。这里也是说，日本的富士山才是徐福要寻找的神山。

除上面南龙翼和日本僧人柏师的唱和诗外，南龙翼和日本僧人柏师还有一首唱和诗《次柏师富山韵》也提到了徐福。柏师的原韵有"徐福来兹踪已占，宋濂成曲世相传"句，南龙翼的和答有"若有神仙应此在，虽无载籍亦堪传"句[1]。意思说，徐福一行来到富士山下，在这里定居下来，宋濂的文集在日本也成为传世的佳作。徐福一行当年寻找的神仙如果真有的话，就是日本的富士山，虽说史料没什么记载，但民间传说却值得流传。

---

[1] （朝鲜）南龙翼：《壶谷集》卷一一，《韩国文集丛刊》第131辑，韩国首尔：景仁文化社，1994，第245页。

这都表明，南龙翼和日本僧人柏师都认为徐福东渡到了日本，并活跃在日本富士山一带，在这里传播了中国当时的先进文化，提升了富士山一带的文化地位及影响，使得富士山成为日本"第一峰"，也使得徐福才像富士山一样，成为日本屹然耸立的丰碑。

南龙翼出使日本期间撰写的《扶桑录》中，收录的诗歌还有多首也谈到了徐福东渡的情况，如《次杜工部秋兴》《除夜，放舟行二百里，纪壮游述客怀》《和秋潭国名体》《次林道春示韵》等，从这些诗歌中，也可说明当时的日本广泛流传着徐福东渡到日本的传说。

次杜工部秋兴
其四

> 每忆三韩再造功，至令威慑百蛮中。
> 相如奉节巴除道，陆贾宣纶粤靡风。
> 涉尽海程头早白，行穷旸谷日先红。
> 蓬山莫问长生药，徐福童男亦作翁。①

此诗结集在《扶桑录·上》中，也是作者于朝鲜孝宗六年出使日本期间所作。"杜工部秋兴"，指唐代著名诗圣杜甫的诗歌《秋兴八首》，作者依杜甫《秋兴八首》的诗韵创作了《次杜工部秋兴》八首，此诗是其中第四首。诗中提到，徐福一行到了日本，但日本并没有徐福要找的长生不老的仙药。

首联"每忆三韩再造功，至令威慑百蛮中"，意思说，每当想到朝鲜在三韩时期的快速发展，就联想到其威慑力以至于影响着南边的日本。"三韩"，指中国秦汉时期，朝鲜半岛南部的马韩、辰韩、弁韩。马韩是当地土著组成的，当时还处在原始生活状态。辰韩是由"避秦役"的秦人组成的，也称"秦韩"，其生产力水平和生活习俗与秦汉时期的山东半岛无异，其生产的铁器制品、高档丝绸远销日本。朝鲜王朝时期的许多著名学者认为，辰韩应是由徐福一行人建立起来的。作者这里虽然没有提到徐福，但应包

---

① （朝鲜）南龙翼：《壶谷集》卷一二，《韩国文集丛刊》第131辑，韩国首尔：景仁文化社，1994，第243页。

括这方面的意思。"百蛮",本是中国古代南方少数民族的总称,后也泛指其他少数民族,这里应指当时"三韩"之南的日本九州岛。

颔联"相如奉节巴除道,陆贾宣纶粤靡风",意思说,司马相如奉命开辟巴蜀一代的道路,陆贾说服南越,使其降伏。"相如",指中国西汉时期司马相如。汉武帝时,司马相如为中郎将,持节出使西南诸夷,为笼络西南诸夷、开发西南边疆做出了重要贡献。"除道",开辟、修治道路。"陆贾",中国西汉初期著名外交家,因能言善辩常出使诸侯。刘邦和文帝时,曾两次出使南越,说服赵佗臣服汉朝。"宣纶",这里应是传达皇帝政令,筹划治理疆土的意思。"靡风",这里应是风靡的意思,随风倒伏,降伏。

颈联"涉尽海程头早白,行穷旸谷日先红",意思说,作者一行乘船出使日本,航程中非常辛劳,到了航程终点的日出之地旸谷,刚刚升起的太阳映红了天空。"头早白",这里是辛劳的意思,出自唐朝诗人贯休《送郑使君》"君父恩深头早白,子孙荣袭日难陪"。"旸谷",也作"汤谷",古人传说太阳早晨从东方的"旸谷"升起。这里指日本,因日本是传说中的日出之地。

尾联"蓬山莫问长生药,徐福童男亦作翁",意思说,到了日本传说中的蓬莱仙山,不要问有没有长生不老的仙药,因为当年采集仙药的徐福和他带的童男童女来到这里,也都早已老死了。"蓬山",指蓬莱仙山。这里也明确告诉人们,当年徐福一行到了日本,并在日本终老。

除夜,放舟行二百里,纪壮游述客怀,得二百韵排(节选)

奎章墨尚焕,堂构朣初涂。
绝瀑悬明镜,灵杉近白榆。
有峰皆玉立,无地不金铺。
徐福身应到,刘郎足必濡。[①]

此诗结集在《扶桑录·回槎录》中,应是作者于朝鲜孝宗六年出使日本回国途中所作,作者标注的时间是十二月二十九日岁除夜,即除夕之夜。全

---

① (朝鲜)南龙翼:《壶谷集》卷一二,《韩国文集丛刊》第 131 辑,韩国首尔:景仁文化社,1994,第 254 页。

诗是一首"二百韵"的长诗，此为节选。诗中提到，当年徐福应是到了日本。

"奎章墨尚焕，堂构腆初涂"，意思说，我们出使文书的墨迹还很新鲜、光亮，日本皇宫也是新涂刷的红色陶土。"奎章"，这里指作者一行所携带的出使文书。"堂构"，高大的房舍。这里应指日本皇宫。"腆"，一种粉红色陶土。

"绝瀑悬明镜，灵杉近白榆"，意思说，我们在日本见到了像高悬着明镜一样的高大瀑布，日本的灵杉古树近似于白榆树。

"有峰皆玉立，无地不金铺"，意思说，日本的山峰多挺拔矗立，几乎每个城镇都有金铺。

"徐福身应到，刘郎足必濡"，意思说，中国秦朝时的徐福应是到了日本，东汉时的刘郎采药时也应踏足过日本。"刘郎"，指中国南北朝时南朝宋刘义庆撰《幽明录》中《刘晨阮肇》一节提到的"刘晨"。故事说，东汉时，刘晨和阮肇同赴天台采药，在桃源洞居住了半年，两人返乡时，子孙已历七世。于是二人又重返天台。唐宋时期的许多著名诗人，都在诗中提到过"刘郎"，如唐代诗人刘禹锡、宋代诗人苏轼等。作者这里再次明确指出，当年徐福一行到了日本。

和秋潭国名体

> 汉节经秋夏，周游属我曹。
> 商量齐物理，郑重越波涛。
> 徐市采奉药，宋河容卫舠。
> 三韩杳何许，明月楚天高。①

此诗结集在《扶桑录·上》中，"秋潭"，指与作者同行的朝鲜出使日本的副使俞场，字伯圭，号秋潭。

首联"汉节经秋夏，周游属我曹"，意思说，我们出使日本要经历夏天和秋天，这也是我们周游日本的一次好时机。"汉节"，指中国汉代天子所授予的出使的符节，即出使的凭证，也指携带符节出使的使臣，这里指出使日本的朝鲜使臣，或朝鲜使臣所携带的给日本的公文。

---

① （朝鲜）南龙翼：《壶谷集》卷一一，《韩国文集丛刊》第 131 辑，韩国首尔：景仁文化社，1994，第 232 页。

"商量齐物理，郑重越波涛"，意思说，我们在一起商讨了如何完成肩负的使命，非常慎重地做好了跨越大海波涛的各项准备。"物理"，指事物的常理及内在的规律。这里具体指完成出使使命的各项保证。"郑重"，这里指慎重。

"徐市采秦药，宋河容卫舠"，意思说，秦朝的徐福为采药来到了日本，因为当时的中国容不下徐福，就像中国春秋时的宋国河流容不下卫国的一条小船一样。"宋河容卫舠"，出自《诗经·卫风·河广》："谁谓河广？曾不容刀。谁谓宋远？曾不崇朝"① 意思说，谁说黄河宽又广？一条（卫国）的小船容不下。谁说宋国路遥远？一个上午能走到。"刀"，这里同"舠"，小船。"徐市采秦药"，也是说，徐福远离中国来到日本，是无奈之举，因为当时的中国没有他们这一类人的容身之地。作者这里再次说明，当年徐福东渡到了日本。

"三韩杳何许，明月楚天高"，意思说，航船驶向南方的大海深处，夜里不知什么时间望不见朝鲜的陆地了，抬头只能见到明月高悬在空中。"三韩"，这里指朝鲜，或作者一行乘船起航的朝鲜半岛南部沿海一带。"楚天"，这里指南方的天空。中国春秋战国时期的楚国位居南方，所以也指南方的天空为楚天。

次林道春示韵

道春，一名忠，字可信，号罗山，位至民部卿，年今七十五。
海阔难寻徐市船，秋深谁待葛洪川。
寒梅欲动罗浮影，兴在孤山雪后天。②

此诗结集在《扶桑录·上》中，是一首与林道春唱和的和答诗。"林道春"，原日本官员，作者在诗注中对其年龄、身份做了说明。南龙翼在另一诗歌《日光谣》中，也介绍过林道春："日本主文者，父子三人。擅

---

① 张明林编《四书五经·第一卷·诗经》，中央民族大学出版社，2002，第86页。
② （朝鲜）南龙翼：《壶谷集》卷一二，《韩国文集丛刊》第131辑，韩国首尔：景仁文化社，1994，第249页。

名国中"①。"主文"，指史官，即专门记录和编撰历史的官员。"主文"，有时也指主持科举考试的主考官，或掌管文书的人员。"擅名国中"，说明林道春在当时的日本很有声望。南龙翼在日本期间与林道春有多组诗歌唱和，其中就包括《日光谣》。林道春的和答诗中有"蓬莱分股徐福药，句漏染鬓葛仙砂"句②，意思说，徐福一行在日本的蓬莱神山富士山得到了仙药，葛洪在句漏山炼丹成了仙人。"葛仙"，指中国晋代葛洪，《晋书·列传第四十二·葛洪传》记载，葛洪"学道得仙，号曰葛仙公""求为句漏令，……止罗浮山炼丹"，这说明日本名人林道春也认为当年徐福东渡到了日本，而且林道春把徐福与"学道得仙"的葛仙并列，认为徐福在日本成了仙人。

《次林道春示韵》前二句"海阔难寻徐市船，秋深谁待葛洪川"，意思说，在辽阔的大海中很难寻找到当年徐福东渡乘坐楼船时的痕迹，在深秋的季节也是见不到葛洪炼丹的罗浮山川中的激流的。

后两句"寒梅欲动罗浮影，兴在孤山雪后天"，意思说，葛洪炼丹的罗浮山上的寒梅如果要突出自己的身影和影响，必须是在大雪封山之后绽放，才能傲霜斗雪。

南龙翼的《次林道春示韵》诗，同林道春的《日光谣》和答诗一样，都是把徐福和"学道得仙"的葛仙并列，认为徐福在日本得道成仙，功成名就。南龙翼的此诗侧重强调了"学道得仙"必须经历风浪的磨难，如同寒梅要经历寒霜风雪一样。

附原韵并小叙

余闻海陆安稳，清道入郭，早晚以对马太守，为先客而可执谒也。猥赋绝句，以表寸丹云尔。

朝鲜星使驾官舡，亭堠行过山又川。
花岛三壶肠谷近，仰看日出海隅天。③

① （朝鲜）南龙翼：《壶谷集》卷一二，《韩国文集丛刊》第131辑，韩国首尔：景仁文化社，1994，第249页。
② （朝鲜）南龙翼：《壶谷集》卷一二，《韩国文集丛刊》第131辑，韩国首尔：景仁文化社，1994，第249页。
③ （朝鲜）南龙翼：《壶谷集》卷一二，《韩国文集丛刊》第131辑，韩国首尔：景仁文化社，1994，第249页。

"对马"，指日本对马岛。"亭堠"，这里指驿站。"三壶"，海上三神山，即方丈、蓬莱、瀛洲。晋王嘉《拾遗记·高辛》："三壶，则海中三山也。一曰方壶，则方丈也；二曰蓬壶，则蓬莱也；三曰瀛壶，则瀛洲也；形如壶器。"因传说徐福东渡要寻找的三神山在日本，所以这里也指日本。"旸谷"，指日出之地，这里也是指日本。南龙翼的和答诗《次林道春示韵》之所以提到徐福，也是因为林道春的原韵提到了徐福东渡要寻找的三神山，这也再次说明，二人均认为徐福东渡到了日本的传说应是可信的。

四 徐福文化对日本影响深远

朝鲜仁祖朝进士，仁祖、孝宗朝官员申最，字季良，号春沼。《咸镜都事春沼申公行状》记载，申最十三岁即能赋诗，"诸前辈巨公见之。亟称叹以为不可及"，十六岁参加科举复试，"文为第一，而考官嫌其年少，降置之第三。华闻藉藉，一时知名之士，争相慕游"。入朝为官为朝鲜国王说书时，"公每入侍讲席，剖析疑义，论说明畅，又旁引古今治乱得失盛衰兴败之由，反复敷奏。上为耸听，他讲官皆结舌莫能间"。任检阅时，"上尝夜引筵臣，从容讲程氏心学图，左右辞谢对不悉。公为越席陈辨，无滞义，上称善赐酝"[1]。说申最在少年时即显露超人的才华，十七岁时本来中了进士第一名，因年龄小降为第三名，入朝为官后，也得到了朝鲜国王的欣赏。申最享年四十，有《春沼子集》传世。

申最写有《赠别南云卿学士以从事通信使往日本》诗，其中也提到日本有古老的徐福祠。

赠别南云卿学士以从事通信使往日本

草罢兰台五色麻，妙年高拥犯河槎。

平看出日扶桑近，直驾长风析木赊。

权现庙新瞻宝墨，徐生祠古集神鸦。

知君彩笔题应遍，随处蛮缣烂有花。[2]

---

① 见（朝鲜）申最《春沼子集·附录》，《韩国文集丛刊·续集》第 34 辑，韩国首尔：景仁文化社，2007，第 130 页。

② （朝鲜）申最：《春沼子集》卷二，《韩国文集丛刊·续集》第 34 辑，韩国首尔：景仁文化社，2007，第 24 页。

此诗是作者写给出使日本的朝鲜通信使从事官南龙翼的赠别诗。

诗歌首联"草罢兰台五色麻，妙年高拥犯河槎"，意思说，你刚刚在朝中的五色麻布写完字，又在少壮之年以使团高官的身份出使日本。"兰台"，这里应指南龙翼出使日本前任职朝鲜官署。中国汉朝时，皇宫内的中央档案典籍库称兰台，置兰台令史，史官在此修史。唐朝高宗龙朔年间，秘书省称兰台。"五色"，泛指各种颜色。"妙年"，少壮之年。南龙翼出使日本时只有28岁，身份是从事官，也称书状官，是使团的三位高官（正使、副使、书状官）之一。

颔联"平看出日扶桑近，直驾长风析木赊"，意思所，日本在日出扶桑之地，平时看日出，觉得日出扶桑之地好像不远，实际上，你们驾船即使是顺风也要走很长时间，离我们这里非常遥远。"析木"，古代中国幽燕地域的代称。古代以析木次为燕地的分野，属幽州。这里应代指朝鲜。中国唐代诗人顾况《送从兄使新罗》诗："扶桑衔日边，析木带津遥。""长风"，这里指顺风，有乘长风破万里浪的意思。"赊"，这里是遥远的意思。唐代诗人王勃《滕王阁序》有"北海虽赊，扶摇可接"。

颈联"权现庙新瞻宝墨，徐生祠古集神鸦"，意思说，你到了日本即能看到新建的权现庙里新墨宝，也能欣赏到古老的徐福祠里吃祭品的乌鸦。"权现"，指东照权现，即德川家康，建立了德川幕府，去世后被赐封"东照大权现"，为江户幕府之神，在日本东照宫中供奉。"徐生祠"，这里指徐福祠，也称徐福庙。"神鸦"，指吃祭品的乌鸦。中国南宋著名词人辛弃疾《永遇乐·京口北固亭怀古》有"可堪回首，佛狸祠下，一片神鸦社鼓"。

尾联"知君彩笔题应遍，随处蛮缣烂有花"，意思说，你作诗题词是很有名的，日本人少不了找你，你在日本的缣帛上会留下不少妙笔生花的诗篇和题词的。"蛮缣"，这里指日本的丝织品。古代以丝织品为书写、绘画的载体，缣帛也是文书以及书法、绘画的材料。

申最的诗歌说明，权现庙和徐福祠是当时日本有影响的庙宇，出使日本的朝鲜使臣应该去参观瞻仰。权现庙是新建的，而徐福祠则是古老的，也说明徐福文化在日本影响深远。

朝鲜显宗朝进士，肃宗朝殿试状元，历官朝鲜王朝弘文馆、艺文馆两馆大提学，礼曹判书，敦宁府知事等职的文学家、书法家金昌协，字仲和，号农岩，谥号文简，有《农岩集》传世。金昌协《年谱》记载，金昌协痴迷于学问，无意为官，每次朝廷授予官职，都上书请辞，在不批准的情况下才被迫走马上任。金昌协去世后，"上（指朝鲜国王）下教曰：'知敦宁金某，屡召不来，而前头更加敦勉，必欲召致矣。意外凶闻遽至，曷胜惊悼云云。'仍命该曹，优给葬需，又令本道定送担持军人"①。这说明，金昌协在当时有很高的威望。《农岩集》重刊跋记载："农岩先生之文，实理所载也。精深而微密，典雅而明鬯。开发经旨，裨补世教。故凡志于道者，莫不悦之如刍豢，信之如金石，奉之如神明。"② 对金昌协的文章及影响给予了极高的评价。

金昌协在自己的诗作中也提到日本沿海一带有"徐福祠"。

赠洪生世泰赴燕
其二

少年宾日到咸池，海上停舟徐福祠。
织取扶桑五色茧，东皇与博锦囊诗。③

这是金昌协写给朝鲜官员、诗人洪世泰的一首赠别诗，全诗共六首，这是第二首。

诗歌前两句意思说，你（指洪世泰）在很年轻的时候就迎着太阳，出使过日出之地日本，你们的航船还在日本海边的徐福祠旁停留过。"宾日"，迎着太阳。"咸池"，古代中国神话中日浴之处。《淮南子》："日出扶桑，入于咸池。"这里指"日出扶桑"之地日本。洪世泰作为译官曾于朝鲜肃宗壬戌年（1682）随朝鲜通信使尹趾完出使过日本，这里回顾的就是当年的情况。

后两句"织取扶桑五色茧，东皇与博锦囊诗"，意思说，你用日本美丽的景色编织的美好诗句，博得了日本天皇赠予的锦囊诗。"五色茧"，指形象、生动的诗句。"东皇"，指日本的天皇。"锦囊诗"，这里可做两个解释，一是锦囊里的诗篇，二是优秀诗作。这里也是称颂洪世泰的诗作在日本的影响。

---

① （朝鲜）金昌协《农岩集》卷三六，《韩国文集丛刊》第162辑，韩国首尔：景仁文化社，1996，第434页。

② 见（朝鲜）金昌协《农岩集》，《韩国文集丛刊》第162辑，韩国首尔：景仁文化社，1996，第583页。

③ （朝鲜）金昌协：《农岩集》卷四，《韩国文集丛刊》第161辑，韩国首尔：景仁文化社，1996，第380页。

洪世泰的诗作在当时的朝鲜诗歌界有着较大影响，"善诗，名声具冠当时"，本诗作者金昌协就曾赞誉洪世泰的诗："矢口成章，有一唱三叹之音。"

金昌协诗中提到"海上停舟徐福祠"，不仅说明日本沿海一带有"徐福祠"，也说明当时朝鲜王朝的官员非常关注日本徐福祠。出使日本的朝鲜王朝的官员在徐福祠停泊，去了解当年徐福东渡给日本带来的影响。

朝鲜肃宗、景宗朝官员，金昌协之弟金昌翕，字子益，号三渊，有《三渊集》和《三渊集拾遗》传世。朝鲜景宗、英祖朝文臣，曾任朝鲜弘文馆、艺文馆提学，汉城府判尹的赵明履赞誉金昌翕："高洁刚方之资，兼以英豪俊杰之气。挺特卓迈之志，加以学问充拓之工。""先生者诚可谓百代之宗师，千古之真逸也。"[①] 对金昌翕的人品和学识给予了极高的评价。

金昌翕写有《送成伯圭（琬）之日本》长诗，其中提到徐福东渡到了日本，日本富士山下有"徐福祠"，而且徐福在日本有较大影响。

送成伯圭（琬）之日本（节选）

......

临当欲还归，上谒徐福祠。

茫茫海风波，愁杀秦帝时。

君行万里外，一朝见三山。

三山竟何如，叶叶紫烟间。

金银昼日流，霜雹夏月寒。

遥望但螗螗，飞来众白鹇。

纷纶雪色鹿，骑之多神仙。

长耳白箸翁，不寿乃千年。

灵芝自有蕊，不减绥山桃。

辛勤善采来，一举越云涛。

无若彼徐福，独为岛中豪。[②]

---

① 见（朝鲜）金昌翕《三渊集拾遗》卷三二，《韩国文集丛刊》第167辑，韩国首尔：景仁文化社，1996，第294页。

② （朝鲜）金昌翕：《三渊集》卷一，《韩国文集丛刊》第166辑，韩国首尔：景仁文化社，1996，第18页。

此诗是金昌翕写给出使日本的朝鲜通信使官员成琬的送别诗。成琬，字伯圭，进士出身，肃宗壬戌年（1682）五月，成琬以制述官身份随朝鲜通信使正使尹趾完出使日本，五月初八，朝鲜通信使一行离开朝鲜都城汉城（今首尔），开始了出使的行程，此诗应创作于五月初八启程之前。《送成伯圭（琬）之日本》是一首五言长诗，这里节选的是结尾部分。

"临当欲还归，上谒徐福祠"，意思说，你们出使日本临近回国的时候，应该到徐福祠去祭拜徐福。"上谒"，通名进见尊长，这里是祭拜的意思。

"茫茫海风波，愁杀秦帝时"，意思说，当年徐福受秦始皇派遣"入海求仙人"，到茫茫的大海里迎着风浪去寻找三神山，长时间不回来，也愁坏了秦始皇。

"君行万里外，一朝见三山"，意思说，徐福一行来到了万里之外的日本时，突然在一个早晨见到了他们要寻找的三神山。"三山"，即《史记·秦始皇本纪》的记载："齐人徐福等上书，言海中有三神仙，名曰蓬莱、方丈、瀛州，仙人居之。请得斋戒，与童男童女求之。于是遣徐福发童男童女数千人，入海求仙人"。这里代指神山。

"三山竟何如，叶叶紫烟间"，意思说，神山是什么样子呢？原来神山笼罩在稀稀疏疏的紫烟之中。

"金银昼日流，霜雹夏月寒"，意思说，白天就能见到金银从神山中流出，即使夏天也有冷霜冰雹，寒气逼人。

"遥望但皛皛，飞来众白鹇"，意思说，在远处遥望神山，见到的只是洁白明亮的山峰，像是飞来了一群白鹇盖住了神山。

"纷纶雪色鹿，骑之多神仙"，意思说，也像是众多的雪色鹿在神山驰骋，骑在雪色鹿上的多是神仙。作者关于日本神仙的描述，显然指的是日本富士山。中国五代时，日本来华高僧弘顺大师介绍日本"富士（山），亦名蓬莱。其山峻，三面是海，一朵上耸，顶有火烟。日中上有诸宝流下。夜即却上，常闻音乐。徐福止此，谓蓬莱。至今子孙皆曰'秦氏。'"，[1] 由此可见，金昌翕在诗中描绘的"三山"，就是弘顺大师所介绍的日本富士山。

"长耳白箸翁，不寿乃千年"，意思说，神山上穿着白色衣服的老翁，

---

① （后周）义楚：《释氏六贴》卷二十一，浙江古籍出版社，1990，第433页。

即使年纪不大的，也有一千多岁了。

"灵芝自有黄，不减绥山桃"，意思说，神山上新鲜的灵芝，其长寿的功效不比绥山上的仙桃差。"黄"，茅草的嫩芽，这里指刚生出的新鲜灵芝。"绥山桃"，中国古代传说的仙桃。典出汉代刘向《列仙传·葛由》："绥山在峨眉山西南，高无极也。随之者不复还，皆得仙道。故里谚曰：'得绥山一桃，虽不得仙，亦足以豪。'"

"辛勤善采来，一举越云涛"，意思说，到日本神山上采得新鲜的灵芝，吃后即可成仙，升空腾云驾雾。

"无若彼徐福，独为岛中豪"，意思说，不用说徐福在海岛称王，我们吃了仙药也可以成为海岛上的豪杰。这里既说明徐福当时在日本有很高的地位和很深远的影响，也在鼓励和赞颂作者送别的出使日本朝鲜官员成琬。

朝鲜肃宗朝乙酉（1705）进士、官员申靖夏，字正甫，号恕庵，有《恕庵集传世》。申靖夏的父亲系肃宗朝领议政申琓，但申靖夏的志趣只在读书，研究学问，《弘文馆副校理恕庵申公行状》记载："（申公）自少少宦情，玉署以后，一不膺命，暇日归休，多在石湖亭舍，以山水江湖为命脉，文史诗酒为兴寄。清襟雅趣，在尘土而为玉雪。通籍十数年，立朝盖罕矣。一生所用工，尤在文章一路，经传百家。"[1] 说申靖夏虽在高官之家，但对官场、做官没有兴趣，而酷爱读书，"一生所用工，尤在文章一路"。《校理申公靖夏墓志铭》也记载，"（申公）寻常静坐，目不离书，游戏则手在翰墨也"，"平生嗜好，最在文章，经史百家，靡不贯穿。必以欧苏为绳尺，上溯昌黎，为究竟焉"[2]。"欧苏"，指中国北宋著名文学家欧阳修和苏轼，二人是宋代古文运动的领袖。"昌黎"，指中国唐代杰出文学家韩愈，郡望昌黎（今河南省孟州市），世称"韩昌黎"。

申靖夏写有《赠别赵吏部大年泰亿东槎之行》诗，其中也提到日本有徐福庙。

---

① （朝鲜）尹凤朝：《圃岩集》卷二二，《韩国文集丛刊》第193辑，韩国首尔：景仁文化社，1997，第539页。

② （朝鲜）尹凤九：《屏溪先生集》卷五四，《韩国文集丛刊》第205辑，韩国首尔：景仁文化社，1998，第53页。

赠别赵吏部大年泰亿东槎之行
其一

帆入鹏云湿，尊过蜃雨腥。

神京瞻北斗，王事泛重溟。

出日扶桑赤，孤烟马岛青。

经行有徐庙，仿佛识精灵。①

此诗是作者写给出使日本的朝鲜通信使赵泰亿的赠别诗，"赵吏部大年泰亿"，即赵泰亿，字大年，号谦斋，英祖朝官至左议政兼世子傅。朝鲜肃宗三十七年（1711），赵泰亿以朝鲜通信正使身份出使日本。《赠别赵吏部大年泰亿东槎之行》共二首，此诗是第一首。

诗歌首联"帆入鹏云湿，尊过蜃雨腥"，意思说，帆船进入了大海，空中有大面积的带有湿气的乌云，您就要在暴雨中航行了。"鹏云"，大面积的云，出自《庄子·逍遥游》"鹏之背，不知其几千里也，怒而飞，其翼若垂天之云"。"尊"，指地位或辈分高的人，这里指赵泰亿。赵泰亿出使日本时任吏曹参议。"蜃雨"，指海上的暴雨。

颔联"神京瞻北斗，王事泛重溟"，意思说，您肩负着王室的使命横渡大洋，思念京都的时候，可以瞻望星空中的北斗。"重溟"，指大海。

颈联"出日扶桑赤，孤烟马岛青"，意思说，你们的目的地是红太阳升起的扶桑日本，要路经云雾笼罩着的对马岛。"出日扶桑"，这里指日本。日本是古代传说中的日出之地。"马岛"，指日本对马岛，当时朝鲜与日本海上往来的必经之路，也是当年徐福东渡日本的必经之路。

尾联"经行有徐庙，仿佛识精灵"，意思说，你们沿途还要经过徐福庙的，就好像见到了神山的神灵一样。"徐庙"，这里指徐福庙，出使日本的朝鲜使臣多到日本徐福庙瞻仰，并留有诗篇，这在前面已有记载。"精灵"，这里是神灵的意思。

申靖夏的诗歌说明，在徐福东渡一千多年之后，日本仍有纪念徐福的徐福庙，而且徐福的形象无论在日本，还是在朝鲜文人、官员的心目中都

---

① （朝鲜）申靖夏：《恕庵集》卷三，《韩国文集丛刊》第 197 辑，韩国首尔：景仁文化社，1997，第 237 页。

如同神灵一样，足见徐福文化在当时日本和朝鲜半岛的影响。

朝鲜肃宗朝辛卯（1711）进士第一，景宗、英祖朝官员、诗人曹夏望字雅仲，号西州，有《西州集》传世。曹夏望曾作《于锦江亭步板上韵》，其两联曰："锦水亭空明月在，碧桃花落故人来。纱笼古壁蛛丝老，霞佩朝元鹤羽催。"在当时广泛流传。时任朝鲜弘文馆、艺文馆大提学的洪良浩撰文称赞曹夏望"记性超群，博通古今"，"文辞浩瀚，各体遍长，尤善于诗"，"为文苑主盟"①。可见曹夏望在当时的地位和影响。

曹夏望写有《赠别通信使》诗，赠给出使日本的朝鲜通信使官员，由于赠诗对象不详，无法确定作者创作的具体年限。诗歌共二首，第一首提到了徐福当年携带的"秦童"到了日本，第二首诗中提到日本有纪念徐福的"徐福祠"。

赠别通信使

其一

扶桑东去海无穷，日域楼台蜃气中。
橘柚秋香才缀碧，帆樯晓色已先红。
三山错许秦童赴，百粤真传汉使通。
玉女支机如可问，星河何处斗牛宫。

其二

徐福祠前百丈开，风幡背指海云台。
山河气色聊看剑，宇宙东西且把杯。
千古金缯真拙策，二陵松栢尚余哀。
青冥器业匡时略，也卜兹行莫漫回。②

第一首诗首联"扶桑东去海无穷，日域楼台蜃气中"，意思说，你们东去的日本在遥远的日出扶桑之地，那里的房屋楼台都笼罩在阳光下变化莫

---

① 见（朝鲜）曹夏望《西州集》卷一一，《韩国文集丛刊·续集》第64辑，韩国首尔：景仁文化社，2008，第388~389页。
② （朝鲜）曹夏望：《西州集》卷二，《韩国文集丛刊·续集》第64辑，韩国首尔：景仁文化社，2008，第241页。

测的云雾之中。"蜃气",即海市蜃楼,这里指莫测的海风云雾。

颔联"橘柚秋香才缀碧,帆樯晓色已先红",意思说,现在正是橘柚挂满绿色枝头,散发着秋香的时节,帆船上高高的桅杆最先接收到了早晨红日的映照。

颈联"三山错许秦童赴,百粤真传汉使通",意思说,海上的三神山并没有接纳徐福和他带领的"秦童",但汉武帝时的使者却开通了与南粤的通道。言外之意是,世上并没有什么"三神山",所以徐福一行也去不了"三神山",而是到了日本。

尾联"玉女支机如可问,星河何处斗牛宫",意思说,如果能打听到天上织女的支机石的情况,我们也能知道斗牛宫在天上银河的什么位置。言外之意是,天河和织女都是世间没有的,如同徐福要寻找的三神山一样,不过是人们编造的传说而已。"玉女支机",传说天上玉女用来支撑织布机器的石头。"斗牛宫",指二十八宿星宿中的南斗星宫和牵牛星宫。

第二首诗的首联"徐福祠前百丈开,风幡背指海云台",意思说,日本徐福祠前非常开阔,祠旁的幡旗背对着的是海边的海云台。"百丈开",百丈开外,形容非常开阔。金昌协的诗中有"海上停舟徐福祠"①,说明日本有的徐福祠面向大海,这里"徐福祠前百丈开",也应是面向大海的意思。

颔联"山河气色聊看剑,宇宙东西且把杯",意思说,观看山河的景色就相当于欣赏一把宝剑,走遍大地东西南北就如同拿着酒杯畅饮。"气色",这里指景色、景象。"把杯",拿着酒杯,这里指饮酒,是劝慰出使日本的朝鲜使臣,可以把这次出行看作是一次欣赏山河景色的壮游。

颈联"千古金缯真拙策,二陵松柏尚余哀",意思说,当年秦始皇、汉武帝派方士出海寻找仙人,浪费了那么多的财物,真是一个愚笨的举措,今天秦始皇的陵墓、汉武帝的陵墓周边的松柏也会为当年的愚蠢之举感到悲哀。"金缯",黄金和丝织品,泛指金银财物。"拙策",笨拙的策划、计划。"二陵",应指秦陵(秦始皇陵墓)、茂陵(汉武帝的陵墓)。

尾联"青冥器业匡时略,也卜兹行莫漫回",意思说,制造武器是为了

---

① (朝鲜)金昌协:《农岩集》卷四,《韩国文集丛刊》第161辑,韩国首尔:景仁文化社,1996,第380页。

匡时济世，你们这次出行也是为了国家的利益，占卜的结果是，你们不达目的是不会不回来的。这里也是说，你们一定会圆满完成出使使命的。"青冥"，本指三国时期的名剑。西晋时期的崔豹在《古今注·舆服》中提到，东吴孙权有宝剑六，其中之一曰"青冥"。这里代指武器。

曹夏望的诗歌也说明，徐福东渡到了日本。徐福东渡一千九百年之后，日本仍有纪念徐福的徐福祠。徐福祠旁的幡旗招展，徐福祠前广场开阔，应该是香火兴盛，往来的船只、人员很多，说明徐福文化当时在日本百姓和朝鲜官员、文人心目中有着重要的影响。

日本除有多处"徐福祠""徐福庙"外，有的地方还有徐福墓，这在朝鲜王朝官员的笔下也有记载。

朝鲜景宗朝癸卯（1723）进士，景宗、英祖朝官员沈师周，字圣郁，号寒松斋，有《寒松斋集》传世。沈师周去世后，时任朝鲜领议政（首相）李天辅撰写的《祭文》提道，"概公事亲，动遵《小学》，至诚攸积，神明有格。……出宰四邑，萧然归橐，廉清之操，可警颓俗"，"观公平生，皎洁如玉，全而归之，后死何戚"①。称赞沈师周为人为官严于律己，"廉清之操"，"皎洁如玉"。"《小学》"，中国宋代朱熹与其弟子刘清之合编的教材，全书六卷，分内外两篇。内篇有立教、明伦、敬身、鉴古四部分，外篇嘉言、善行两部分。朝鲜艺文馆大提学的吴载纯撰写的《墓志铭》记载："历四邑，其廉慎爱民，如一日焉"，"民竖铜碑，颂其惠"，"公善文辞，诗尤雅洁。然简交游，不喜为声誉，世之知公者，固鲜矣"②。说沈师周在地方任职时，"廉慎爱民"，得到百姓拥戴，"民竖铜碑，颂其惠"。记载还说，沈师周"善文辞"，但却不愿宣扬自己的声誉。朝鲜状元出身，官至崇禄大夫的南有容于己丑年（1769）撰写的《寒松斋集》序记载："其诗温厚静介，如其为人。文亦醇质，不用巧思奇语，而务归于实理。读之尽卷，充然如有获焉。"③对沈师周的诗歌也给予了较高评价。

---

① （朝鲜）李天辅：《寒松斋集》卷四，《韩国文集丛刊·续集》第70辑，韩国首尔：景仁文化社，2008，第503页。

② （朝鲜）吴载纯：《寒松斋集》卷四，《韩国文集丛刊·续集》第70辑，韩国首尔：景仁文化社，2008，第496页。

③ （朝鲜）南有容：《寒松斋集》，《韩国文集丛刊·续集》第70辑，韩国首尔：景仁文化社，2008，第437页。

沈师周写有五言长诗《釜山馆，送通信使之日本》，其中谈到日本有"徐市墓"。

釜山馆，送通信使之日本（节选）

……

香蔬万丈草，灵液蓬莱樽。

眼极乾坤轴，行探日月根。

夷犹徐市墓，感慨朝鲜村。

万里王灵仗，百年邻道存。[①]

……

此诗系作者写给出使日本的朝鲜官员的送行诗，应是在朝鲜半岛东南部釜山沿海的馆舍所作，这里节选了其中的一部分。

"香蔬万丈草，灵液蓬莱樽"，意思说，日本就是当年徐福寻找的蓬莱仙山，那里可以吃到各种各样的鲜美蔬菜，还可以用精美的酒具饮酒。"灵液"，长生不老的仙酒，这里指酒。"蓬莱"，指传说中海上蓬莱仙山。"蓬莱樽"，蓬莱仙山上的盛酒器具，这里指酒具、酒杯。

"眼极乾坤轴，行探日月根"，意思说，日本在一眼望不到边的天的尽头，是天地转换的中轴，在那里可以探寻到太阳和月亮升起的地方。"乾坤"，这里指天地。"日月根"，这里指日本是传说的"日出扶桑"之地。

"夷犹徐市墓，感慨朝鲜村"，意思说，你们到了日本后，一定要去看看日本的"徐市墓"，考察一下埋葬的是不是徐福，还要去看一下日本的朝鲜村，看看那里的人生活得怎么样。"夷犹"，这里是犹豫、迟疑的意思。

"万里王灵仗，百年邻道存"，意思说，万里航程有我们国王的威德作为依仗，有百年来我们和日本交往所秉持的与邻为善的道义存在。"王灵"，王朝的威德。

沈师周的诗歌说明，当时的日本有徐福墓，虽然我们无法得知当年出使日本的朝鲜王朝官员考察的"徐市墓"具体情况，但徐福墓在日本的存

---

① （朝鲜）沈师周：《寒松斋集》卷一，《韩国文集丛刊·续集》第 70 辑，韩国首尔：景仁文化社，2008，第 450 页。

在，无论其埋葬的是不是当年的徐福，作为一种文化，一种对徐福的仰慕，说明徐福文化在日本的影响源远流长。

朝鲜肃宗朝吏曹（部）官员任守干，字用誉，号遁窝，诗人，朝鲜进士及第，历官朝鲜成均馆司成、丹阳郡守、钟城府使、兵曹参知、承政院右承旨等。任守干于朝鲜肃宗三十七年（1711）以通信副使身份出使日本，有多位朝鲜官员赋诗相赠，其中有多首赠别诗提到日本有徐福庙、徐福祠。

朝鲜显宗壬子年（1672）进士，显宗、肃宗朝官员李塈，也写作李墩，字进吾，号文泉，历官朝鲜江陵府使、成均馆大司成、吏曹参议、礼曹判书等职。《朝鲜肃宗实录》肃宗三十九年一月二十六日记载："（李塈）居家笃孝友，立朝着廉介，尤以文雅见称于世。为人狷隘，持论极峭峻。"李塈虽然因耿直敢言受到贬官处罚，但去世后，朝鲜王室仍给予了很高的评价，说李塈在家里对父母很孝顺、对兄弟很友爱，在朝做官则清廉正直，特别是与人交往温文尔雅，守信用讲礼貌。还说李塈性情耿直急躁，论事直来直去，坚持己见。"狷隘"，这里是性情急躁、耿直的意思。"峭峻"，这里指刚直严峻。曾与李塈同朝为官，朝鲜景宗朝官至左议政的崔锡恒撰写的《李判书挽》也赞誉李塈："文苑铨衡属望高，独持清裁冠廷僚。心同老桂知逾辣，节比寒松见后凋。冤恨莫伸梁狱对，断魂谁遣楚些招。伤时悼往千行涕，寄洒东风贡浦潮。"①说李塈在文人中有很高的威望，高风亮节，但被谗害而遭冤狱。"铨衡"，这里是衡量的意思。"老桂"，指生长多年的桂树。"梁狱"，指冤狱、被谗害，典出《史记·鲁仲连邹阳列传》。"楚些"，指楚地的乐调或《楚辞》，典出《昭明文选》卷三十三《骚下·招魂》。

李塈写给肃宗三十七年（1711）出使日本的朝鲜通信副使任守干的送别诗：

遁窝府君日本使行时赆章（辛卯）

航海通蛮粤自丽，圃翁秋老尚名垂。
仗来忠信行何患，冲去风波视若夷。
试问蓬莱寻底处，或云徐福有遗祠。

---

① （朝鲜）崔锡恒：《损窝先生遗稿》卷四，《韩国文集丛刊》第169辑，韩国首尔：景仁文化社，1996，第403页。

知君洽遂桑弧志，待得归帆举贺卮。①

"遁窝府君"，即任守干，号遁窝。"辛卯"，肃宗三十七年（1711）是辛卯年。

诗的首联"航海通蛮粤自丽，圃翁秋老尚名垂"，意思说，朝鲜航海出使日本早在高丽时期就开始了，圃隐老先生郑梦周就曾代表高丽王朝出使过日本，留下的诗篇至今流传。"蛮"，这里指日本。当时朝鲜以"小中华"自居，视日本为动辄炫耀武力的野蛮民族。"粤"，这里同"曰"。"丽"，指高丽。"圃翁"，指高丽王朝末期的郑梦周。

颔联"仗来忠信行何患，冲去风波视若夷"，意思说，我们依仗着对国家，对神灵的忠诚信实，在大海航行中就不要惧怕什么险阻，面对着风涛巨浪就像走在平地行走一样。"视若夷"，成语"视险若夷"，比喻平安地渡过困境。这里主要是鼓励出使日本的任守干一行，一定会渡过风浪，平安到达日本。

颈联"试问蓬莱寻底处，或云徐福有遗祠"，意思说，你们到了日本后，一定要打听一下当年徐福一行寻找的蓬莱仙山在日本的什么地方，有的人说日本有徐福或他的后人留下的供奉祖先的祠堂。"蓬莱"，指蓬莱仙山。这里也是照应首联"圃翁秋老尚名垂"，说当年郑梦周就去瞻仰过日本徐福祠，言外之意，你们到了日本也要去徐福祠祭祀徐福。

尾联"知君洽遂桑弧志，待得归帆举贺卮"，意思说，知道你这次出使也实现了干一番事业的志向，等你们航船归来的时候，我一定举酒庆祝你胜利完成了出使使命。"桑弧"，以桑木作的弓，也泛指坚弓利箭。"桑弧志"，桑弧之志，指男儿在四方干一番事业的志向。出自《礼记·射义》："男子生，桑弧蓬矢六，射天地四方。天地四方者，男子之所有事也。""卮"，古代酒器。"贺卮"，以酒祝贺。

李塈在赠别诗提出要出使日本的朝鲜通信使一行打听一下当年徐福寻找的蓬莱仙山在日本什么地方，去看一看日本的徐福祠是不是徐福的后人留下的祠堂，说明作者对当年徐福东渡到了日本深信不疑，而且认为徐福

---

① （朝鲜）李塈：《东槎日记·坤·遁窝府君日本使行时赆章》，《韩国古典翻译书》第9辑，韩国古典综合库 DB，第100页。

文化对日本有着重要影响，所以日本才有古老的徐福祠，三百多年前出使日本的郑梦周才会去瞻仰并在诗中提到他。

朝鲜肃宗朝乙酉（1705）进士，肃宗、景宗、英祖朝官员宋成明，字圣集，君集，号松石。宋成明历官朝鲜成均馆大司成、弘文馆提学、工曹判书、黄海监司、政府左参赞、五卫都总府都总管、礼曹判书等职。朝鲜英祖朝领议政李宗城撰写的《礼曹判书宋公神道碑铭》记载："庚申四月五日，卒于江舍。春秋六十七。……上尝临朝念公雅操，伤悼久之，是日闻者，莫不感叹。""公性孝友爱人，平生不识机权。不喜纷竞。家居简淡，惟好书籍，至老课诵不倦。有诗文几卷藏于家。雅志恬退"①。说宋成明去世后，朝鲜英祖国王对宋成明高尚的操守赞叹、伤感不已，也感动了在朝官员。记载还说宋成明对人友善，不搞权谋，平日生活简朴淡泊，淡于名利，唯独喜欢读书。

宋成明写给肃宗三十七年（1711）出使日本的朝鲜通信副使任守干的送别诗：

遁窝府君日本使行时赆章（辛卯）

其一

> 日出扶桑国，鲸波万里明。
>
> 帆樯从此去，忠信可能行。
>
> 路接三山近，天围四海晴。
>
> 男儿远游壮，何用别离情。

其二

> 朝廷修信急，沧海候风赊。
>
> 人在鹏飞外，帆高蜃气涯。
>
> 千年徐福庙，八月博望槎。
>
> 莫向蓬莱岛，归来有国家。②

---

① 李宗城：《梧川先生集》卷一〇，《韩国文集丛刊》第 214 辑，韩国首尔：景仁文化社，1998，第 239 页。

② （朝鲜）宋成明：《东槎日记·坤·遁窝府君日本使行时赆章》，《韩国古典翻译书》第 9 辑，韩国古典综合库 DB，第 100 页。

宋成明的送别诗二首，诗题同李塈一致，可能是二人共同拟定的诗歌题目。

第一首诗首联"日出扶桑国，鲸波万里明"，意思说，你们出使的日本国，要途经万里大海中的惊涛骇浪，才能达到"日出扶桑"太阳升起的地方。"日出扶桑"，前面多次提到，这里指日本。"鲸波"，指惊涛骇浪。

颔联"帆樯从此去，忠信可能行"，意思说，你们就要登船扬帆起航了，你们怀揣对国家的忠诚，及与邻国讲诚实受信用的信念，一定会一帆风顺的。

颈联"路接三山近，天围四海晴"，意思说，你们会离当年徐福一行寻找的三神山越来越近的，上天也会给大海带来晴好的海况的。"三山"，是指传说中的海上三神山。因传言徐福东渡到了日本，所以这里也是指日本。

尾联"男儿远游壮，何用别离情"，意思说，你们这次出使日本也是一次远海壮游了，不必为远离家乡亲人而伤感。

第二首诗首联"朝廷修信急，沧海候风赊"，意思说，你们这次出使日本肩负着朝廷急迫的使命，没有等到最合适的风向就起航进入了大海。

颔联"人在鹏飞外，帆高蜃气涯"，意思说，你们要到大鹏鸟飞过的千万里之外的地方，你们的船帆要颠簸在变化莫测大海蜃气中。"鹏"，这里指《庄子·逍遥游》中记载的大鹏鸟："北冥有鱼，其名为鲲。鲲之大，不知其几千里也。化而为鸟，其名为鹏。鹏之背，不知其几千里也。怒而飞，其翼若垂天之云。""鹏之徙于南冥也，水击三千里，抟扶摇而上者九万里。""蜃气"，即海市蜃楼，一种光线折射现象，古人误以为蜃吐气而成，故称蜃气。"蜃"，传说中的海怪，形似大蛤蜊，能吐气成海市蜃楼。

颈联"千年徐福庙，八月博望槎"，意思说，你们去的日本国，那里有千年来一直香火不断的徐福庙，预计你们八月份就会乘船到日本看到徐福庙了。"博望槎"，前面提到，指西汉时期出使西域的博望侯张骞，这里指出使日本的朝鲜使臣乘坐的帆船。"八月"，据出使日本的朝鲜通信副使任守干的《东槎日记》记载，七月初五"卯初，三使骑卜船，并六只倭船九只，一齐举帆出外洋"①。这里提的"八月"，应是指朝鲜通信使一行到达日

---

① （朝鲜）任守干：《东槎日记·七月初五》，《韩国古典翻译书》第9辑，韩国古典综合库DB，第48页。

本的时间，或这期间正在日本。

尾联"莫向蓬莱岛，归来有国家"，意思说，到了日本，不要去打听当年徐福一行寻找的蓬莱仙山在什么地方，完成使命后就早一点回国。言外之意说，日本没有什么蓬莱仙山，我们的祖国就是仙境。"蓬莱岛"，指蓬莱仙山。

宋成明在赠别诗中有"千年徐福庙"句，不仅说明日本徐福庙的历史悠久，也说明日本人至今还在祭祀和纪念徐福，也反映了徐福文化在日本深远的影响。

朝鲜肃宗至英祖朝官员、著名诗人崔成大，字士集，号杜机，历官朝鲜承政院都承旨、司谏院大司谏等职，有《杜机诗集》传世。朝鲜正祖二十年（1796），即崔成大去世三十多年之后，被追赠为"清白吏"。崔成大的诗歌在当时朝鲜有较大影响。朝鲜英祖、正祖时期诗人、文献学家李德懋撰文赞誉崔成大的诗歌："为诗，用事鲜楚，能脱东人腐熟之习，长于古诗七绝。申青泉周伯维翰，见杜机《山有花》诗，欣然起舞，仍往见杜机，结为题襟之友，相视莫逆，托为知音。青泉之言曰：'士集之诗，辋川之寂，襄阳之澹，储韦闲婉，刘白秾纤，积之妍姝之豪。种种具足。'"① "东人"，指当时的朝鲜。"申青泉周伯维翰"，指前面提到的擅长诗文的申维翰，字周伯，号清泉。"辋川"，这里指唐代诗人王维所作的单幅壁画《辋川图》，主画面亭台楼榭掩映于群山绿水之中。"襄阳"，这里指唐代诗人徐安贞《题襄阳图》诗，描述了画面上襄阳的山水景色。"储韦"，指唐代诗人储光羲、韦应物。"刘白"，指唐代诗人刘禹锡、白居易。"积"，唐代诗人元稹。李德懋、申维翰也都是当时朝鲜有影响的文臣、诗人，给予了崔成大如此高的评价，也足见崔成大的诗歌在当时的地位和影响。申维翰还为《杜机诗集》作序，其中记载："子为古调，一不沿铙歌鼙舞子夜乌栖等题，所赋咏山川都鄙民物谣俗，又不袭秦京汉殿燕赵佳人楚越名品，独网罗析津之墟。荒霾岷壤，侏儒谚虫鸟史，甲黔乙黎，以供荟蕞。……概以化工之妙，独得人间真色天香，如菡萏出水，蘼芜在谷。是谁之使，即海外天荒之野。亭台墟墓，霸迹侯尘，鬟女魋竖，涂歌巷俚，莫非天生花雨露

---

① （朝鲜）李德懋：《青庄馆全书》卷三三，《韩国文集丛刊》第 258 辑，韩国首尔：景仁文化社，2000，第 21 页。

香，其斯为采真之游乎。"① 称赞崔成大善写古调，但又不沿袭古人，而是独具特色，贴近百姓生活，描绘山川实况。

奉送吏部任学士守干充通信副使之日本（节选）

……

遥知经马岛，何处泊长门。

卉服争瞻仰，文身共骏奔。

獠旗迎入馆，铜鼓动随轩。

徐福询遗庙，阿食吊古魂。②

……

诗歌题目点出了这是赠给出使日本的朝鲜通信副使任守干的送别诗，作者收录在《杜机诗集》中的是一首五言长诗，这是节选。任守干收录在自己《东槎日记》中的此诗个别词有差异，如"遥知经马岛"，《东槎日记》中是"几时经马岛"；"阿食吊古魂"，《东槎日记》中是"阿飧吊古魂"。出现这种情况，有可能《东槎日记》是原作，而作者收录在《杜机诗集》里的是修改稿。

"遥知经马岛，何处泊长门"，意思说，我们远在朝鲜就知道你们要路经对马岛，但不知道你们什么时间能到达出使的目的地日本王宫。"马岛"，指日本的对马岛。"长门"，这里指日本，日本古代有长门国。今日本仍有长门市，属山口县。"长门"，这里也可代指王宫。

"卉服争瞻仰，文身共骏奔"，意思说，你们到了日本后，穿着日本特色服装的百姓会争先恐后地看着你们，当地文身的日本人也急匆匆地跟着看你们。"卉服"，用葛布做的衣服，原指草服，后泛指粗布衣，也借指边远地区少数民族或岛居之人，这里指日本百姓。"文身"，这里也指日本人，日本的原住民自古就有文身的习俗。

---

① 见（朝鲜）崔成大《杜机诗集》序，《韩国文集丛刊·续集》第70辑，韩国首尔：景仁文化社，2008，第509页。

② 见（朝鲜）崔成大：《杜机诗集》卷一，《韩国文集丛刊·续集》第70辑，韩国首尔：景仁文化社，2008，第516页。

"獠旗迎入馆，铜鼓动随轩"，意思说，你们到了日本，日本人会打着彩旗、敲打着铜鼓把你们乘坐的车子迎进宾馆。"獠"，本意是打猎。中国古代南方的一个少数民族也称"獠"。"獠旗"，这里应指日本人欢迎外宾的彩旗。

"徐福询遗庙，阿食吊古魂"，意思说，你们到了日本后，要打听一下徐福古庙在什么地方，要带着食物等祭品去凭吊徐福。"遗庙"，古庙，如唐代著名诗人杜甫《武侯庙》诗："遗庙丹青落，空山草木长。"

以上李墍、宋成明、崔成大的送别诗说明，当时的日本不仅有声名在外、香火不断的徐福庙、徐福祠，这些徐福庙、徐福祠也是当时的朝鲜官员、学者非常关注的文物古迹。

朝鲜英祖朝进士、诗人、小说家申光洙，字圣渊，号石北，或称五岳山人。申光洙历官英祖朝涟川县监、承旨、兵曹参议、顺天府使、宁越府使等职，有《石北集》传世。《石北集》再版时，时任朝鲜崇政大夫（从一品），曾任工曹判书、春秋艺文馆、成均馆知事、弘文馆提学的张锡龙在丙午年（1846）春撰写的《石北集·序》中记载："公力攻古文，尝喜读左丘明、司马迁之文。而文则其雄肆峻洁，最近于韩、欧。诗则忠爱闳远，专尚少陵。固可谓近世之宗匠而得其正音者也。"① 说申光洙的文章、诗歌传承了中国古代文学大家杜甫、韩愈、欧阳修等人的精髓。"韩、欧"指唐代著名文学家、政治家韩愈和宋代著名文化家、政治家欧阳修。"少陵"，指唐朝诗圣杜甫，杜甫自号少陵野老，世称杜少陵。张锡龙晚年升职辅国崇禄大夫。

申光洙写有《送通信副使》，说日本有千古"徐福庙"。

送通信副使

中丞文彩动朝班，天上衔书到百蛮。

日月近人元赤木，神仙待客是金山。

春衣异国行花里，夜水高船宿岛间。

千古虚无徐福庙，三韩使者入秋还。②

---

① （朝鲜）申光洙：《石北先生文集》，《韩国文集丛刊》第 231 辑，韩国首尔：景仁文化社，1999，第 190 页。

② （朝鲜）申光洙：《石北先生文集》卷一，《韩国文集丛刊》第 231 辑，韩国首尔：景仁文化社，1999，第 207~208 页。

　　这是作者写给出使日本的朝鲜通信副使的一首送行诗，从时间上推断，应是写给朝鲜英祖二十三年（1747）出使日本的朝鲜通信副使南泰耆的。南泰耆，英宗八年（1731）进士，历官都承旨、礼曹判书、义禁府知事、刑曹判书、汉城府判尹等职。

　　首联"中丞文彩动朝班，天上衔书到百蛮"，意思说，中丞写的文章很有文采，包括这次出使日本的信函，惊动了朝鲜王室。"中丞"，也称执义，朝鲜司宪府官员。这里指出使日本的朝鲜通信副使南泰耆，出使前，南泰耆的身份司宪府执义，即司宪府中丞。"百蛮"，泛指少数民族，这里指日本。

　　颔联"日月近人元赤木，神仙待客是金山"，意思说，你们出使的日本国，太阳和月亮都离人很近，圆木也是红颜色的，那里的神仙招待客人用的全部都是来自金山的金器。"日月近人"，指日本是日出扶桑之地，是太阳和月亮升起的地方。"元"，同"圆"。日本也是徐福东渡寻找到的海上仙山，所以这里也把日本比喻为神仙居住的地方，同时此句也有日本会热情地招待你们的意思。

　　颈联"春衣异国行花里，夜水高船宿岛间"，意思说，你们穿着春天的衣服行走在异国他乡的花丛之间，夜晚涨潮水涨船高时还要留宿在海岛岸边。作者还有《通信使二月初六日浮海》诗①，说明朝鲜通信使一行是春季二月初六日拔锚起航的，这也与此句提到的季节相符。

　　尾联"千古虚无徐福庙，三韩使者入秋还"，意思说，你们到了日本后一定要了解一下作为道家的徐福庙与当年徐福东渡有什么联系，因为自古以来就对徐福东渡到了日本有着不同的解读。你们秋天就会安全地回到自己的国家了。"虚无"，这里可做两个意思的解读，一是指道家，道家的本体谓道体虚无，包容万物，故有而若无，实而若虚。《庄子·刻意》："夫恬惔寂寞，虚无无为，此天地之平而道德之质也。"二是也可理解为虚虚实实，没有定论，这里是难以确定的意思。"三韩"，前面提到，古代朝鲜半岛南部有马韩、辰韩、弁韩三个国家，朝鲜人常以"三韩子孙"自称。"三韩使者"，指的是出使日本的朝鲜通信使一行。

　　申光洙的诗歌说明，日本的徐福祠（庙）有着上千年的历史了，虽然

---

① （朝鲜）申光洙：《石北先生文集》卷一，《韩国文集丛刊》第231辑，韩国首尔：景仁文化社，1999，第209页。

当时的人们仍无法确定徐福东渡日本的真伪，但徐福文化在日本有着重要影响却是不争的事实。

朝鲜英祖朝官员、诗人金履坤，字厚哉、晋卿，号凤麓，朝鲜英祖时历官东宫侍直、王孙教傅、新溪县令，卒于新溪县令任上，赠司宪府执义，有《凤麓集》传世。与金履坤同时为官，官至朝鲜左议政的洪乐纯撰写的《金厚哉墓文》记载："（金履坤）喜读书为文章，家贫无灯烛，每秋夜诵书，与草虫韵折往复。君自以为奇读，多者数千，少者三数百。其为诗，镕磨爬栉，协于意然后出之。故其近体篇完气俊，始于唐而成于宋。其古诗歌行，近而若远，深而若浅，旁搜侧出。神行其间，不可涯涘。江汉黄大卿称之曰：'绝调也。当求之中国，非东方所有也。'后生少年，相传诵以为凤麓体。凤麓者，君别自号也。"① "黄大卿"，指黄景源，字大卿，朝鲜吏曹参判兼守弘文馆大提学，艺文馆大提学，知成均馆事。洪乐纯对金履坤安于清贫，喜好读书，及诗文在当时的影响，都给予了很高的评价。朝鲜王室文臣朴胤源撰写的《赠司宪府执义金公行状》也记载："（金履坤）平居不事家人产业，破屋颓垣，清坐其间，妻子饥饿而不之忧也。家贫无灯烛，每秋夜诵书，与草虫韵折往复，公自以为奇。公既博洽群书，晚又专心于经义，罕出词章。""讲《尚书》疑义，往复辨难。凡有所思，辄书之为杂识，剔奥旨，发妙谛，往往有诸儒所不及。""公于文章、节义，兼而有之。两皆足以不朽矣。"② 也赞誉金履坤的"文章、节义"，不仅在当时很有影响，而且能影响后人，"皆足以不朽矣"。

金履坤写有七言长诗《渡海曲》，其中提到了日本的"徐福祠"

渡海曲（节选）

积水茫茫千万里，赤日涌出扶桑里。

三神□事传谲怪，五层杰构更侈靡。

……

---

① 见（朝鲜）金履坤：《凤麓集·金厚哉墓文》，《韩国文集丛刊·续集》第80辑，韩国首尔：景仁文化社，2009，第267页。

② （朝鲜）朴胤源：《近斋集》卷三〇，《韩国文集丛刊》第250辑，韩国首尔：景仁文化社，2000，第581~582页。

　　　　　　富士山头冰雪积，徐福祠前水云白。

　　　　　　漆齿娇娥倚橘树，蛮拍嘈嘈拥彩鹢。①

　　　　　　……

　　以上是长诗《渡海曲》的节选。《渡海曲》应是作者写出使日本的朝鲜官员的赠别诗，赠送的朝鲜官员和创作的时间不详。

　　诗的首句"积水茫茫千万里，赤日涌出扶桑里"，意思说，你们这次要跨越茫茫的万里大海，到日出扶桑的日本去。"扶桑"，这里指传说中的日出扶桑的日本。

　　"三神□事传谲怪，五层杰构更侈靡"，意思说，海上有三神山的传说是编造的诡诈之说，日本官府建有五层高的楼房更是非常奢侈浪费。"三神"，指海上三神山。《史记·秦始皇本纪》记载："齐人徐市等上书，言海中有三神山，名曰蓬莱、方丈、瀛洲，仙人居之。""五层杰构"，指日本建造的五层高的豪华楼房。前面提到，朝鲜诗人赵秀三在《日本》诗序中提到，日本"民家皆二层为间，官府至有五层者"②。

　　"富士山头冰雪积，徐福祠前水云白"，意思说，日本富士山头有堆积的冰雪，富士山下徐福祠前的白色云雾也值得观赏。这里也可理解为，日本有两处名胜值得欣赏，一是山头有冰雪堆积的富士山，二是被水上云雾笼罩的徐福祠。无论从哪个角度理解，都说明徐福祠在当时的日本很有名气。

　　"漆齿娇娥倚橘树，蛮拍嘈嘈拥彩鹢"，意思说，漆齿的日本姑娘会靠在岸边橘树旁，日本男人则会拍打着喧杂的音响在岸边欢迎你们的航船到来。"漆齿"，古代日本已婚女性有漆齿的习俗，即把牙齿染黑，这里也可具体指漆齿的日本已婚女性。日本漆齿的习俗，可能受到中国东南沿海吴越一带民俗的影响。"彩鹢"，古代常在船头上画鹢，着以彩色，这里借指船。

　　金履坤的《渡海曲》说明，日本有着名气很大的"徐福祠"，受到了朝

----

① （朝鲜）金履坤：《凤麓集》卷二，《韩国文集丛刊·续集》第80辑，韩国首尔：景仁文化社，2009，第228页。

② （朝鲜）朴胤源：《秋斋集》卷七，《韩国文集丛刊》第271辑，韩国首尔：景仁文化社，2001，第494页。

鲜王朝官员的特别关注，也是出使日本的朝鲜王朝官员重要考察的场所。

朝鲜英祖朝进士、英祖、正祖朝官员、诗人李匡吕，字七滩、圣载。李匡吕官至参奉，因平生无自号，故后人结集的文稿称《李参奉集》。官至朝鲜辅国崇禄大夫中枢府判事兼吏曹判书、两馆大提学的李晚秀在《李参奉集·序》中记载："（李匡吕）晚年文字。出之愈简，敛菁华而归素朴，谢剚劸而就坦夷。温恭卑牧，专用力于内，……昔我正庙览先生为人作元陵挽词，嗟赏久之曰：'谁所为也，近世无此作。'"① 说李匡吕的文章虽简朴谦卑，但很有内功，曾得到朝鲜正祖国王的高度赞赏。"剚劸"，高大挺拔。"正庙"，指朝鲜正祖国王，在位时间：公元 1776 年至 1800 年。

李匡吕写有诗歌《曹畴卿使日本，送笺索赠》，其中也提到日本有徐福祠。

曹畴卿使日本，送笺索赠
其二

日出徐祠东复东，三韩南去海无穷。

轻帆计到春应遍，踯躅花开瘴雾中。②

此诗是作者写给出使日本的朝鲜官员的，"曹畴卿"，应指的是曹命采，他于朝鲜英祖二十三年（1747）二月以通信使从事官身份出使日本，并写有《奉使日本时闻见录》。诗歌共五首，这里选录了其中的第二首。

前两句意思说，徐福祠在东边大海太阳升起的地方日本，从朝鲜（半岛）南部海边向南出发要走很远的航程。"徐祠"，指日本的徐福祠。"三韩"，今韩国一带，古代分属马韩、弁韩、辰韩，史称三韩。

后两句意思说，你们的船只会很顺利地不出春季就到达日本的，那时的杜鹃花（映山红）会在瘴雾中开放。"轻帆"，本指小舟、轻舟，这里应是一帆风顺的意思。"踯躅"，杜鹃花的别名，又名映山红。唐代著名诗人白居易《题元十八溪居》诗："晚叶尚开红踯躅，秋芳初结白芙蓉。"

---

① 见（朝鲜）李匡吕：《李参奉集》，《韩国文集丛刊》第 237 辑，韩国首尔：景仁文化社，1999，第 230 页。

② （朝鲜）李匡吕：《李参奉集》卷一，《韩国文集丛刊》第 237 辑，韩国首尔：景仁文化社，1999，第 240 页。

作者之所以要在诗歌中提到徐福祠,而且是诗歌中唯一提到的日本文化遗迹,是因为徐福在作者心目中有着非常重要的地位,故将徐福祠作为日本最著名的文化遗迹或景点在诗中点出。作者希望,出使日本的朝鲜王朝官员能重视徐福,能够去日本徐福祠瞻仰、祭拜,去看看徐福文化在日本的影响。

朝鲜正祖、纯祖时期官员,学者尹愭,自号无名子,有《无名子集》传世。《无名子集》中有不少寓言故事,《亚洲各国寓言》(湖南教育出版社1998版)、《外国古代寓言选》(湖北教育出版社2003版)、《韩国古典文学精华》(岳麓书社2006版)均有收录。

尹愭在《峡里闲话》一文中也提到欧阳修的《日本刀歌》,认为徐福东渡将中国古代经典书籍带到了日本。

> 《格致丛书》曰:"日本有《古文尚书》,乃徐福入海时所携也。"欧阳公诗曰:"徐福行时《书》未焚,《逸书》百篇今尚存。令严不许传中国,举世无人识道真。"然则百篇《逸书》之存于彼而不传于此,甚可惜也。①

"《格致丛书》",中国明末编纂的大型丛书。"欧阳公诗",即欧阳修的《日本刀歌》。引用的"举世无人识道真",原句应为"举世无人识古文"。尹愭认为徐福带到的日本中国古代经典书籍没有传承下来,"甚可惜也",这说明,他也认定徐福东渡到了日本,并在日本传播了中国优秀的文化。

朝鲜王朝末期著名政治家、学者,高宗朝重臣申箕善,字言汝,号阳园,有《阳园遗集》传世。申箕善是朝鲜王朝末期较为开明的儒家学者,主张以传统的东方思想文化为基础,学习和发展西方的科学技术。申箕善享年五十九岁,去世后,朝鲜高宗国王说:"此重臣学识渊富,立朝三十余年,劳绩茂著。"② 时任朝鲜中枢院议长的金允植撰写的《谥状》记载:"(申箕善)博涉经史,先立大本。以洙泗洛闽为宗旨,剖析性理,尽其精

---

① (朝鲜)尹愭:《无名子集》,《韩国文集丛刊》第256辑,韩国首尔:景仁文化社,2000,第533页。

② 见(朝鲜)申箕善《阳园遗集》卷一八,《韩国文集丛刊》第348辑,韩国首尔:景仁文化社,2005,第386页。

微。读书十行俱下，发言成章。下笔滔滔，若不经思。所著儒学经纬，已行于世。……公晚年学问益博，誉望日隆，蔚然为士林领袖，文垣主盟。他日斯文之赖而不坠者，繄公是望。"① 金允植对申箕善在学术上的影响给予了极高的评价，说申箕善是当时的"士林领袖，文垣主盟"。"洙泗"，孔子在洙水、泗水一带聚徒讲学，后以"洙泗"代称孔子及儒家。"洛闽"，洛学和闽学的合称，即程朱理学。因北宋程颢、程颐为洛阳人，南宋朱熹曾侨居、讲学于福建（闽），故有此称。

申箕善写有赠别诗送给即将归国的日本友人米溪，其中也提到日本有"徐福祠"：

日本米溪词伯将以八月阳历四日归国，韩日诸名士送别于俱乐部，
米溪有留别二诗，词甚慨壮。读之惘然，因步其韵以赠其行

　　酒醒诗瘦两相怜，凫短鹤长知孰贤。
　　东海高人今始见，南山胜事后应传。
　　草梁馆外云归岫，徐福祠前月满船。
　　破浪乘风缘未了，看君须发尚青年。②

此诗是申箕善为日本友人米溪归国作的赠别诗，从诗歌的内容看，米溪应是日本派驻朝鲜釜山倭馆（也称"草梁馆"）的官员。

首联"酒醒诗瘦两相怜，凫短鹤长知孰贤"，意思说，送别宴上我们都喝得有醉意了，并赋诗来表达我们同病相怜，舍不得离开的心情。经过前一段时间的交往，我们更加相互了解了，我知道你是一个有贤德的人。"酒醒"，酒后的醉意病态。"凫短鹤长"，成语，意思说，野鸭的小腿很短，鹤的小腿很长，指余缺不齐。凫，野鸭。"凫短鹤长知孰贤"，这里的意思是，经过比较知道人的长处和短处，谁更有贤德。

颔联"东海高人今始见，南山胜事后应传"，意思说，今天见到你赠送

---

① 见（朝鲜）申箕善《阳园遗集》卷一八，《韩国文集丛刊》第348辑，韩国首尔：景仁文化社，2005，第387页。

② （朝鲜）申箕善：《阳园遗集》卷一，《韩国文集丛刊》第348辑，韩国首尔：景仁文化社，2005，第25页。

的诗歌，才知道你还是一个作诗的高人，我们在一起经历的美好时光应该赋诗记录下来传递给后人。

颈联"草梁馆外云归岫，徐福祠前月满船"，意思说，釜山草梁馆（倭馆）外天空中的云朵就要回到它原来的地方了，言外之意是，米溪你就要回到自己的国家了。月光下的日本徐福祠前就要停靠你们回国的船只了。"草梁馆"，当时日本在朝鲜的釜山设置的派出机构称"草梁馆"，又称"倭馆"。"釜山"，今韩国釜山，是韩国第二大城市、第一大港口，与日本对马岛隔海相望，也是朝鲜王朝时期重要的商贸口岸。

尾联"破浪乘风缘未了，看君须发尚青年"，意思说，虽然你乘风破浪远去了，但我们缘分未了，友谊长存。从你的须发看，你还年轻呢。这里是说我们还有机会见面，你可能还会再次到朝鲜任职；也有你还年轻，还会有更好的前程、更大的进步的意思。

申箕善的诗歌明确告诉我们，在徐福东渡二千多年之后，日本当时仍有纪念徐福的徐福祠，而且徐福祠在当时朝鲜王朝和日本官员的心目中都有着重要的影响，否则申箕善不会写进给日本官员的赠别诗里。

朝鲜王朝末期文臣朴戴阳，1884 年为办理朝鲜与日本的通商事务，以从事官身份奉命随朝鲜全权钦差大臣徐相雨、副大臣穆麟德出使日本，并写有随行日记《东槎漫录》。出使日本期间，朴戴阳还写有《东槎记俗》，记录了看到的日本的一些社会政情和风俗习惯，其中还记载了日本在侵略朝鲜的壬辰（1592）战争期间掠到日本的朝鲜人，"（日本）鹿儿岛属地，有朝鲜村。昔在万历壬辰，我人被俘者始居焉。今为数千余户，自相婚姻，不与日人嫁娶，至于今不变其俗。日人道：鹿儿岛人言语衣服，虽是日人，其心则终是韩人云。其说未可信"。[①] 出使日本期间，朴戴阳还创作了多首诗歌，其中有《书赠小岛》诗，提到了日本徐福岛。

书赠小岛

春入榑桑雪尽浮，海波一样接天悠。
仙缘云冥徐生岛，使节霜侵郑子洲。

---

① （朝鲜）朴戴阳：《东槎漫录·东槎记俗》，《韩国古典翻译书》第 11 辑，韩国古典综合库 DB，第 179 页。

东土停骖寻旧迹，西风解缆壮今游。

最怜两国桥头月，遍照人心夜满楼。①

　　诗歌首联"春入榑桑雪尽浮，海波一样接天悠"，意思说，日本已经进入春天了，海边的冰雪已经全部融化了。大海尽头的波浪与上天相连。"榑桑"，传说中的神木，这里应同"日出扶桑"中的扶桑，代指日本。

　　颔联"仙缘云帍徐生岛，使节霜侵郑子洲"，意思说，有着神仙因缘的徐福岛被海上云雾所笼罩，我们出使日本的使节登上了这个被先秦文化浸润过的小岛。"徐生"，指徐福。"郑子"，孔子七十二弟子之一，曾设教于泗水滨。"郑子洲"，这里代指受中国先秦文化影响的徐福岛。

　　颈联说"东土停骖寻旧迹，西风解缆壮今游"，意思说，我们停下脚步，在这个日本的小岛上寻找当年徐福一行留下的遗迹。利于东行的西风来了，我们不能停留了，解缆起航，又开始了畅游大海的壮游。"东土"，这里指日本的国土。"停骖"，原意是停下马拉的车，这里是停下脚步的意思。

　　尾联"最怜两国桥头月，遍照人心夜满楼"，意思说，最是可怜照在朝鲜、日本两国边界上的明月，带给人民的不是光明，而是内心的黯淡。这里主要是交代作者一行出使日本的背景，当时在朝鲜王朝在中国清政府的帮助下，刚刚平息了日本在朝鲜发动的政变（甲申政变）。这一点，作者在《东槎漫录·日记》中就有明确的记载："甲申十月十七日夜，凶逆金玉均、朴泳孝、洪英植、徐光范、徐载弼等，挟口兵作乱，惊动乘舆，屠杀宰辅，谋危宗社，祸将不测。中国驻防诸将吴兆有、袁世凯、张光前等，率兵入宫逐出倭兵，奉还大驾，乱克戡定。而英植为乱军所诛，其余四逆混于倭兵，逸入其国。"②

　　朴戴阳的诗歌也告诉我们，在朝鲜半岛通往日本的航道上有称为"徐生岛"的岛屿，说明当年徐福东渡日本曾路经过此岛，还留下了活动的遗迹和许多传说，否则出使日本的朝鲜王朝官员，不会在"徐生岛"上"停

---

① （朝鲜）朴戴阳：《东槎漫录·东槎漫咏·书赠小岛》，《韩国古典翻译书》第 11 辑，韩国古典综合库 DB，第 181 页。

② （朝鲜）朴戴阳：《东槎漫录·日记·甲申十月十七日》，《韩国古典翻译书》第 11 辑，韩国古典综合库 DB，第 161 页。

骖寻旧迹"，在航程途中停留下来专门去寻找当年徐福一行在该岛的活动遗迹。作者在诗中还表达了这样的意思，即当年徐福带给日本的是中国先秦时期的优秀文化，是儒家学说的仁义道德，所以日本徐生岛才能被"仙缘云羃"，才能称为"郑子洲"，而被出使日本的朝鲜王朝官员关注。作者在诗中也有这样的意思，即当时的日本政府没有将徐福传到日本的儒家文化传承下来，实行的是对邻国的侵略，所以日本领土上空的月光带给人们的不是光亮，而是"人心夜满楼"，是心头的黯淡。

以上朝鲜半岛的历史人物的记载说明，至晚从中国的唐末五代时期，一直延续到近代，日本国内有多处与徐福有关的纪念设施，如"徐福祠""徐福庙""徐福宅""徐福村""徐福求仙地""徐市墓""徐福遗墟""徐福遗踪"等，这些纪念设施遍布日本各地，如九州岛、本州岛、四国岛，包括本州岛的日本京都、富士山、熊野山这样一些著名之地，还有朝鲜海峡的日本对马岛，对马海峡的日本壹岐岛等，也有纪念徐福的设施和遗址，或广泛流传着徐福的传说。中国的明清时期，还有许多日本人自称是徐福或徐福带去的童男童女的后人，日本的许多风俗习惯还带着中国秦文化的烙印，尽管徐福是否到过日本，仍然是今天学术界很难定论的课题，但徐福文化曾给日本带来很大影响，却是无可辩驳的定论，这既说明了日本人民对徐福的认同，也说明了徐福文化对日本的影响源远流长。

第三章　朝鲜半岛历史人物对徐福的认知

朝鲜半岛高丽时期和朝鲜王朝时期的历史人物对徐福东渡的认知，除了前面提到的认为徐福东渡到了朝鲜半岛南部和日本，并对朝鲜半岛南部和日本列岛产生了重要影响外，还有不少记载，包括诗赋谈到了其他的一些认识，如关于徐福东渡的原因，一是认为徐福东渡是为了逃脱秦始皇的责罚，跑到国外称王了；二是认为徐福东渡的目的是为齐国报仇，加速秦王朝的倒台。还有的歌颂了徐福不畏艰险，勇于开拓的大无畏精神；也有的评论对秦始皇耗费大量人力物力派徐福入海求仙进行了批判和嘲讽，同时对徐福利用自己的智慧得以远走海外，成就了一番作为表达了钦佩和赞扬；还有的则对随同徐福东渡的童男童女被迫离开亲人、远走海外表示了极大的同情。

第一节　徐福东渡为逃避秦始皇迫害

朝鲜半岛的历史人物在谈到徐福东渡的原因时，有的认同了《史记》的有关记载，认为徐福东渡是为了逃避秦始皇的责罚，不得不远走海外，为了能在海外长期生存下去，才从秦始皇那里骗走了大量的人力物力。

一　异域逃枉秦

高丽末朝鲜王朝初官员、理学大师、著名教育家、著名诗人李穑在《扶桑吟》诗中写到"徐生楼船托仙药，不有异域逃枉秦"[①]，说徐福为了

[①] （朝鲜）李穑：《牧隐诗稿》卷四，《韩国文集丛刊》第3辑，韩国首尔：景仁文化社，1990，第566页。

逃避秦朝的统治，以到海上采集仙药的名义，欺骗了秦始皇，乘坐着楼船到了异国他乡没有回去。徐福东渡"异域逃枉秦"这一观点，李穑在自己创作的多首诗作中都提到过。

独坐

> 寥寥长昼懒衣冠，独坐吟诗一字难。
>
> 树影满帘摇眼底，山光排闼入毫端。
>
> 扶桑日出思徐福，辽海天低望幼安。
>
> 今古悠悠如转烛，镜中衰白渐频看。①

此诗应是作者在中国辽东半岛沿海一带所作。

首联"寥寥长昼懒衣冠，独坐吟诗一字难"，写作者当时的心绪，懒得整理自己的衣冠去做别的事情，而是独坐吟诗消磨时光。

颔联"树影满帘摇眼底，山光排闼入毫端"，交代周围的环境引发了作者的思考和写诗的冲动。

颈联"扶桑日出思徐福，辽海天低望幼安"，是作者要抒发的情感，意思是说，遥望大海中东方的日出，思念起了徐福，看着远方的天空与辽阔大海相接，想起了当年在辽东避乱的管宁。"幼安"，东汉末年名人管宁，字幼安。北海郡朱虚县（位于今山东省临朐县东南）人，汉末至辽东避乱，在当地传授经典，很有影响，三国时期魏文帝黄初四年（223）返回中原，辽东太守公孙恭亲自送别。此后曹魏几代帝王数次征召管宁，他都没有应命。管宁事迹见《三国志·魏书十一·袁张凉国田王邴管传》。作者在这里将徐福和管宁一同提及，除表达了对徐福和管宁的赞颂和怀念，意思也是说，徐福同管宁一样，都是因避难离开了故乡，作者思念徐福，也表达了对徐福不得已东渡海外的同情之意。

尾联"今古悠悠如转烛，镜中衰白渐频看"，是作者诗歌要表达的主题，这就是沧海桑田，岁月无情，历史可以留下许多人的足迹，但任何人都有老去的一天。但作者在诗中表达的不是看到自己"镜中衰白"的悲观，

---

① （朝鲜）李穑：《牧隐诗稿》卷一六，《韩国文集丛刊》第4辑，韩国首尔：景仁文化社，1990，第189~190页。

而是要学习当年的徐福和管宁，趁着还能做事，多为社会做些事情，也在历史中留下自己的足迹。

散步

> 散步伸腰脚，沉吟陶性灵。
> 飞云晴更白，迭巚远弥青。
> 海外留徐福，辽东老管宁。
> 悠悠境自顺，柳洞一茅亭。①

　　这首诗应是作者在写完《独坐》诗之后，在《独坐》诗的基础上，进一步阐发自己的观点，即思念徐福和管宁，并对他们的作为予以认同。

　　首联"散步伸腰脚，沉吟陶性灵"，说散步是为了活动一下腰和脚，深深地思念是为了陶冶自己的性情和情感。"沉吟"，深思或深深地思念。

　　颔联"飞云晴更白，迭巚远弥青"，说空中的流云飘走了，天气更晴朗了，远处连绵不断的山峰也更加显露出了青翠之色。

　　颈联"海外留徐福，辽东老管宁"，意思是说，当年秦代徐福入海寻仙留在了海外，东汉末年管宁避乱到辽东隐居至晚年。从全诗的意思看，作者主要表达了这样一个观点，一个人的去留要看当时的境况，徐福留在海外是迫不得已之举，是为了躲避秦始皇的迫害。而管宁因躲避战乱从中原地区去了辽东，虽说在辽东传授经典，很受欢迎，但中原地区战乱平息后，即使辽东的官员极力挽留，管宁还是回到了自己的故乡。

　　尾联"悠悠境自顺，柳洞一茅亭"，说人只有适应生存的环境，才能使自己一生顺顺利利，这是作者在柳洞的一个用茅草搭建的凉亭里悟出的道理。

　　作者在这里进一步阐发了自己的观点，管宁在中原地区战乱平息后，回到了自己的故乡，而徐福留在海外是为了躲避秦始皇的迫害，是迫不得已之举，人只有适应环境才能生存，才能有所作为，因此，要对徐福避难海外给予理解。

---

① （朝鲜）李穡：《牧隐诗稿》卷一六，《韩国文集丛刊》第 4 辑，韩国首尔：景仁文化社，1990，第 195 页。

偶念江上秋

澄江如练净无尘，岸上行吟有几人。

总道严光独辟汉，更怜徐福不归秦。①

《偶念江上秋》由一首七律和一首七绝组成，七律主要写作者在秋日乘船游江时江面及两岸的风光，七绝承接七律，抒发自己当时的心情。这里摘录的是七绝。

"澄江如练净无尘，岸上行吟有几人"，意思是说，澄江如同白绢一样洁净无染，岸边的游人没有几个人会思古吟诗。

"总道严光独辟汉，更怜徐福不归秦"，意思是说，我们总是称颂严光不仕汉朝，归隐山林，但更应该理解徐福为什么不回到自己的国家。作者在这里既有为徐福不能回到自己的国家而感到惋惜和遗憾的意思，但更多的是表达了对徐福"不归秦"的理解和支持。"严光"，东汉著名隐士，东汉光武帝刘秀的同学、好友，曾帮助刘秀起兵，事成后归隐著书，设馆授徒，刘秀即位后多次延聘严光，但他无意为官，隐姓埋名，隐居富春山。事迹见《后汉书·逸民列传》。作者在这里表达了与前面相同的观点，都是说徐福东渡"异域逃枉秦"，是不得已之举，应给予理解和同情。

还有一些朝鲜半岛历史人物也认为徐福东渡是为了逃避秦始皇的迫害。如与李穑同时期的著名文学家、诗人李崇仁也持这一观点，在自己的诗篇中有"徐生避世一乘桴"句②，说徐福乘船远走海外是为了逃避秦始皇的迫害。高丽末期李穑、李崇仁的这一观点，对后来朝鲜王朝的文人也有很大影响。

朝鲜世宗朝进士及第，官至议政府赞成事、大提学的徐居正，在《偶吟》诗中有"海上归徐福，辽东老管宁"句③，表达了和李穑"海外留徐福，辽东老管宁"相同的意思。徐居正是当时朝鲜半岛著名文学评论家、诗人，

---

① （朝鲜）李穑：《牧隐诗稿》卷一九，《韩国文集丛刊》第 4 辑，韩国首尔：景仁文化社，1990，第 240 页。

② （朝鲜）李崇仁：《陶隐集》卷三，《韩国文集丛刊》第 6 辑，韩国首尔：景仁文化社，1990，第 569 页。

③ （朝鲜）徐居正：《四佳集》卷二八，《韩国文集丛刊》第 10 辑，韩国首尔：景仁文化社，1988，第 479 页。

《朝鲜成宗实录》记载说，"居正为一时斯文宗匠，为文章尤长于诗"①，朝鲜王室对徐居正的诗文给予了这么高的评价，足见其在当时的地位和影响，徐居正在诗文中将徐福与管宁相提并论，显然是受到前辈李穑的影响。

朝鲜仁宗、明宗朝官员，哲学家、诗人金麟厚，在创作的诗歌《岑夫子歌》中有"先世避秦仍姓秦"句②，说居住在朝鲜半岛南部沿海一带的岑姓居民，自称当年徐福带来的童男童女的后裔，他们的先人为逃避秦祸从中国来到这里。

朝鲜宣祖、光海君、仁祖时期官员金止男曾写诗赠给出使日本的朝鲜官员，诗中有这样的诗句："曾闻徐氏子，于此避狂秦。"③ 说曾听闻徐福为躲避秦始皇的迫害去了日本。

朝鲜仁祖时官至右议政的著名学者、诗人张维也撰文说："徐市特一方士也，入海不返，盖知秦之将乱，自为避世计耳。"④ 说徐福之所以东渡入海没有返回家乡，是为了避免受到秦王朝的迫害。

朝鲜中宗、仁宗朝文臣黄俊良，写有《桃源辨》一文，其中记载：

> 秦虎吞噬，苛政刻骨，民情骇惧，不忍荼毒，相与避地逃祸，如四皓之隐商山、徐市之入东海，亦其时也。⑤

文章说，秦始皇像老虎一样贪婪，苛刻的暴政能榨干人的血肉，老百姓都惊恐害怕，为了不被残害，都相约外逃避祸，比如隐藏在商山的东园公、角里先生、绮里季、夏黄公四位老人，进入东海的徐福，都是在这一时期外逃避祸的。这里也是说，徐福入海求仙，是为了逃避秦始皇的迫害。

---

① （朝鲜）《朝鲜成宗实录》卷二二三，成宗十九年十二月，韩国首尔：探求堂1973年影印本，第11册，第424页。
② （朝鲜）金麟厚：《河西全集》卷四，《韩国文集丛刊》第33辑，韩国首尔：景仁文化社，1989，第74页。
③ （朝鲜）金止男：《龙溪遗稿》卷四，《韩国文集丛刊·续集》第11辑，韩国首尔：景仁文化社，2006，第83页。
④ （朝鲜）张维：《溪谷集》卷一，《韩国文集丛刊》第92辑，韩国首尔：景仁文化社，1992，第562页。
⑤ （朝鲜）黄俊良：《锦溪先生文集》卷八，《韩国文集丛刊》第37辑，韩国首尔：景仁文化社，1989，第173页。

"四皓之隐商山",出自《史记·留侯世家》,说东园公、甪里先生、绮里季、夏黄公是"逃匿山中"的隐士,刘邦久闻他们大名,曾数次请他们出山为官,但均被四人拒绝,"义不为汉臣"①。

朝鲜宣祖朝壬午年(1582)进士,宣祖、光海君时期官员郑士信,字子孚,号梅窗、神谷。郑士信历任司谏院正言、弘文馆修撰、庆尚都事、司仆正、枢府金知事、掌隶院判决事、密阳府使兼庆尚中道防御使等职,《梅窗先生年谱》记载,郑士信在给国王和廷臣讲解儒学经典时,"上入内谓左右曰:'年少乡儒。何其该博至此。'李公山海退自经筵,叹曰:'真侍讲材也。'其在谏院也,举劾不避权要。时令中外举学行之士"②。"李公山海",指李山海,曾任领议政,诗人,文章、书法均出众。郑士信的才华不仅得到了朝鲜国王和领议政的高度赞誉,还因在司谏院任职时秉公执法,在官员中也有很高的威望。郑士信有《梅窗集》传世,朝鲜著名文人金是瓒在《梅窗集》序中评价:"公既富于才,未觏荣黄甲,蹑金门上玉堂有年矣。圣上叹其博,名相又称真侍讲。……公之直动朝野,亦睒睒旁伺者不少。""公文章凤就,裁就傅已发语惊人。"③ 说郑士信的文章,能"发语惊人",年少的时候就显得很成熟。

郑士信在创作的诗歌中也谈到了徐福,认为徐福东渡的原因是"避秦皇"。

金守愚寄书,兼示近体五言一首,忧谗愤世,走次三首
其二

> 桑扈裸行苦,箕翁被发狂。
> 严陵辞汉祖,徐市避秦皇。
> 今古孤烟灭,贤邪一瞥忙。
> 腰间斩佞剑,匣里耀新霜。④

---

① (汉)司马迁:《史记·留侯世家》,中华书局,2000,第1633页。
② (朝鲜)郑士信《梅窗集》卷五附录,《韩国文集丛刊·续集》第10辑,韩国首尔:景仁文化社,2005,第465页。
③ 见(朝鲜)郑士信《梅窗集》序,《韩国文集丛刊·续集》第10辑,韩国首尔:景仁文化社,2005,第389~390页。
④ (朝鲜)郑士信:《梅窗集》卷一,《韩国文集丛刊·续集》第10辑,韩国首尔:景仁文化社,2005,第411页。

郑士信和答诗友金守愚的诗歌共三首，这是其中第二首。诗歌主要内容是讲古代隐士，其中包括徐福，说他们之所以逃避至山林或远走海外，都是有原因的，应该给予他们充分的理解。

首联"桑扈裸行苦，箕翁被发狂"，意思是说，中国古代隐士桑扈赤身露体地行走，他的内心是很痛苦的，箕子出走也是被逼无奈的。"桑扈"，中国古代隐士，屈原《楚辞·九章·涉江》："接舆髡首兮，桑扈裸行。"[1]"裸行"，赤身露体地行走。"箕翁"，即箕子，商纣王的叔父，太师，封于箕，因不满朝政"走之朝鲜"，建立东方君子国。

颔联"严陵辞汉祖，徐市避秦皇"，意思是说，中国东汉时期严陵辞掉了汉光武帝刘秀封的官职，当年徐福东渡入海避开了秦始皇。"严陵"，严光，字子陵，也称严陵，前面提到，严光是东汉光武帝刘秀同学、好友，协助刘秀起兵，事成后退隐于富春山，事迹载《后汉书·逸民列传》。颔联是承接首联，作者在徐福前面提到"桑扈""箕翁""严陵"，实则是为写"徐市避秦皇"做铺垫。说同"桑扈""箕翁""严陵"一样，徐福也是大隐于市，为了逃避秦始皇的迫害，借机跑到海外躲起来了。

颈联"今古孤烟灭，贤邪一瞥忙"，意思是说，虽然随着时光的流逝，许多历史人物在人们的记忆中逐渐烟消云散，但对历史人物的贤、邪评价不能也随之消失。

尾联"腰间斩佞剑，匣里耀新霜"，意思是说，我们腰间要有斩除奸佞的宝剑，要让宝剑在剑匣里闪耀着新霜般的寒气。这里是承接颈联，说对历史人物要分清贤、邪，要明辨是非，对真正邪恶的，要敢于亮剑。尾联也是照应首联、颈联，意思是说，是商纣王把箕翁逼得发狂，是秦始皇逼走了徐福，应该对他们进行揭露和批判。

二　赞扬徐福"避世"仍有所作为

朝鲜宣祖朝官员、诗人具容，字大受，号竹窗、楮岛，英年早逝，有《竹窗遗稿》传世。与具容同时期的朝鲜著名诗人权铧于万历三十年（1602）初春为《竹窗遗稿》写序，其中提到："每见君操纸傲睨，累累出数十篇。清者冷然，丽者烂熳，无一句作今人语。非其材之过人，

---

[1]　（战国）屈原：《楚辞》，长江文艺出版社，2015，第65页。

能若是乎。"① 权韠在万历三十年仲秋还评论说："《竹窗遗稿》者，亡友具容字大受之所作也。君天才甚高，未尝苦学而所得兼人。其诗清俊典丽，往往逼古。不幸早死，秀而不实。呜呼惜哉。余从其家，求得百余篇，撰为一卷。传之同好，庶几无致泯没。君为人纯厚质直，有长者风。在家无纤毫过差，居官能以爱民为心。与朋友交，义而信。呜呼！其不可泯没者，岂独诗而已哉。"② 权韠，号石洲，在朝鲜同时期诗人中排名第一，《朝鲜仁祖实录》也记载："近世论诗家上乘，必以韠为首。"③ 权韠对具容的诗文给予了这么高的评价，足见具容的诗文的文学价值及其影响。

具容在创作的诗歌中提到了徐福和逢萌，说二人都是外出"避世"。

铁山海岸，与朴辉远同登望海

高台地位隔尘寰，方丈蓬莱指顾间。
目力已穷天接海，游程未洽日含山。
逢萌避世名空在，徐福求仙去不还。
独立苍茫徒自失，兵戈流落笑吾屏。④

此诗系作者与友人朴辉远在铁山半岛观海时有感而作，诗歌提到当年徐福东渡是从朝鲜半岛"铁山海岸"经过，并在沿途传播了中国秦代的文化。题目中的"铁山"，指朝鲜半岛西海岸的铁山半岛。

首联"高台地位隔尘寰，方丈蓬莱指顾间"，意思是说，无论是人世间位极人臣的高官家的楼台，还是若隐若现的海上仙山，都不是普通人所能进入的。"方丈蓬莱"，指传说中的海上仙山方丈、蓬莱，这里代指海上仙山。

---

① （朝鲜）具容：《竹窗遗稿》序，《韩国文集丛刊·续集》第 16 辑，韩国首尔：景仁文化社，2006，第 213 页。
② （朝鲜）具容：《竹窗遗稿》附录，《韩国文集丛刊·续集》第 16 辑，韩国首尔：景仁文化社，2006，第 258 页。
③ （朝鲜）《朝鲜仁祖实录》卷一，仁祖元年四月，韩国首尔：探求堂 1973 年影印本，第 33 册，第 523 页。
④ （朝鲜）具容：《竹窗遗稿》卷下，《韩国文集丛刊·续集》第 16 辑，韩国首尔：景仁文化社，2006，第 242 页。

颔联"目力已穷天接海，游程未洽日含山"，意思是说，我们的视力是有限的，只能见到苍天与大海的连接之处。我们游程未完，还没尽兴，太阳就要落山了。这里也是说，在大自然面前，人的能力是有限的。

颈联"逢萌避世名空在，徐福求仙去不还"，意思是说，西汉末年的逢萌为了避祸保身只赚取了一个隐士的空名，但秦代徐福东渡求仙，虽说也是为了避祸，却是在海外称王，没有返回故乡，有了更大的发展。"逢萌"，西汉末年隐士。王莽篡汉之际，逢萌为了避祸保身，脱下官衣官帽挂在城门之上，离开官场，客居在辽东。事迹载《后汉书·逸民列传》。作者这里将逢萌与徐福做比较，实则是突出徐福，赞扬徐福有所作为。

尾联"独立苍茫徒自失，兵戈流落笑吾孱"，意思是说，在苍茫的大海上，如果不能识别目标，就会迷失方向，因为我们个人都很渺小，没有什么神奇的武器在身。"孱"，软弱，弱小。作者在这里仍然是强调，面对无法改变的现实，要顺势而为，要学习当年东渡求仙的徐福，寻求新的发展目标，而不是像当年的逢萌那样，只赚了一个"避世"的空名。

第二节　实欲报秦之仇

朝鲜王朝时期文人对徐福东渡原因的另一说法，就是为了给被秦始皇灭掉的齐国复仇，这一观点，比较有代表性的是文臣金就文的《徐市论》。

金就文，字文之，号久庵，朝鲜中宗朝进士，朝鲜中宗、仁宗、明宗、宣祖四朝官员，历任朝鲜永川郡守、青松府使、罗州牧使、成均馆大司成、江原道观察使、承政院都承旨、司谏院大司谏等职，谥号文简，有《久庵集》传世。金就文去世后，朝鲜国王宣祖《赐祭文》，称赞金就文"身在藩幕，乃心王室。抗疏陈戒，诚意恳恻。名途暂滞，孰云非天。为善日休，操履弥坚"[1]。说金就文担任地方官员时，心里装的却是国家的大局，经常直言上疏，对王室一些不妥的决策"抗疏陈戒"，非常诚恳痛切地提出自己的不同意见，但正因为这样，影响了正常的提升，这对金就文是不公正的。但金就文仍然坚守自己的操守，每天为国家为百姓的利益操劳，丝毫没改

---

[1]　（朝鲜）金就文：《久庵集》卷三，《韩国文集丛刊·续集》第2辑，韩国首尔：景仁文化社，2005，第368页。

变自己的信念。朝鲜国王的祭文给予了金就文如此高的评价，也可见他在当时的地位和影响。

金就文的《徐市论》载《久庵集》卷二，全文如下。

徐市论

欲知人之事，当观人之意。欲知人之意，当观意之所在。以意观事，则事无逃其情也。谨按史，徐市上书秦皇，请入海求不死药。呜呼，其意岂无所在乎。夫（徐）市，智者也。智可以有为，而以智谋之力所未及，而以术济之。故意有出于事之外，而意之所在者有大焉。何也？方士求药之事，果其志也。则不死之药，非三神山之所可必得。而天下又安有不死之理乎！（徐）市之为此，决不在于求药。而上书请之者，亦欲行其术而已。盖（徐）市齐之人，而齐之灭，在于始皇之手。则秦其仇也，为齐报仇，（徐）市之意也。而力有所未及，故归秦上书者，用其智而事未著。请与童男女入海者，售其术而事未形。事未形未著，而其意则显。其意以为六国既平，秦之所欲已遂。而其所大欲者，长生也。此可以长生之术进，而有所为矣。此张良为韩之意，而博浪之举，非其事也，则势孤力弱，不可以独立。故其与童男女入海者，亦句践生聚十年之意也。而意成事立，则为齐报之。事不得其意，则亦不欲臣乎秦矣。夫事发于意，而意主于事。事成则意著，事未成则意未形。故人见（徐）市之意，只欲求神药。而不知所以求药者，乃所以用术也。若只求药而已，则不必与童男女行。而不死之诡说，非（徐）市之所可惑也。若欲遁世而避难者，不必上书于秦而请行也。矧夫入海不返，则其意尤著矣。苟于其初，只欲售其方士之术。则当如五利之金丹，文成之九节。而尽心力于调剂，以求长生也，何必谩求三神山乎？其意亦可知也已。然则何以见其意也？盖智术之深者，非可以常情度也。意有定于此，而有用术于彼者。子房非为汉也，实为韩也。可与报之者汉也，故归之，而及其意成名遂，为汉之臣，而为韩之迹无矣。（徐）市之术，非为秦也，实欲报秦之仇。而不以此，则无立事之势，故用术于是。而意未成，事未遂，则名迹亦无矣。当是时也，苟欲显其迹，则其意不可施。苟欲显其名，则其身不可保，何足为智也。智深而虑远，故意形而迹未显，计定而名犹掩也。其意终未遂，其计终未成，则亦能遁名于海上，莫能窥其端倪也。而骊山之冢已发，轵道之降斯迫，而亡齐之仇，亦报矣。则其意亦足以少酬，而更无卧薪之忧矣。推是说而论其事，其事似涉于荒诞之术。而惑人主于长生，溺天下于诡术，至使封禅颂功，困苦生民之极，则其诞伪之甚者。而后世尤害生民者亦多，则诡诞之大者也。推是事而论其意，其意亦有所有为也。可以报旧仇而势未立，可以讨一秦而力未及。则不可以一匕首，徒死于秦庭如荆轲之为。故上书请行，亦欲有为于句践，子房之为也。然则事与意相反，而不相同者也。知其意，则知其事。不知其意，焉知其事。故先审徐子之意，然后当知徐子之事。徐子之意未显于迹，则徐子之事，亦随而不明。故愚曰：欲知人之事，当观人之意。①

《徐市论》中涉及的历史人物及事件如下。

"张良"，字子房，先祖是战国时期韩国相臣，因韩国被秦国所灭，为报仇，在博浪沙狙击秦始皇，失败后逃亡，后投靠汉王刘邦，是刘邦的主要谋臣，汉朝的开国元勋。"博浪沙"，在今河南省原阳县。

"五利"，指汉武帝时胶东人栾大。栾大靠欺骗手段获得汉武帝信任被封"五利将军"，并获赐第一等的宅第和奴仆千人，汉武帝还把卫长公主嫁给他，把他所住的城邑改名为当利公主邑。

"文成"，指汉武帝时齐人方士少翁，曾以招引鬼神的方术觐见汉武帝，汉武帝封少翁为"文成将军"，给了他很多赏赐，并以宾客之礼对待他。后来汉武帝识破了他造假的伎俩，将其杀害。

"骊山之冢"，指秦始皇在骊山的陵墓。"骊山"，位于今陕西省西安市临潼区城南，秦始皇陵寝建在骊山脚下，闻名世界的秦兵马俑军阵也是秦始皇陵园的组成部分。《史记·秦始皇本纪》记载，秦始皇吞并天下后，从各地调集了七十余万人修建骊山陵墓。秦始皇去世后，因担心修建陵墓的工匠泄露陵墓中的机关，秦二世下令将工匠全部关闭在陵墓之中，没有一

---

① （朝鲜）金就文：《久庵集》卷二，《韩国文集丛刊·续集》第2辑，韩国首尔：景仁文化社，2005，第351~353页。

人能逃出来。

"轵道之降"，《史记·秦始皇本纪》记载："沛公破秦军入武关，遂至霸上，使人约降子婴。子婴即系颈以组，白马素车，奉天子玺符，降轵道旁。"①说秦末汉王刘邦大破秦军，迫使秦王子婴在轵道旁投降，这也标志着秦王朝灭亡。"子婴"，秦始皇孙子。"轵道"，在今陕西省西安市东北。

"封禅颂功"，指秦始皇在泰山整修山道，在岱顶祭祀天地，并立石颂德。《史记·秦始皇本纪》记载：秦始皇"刻石颂秦德，议封禅望祭山川之事。乃上泰山，立石，封，祠祀"②。

"荆卿"，指荆轲，战国时期著名刺客。《史记·刺客列传》记载，荆轲受燕国太子丹之托，以出使秦国的名义借机在秦国宫殿刺杀秦王（即后来的秦始皇），不中，被秦王拔剑击伤后被秦王侍卫所杀。

"句践"，春秋末年越国国君。越国在与吴国交战中失败，勾践被迫向吴王求和，并被吴王夫差扣留在吴国，受尽屈辱，三年后才被释放回越国。返国后勾践卧薪尝胆，使越国国力恢复，后再战吴国，破吴都，迫使吴王夫差自尽，越国称霸。史料载于《史记·越王勾践世家》等。

金就文在《徐市论》中主要表达了这样的观点：徐福东渡，"决不在于求药。而上书请之者，亦欲行其术而已。……为齐报仇，（徐）市之意也"，"（徐）市之术。非为秦也。实欲报秦之仇"，说齐人徐福东渡，同张良在博浪沙击秦皇、荆卿刺秦王一样，都是在为国家（分别指战国时期的齐国、韩国、燕国）复仇，只是手段方法不同，效果不同而已。张良在博浪沙击秦皇、荆卿刺秦王都没有成功，荆卿还丢了自己的性命，但徐福却成功了，带着童男童女和金银财宝乘船远走海外，同秦始皇修"骊山之冢""封禅颂功"一样，"困苦生民之极"，激起了百姓的民愤，加速了秦王朝的灭亡。

徐福东渡带来民怨，加速秦王朝灭亡这一观点，《史记》中也提到，徐福东渡"费以巨万计"③，因为带走了那么多的童男童女和随从人员，"百姓悲痛相思，欲为乱者十家而六"④。徐福东渡，没给秦始皇带来仙药，带来

---

① （汉）司马迁：《史记·秦始皇本纪》，中华书局，2000，第195页。
② （汉）司马迁：《史记·秦始皇本纪》，中华书局，2000，第172页。
③ （汉）司马迁：《史记·秦始皇本纪》，中华书局，2000，第183页。
④ （汉）司马迁：《史记·淮南衡山列传》，中华书局，2000，第2348页。

的只是民愤和百姓的反抗，因而也加速了秦王朝的灭亡。

《徐市论》也表达了这样的观点，说徐福东渡，"亦欲有为于句践，子房之为也"，意思是说，徐福是在积蓄力量，等待时机，一旦时机到来，就会如同当年的勾践灭掉吴国，后来的张良协助刘邦攻进咸阳灭掉秦王朝一样，也会击败秦始皇，为齐国报仇。"夫（徐）市，智者也。智可以有为，而以智谋之力所未及，而以术济之。"说徐福是一个很机智聪明的人，他知道靠刺杀等办法杀不了秦始皇，必须想其他办法让秦王朝垮台，为齐国报仇。"而博浪之举，非其事也，则势孤力弱，不可以独立。故其与童男女入海者，亦句践生聚十年之意也。而意成事立，则为齐报之。"说采取张良当年在博浪沙狙击秦始皇的做法，"势孤力弱"，成不了事，所以，他才学习勾践的做法，带着童男童女入海，十年之后，童男童女长大成人再报齐国之仇。只是没等几年秦王朝就灭亡了，"骊山之冢已发，轵道之降斯迫，而亡齐之仇，亦报矣"。因为齐国的仇已经报了，所以，徐福的这一抱负也没能显现出来："徐子之意未显于迹，则徐子之事，亦随而不明。""徐子"，即徐福，因为徐福的意愿没有表达出来，所以后人也就不清楚徐福当时是怎么想的。

金就文在《徐市论》中表达的徐福东渡"实欲报秦之仇"这一观点，因为司马迁在《史记》中没有提到，故后来的中国史料也未见这方面的论述。但金就文提出这样一个观点，虽说很难断定其是否符合当时徐福的真实想法，但如果要否定金就文的论断，也很难找到充分的理由。况且，金就文的分析有一定的道理，徐福东渡"实欲报秦之仇"，也是叫以立住脚的，完全可以作为一家之说。金就文的这一观点，也得到了朝鲜王朝后来的官员、文人的认可。

朝鲜仁祖朝官员金万英，字英叔、群实，号南圃，有《南圃集》传世。金万英无意为官，仁祖去世后，即弃官归里，孝宗、显宗时皆授官不赴，在家乡筑斋讲学，终年48岁。

金万英写有《公孙航传》，其中提到徐福东渡是为了逃避秦始皇的"暴虐"：

> 公孙航江东人也，或曰六人，字海卿，黄帝子也。……其长子舰，为人宏杰宽大有大略，从父航居于楚。秦始皇时，与徐市相善，

谓市曰："始皇贪戾暴虐，生民煎熬，如水益深，子何不以神仙之术
说上，仍为图生之地。"市乃西入关，见上，请与童男女三千人，入
海求三神山不死药。上方求仙术，信市言从之。市乃与舰载三千人入
居海岛。闻山东豪杰并起，与其徒数千，沿海至河，将与沛公合兵
入关。①

金万英的上述记载，应该不是作者杜撰，但笔者没有搜到史料的出处。
笔者在这里摘录上述记载，是说明金万英认同徐福东渡不仅是为了逃避秦
始皇的"暴虐"，也是为了报复秦始皇，带走了"三千人入居海岛"，在海
岛上储备力量，一旦有合适的时机，即出岛反抗秦王朝。这里提到的徐福
"闻山东豪杰并起，与其徒数千，沿海至河，将与沛公合兵入关"，虽说不
符合《史记》等史料记载的徐福"得平原广泽，止王不来"，但反映了作者
对徐福东渡原因的认知，这就是：徐福东渡是为了报复和反对秦始皇的
统治。

朝鲜肃宗、景宗、英祖三朝官员李森，字远伯，号白日轩，历任昌原
府使、长湍府使、庆尚左兵使、通津府使、定州牧、刑曹参判兼知训炼院
事、军器寺提调、兵曹判书、工曹判书等职，有《白日轩遗集》传世。李
森去世后，与李森同朝为官，时任朝鲜艺文馆大提学的李德寿撰写的《行
状》记载："公禀性英迈，处身廉俭。人见之，癯然一书生耳。然鹰肩豹
腰，双眸炯炯射人，其弓马拳勇，时无能及者。历事三朝，恩遇冠绝。以
是人之忌嫉亦深，前后屡遭罔极之谗，而夷然不以动心。久秉戎政，幕校
吏胥，皆仍旧用之，未尝换私人。""暴疾，卒于家，享年五十九。临没之
际，无一语及家事，唯连呼国恩未报。上闻讣惊悼。""赐左赞成、咸恩府
院君。"② 说李森为官历事三朝，"处身廉俭"，一心为国，得到了几位国王
的恩宠。时任朝鲜官吏任免、考课的吏曹判书赵显命撰写的《谥状》也记
载："公姿貌精悍，才气英迈……刀枪技艺之末，无不旁通。其为将，明赏
罚，慎好恶。幕府将吏，必仍旧用之，未尝换易私人。虽罪废时蹈藉无状，

---

① （朝鲜）金万英：《南圃先生集》卷一三，《韩国文集丛刊·续集》第36辑，韩国首尔：景
仁文化社，2007，第427页。
② （朝鲜）李森：《白日轩遗集》卷四，《韩国文集丛刊》第192辑，韩国首尔：景仁文化社，
1997，第73页。

或陷以危言者，往往检置幕下，不以介意也。事母夫人甚孝，出则大将军旗鼓，入则婴儿戏以娱其意。廪禄邑馈，皆纳于母夫人，而不以私妻子。内外穷族，必收恤之。"①《谥状》除了提到李森作为武将的英武和善于带兵用兵，还提到了他对母至孝、对穷族帮衬的孝悌形象。

李森写有《赠赵参议泰亿（求剑韵）》诗，诗中提到当年徐福东渡加速了秦王朝的灭亡。

赠赵参议泰亿 （求剑韵）

（时赵公以上使往日本。丙戌）

荆卿摛后徐生得，童女舟中宝彩遥。

六国诛来犹带血，千年海外未销膏。

龙光岂合蛮儿手，神物终归壮士腰。

会待雷公能掘取，提携西出扫氛妖。②

此诗是作者写给出使日本的朝鲜通信使正使赵泰亿的赠别诗，"赵参议泰亿"，即赵泰亿，出使时的官职是吏曹"参议"，正三品官员。赵泰亿于朝鲜肃宗三十二年（丙戌，1706）出使日本。作者题注"赵公以上使往日本"，"上使"，即正使。

首联"荆卿摛后徐生得，童女舟中宝彩遥"，意思是说，荆轲刺杀秦王（后来的秦始皇）没有成功，但徐福却从秦始皇那里得到了大量的金银财宝和童男童女，徐福一行乘船到很遥远的海外去了。"荆卿"，即前面提到的中国战国时期的荆轲，荆轲受燕国太子丹之托，以出使秦国的名义借机刺杀秦王，但没有成功。"摛"，古同"掷"，投掷。《史记·刺客列传》："（荆轲）乃引其匕首以摛秦王。"③"徐生"，这里指徐福。首联的意思也是说，秦始皇派徐福东渡海外，自己却死在了返程回京的路上，徐福等于完

---

① （朝鲜）李森：《白日轩遗集》卷四，《韩国文集丛刊》第192辑，韩国首尔：景仁文化社，1997，第78页。
② （朝鲜）李森：《白日轩遗集》卷三，《韩国文集丛刊》第192辑，韩国首尔：景仁文化社，1997，第56页。
③ （汉）司马迁：《史记·刺客列传》，中华书局，2000，第1973页。

成了荆轲没有实现的目标。

领联"六国诛来犹带血，千年海外未销膏"，意思是说，秦始皇诛杀六国的血迹未干，徐福就到海外自立为王了，但徐福一行及后人千百年来并没有在海外积恶。"销膏"，指灯烛燃烧时耗费油膏，这里有积恶的意思，出自《汉书·董仲舒传》："积恶在身，犹火之销膏而人不见也。"①

颈联"龙光岂合蛮儿手，神物终归壮士腰"，意思是说，宝剑是不适合于那些舞姬侍妾的，到不了她们的手中，宝剑这样的神物最终只能属于真正的勇士。"龙光"，指宝剑的光芒，这里借指宝剑，语出《晋书·张华传》的记载，说晋初时，牛、斗二星间有紫气照射，张华请教精通天文的雷焕，雷焕说这是宝剑之精，上彻于天。张华命雷焕寻剑，雷焕在丰城牢狱的地下，掘地四丈，得龙泉、太阿二剑，后二剑入水化为双龙。"蛮儿"，唐代名歌舞伎。后亦泛指舞姬侍妾。"壮士腰"，这里指勇士、男子汉。

尾联"会待雷公能掘取，提携西出扫氛妖"，意思是说，真正的宝剑只有雷焕这样的人才能从地下得到，壮士有了宝剑才能扫清妖孽。"雷公"，指前面《晋书·张华传》中提到的雷焕。

李森的诗歌主要是赞赏徐福获得了成功，作者先是将荆轲刺杀秦王和徐福东渡相比较，说同样都是对付秦王朝，荆轲失败了，但徐福成功了。诗歌最后作者提到"雷公"雷焕，看似与徐福东渡没什么联系，实则也是在将雷焕与荆轲、徐福做比较，意思是说，荆轲没有得到有"龙光"的宝剑，所以失败了，而徐福虽然也没有有"龙光"的宝剑，但他依仗自己的智慧，不仅保全了自己，还实现了自己的目标。

朝鲜正祖、纯祖时期诗人车佐一，字叔章，号四名子，有《四名子诗集》传世。朝鲜通政大夫、春秋馆修撰官吕圭亨撰写的《行状》记载："（车佐一）通经史工书画，解音律精射艺，九流百家，无不博诣。尤长于诗，下笔十百篇，略不构思，滔滔不断。每一篇出，或一联就，人争钞写传诵之。当时文苑巨匠洪耳溪良浩、尹硕斋行恁、尹直庵师国、丁茶山若镛诸公，莫不虚席相邀。"② "洪耳溪良浩"，指洪良浩，字汉师，号耳溪，

---

① （汉）班固：《汉书·董仲舒传》，中华书局，2000，第1914页。
② （朝鲜）车佐一：《四名子诗集》附录，《韩国文集丛刊》第269辑，韩国首尔：景仁文化社，2001，第42页。

官至朝鲜平判中枢府事、大提学，其诗文得到清朝高官、著名文人纪昀
（纪晓岚）的赞赏，纪昀为其诗集、文集作序，倍加称赏。"尹硕斋行恁"，
指尹行恁，字圣甫，号硕斋，官至朝鲜吏曹判书，著名学者。"尹直庵师
国"，指尹师国，字宾卿，号直庵。官至朝鲜左参赞知中枢、崇禄大夫（从
一品），著名书法家、学者。"丁茶山若镛"，指丁若镛，字美镛，号茶山，
是汉字传入后朝鲜留下最多著作的著名学者。这说明，车佐一的诗文在当
时有很大影响，得到了众多著名学者的普遍认可。

车佐一写有《读书有感》诗。其中谈到了秦末的两个重要历史人物：
渡海求仙的徐福和西汉王朝的功臣张良。

读书有感
其二

> 山外重重复有山，三山或者在其间。
> 乍闻徐市浮沧海，又道长房入汉关。
> 黄阁有人生白发，丹砂无力驻朱颜。
> 死归生寄元如此，其说荒唐亦可删。[①]

《读书有感》诗共二首，此诗是其中第二首。

首联"山外重重复有山，三山或者在其间"，意思是说，山外有山，山
峰一座接着一座，古代传说中的三神山或许就在其中。"三山"，指传说中
的海上三神山。《史记·秦始皇本纪》记载："齐人徐市等上书，言海中有
三神山，名曰蓬莱、方丈、瀛洲，仙人居之。"作者在首句提到"三山"，
是为下句徐福浮海寻找三神山做铺垫。

颔联"乍闻徐市浮沧海，又道长房入汉关"，意思是说，刚读到秦始皇
派遣徐福入海求仙药的部分，紧接着又读了刘邦接受张良的建议，绕道函
谷关攻占了秦国都城咸阳的精彩片段。"长房"，应是"子房"之误。

颈联"黄阁有人生白发，丹砂无力驻朱颜"，意思是说，再大的高官也
有老了的那一天，再好的药物也不能留住人的青春。这句主要是照应颔联

---

① （朝鲜）车佐一：《四名子诗集·七言律》，《韩国文集丛刊》第 269 辑，韩国首尔：景仁文
化社，2001，第 23 页。

提到的，秦始皇为求长生不老，派徐福入海求仙药。"黄阁"，借指宰相，这里指高官。汉代丞相、太尉和汉以后的三公官署避用朱门，厅门涂黄色，以区别于天子。"丹砂"，又名朱砂、辰砂，中医用作安神的药物，这里指道家炼制的所谓仙药。

尾联"死归生寄元如此，其说荒唐亦可删"，意思是说，人的生老病死是不可抗拒的，秦始皇为了长生不老而派人入海求仙是非常荒唐的，这样的事情甚至可以从史书中删除。诗歌除了感慨时光流逝，说徐福渡海求仙、张良协助刘邦推翻秦王朝等重要历史事件都淹没在了历史云烟之中，也批判了秦始皇派遣徐福入海求仙的荒唐之举。

车佐一的诗歌把"徐市浮沧海""子房入汉关"相提并论，也是认同金就文在《徐市论》中的观点，即徐福东渡是为了报复秦国。张良在博浪沙刺杀秦始皇不成，投靠刘邦后实现了为韩国报仇的目的。徐福打着"入海求仙人"的幌子，东渡入海带走了秦王朝的大量钱财和成百上千的童男童女，激起了百姓民愤和各地的反抗，也为秦朝的灭亡做出了贡献。

朝鲜王朝末期进士、著名学者、文学家金泽荣，字于霖，号沧江，日本控制朝鲜王室后，金泽荣于1908年亡命中国，致力于朝鲜半岛古典文献资料的整理，编纂了《燕岩集》《丽韩九家文》《增补东国文献备考》等，有诗文集《韶护堂集》。金泽荣写有诗歌《为汤蛰仙潜赋明遗民朱舜水先生事》，其中也提到了徐福和张良，认为二人都是在为"亡秦"而努力。

为汤蛰仙潜赋明遗民朱舜水先生事

归归魂魄愿遄归，中国如今返汉仪。

入海岂缘徐市药，亡秦竟是博浪椎。

长江击楫风云怒，殊俗传经草木知。

太息蛰翁敦古谊，栖灵为近岳王祠。

朱于明亡后，从明延平王，击清于长江，兵败逃至日本，居钓笼教授以终。蛰仙近从日本人得其遗集，为建祠于西湖。[1]

---

① （朝鲜）金泽荣：《韶濩堂诗集定本》卷五，《韩国文集丛刊》第347辑，韩国首尔：景仁文化社，2005，第210页。

　　诗歌题目中提到的"汤蛰仙潜"，即汤寿潜，字蛰仙（蜇先），浙江山阴（今绍兴）人，清末光绪进士，主张变法，武昌起义后曾被推举为浙江省都督，1912年任南京临时政府交通总长，是晚清立宪派的领袖人物，因争路权、修铁路而名重一时。"朱舜水"，即朱之瑜，字楚屿、鲁屿，号舜水，明代浙江绍兴府余姚县人，明末著名学者、教育家。清军南下江南后，朱之瑜积极从事抗清斗争，因复明无望，流亡日本。朱舜水在日本江户（今东京）讲学，提倡学以致用的实理实学，为日本的繁荣与进步做出了贡献，受到日本朝野人士的礼遇和拥戴。朱舜水去世后，日本印成《朱舜水文集》二十八卷。作者在诗后注"蛰仙近从日本人得其遗集"，即指汤蛰仙从日本人那里得到了《朱舜水文集》。

　　诗歌首联"归归魂魄愿遄归，中国如今返汉仪"，意思是说，朱舜水（朱之瑜）流亡海外，终死在日本，但他的魂魄还是希望早一点回到中国的家乡，现在中国为朱舜水"建祠于西湖"，是因为中国又恢复了以儒家学说为主体的法制和礼仪。"汉仪"，本指中国汉朝的法制和礼仪，即以儒家学说为治国理念，后代指汉人为帝王的朝政，这里指中国推翻了清王朝后的国家制度。

　　颔联"入海岂缘徐市药，亡秦竟是博浪椎"，意思是说，当年徐福东渡入海的目的不是去找仙药，他和后来在博浪沙椎杀秦始皇的张良的动机一样，都是加速秦王朝的灭亡，后来张良协助刘邦灭了秦王朝。"博浪椎"，指张良在博浪沙狙杀秦始皇所用的铁椎。虽说失败了，但后来张良投靠汉王刘邦，献策帮助刘邦的汉军攻占了秦国都城咸阳。

　　颈联"长江击楫风云怒，殊俗传经草木知"，意思是说，朱舜水当年在长江一带抗击清军曾威震华夏，后来又到习俗不同的日本传授中国文化也声名远扬。"长江击楫"，指清顺治十七年（1660），朱舜水协助郑成功、张煌言组织北伐军抗清，北伐军一度直抵南京城郊，兵威震长江两岸。

　　尾联"太息蛰翁敦古谊，栖灵为近岳王祠"，意思是说，为朱舜水的经历而长叹，汤蛰仙（汤寿潜）诚心实意地将彰显中国古代义理的朱舜水的文集，在靠近西湖岳王祠的地方建祠存放。"太息"，大声长叹，深深地叹息。《楚辞·离骚》："长太息以掩涕兮，哀民生之多艰。"[1]　"敦"，这里是诚心诚意的意思。"古谊"同"古义"，指古代典籍之义理。"栖灵"，安放

---

　　① 何宝民：《古诗名句荟萃》，河南人民出版社，1983，第46页。

灵魂，这里指安放体现朱舜水思想的《朱舜水文集》。"岳王祠"，即岳王庙，又称岳坟、岳飞墓，位于杭州西湖西北角、栖霞岭南麓。岳王庙是纪念南宋抗金名将岳飞的主要场所，始建于南宋嘉定十四年（1221），现存建筑为清康熙五十四年（1715）重建。"栖灵为近岳王祠"，作者在这里也是说，朱舜水当年的抗清斗争，如同当年的岳飞抗金一样，都是为了反抗北方族群对中原的入侵。

金泽荣的诗歌用秦末徐福、张良反抗秦王朝的举动来烘托朱舜水反抗清王朝的精神，并且用南宋抗金名将岳飞来寓意朱舜水，在作者心目中，四人都是为了反抗外来入侵。徐福欺骗秦始皇，是因为秦国吞并了自己的国家齐国；张良刺杀秦始皇，是因为秦国吞并了自己的国家韩国；而岳飞抗金，是为了阻止金军对南宋的入侵，恢复大宋；朱舜水抗清，则是为了恢复大明。上述四人的举动，用今天的观点来评判需另当别论，但放到当时的历史背景，四人都是反抗外部入侵，是经历国破家亡的金泽荣所赞赏的英雄人物。我们这里引用此诗，是为了说明，在作者心目中，当年徐福东渡就是为了报复秦始皇，消耗秦始皇的国力财力，耗资"巨万"①；徐福东渡带走大批童男童女，就是为了引发更大民愤，激起百姓更大的反抗。这一点，前面提到，《史记》也有记载："百姓悲痛相思，欲为乱者十家而六"②，"天下怨恨"③。这也是告诉我们，徐福东渡的目的就是报复秦国，加速秦王朝的灭亡。

第三节　徐福不畏风涛之险

徐福东渡，限于当时的船只状况和航海技术，加之无法预测的天气和海况，要远航朝鲜半岛南部和日本，不仅极其艰辛，而且极度危险。即使徐福东渡数百年后，船只性能和航海技术有了很大提高的唐代，中日航线上仍常常发生海难事故，甚至到了徐福东渡近两千年后，明末海上出使明朝的朝鲜使团仍发生了多起海难事故。所以当年徐福率领成百上千的人东

---

① （汉）司马迁：《史记·秦始皇本纪》，中华书局，2000，第176页。
② （汉）司马迁：《史记·淮南衡山列传》，中华书局，2000，第2348页。
③ （汉）班固：《汉书·郊祀志下》，中华书局，2000，第1042页。

渡远航，是要冒很大风险的。朝鲜半岛历史人物的诗文中，对徐福的这种大无畏精神也给予了赞颂。

一　歌颂徐福大无畏精神

朝鲜宣祖元年（1567）进士，宣祖朝官员金诚一，字士纯，号鹤峰，谥号文忠。《朝鲜宣祖修正实录》二十六年（1593）四月乙酉记载："庆尚左巡察使金诚一卒。时兵创民饥，疬疫大炽。诚一亲临赈救，宵昼劳粹，仍染疬以卒，一路兵民如悲亲戚之丧……。诚一刚方英秀，师事李滉，自少激昂慷慨，气节过人。立朝弹劾无严，士大夫皆惮之。奉使日本，以礼自持，倭人敬服。……临死，言不及私。子㴐在傍舍，同染疾危笃，一不问及，唯以国事勉其从事，人服其义烈。"①《朝鲜宣祖修正实录》以纪实的方式介绍了金诚一亲民、临危不惧、刚正不阿、一心为国等优良品德。出使日本期间，面对强势的日本官员，毫无畏惧，维护了国家的尊严。金诚一有《鹤峰先生文集》传世，他的诗文在当时也有很好的影响，朝鲜仁祖朝状元，官至吏曹判书的诗人赵绚为《鹤峰先生文集》撰写的序记载："其直如朱丝，其刚如炼镠，其特立如出壑长松。深丛孤罴，则先生天得也。勇往直前之气，养之以浩然，由孝移忠之性，行之以义路，鉴空衡平。肚里不着一毫私，则先生学得也。""娓娓累千言，举皆刿肝沥血，格君补阙之事也。至若《海槎录》，则先生奉使日本时所著也。亡论持数寸柔毫，摧折狡倭之鬼胆。其往复同行中，论议堂堂。"②说金诚一的诗文如其人，展现的是对国家的一片赤胆忠心。崇祯四年（1631）正月，朝鲜吏曹判书兼弘义馆大提学、艺文馆大提学郑经世撰写的《神道碑铭》也记载："（金诚一）为文章，不事险棘，平铺典赡，见者知其为仁义之言。所著疏札诗文，皆散失于兵火，今有遗稿若干卷，《海槎录》三卷，藏于家。"③由于金诚一创作的诗歌多"散失于兵火"，存世不多，朝鲜王朝中期编纂的诗歌总集

---

① （朝鲜）《朝鲜宣祖修正实录》卷二七，宣祖二十六年四月，韩国首尔：探求堂1973年影印本，第25册，第639页。

② （朝鲜）金诚一：《鹤峰先生文集》序，《韩国文集丛刊》第48辑，韩国首尔：景仁文化社，1989，第3~4页。

③ （朝鲜）金诚一：《鹤峰先生文集》附录，《韩国文集丛刊》第48辑，韩国首尔：景仁文化社，1989，第352页。

《箕雅》仅收录金诚一诗歌五律一首。

宣祖二十三年（1590）春，金诚一任朝鲜通信副使出使日本，途中创作诗歌《大仙院僧宗珍，出示苏仙遗墨，舟中追记其韵，与五山同赋》，诗中提到要像徐福那样，敢于搏击风浪，驰骋大海，去探索大海仙山中的奥秘。

大仙院僧宗珍，出示苏仙遗墨，舟中追记其韵，与五山同赋

我泛灵槎出人世，瓮中耻作酰鸡群。
蓬莱圆峤在眼中，风帆一掣轰雷奔。
手挽银潢洗宇宙，四海澄清波浩渺。
安期徐福去安之，万古茫茫一飞鸟。①

此诗是作者于庚寅（1590）春以通信副使出使日本途中所作，诗的题目中提到的"大仙院"，应是日本京都大德寺大仙院。"五山"，指与作者同行的朝鲜出使日本的通信使团制述官车天辂，字复元，号五山，也是当时朝鲜有影响的诗人。题目中提到"苏仙"，指中国宋代著名文学家、诗人苏轼（苏东坡），苏轼曾自称"玉堂仙"。从诗歌的题目可以得知，此诗系作者一行离开日本京都回到了使船后，欣赏了大德寺大仙院僧人宗珍出示的苏轼诗歌书法真迹，依照苏轼诗的原韵，与车天辂分别创作了诗歌。

诗歌首联"我泛灵槎出人世，瓮中耻作酰鸡群"，意思是说，我们乘坐的船只离开人们居住的陆地，要到有仙山的大海中去了。我们羞于做酒瓮里的小虫，而是要走出来看看外面的世界。"灵槎"，本指乘往天河的木筏，这里指船只。酰鸡：酒瓮中生的一种小虫。"瓮里酰鸡"，成语，典出《庄子·田子方》。"瓮中耻作酰鸡群"，不愿做酒瓮里的小虫。

颔联"蓬莱圆峤在眼中，风帆一掣轰雷奔"，意思是说，蓬莱、圆峤等海上仙山就在我们眼前的大海里，我们在电闪雷鸣中乘着长风，张开风帆向着仙山前行。"蓬莱圆峤"，指海上仙山蓬莱山、圆峤山。

颈联"手挽银潢洗宇宙，四海澄清波浩渺"，意思是说，仙山的仙人用

① （朝鲜）金诚一：《鹤峰先生文集》卷二，《韩国文集丛刊》第48辑，韩国首尔：景仁文化社，1989，第62页。

天河之水清洗宇宙的尘埃，使得四海澄清碧波荡漾。作者在这里也有激励自己的意思，激励自己要像仙人们一样去清除世间的污垢。"银潢"，指天河。苏轼《和文与可洋川园池·天汉台》诗曾提到"银潢"："漾水东流旧见经，银潢左界上通灵。此台试向天文觅，阁道中间第几星。"①

尾联"安期徐福去安之，万古茫茫一飞鸟"，意思是说，当年的安期生、徐福已经在大海的仙山上得道成仙了，流传千古的只有这茫茫大海和人们所能见到的在大海上空飞翔的海鸟。作者在这里也是照应首联，告诫人们不要做"瓮里醯鸡"，而是要像当年安期生、徐福那样，勇于迎着疾风恶浪，在浩瀚的大海中驰骋，去探索"蓬莱圆峤"等大海仙山中的奥秘，只有这样才能获得成功。安期，指秦代方士安期生，传说他得道成仙。《史记·封禅书》："安期生，仙者，通蓬莱中，合则见人，不合则隐。"②

二 丁若镛与《秦徐市请采三神山不死药表》

朝鲜正祖朝进士，朝鲜王朝晚期著名哲学家、文学家丁若镛，字美镛，号茶山、舆犹堂、三眉、俟庵，历任朝鲜弘文馆修撰、司谏院持平、承政院副承旨、京畿道暗行御史、兵曹参议等。丁若镛在任暗行御史时，弹劾和检举了官员们的贪污舞弊，因而也不断受到反对派的诬告和陷害。丁若镛为官不仅深受百姓爱戴，也很受朝鲜国王的赏识。但正祖去世后，受天主教事件的牵连惨遭流配，不过十八年的流配生活也使得丁若镛对当时的朝鲜社会有了更清醒的认识，他在此期间撰写和创作了大量的优秀作品，成为这一时期朝鲜实学思想的集大成者和卓越代表。其主要思想是反对盲从空谈，倡导实事求是的学风。丁若镛同时还介绍了许多外国先进科学技术，并取得卓越成就。他制造了起重机，设计了江桥，绘制了建筑水城的设计图，第一次把"牛痘接种法"介绍到朝鲜。丁若镛的诗歌反映了百姓的疾苦，也对暴政进行了强烈的抨击。

丁若镛写有骈文《秦徐市请采三神山不死药表》，以徐福给秦始皇上书的口气，赞扬了徐福不畏艰险，勇于探索的精神。

---

① （清）王文浩注，于宏明点校《苏轼全集》（三），时代文艺出版社，2000，第 727 页。
② （汉）司马迁：《史记·封禅书》，中华书局，2000，第 1182 页。

秦徐市请采三神山不死药表

草必偃风，皇威既加于四海。

药以济死，仙方盍求于三山？

有异草生，

必大德寿。

钦

万世洪业，

五运灵符。

兵尘永清，罗立十二人庭下。

帝宅初广，高卧一万里城中。

三皇即其下风，

六王尽归皇极。

今当振长策而御宇内之日，

可谓穷深志而尽天下之欢。

鸱瓦螭阶，赫皇居之壮丽。

凤旗鼍鼓，肃仪卫之清严。

悦耳目则赵瑟秦筝，

养口体则锦衣玉食。

第念百年如梦，

忽觉万事皆空。

威振山河，莫驻西榆之晚景。

令行天地，不禁上林之秋光。

贤而死，勇而亡，范雎之言良是。

去此位，遗此乐，景公之泣堪悲。

故当春秋之向衰，

自然富贵之无乐。

骊山土杵，岂宸情之所安？

博浪金椎，又世变之难测。

肆切葵心之向日，

每惜草头之易晞。

椿灵大年，方思万寿之祝。

蓁苓苦味，终非十全之良。

乃知古昔圣王，

莫不神仙从事。

昆山烧玉，炎皇求赤松之方。

鼎湖炼金，广成授丹砂之诀。

穆王得冰雪之饵，轻万乘于浮云。

偓佺示金光之灵，益千龄于尘世。

猗欤上国，

亦多神诠。

丹凤飘云，王女弄碧箫之曲。

青牛出谷，仙翁留紫气之书。

留神于斯，必免为泡花浪蕊。

不恒于世，何处得瑶草琼芝？

窃闻海上有神，

只在山中采药。

丹圃涵溟渤之气，鳌背螺鬓。

玄根结沆瀣之精，金华玉实。

馨香酷烈，远飘九霄之烟霞。

津液坚凝，饱经十洲之霜露。

姮娥偷去，月中之兔杵犹鸣。

子乔采归，云端之鹤笙长绕。

此所以仙不死者，

奚但为饥可疗兮？

味逾八珍，回白发而还黑。

功除九转，非紫汞而成丹。

羲驭催鞭，历千岁如一日。

扁鹊敛手，屏七旺与九衰。

今欲为王而求，

固知非臣莫可。

人生如白驹过隙，莫唱《薤露》之歌。

仙家有青鸟传书，已知蓬壶之路。

苍天在上，敢欺日月之明？

碧海无涯，不畏风涛之险。

请乘楼舰，

往采仙茎。

叠巘乃群仙之居，盍往观矣。

灵根为长生之药，薄言采之。

此去从我者谁？五百人童男童女。

归来祝圣之寿，八千岁为春为秋。

兹诚献芹之忱，

宜恢采苽之量。

上药养命，何用乎熊经鸟伸？

本草漏名，非比于豕苓、鸡壅。

延年益寿，可保象魏之尊荣。

指空谈虚，莫曰燕齐之迂怪。

况普天莫非王土，

顾此行庶仗皇灵。

海神驱白石之鞭，沧津有路。

仙公留赤玉之舄，玄圃可期。

一帆长风，便到白银之阙。

九重他日，奉献黄金之盘。

夏无且囊中，宜备刀圭之秤。

鲁师襄海外，宁效钟磬之行。

将谐久视之心，

何惮远涉之劳。

望

纳臣药石之说，

理臣桴海之装。

使入仙岑，

采归灵饵。

则

照心镜里，不老八彩之眉。

山斗樽中，可驻三光之步。

当

庶几相遇，

式遄其归。

进余桃之甘香，窃效忘口。

陪空桐之仙仗，庶追攀髯。①

丁若镛的《秦徐市请采三神山不死药表》，从内容形式看，应是一篇对仗严整的骈文。全篇内容以徐福给秦始皇上书的口气，记叙了当年徐福是如何说服秦始皇同意他带领"童男童女"入海寻找仙药的。

"草必偃风，皇威既加于四海。药以济死，仙方盍求于三山？有异草生，必大德寿。"意思是说，您的皇威已遍布四海，百姓就像风中的草一样，谁的威望高，就倒向谁。仙药可以帮助世人不死，仙药的仙方为什么要到三神山去求呢？因为那里生长着奇异的仙草，吃了后必定大德大寿。"草必偃风"，出自《论语·颜渊》："草上之风，必偃。"意思是说：百姓的德行就像草，风向哪边吹，草就跟着向哪边倒。

"钦万世洪业，五运灵符。兵尘永清，罗立十二人庭下。帝宅初广，高卧一万里城中。三皇即其下风，六王尽归皇极。"意思是说，我们非常敬仰您建立的可以传至万世的宏伟大业，现在国家的五行之德也完全符合上天的旨意。诸侯国之间的战争永远地被平息了，十二个诸侯国的人都成为您的臣民。帝王的家园第一次这样广阔，都城周边一万里内都在您的管辖之下。即使三皇伏羲、神农、黄帝在您的面前，也得甘拜下风，齐、楚、燕、赵、韩、魏六个诸侯大国的国王也都成了您的臣子。"五运"，指五德，即土德、金德、水德、木德、火德。"灵符"，道士借以号令鬼神，传达天神的旨意。"十二人"，这里指战国时的十二国的人，除齐、楚、燕、赵、韩、

---

① （朝鲜）丁若镛：《与犹堂全书补遗·洌水文簧上》，韩国首尔：韩国古典综合库《古典原文》，2012，第412~466页。

魏、秦等七雄外，还有鲁、卫、宋、郑、中山五国。

"今当振长策而御宇内之日，可谓穷深志而尽天下之欢。鸱瓦螭阶，赫皇居之壮丽。凤旗鼍鼓，肃仪卫之清严。悦耳目则赵瑟秦筝，养口体则锦衣玉食。"意思是说，现在正是发挥您的威势来治理国家、实现远大志向而让天下人都满意的好时机。您的皇宫盛大而华丽，宫殿屋脊两端装饰有鸱瓦，宫殿台阶刻有螭。并有以鸟羽装饰或绘有凤凰图案的彩旗，用鼍皮蒙的鼓，肃立的仪仗队的卫士清秀而庄严。赵瑟秦筝等乐器弹奏着悦耳的曲目，穿着华美的衣服，享用着可口的美食，养育着您的尊贵的身体。"长策"，这里指威势，出自汉代贾谊《过秦论》："及至始皇，奋六世之余烈，振长策而御宇内。"[1]

"第念百年如梦，忽觉万事皆空。威振山河，莫驻西榆之晚景。令行天地，不禁上林之秋光。贤而死，勇而亡，范雎之言良是。去此位，遗此乐，景公之泣堪悲。故当春秋之向衰，自然富贵之无乐。"意思是说，但一想到人生只有百年，忽然觉得人生如梦，人不在了，所有的也就没有了。您的影响威振山河，但不能停留在晚年就结束了。您可以号令天下，但禁止不了上林苑的秋风扫落叶。再有智慧的贤人也有死去的一天，身体再强壮的勇士也会衰老而亡，（秦）昭王时的宰相范雎讲的话很有道理。人不在了，也就没有那么多的荣华富贵和欢乐了，当年齐景公在牛山哭泣就是因为人生苦短而悲叹。所以，一想到人生会有衰老死亡的那一天，即使当下有大富大贵也高兴不起来。

"骊山土杵，岂宸情之所安？博浪金椎，又世变之难测。肆切葵心之向日，每惜草头之易晞。椿灵大年，方思万寿之祝。蓡苓苦味，终非十全之良。"意思是说，您虽然在骊山修建了豪华的陵墓，但那里岂是帝王安身的地方？您出巡的时候在博浪沙遭遇过飞椎的偷袭，世道和人心的变化是很难预测的。向日葵总是向着太阳生长，但草上的露水是很容易干枯的。人们渴望长寿，所以才有了祝福长寿的祝词和活动。人们服用人参、茯苓那些有苦味的补药来养生，终非长寿的好办法。"椿灵"，比喻人长寿，出自《庄子·逍遥游》："上古有大椿者，以八千岁为春，八千岁为秋。"[2]

---

① （清）姚鼐纂集，胡士明、李祚唐标校《古文辞类纂》，上海古籍出版社，2016，第1页。
② 靖林：《庄子释义》，新华出版社，2016，第8页。

　　"乃知古昔圣王，莫不神仙从事。昆山烧玉，炎皇求赤松之方。鼎湖炼金，广成授丹砂之诀。穆王得冰雪之饵，轻万乘于浮云。偓佺示金光之灵，益千龄于尘世。"意思是说，我们知道的自古以来有贤德的国王，都有祈求神仙的经历。炎帝曾求教于在昆山烧玉的仙人赤松子。黄帝在鼎湖炼金时，曾问道于仙人广成子，广成子授予黄帝炼丹砂的方法。周穆王乘车西游会见西王母，西王母在瑶池用清凉的美食款待穆王。上古仙人偓佺曾将神方传给世人，有益于人们长寿。"赤松"，指赤松子，神农的雨师。汉代《列仙传·赤松子》记载："赤松子者，神农时雨师也，服水玉以教神农，能入火自烧。往往至昆仑山上，常止西王母石室中，随风雨上下。炎帝少女追之，亦得仙俱去。"[1]"广成"，传说中的上古仙人广成子。《庄子·在宥》："黄帝立为天子十九年，令行天下，闻广成子在于空同（崆峒）之山，故往见之。"[2]晋代《神仙传·广成子》："广成子者，古之仙人也。居崆峒之山石室之中。黄帝闻而造焉。"[3]"穆王"，指周穆王。战国时期《列子·周穆王》："（穆王）不恤国是，不乐臣妾，肆意远游，命驾八骏之乘……遂宾于西王母，觞于瑶池之上，西王母为天子瑶，王和之，其辞哀焉。"[4]"偓佺"，传说中的上古仙人。《列仙传·偓佺》："偓佺者，槐山采药父也。好食松实。形体生毛，长数寸。两目更方。能飞行逐走马。以松子遗尧，尧不暇服也。松者，简松也。时人受服者，皆至二三百岁焉。"[5]

　　"猗欤上国，亦多神诠。丹凤飘云，王女弄碧箫之曲。青牛出谷，仙翁留紫气之书。留神于斯，必免为泡花浪蕊。不恒于世，何处得瑶草琼芝？"意思是说，我们这样的大国，有过很多神奇的事情，先王穆公的女儿吹箫如同凤凰之鸣，结果引得凤凰飘云而来；老子乘青牛西游，也有紫气浮关的记载。我们要留心于这些神奇的事情，免得把它们作为一般的事情来看待。如果我们把这些神奇的事情与神仙联系起来，从哪里能找到这些神仙，得到可以长生不老的仙草仙药呢？"猗欤"，叹词。表示赞美。"王女"，指秦穆公的女儿。汉代《列仙传·萧史》："萧史者，秦穆公时人也，善吹箫，

----

① 滕修展等注译《列仙传神仙传注译》，百花文艺出版社，1996，第3页。
② 靖林：《庄子释义》，新华出版社，2016，第216页。
③ 滕修展等注译《列仙传神仙传注译》，百花文艺出版社，1996，第156页。
④ （晋）张湛注《列子》，上海古籍出版社，2014，第78页。
⑤ 滕修展等注译《列仙传神仙传注译》，百花文艺出版社，1996，第13页。

能致孔雀白鹤于庭。穆公有女字弄玉，好之。公遂以女妻焉，日教弄玉作凤鸣，居数年，吹似凤声，凤凰来止其屋。"① "仙翁"，这里指老子。《列仙传·老子》："后周德衰，（老子）乃乘青牛去，入大秦。"②《列仙传·关令尹》："老子西游，喜先见其气。"③ "浪蕊"，寻常的花草。

"窃闻海上有神，只在山中采药。丹圃浥溟渤之气，鳌背螺鬟。玄根结沆瀣之精，金华玉实。馨香酷烈，远飘九霄之烟霞。津液坚凝，饱经十洲之霜露。"意思是说，我私下听说大海里有神仙，他们在海岛的山上采仙药。这些大海里的海岛有像螺状发鬟的山峰，大海中仙气浸润着生长仙草的园圃。这些仙草吸收着天地之精华，开着金色的花朵，有着玉石一样的果实。仙草的香味浓烈，能散发到九霄之外的云霞里。仙草的汁液是凝固的，因为它们饱经了仙岛上长时间的秋霜寒露的侵蚀。"鳌背"，指大海。"玄根"，这里指仙草的根。"沆瀣"，指夜间的水汽，露水。"沆瀣之精"，这里指天地的精华。

"姮娥偷去，月中之兔杵犹鸣。子乔采归，云端之鹤笙长绕。此所以仙不死者，奚但为饥可疗兮？味逾八珍，回白发而还黑。功除九转，非紫汞而成丹。"意思是说，姮娥（嫦娥）偷吃了西王母给后羿的仙药，飞上月宫，月宫至今还能传出玉兔捣药的声音。子乔采药归来，天上云朵有仙鹤仙乐环绕。他们为什么吃了药就成了不死的仙人呢？因为仙药的味道超过人世间所有珍贵的食物，吃了能返老还童，让白发变成黑色。仙药的功效超过九转炼成的金丹，是不用加紫汞而成的丹药。"姮娥"，即嫦娥，神话中的月中女神。《淮南子·览冥训》："羿请不死之药于西王母，姮娥窃以奔月。"④ "子乔"，也写作"时侨"，中国古代神话传说人物。"八珍"，本指八种珍贵的食物，出自《周礼·天官·冢宰》《周礼·天官·膳夫》，这里指世间美食。"九转"，指道教炼丹，以九转为贵。晋代葛洪《抱朴子·金丹》："九转之丹，服之三日得仙。"⑤

"羲驭催鞭，历千岁如一日。扁鹊敛手，屏七旺与九衰。今欲为王而

① 滕修展等注译《列仙传神仙传注译》，百花文艺出版社，1996，第73页。
② 滕修展等注译《列仙传神仙传注译》，百花文艺出版社，1996，第19页。
③ 滕修展等注译《列仙传神仙传注译》，百花文艺出版社，1996，第21页。
④ 《淮南子》，吉林人民出版社，1999，第139页。
⑤ （晋）葛洪：《抱朴子·金丹》，上海古籍出版社，1990，第27页。

求，固知非臣莫可。人生如白驹过隙，莫唱《薤露》之歌。仙家有青鸟传书，已知蓬壶之路。"意思是说，羲和催鞭驾驭太阳，经历千年如同人世间过了一天。神医扁鹊停手之后，没有人再能医治人的疑难病症了。我现在愿意为大王您去寻找仙药，而且目前只有我才能办到。人生就如同白色骏马在细小的缝隙前跑过一样，很快就过去了，不要吟唱"人的生命一旦逝去，又何时才能归来"的《薤露》之歌。仙人有神鸟传书，告诉了我去仙岛的路。"羲驭"，羲和驾驭太阳。出自《楚辞补注》卷一，东汉王逸注："羲和，日御也。"①"御"同"驭"。"扁鹊"，战国时期医学家，事迹载《韩非子·喻老》《史记·扁鹊仓公列传》。"白驹过隙"，比喻时间过得快，光阴易逝。出自《庄子·知北游》："人生天地之间，若白驹之过隙，忽然而已。"②"薤露"，西汉李延年改编的一首古代挽歌，其中有"露晞明朝更复落，人死一去何时归"句。"蓬壶"，指蓬莱仙山，这里泛指仙山、仙岛。

"苍天在上，敢欺日月之明？碧海无涯，不畏风涛之险。请乘楼舰，往采仙茎。叠巇乃群仙之居，盍往观矣。灵根为长生之药，薄言采之。此去从我者谁？五百人童男童女。归来祝圣之寿，八千岁为春为秋。"意思是说，天上有神灵在监视着我们，您也是很英明的君王，谁敢欺骗上天和大王您呢？碧波的大海没有尽头，我不怕大海中的惊涛骇浪和艰难险阻。请求您给我楼船，让我乘船到大海中给您去采集仙药。仙岛上重重叠叠的大小山峰是仙人们居住的地方，我何不去找他们呢。仙岛卜的仙草是长生不老之药，我要抓紧时间给你去采来。这一次采集仙药谁跟着我呢？请您派五百个童男童女和我一起去。我们采药归来的时候，用仙药为你祝寿，祝福您长生不老，度过八千岁的春秋。"薄言采之"，快来采的意思，出自《诗经·周南·芣苢》："采采芣苢，薄言采之。""八千岁为春为秋"，即长寿的意思，出自《庄子·逍遥游》："上古有大椿者，以八千岁为春，八千岁为秋。此大年也。"③说上古时期有一种叫作大椿的树，八千年作为一个春季，八千年作为一个秋季。

---

① （宋）洪兴祖注，卞岐整理《楚辞补注》，凤凰出版社，2007，第23页。
② 靖林：《庄子释义》，新华出版社，2016，第435页。
③ 靖林：《庄子释义》，新华出版社，2016，第8页。

"兹诚献芹之忱，宜恢采荛之量。上药养命，何用乎熊经鸟伸？本草漏名，非比于豕苓、鸡壅。延年益寿，可保象魏之尊荣。指空谈虚，莫曰燕齐之迂怪。"意思是说，我们将采集的仙药全部奉献给您，也是表达我们采药人对您的一片赤诚之心。您服用了仙药就能长生不老，就用不着做"熊经鸟伸"这些养生的活动了。本草类的中药书籍之所以没有记载这些仙草、仙药，是因为仙草、仙药不是豕苓、鸡壅这些世间常见的药物。大王您只有延年益寿，才能永葆秦王朝的尊严和荣耀。不要说燕地、齐地的方士们只会空谈一些虚无缥缈的神怪，他们能帮大王寻找延年益寿的仙药。"献芹"，典故，指赠人礼品，这里指奉献礼品。典出《列子·杨朱篇》。"采荛"，这里指采集仙草，或采集仙草的人。"熊经鸟伸"，古代人的养生之法。出自《庄子·外篇·刻意》："此江海之士，避世之人，闲暇者之所好也。吹呴呼吸，吐故纳新，熊经鸟申，为寿而已矣。"[1] "本草"，古代中药类的书籍多称本草，最早见于《汉书·平帝纪》。"豕苓"，中药常用的菌类药材，菌核体表面为棕黑色或黑褐色。"鸡壅"，即芡实，俗称"鸡头米"，一年生水生草本植物，《神农本草经》中列为上品药物。"象魏"，中国古代天子、诸侯宫门外的一对高建筑，为悬示教令的地方。《周礼·天官·太宰》："正月之吉始和，布治于邦国都鄙，乃县治象之法于象魏，使万民观治象，挟日而敛之。"[2] 这里借指朝廷。"迂怪"，这里指神怪。三国时期曹操《精列》诗："见期于迂怪，志意在蓬莱。"[3]

"况普天莫非王土，顾此行庶仗皇灵。海神驱白石之鞭，沧津有路。仙公留赤玉之舄，玄圃可期。一帆长风，便到白银之阙。"意思是说，何况天下的土地都属于大王您，我们这次入海采集仙药依仗的是皇帝您的威德，海神会为我们鞭驱白石铺路搭桥，为我们在大海中开辟一条去仙山的航道。仙人已经为我们留下了用红色玉石做的鞋子，邀请我们会面，神仙居住的地方是可以到达的。我们乘坐帆船，借助顺风，便会到达用白银做成的仙人的宫殿。"留赤玉之舄"，见汉代《列仙传·安期先生》，说秦始皇东游，与仙人安期生长谈三日三夜，并赐价值"数千万"的财宝。安期生不受，

---

[1] 靖林：《庄子释义》，新华出版社，2016，第304~305页。
[2] 陈戍国点校《周礼》，岳麓书社，1989，第6页。
[3] 夏传才校注《曹操集校注》，河北教育出版社，2013，第34页。

留下一封信和一双赤玉舄，说"后数年求我于蓬莱山"。"始皇即遣使者徐市、卢生等数百人入海。"①"玄圃"，神话传说中的"黄帝之园"，这里指仙人居所。

"九重他日，奉献黄金之盘。夏无且囊中，宜备刀圭之秤。鲁师襄海外，宁效钟磬之行。将谐久视之心，何惮远涉之劳。"意思是说，我们回来的某一日在宫殿上，将用黄金的盘子奉献仙药，请您让侍医夏无且在药袋子里备好称药的刀圭。鲁国的乐官师襄如果远走海外，会带着钟和磬一起走的。我们会调整好心态，是不会惧怕远涉大洋的劳苦的。"九重"，这里指宫殿。"夏无且"，秦始皇侍医，《史记·刺客列传》有记载。"刀圭"，古代中药的量器名。"师襄"，春秋时鲁国的乐官，擅击磬，也称击磬襄。"钟磬"，钟和磬，古代礼乐器。

"望纳臣药石之说，理臣桴海之装。使入仙岑，采归灵饵。则照心镜里，不老八彩之眉。山斗樽中，可驻三光之步。"意思是说，希望您能采纳我的采集仙药的建议，批准我筹备入海采集仙药所需的行装。让我进入仙山，为您采回仙药。这样您就可以在铜镜里见到您不老的帝王之貌。您帝王的酒杯中，也可以让时光停住脚步，使您永葆青春。"药石"，泛指药物，这里指仙药。"仙岑"，指仙山。"八彩之眉"，指圣人或帝王之眉。"山斗"，比喻为世人所钦仰的人，这里指秦始皇。"三光"，古称日、月、星为天之三光，这里指时光。

"当庶几相遇，式遄其归。进余桃之甘香，窃效忘口。陪空桐之仙仗，庶追攀髯。"意思是说，我们是能够与仙人相遇并采到仙药的，很快就会回到朝廷奉献给您，还要向您进献仙人们吃的可以长生不老的香甜仙桃，仙药和仙桃我们是不敢偷着吃的。陪着我们快速回到您身边的是崆峒山的仙仗，我们就像当年臣民追随黄帝一样，永远追随着您。"庶几"，这里是可以、能够的意思。"式遄其归"，语出《诗经·大雅·烝民》，意思是，早日回到朝廷或家乡。"余桃"，出自《韩非子·说难》，本意是把自己吃剩的桃子给别人吃。但这里应是仙人吃过的可以长生不老的仙桃。"空桐"，指崆峒山，前面提到，黄帝问道于崆峒山的仙人广成子，说明崆峒山是上古仙人的居住之地。"攀髯"，典故，意指追随皇帝。出自《史

---

① 滕修展等注译《列仙传神仙传注译》，百花文艺出版社，1996，第63页。

记·封禅书》："黄帝采首山铜，铸鼎于荆山下。鼎既成，有龙垂胡髯下迎黄帝。黄帝上骑，群臣后宫从上者七十余人，龙乃上去。余小臣不得上，乃悉持龙髯……"①

《秦徐市请采三神山不死药表》中虽然没有交代徐福上书的结果，但史料记载已经给予了明确答案，这就是秦始皇同意了徐福的请求，并给予徐福东渡入海求仙人而远涉重洋所必需的大量人力物力支持。这也说明，徐福依靠自己的智慧和不惧风险的大无畏精神征服了秦始皇。

朝鲜王朝晚期著名哲学家、文学家丁若镛之所以能写出这样的徐福东渡求仙的故事，除了来源于《史记》的记载，主要还是朝鲜半岛多地流传的徐福采集仙药的传说。因此，作者才能展开丰富的想象，以文学的笔法，编造出这样具体而生动的徐福东渡求仙的故事来。

第四节　秦皇枉费功，徐福是"真仙"

朝鲜半岛历史人物在谈到徐福东渡时，也对秦始皇为了长生不死，耗费大量人力物力派徐福入海求仙人的愚蠢行为进行了批判，同时对徐福利用自己的智慧获得了秦始皇在人力财力上的大力支持，得以远走海外，不仅逃脱了秦始皇的责罚，还在海外有了一番作为的举动表达了钦佩和赞扬。

一　批判、嘲讽秦皇求仙贪欲

高丽王朝末期著名政治家、文学家、理学大师，官至高丽门下侍中（宰相）的郑梦周，曾于高丽祸王十二年（1386）出使中国，回国途中路经登州城时写有《蓬莱阁》诗。

蓬莱阁

采药未还沧海深，秦皇东望此登临。

徐生诈计非难悟，自是君王有欲心。②

---

① （汉）司马迁：《史记·封禅书》，中华书局，2000，第 1187 页。
② （朝鲜）郑梦周：《圃隐先生文集》卷一，《韩国文集丛刊》第 5 辑，韩国首尔：景仁文化
社，1990，第 575 页。

　　此诗系郑梦周在登州城登临蓬莱阁时所作，主要抒发了在蓬莱阁远眺大海时的感受，作者通过秦始皇东巡求仙和徐福诈计入海求仙药的典故，在诗中表达了对秦始皇的批判态度。

　　蓬莱阁在登州府城也是当时蓬莱县城的北部丹崖山顶，这里是传说当年秦始皇、汉武帝遥望海中蓬莱仙山的地方，也因此有蓬莱之名。郑梦周路经登州城登临蓬莱阁时，很自然地联想到了蓬莱仙山，想到了秦始皇派遣徐福"入海求仙人"的历史记载。

　　诗歌的前两句"采药未还沧海深，秦皇东望此登临"，意思是说，秦始皇站在这里的山顶上，登高远望大海深处，想看看他派去寻找仙药的徐福一行回来没有。"秦皇"，即秦始皇。前面提到，《史记·秦始皇本纪》记载，秦始皇"遣徐福发童男童女数千人，入海求仙人"。《史记·秦始皇本纪》还记载，秦始皇三十七年（前210），秦始皇再次东巡来到山东半岛时，徐福仍没有找到仙药，害怕秦始皇追究他的责任，便编了一套谎言欺骗秦始皇说，海上仙山确有仙药，只是因为海上有大鲛鱼阻挡，到达不了仙山。秦始皇信以为真，便亲自带领弓箭手和徐福等人到大海边射杀大鲛鱼，寻找到之罘（今烟台芝罘岛）一带海面时，果然见到一条大鱼，便令弓箭手射杀。可秦始皇在从之罘一带返京途中，死在沙丘城。郑梦周熟读中国史书，也熟悉和了解这一段记载，诗歌记叙的也是这样一段历史，只是把自己对秦始皇派徐福求仙的看法揉进了诗歌里。

　　后二句"徐生诈计非难悟，自是君王有欲心"，意思是说，徐福一行入海采集仙药是不会回来的，徐福欺骗了秦始皇。徐福欺骗的手段并非多么高明、识破不了，而是因为秦始皇贪欲心太重，被长生不老的欲望蒙蔽了。"徐生"，即徐福。

　　郑梦周的诗歌不仅批判了秦始皇的愚昧，也在告诉后人，人如果有贪欲，即使像秦始皇这样伟大的政治家也免不了遭到蒙蔽和欺骗。而徐福正是利用了秦始皇的这一弱点，依靠自己的智慧和胆略欺骗了秦始皇，成全了自己。

　　高丽王朝末期、朝鲜王朝初期著名的理学家、文学家、诗人权近，初名权晋，字可远，一字思叔，号阳村，谥号文忠。权近官拜朝鲜集贤殿大提学、议政府赞成事、崇政大夫、世子师。《高丽史·权近列传》记载："恭愍朝，年十八登第，唱名入庭。……除成均（馆）直讲，艺文（馆）应教。"之后，

271

权近历任高丽成均馆大司成、礼仪判书、左代言、密直副使、厚德府尹、签书密直司事等职。[①] 权近 18 岁时就入朝做官，是当时高丽王室中出类拔萃的年轻才俊。政权更迭后，权近在朝鲜李氏王朝初期继续得到重用。《朝鲜王朝实录》记载，朝鲜太祖五年（1396），因朝鲜上呈明朝的表文中格式字样不符合明朝要求，明朝开国皇帝朱元璋不满，为此还以不敬的罪名拘留了一些朝鲜使者，并要求朝鲜做出说明。在此背景下，权近受朝鲜国王之命出使明朝，拜见了明朝皇帝朱元璋，对朝鲜"表笺事"做出说明，其才华得到了朱元璋的赏识。"太祖（朱元璋）待以优礼，赐以敕，仕文渊阁，得与翰林学士刘三吾、许观、景清、张信、戴德彝相周旋。帝称老实秀才，遣还。中国使臣来，必先问（权）近动静，及相接，加以礼貌。"[②] 朱元璋命多位有身份、有学识的官员陪伴权近，可见朱元璋对权近学识及文采的看重和欣赏。明朝使者出使朝鲜，也都打听权近的情况，见到权近后，对权近都非常仰慕和尊重。《朝鲜王朝实录》还记载：朱元璋还把自己作的三首诗赐给权近，而且命权近作"赋题诗二十四篇"。权近受命完成诗作后，朱元璋看了非常满意，给予"嘉赏"，"宠之也"[③]。这对权近和当时的朝鲜都是一种极大的荣耀。朱元璋赐诗，权近"赋题诗"，不仅缓和了当时中朝间因"表笺事"而产生的矛盾，而且开启了明清时期中朝间的词赋外交。

权近出使中国期间沿途也写有多首纪行诗，主要收录在《阳村先生文集》中。朝鲜王朝中期编纂的诗歌总集《箕雅》收录权近的诗歌"七绝一首、七律三首、五排一首、七排一首、五古一首"[④]。清代编纂的《御选明诗》《明诗综》中也均收有权近的诗作。权近出使中国路经登州城时，也写有诗歌对秦皇汉武求仙的愚蠢举动进行了批判。

宿登州蓬莱驿，咏怀古迹四绝
其二

祖龙鞭石竟无功，谁见神山不死翁。

---

① 孙晓主编《高丽史》（标点校勘本），西南师范大学出版社、人民出版社，2014，第 3292、3296 页。

② 吴晗编《朝鲜李朝实录中的中国史料》（一），中华书局，1980，第 235~236 页。

③ 吴晗编《朝鲜李朝实录中的中国史料》（一），中华书局，1980，第 141 页。

④ 赵季、张景昆：《〈箕雅〉五百诗人本事辑考》（上），人民文学出版社，2013，第 170 页。

三十五年真一瞥，终教鲍臭满车中。

其三

方士纷纷竞骋邪，汉皇何不鉴秦家？

武陵异日生秋草，万里空祠万里沙。

（万里沙，神名，武帝求仙到登州，祠之而还。）①

《宿登州蓬莱驿，咏怀古迹四绝》收录在《阳村先生文集》卷六《奉使录》中。《奉使录》序言这样写道："记奉使所历之地，所见之事也。……由淮而北，过齐鲁之东，以濒渤海。……因以广其观览，以偿平日远游之志，岂不幸哉。是以不揆浅陋，凡有接于耳目者，必记而诗之。非敢为作，要自不忘耳。"落款时间是"洪武二十二年，岁在己巳秋八月晦"②。"晦"，旧历每月的最后一天。这说明，此诗系作者于洪武二十二年（1389）出使明朝时路经登州城所作。

《宿登州蓬莱驿，咏怀古迹四绝》共四首，这是其中的第二首和第三首。

"其二"通过秦始皇派遣徐福"入海求仙人"这一历史记载，对秦始皇痴迷于神仙不死之术给予了辛辣的嘲讽和尖锐的批判。

"其二"前二句"祖龙鞭石竟无功，谁见神山不死翁"，意思是说，秦始皇鞭石入海造桥，以考察徐福等方士入海寻找仙药的情况，结果一无所获，因为世上根本就没有什么仙山，谁也没见过不死的老人。"祖龙"：秦始皇。《史记·秦始皇本纪》有"祖龙死"③，秦始皇去世的记载。"祖龙鞭石"，典出唐代《艺文类聚》卷七九引晋代伏琛《三齐略记》："始皇作石桥，欲过海观日出处。于时有神人，能驱石卜海，城阳一山石，尽起立。巍巍东倾，状似相随而去。"④《三齐略记》还提到，有个神人驱石下海，但嫌石头走得太慢，就用鞭子抽，结果把石头抽得都流出血来。所以这一带满山的石头全是红色。而民间传说秦始皇鞭石入海造桥，不仅仅是"欲

---

① （朝鲜）权近：《阳村先生文集》卷六，《韩国文集丛刊》第7辑，韩国首尔：景仁文化社，1990，第71页。

② （朝鲜）权近：《阳村先生文集》卷六，《韩国文集丛刊》第7辑，韩国首尔：景仁文化社，1990，第59页。

③ （汉）司马迁：《史记·秦始皇本纪》，中华书局，2000，第184页。

④ （唐）欧阳询：《艺文类聚》（下），上海古籍出版社，1965，第1347页。

过海观日出处",而主要是为了更好地遥望大海,观察徐福等方士入海寻仙的情况。前面郑梦周诗"采药未还沧海深,秦皇东望此登临",说秦始皇站山顶上远望大海,观察徐福一行寻找仙药的情况,就是来自当地的民间传说。

"其二"后二句"三十五年真一瞥,终教鲍臭满车中",意思是说,秦始皇在位三十多年,却死在了求仙不得的归途中,终结了他叱咤风云的一生,他建立的秦王朝随着他的去世,也很快终结了。当时正值酷暑,秦始皇的尸体发出臭味,为了掩盖尸臭,丞相李斯命手下人在车上装了一石臭咸鱼。"三十五年",指秦始皇在位的时间,秦始皇实际上在位三十七年。"鲍臭满车",来自《史记·秦始皇本纪》的记载,秦始皇死在回京的路上,"会暑,上辒车臭,乃诏从官令车载一石鲍鱼,以乱其臭"①。鲍臭:腌鱼的臭味。

"其三"是批判汉武帝不接受秦始皇的教训,继续派方士们入海求仙,结果同样一无所获。

"其三"前二句"方士纷纷竞骋邪,汉皇何不鉴秦家?"意思是说,汉武帝为什么不接受秦始皇求仙的教训来约束自己的行动呢,而是相信方士们的邪说,继续派一批又一批的方士去寻找仙人、仙药。"方士",指尊崇神仙思想、推奉成仙得道之术的人。中国道教产生之后,方士大多衍变为道士。"汉皇",这里指汉武帝。"秦家",秦朝,代指秦始皇。

"其三"后二句"武陵异日生秋草,万里空祠万里沙",意思是说,汉武帝的陵墓也长满了荒草,他当年不远万里到海边祭祀万里沙祈求长生不老,是多么的愚蠢啊。"武陵",指汉武帝的陵墓,因其所在地属汉代槐里县茂乡,故称茂陵。"万里沙",《汉书·地理志·东莱郡》记载:"曲成,有参山万里沙祠。"② 汉代东莱郡曲成县在今莱州市、招远市境内。《史记·孝武本纪》记载:元封二年（前109）,汉武帝东巡来到东莱郡,"复遣方士求神怪、采芝药以千数。时岁旱。于是天子既出无名,乃祷万里沙"③。作者自注:"万里沙,神名,武帝求仙到登州,祠之而还。"设立"登州",

---

① （汉）司马迁:《史记·秦始皇本纪》,中华书局,2000,第187页。
② （东汉）班固:《汉书·地理志·东莱郡》,中华书局,2000,第1273页。
③ （汉）司马迁:《史记·孝武本纪》,中华书局,2000,第335页。

是在唐代，汉武帝时没有"登州"这一称谓。这里说的"登州"，应指明代登州所属的地域。明代招远县属登州府管辖，包括招远县境内的万里沙祠也在登州府辖区内。

登蓬莱阁

蓬莱古阁在高丘，破础颓垣野草秋。

徐市不还天渺渺，安期难遇水悠悠。

鼍喷雪浪长风壮，鳌戴神山灏气浮。

秦汉到头何事业，白云千载使人愁。[①]

《登蓬莱阁》诗创作的时间同上一首，也是洪武二十二年（1389）出使明朝路经登州城时所作。诗歌的主题也是承接上一首，再次表达了对秦始皇、汉武帝派方士求仙的批判和嘲讽。

诗的首联"蓬莱古阁在高丘，破础颓垣野草秋"，意思是说，年代久远的蓬莱古阁高高屹立在丹崖山顶；那破旧的柱石，周边坍塌的墙壁，在深秋季节里伴随着枯黄的野草，凸显了一派荒芜沧桑的景象。

颔联"徐市不还天渺渺，安期难遇水悠悠"，意思是说，秦始皇派徐福入海求仙，可徐福一去不还，留下的只是一片茫茫大海。秦始皇、汉武帝希望见到成为仙人的安期生，同样谁也无法见到；眼前只有烟水茫茫。"安期"，即安期生，传说中的方仙道创始人，被道教奉为"北极真人"。《史记·孝武本纪》记载：方士李少君曾对汉武帝说"臣尝游海上，见安期生，食臣枣，人如瓜。安期生，仙者。通蓬莱中，合则见人，不合则隐"，于是，汉武帝"遣方士入海求蓬莱安期生之属"。[②]

颈联"鼍喷雪浪长风壮，鳌戴神山灏气浮"，意思是说，在蓬莱阁上望大海，海面上雪浪翻滚，风力雄猛，隐隐约约望见的海岛如传说中的神山，飘浮在雾蒙蒙的云气之中。"鼍"，又名鼍龙。人们常用"鲸吞鼍喷"来形容汹涌的海浪。"鳌戴神山"，典出《列子·汤问》：传说渤海之东有五座仙

---

① （朝鲜）权近：《阳村先生文集》卷六，《韩国文集丛刊》第7辑，韩国首尔：景仁文化社，1990，第71页。

② （汉）司马迁：《史记·孝武本纪》，中华书局，2000，第320页。

山常随潮波上下漂流。天帝怕五山流于西极，乃使十五巨鳌轮番载之，后有巨人到渤海垂钓，不慎钓上了岱舆、员峤之下的六只巨鳌，结果两山便流往西极，渤海里只剩下"方壶""瀛洲""蓬莱"三座仙山。

尾联"秦汉到头何事业，白云千载使人愁"，意思是说，秦始皇、汉武帝劳民伤财的求仙举动没有任何成就和结果，留下的只是千百年来的感叹和哀伤。

二 世上并没有"三神山"和"长生不老药"

高丽王朝末期、朝鲜王朝初期诗人和著名文臣，官至朝鲜太宗朝领议政的李稷，字虞庭，号亨斋。《朝鲜世宗实录》辛亥十三年八月乙亥记载，李稷十六岁就科举入仕，不仅聪明过人，少年得志，而且有着敏锐的政治嗅觉，善于审时度势，因助李成桂推翻高丽王朝被"策为三等功臣"。后又助李远芳登上国王位，获开国功臣称号。李稷还曾四次奉命出使中国，均圆满完成使命。李稷有《亨斋诗集》传世，《亨斋诗集》序由朝鲜著名文臣、诗人，"文章冠一世"[①] 的金宗直撰写，其中称赞李稷："其为诗文，优游浑厚，法律森严，少处浊世，自鸣其胸中之蕴。……历相四朝，得施其经济，以绍祖烈，而能以诗笔镕一代。尝再奉使于皇朝，抵燕蓟，涉江淮，与闻人陆颙、章谨辈唱和。其都邑河山之巨丽，礼乐文物之融侈，收拾涵蓄，以尽天下之大观。达者而工于诗，先生亦其人也。"[②] 说李稷的诗歌真实纯朴，有深意而厚重，既抒发了真实的情感，也描绘了江河山川之壮丽。与明朝官员的诗歌唱和，在当时也很有影响。"陆颙、章谨"，二人均为明初文臣，擅长书画诗文。明代万历年间编的《朝鲜诗选》收录李稷的诗一首，朝鲜王朝中期编纂的诗歌总集《箕雅》收录李稷的诗七绝一首、五律一首、五古一首。

李稷出使中国期间，写有多首诗歌，其中路经登州时就留下了多首诗作，也谈到了秦始皇派徐福东渡采集仙药。

---

① 赵季、张景昆：《〈箕雅〉五百诗人本事辑考》（上），人民文学出版社，2013，第270页。
② （朝鲜）李稷：《亨斋诗集》序，《韩国文集丛刊》第7辑，韩国首尔：景仁文化社，1990，第529页。

次章寺丞韵

千年往事入渔歌，一点之罘历海波。

欲望仙山迷道路，独留飞阁近星河。

徐生肯采瀛洲草，秦帝徒闻冰蘗荷。

尚想当年枉行幸，至今遗迹警人多。[①]

《次章寺丞韵》诗，是作者与明朝官员章寺丞的一首唱和诗，章寺丞原唱，李稷和答。"章寺丞"，作者在《次章寺丞辞京诗韵》一诗中记载："同陆主事，林行人赴京谢恩，特蒙宠赐。又钦承帝命，同通政寺丞章谨，文渊阁待诏端木礼奉诰命印章回还。自开国以来初受命，故华人亦皆荣之，沿途州若卫，皆设宴以享使臣，命也。章，端公沿途赋诗。皆次其韵。"[②] 由此可知，章谨、端木礼系明朝派往朝鲜的使臣，回国时与作者一行同行。

诗的首联"千年往事入渔歌，一点之罘历海波"，意思是说，蓬莱阁所在地的登州有着悠久的历史，她的"千年往事"已伴随着"渔歌"载入了史册，蓬莱阁东边的之罘随着潮起潮落也历经沧桑。作者之所以在首联提到"之罘"，即芝罘岛，是因为当年秦始皇为炫耀他的文治武功和寻找仙山、仙药，曾三临芝罘岛。秦始皇三临"之罘"，见《史记·秦始皇本纪》。

颔联"欲望仙山迷道路，独留飞阁近星河"，意思是说，秦始皇为满足他长生不老的欲望，派徐福"入海求仙人"，但徐福迷失了方向，找不到仙山、仙药，再也没有回来。唯独后来的登州建的蓬莱阁高耸入云，离天上的星星和天河很近，并留下了许多美丽的传说。

颈联"徐生肯采瀛洲草，秦帝徒闻冰蘗荷"，意思是说，当年徐福是主动要求出海去寻找仙山、采集仙药的，徐福欺骗秦始皇说，仙山被海冰荷载着随风飘荡。"徐生"，即徐福。"瀛洲"，传说中的海上三座仙山之一。

---

① （朝鲜）李稷：《亨斋诗集》卷三，《韩国文集丛刊》第 7 辑，韩国首尔：景仁文化社，1990，第 545 页。

② （朝鲜）李稷：《亨斋诗集》卷二，《韩国文集丛刊》第 7 辑，韩国首尔：景仁文化社，1990，第 538 页。

"瀛洲草",仙山上的仙草,即仙药。

尾联"尚想当年枉行幸,至今遗迹警人多",意思是说,秦始皇当年东巡登州派徐福入海寻找仙药,白白跑了一趟,不仅浪费了大量的财力和人力,而且自己还死在了求仙不得的回程路上,留下的只是当年的许多寻仙遗迹和警示后人的教训。

作者出使明朝路经登州期间还创作有七律《蓬莱阁》,诗的首联、颔联写道:"蓬莱高阁临沧海,海上三山若个边。欲棹扁舟寻得去,浪翻风壮意茫然。"① 意思是说,高高的蓬莱阁居临于沧海岸边,与海上瀛洲、蓬莱、方丈三座仙山为邻,有心划着小船去寻找它,可是眼前大海中的狂风巨浪让我们茫然不知所往。作者在《蓬莱阁》诗中表达了仙山虚无缥缈,世上根本没有海上仙山的观点。

朝鲜中宗戊子(1528)进士,中宗、明宗、宣祖朝官员,著名理学家李滉,字景浩,号退溪,又号陶叟,有《退溪集》传世。李滉历任朝鲜成均馆大司成、工曹判书兼大提学、礼曹判书、中枢府判事、吏曹判书、议政府右赞成等职,李滉是朝鲜朱子理学集大成者,朝鲜世称"儒宗"。《朝鲜宣祖修正实录》宣祖三年十二月一日记载:"崇政大夫判中枢府事李滉卒,命赠领议政","(李滉)安于贫约,味于淡泊。利势纷华,视之于浮云。然平居不务矜持,若无甚异于人。而于进退辞受之节,不敢分毫蹉过"。"(李滉)有《理学通录》《朱子节要》及文集行于世。世称退溪先生,论者以为(李)滉为世儒宗。"② 朝鲜王室对李滉的官德及学术地位均给予了很高的评价。登进士魁科,官至朝鲜领议政的著名诗人卢守慎撰写的《祭退溪先生文》也写道:"先生而至斯耶,至大之道,至正之学,至精之辞,至高之行,既不复得而见之。"③ 其中还提到,卢守慎的成长也得益于李滉的教海。朝鲜王朝中期编纂的诗歌总集《箕雅》收录李滉诗歌"七绝一首、五律一首、七律二首、五古三首、七古二首"④。说明李滉也是当

---

① (朝鲜)李稷:《亨斋诗集》卷三,《韩国文集丛刊》第 7 辑,韩国首尔:景仁文化社,1990,第 551 页。
② (朝鲜)《朝鲜宣祖修正实录》卷四,宣祖三年十二月一日,韩国首尔:探求堂 1973 年影印本,第 25 册,第 426 页。
③ (朝鲜)李滉:《退溪集·退溪先生年谱卷三》,《韩国文集丛刊》第 31 辑,韩国首尔:景仁文化社,1989,第 251 页。
④ 赵季、张景昆:《〈箕雅〉五百诗人本事辑考》(上),人民文学出版社,2013,第 507 页。

时著名的诗人。

李滉在创作的诗歌中也批判了秦始皇派人寻找仙山的愚蠢举动。

题黄仲举游方丈山游录

方丈仙山非世间，秦皇徒慕汉空怜。

不缘变化因丹药，那得飞升出紫烟。

感慨踌躇青鹤洞，逍遥游戏大鹏天。

半生未试囊中法，犹幸神游托巨编。①

此诗系作者为同朝官员黄俊良写的《游方丈山游录》（即《游头流山纪行篇》）长诗所作的题诗。"头流山"，又名"方丈山""智异山"，在今韩国大邱广域市管辖的境内。黄俊良的《游头流山纪行篇》诗中有"秦皇昔日锐求仙""童男不返徐市亡"句，提到了当年秦始皇派遣徐福带着童男童女"入海求仙人"，并对求仙的愚昧行为进行了批评嘲讽。此诗内容表达了与《游头流山纪行篇》相同的观点：世上没什么仙山、仙药，当年派人寻找仙山、仙药的秦始皇、汉武帝，结果都是徒劳无功。

首联"方丈仙山非世间，秦皇徒慕汉空怜"，意思是说，方丈等仙山，人世间是没有的，所以，当年秦始皇派人去寻找仙山是徒劳无功的，汉武帝不接受秦始皇的教训，继续寻找仙山也是空忙一场。"方丈"，前面提到，秦始皇派徐福入海寻找海中"三神山，名曰蓬莱、方丈、瀛洲"。秦始皇、汉武帝派方士寻找仙山仙药，前面也多次提到，史料来自《史记·秦始皇本纪》《史记·孝武本纪》《史记·封禅书》等。

颔联"不缘变化因丹药，那得飞升出紫烟"，意思是说，秦始皇、汉武帝之所以不停地去寻找仙山仙人，实际是为了得到长生不老的仙药，是为了能够成为升上天堂的神仙，可这是实现不了的。"出紫烟"，这里应是乘紫烟升天的意思。晋代郭璞《游仙诗》之三："赤松临上游，驾鸿乘紫烟。"②

---

① （朝鲜）李滉：《退溪先生文集》卷一，《韩国文集丛刊》第29辑，韩国首尔：景仁文化社，1989，第64页。

② 卢盛江、卢燕新主编《中国古典诗词曲选粹·魏晋南北朝诗卷》，黄山书社，2018，第152页。

颈联"感慨踌躇青鹤洞，逍遥游戏大鹏天"，意思是说，我正感慨犹豫要不要去方丈山青鹤洞游览，也好逍遥自在一番，体验一下登上仙山游戏天空飞鸟的感觉。"方丈山"，从朝鲜半岛新罗时期，就被称为朝鲜半岛三神山之一，青鹤洞位于方丈山三山峰的南侧山麓，有青鹤洞村。

尾联"半生未试囊中法，犹幸神游托巨编"，意思是说，自己已度过半生也没试着去畅游一番，好在现在看到了黄俊良的《游头流山纪行篇》，也神游了方丈山。这里主要是赞颂黄俊良的《游头流山纪行篇》，使人犹如亲临其境。"囊中法"，口袋里的法宝，这里指自己曾有过畅游方丈山的谋划。"巨编"，这里指黄俊良创作的长诗《游头流山纪行篇》。

朝鲜宣祖朝官员金诚一，也在自己的诗作中对徐福东渡求仙的行为进行了批判。

舟中对月

明月出东海，皎然如有期。
娥镜入我怀，兔药盈我卮。
镜以照吾心，药可扶吾衰。
徐生是何人，枉自求灵芝。
何如广寒客，咫尺攀桂枝。[①]

此诗是作者于朝鲜宣祖二十三年（1590）春以通信副使出使日本途中所作。从诗歌内容及作者在《鹤峰先生文集》卷二诗中的排序看，应是作者刚乘船出海不久。

诗歌首句"明月出东海，皎然如有期"，意思是说，明亮的月光从东海升起，像是与我们事先约定的一样如约而至。

"娥镜入我怀，兔药盈我卮"，意思是说，月光就像嫦娥的镜子一样射进了我的怀中，陪伴嫦娥的玉兔给我送来了治病需要的仙药。

"镜以照吾心，药可扶吾衰"，意思是说，镜子一样的月光照在我的身上可以温暖我的心房，玉兔送来的仙药可以使我身强力壮。

---

① （朝鲜）金诚一：《鹤峰先生文集》卷二，《韩国文集丛刊》第48辑，韩国首尔：景仁文化社，1989，第48~49页。

"徐生是何人，枉自求灵芝"，意思是说，徐福是什么样的人，他只是个凡人，不是什么神仙，他东渡采集灵芝仙药只能白费气力。"徐生"，这里指徐福。"灵芝"，这里指仙药。

尾句"何如广寒客，咫尺攀桂枝"，意思是说，徐福哪里比得上月宫里的仙人，桂树和灵芝仙药就在他们身边。"广寒"，指广寒宫，月宫，古代中国神话传说中月球上的宫殿。"桂枝"，这里指传说中月球上的桂树。

除《舟中对月》，作者在出使日本途中还写有《途中，述使旨，示同行》诗，诗中有"博望乘槎徒述异，徐生入海枉求仙"句①，说中国汉武帝时博望侯张骞出使西域，寻找黄河源头，可后人却流传着张骞到了天河，还见到了织女这样一些怪异的传说，如同当年徐福入海求仙一样，都是编造的谎言。"博望乘槎"，指博望侯张骞乘木筏过天河至天宫，史料最早来自西晋时期张华的《博物志》。"徐生"，这里指徐福。

作者的两首诗歌表达了相同的意思，而且都用了一个"枉"字，说秦始皇派徐福东渡求仙是枉费心机，对求仙的举动进行了批判和嘲讽。

朝鲜宣祖朝己卯（1579）科进士，宣祖、光海君、仁祖朝官员，诗人李好闵，字孝彦，号五峰、南郭、睡窝。李好闵历任朝鲜承政院都承旨，司谏院大司谏，司宪府大司成，弘文馆、艺文馆大提学，议政府左参赞，辅国崇禄大夫、延陵府院君，有《五峰集》传世。《朝鲜仁祖实录》十二年（1634）闰八月辛亥记载："延陵府院君李好闵卒。好闵号五峰，英爽有文章，及擢科，宣庙称其才，俄选入书堂。壬辰扈驾至龙湾，咨、奏、揭、檄，多出其手，宣庙益嘉之。及还都，录扈圣功，历扬华显，遂主文衡。"②说李好闵的才华得到朝鲜宣祖的大加赞赏，并委以重任。"宣庙"，指朝鲜宣祖。"文衡"，主持科举考试的主考官。曾与李好闵同朝为官的著名汉文学家，弘文馆、艺文馆大提学，成均馆知事李植评价李好闵的诗文："其文有质有华。虽不囿于格，而意明理畅，自不堕陈言臼垒中。其诗绝去常调，尤忌死语，奇峭挺拔，得老杜夔峡

---

① （朝鲜）金诚一：《鹤峰先生文集》卷二，《韩国文集丛刊》第48辑，韩国首尔：景仁文化社，1989，第41~42页。
② （朝鲜）《朝鲜仁祖实录》卷三〇，仁祖十二年八月，韩国首尔：探求堂1973年影印本，第34册，第571页。

之音，而复出笔墨蹊径之外。宜乎世之取青媲白，以为工者之见之也。"①"老杜夔峡"，指唐代诗圣杜甫的夔峡诗。"夔峡"，长江三峡之一瞿塘峡的别称。"取青媲白"，成语，以青配白，比喻斟酌字句以使文句对偶工整。朝鲜王朝中期编纂的诗歌总集《箕雅》收录李好闵诗歌"七绝四首、五律一首、七律七首"②。清代编纂的《御选明诗》《明诗综》中也均收有李好闵的诗作。

朝鲜宣祖己亥（1599）十一月，李好闵以朝鲜谢恩使正使身份出使中国明朝京都燕京（北京），庚子（1600）夏回到朝鲜。李好闵路经中国山海关时创作诗歌《望海亭次韵》，也对秦始皇求仙的举动进行了批判。

望海亭次韵

其一

南压洪溟北大荒，登临忘却在他乡。

广陵涛势休言壮，葱岭河源不数长。

秦帝岛存余石血，孟姜祠古荐苹香。

沧洲寂寞伤吾道，不敢高歌怕楚狂。

其二

山海雄观惬素闻，登高作赋荷吾君。

太公矶畔空余月，徐福槎边不见云。

鼍吼波涛声合沓，龙藏雾雨气氤氲。

秋风一剑知何处，别后金丹已十分。③

《望海亭次韵》共三首，这里选录了前二首，主要内容是记叙山海关悠久的历史，包括山海关周边所发生的主要事件及与之联系的主要历史人物，其中也提到秦始皇派方士入海求仙和徐福东渡。"望海亭"，在山海关

---

① （朝鲜）李好闵：《五峰集》跋，《韩国文集丛刊》第 59 辑，韩国首尔：景仁文化社，1990，第 576 页。

② 赵季、张景昆：《〈箕雅〉五百诗人本事辑考》（上），人民文学出版社，2013，第 748 页。

③ （朝鲜）李好闵：《五峰集》卷五，《韩国文集丛刊》第 59 辑，韩国首尔：景仁文化社，1990，第 385 页。

以南的石河口处，当时这里有天后宫，即天妃（妈祖）庙。崇祯二年（1629）出使明朝的朝鲜进贺、陈奏使一行路经山海关时，还在望海亭祭祀过天妃（妈祖），正使李忔作有《望海亭祭天妃文》。①

"其一"首联"南压洪溟北大荒，登临忘却在他乡"，意思是说，山海关气势凌人，南压苍茫的大海，北接广袤荒芜的土地。

颔联"广陵涛势休言壮，葱岭河源不数长"，意思是说，与长城及山海关相比，古代的广陵涛虽说涛势凶猛，但不如山海关下的海涛有气势，西域的葱岭河虽然很长，但比不了长城长。"广陵涛"，形成于古代广陵城（今扬州）南曲江江段，怒涛奔涌，故称广陵涛。但广陵涛在唐代大历年间由于各种原因消失。西汉辞赋家枚乘、唐代著名诗人李白等均在诗词中提到"广陵涛"。"葱岭河"，指今新疆叶尔羌河。《汉书·西域传》："（西域）其河有两原：一出葱岭山，一出于阗。于阗在南山下，其河北流，与葱岭河合，东注蒲昌海。"② "葱岭"，今帕米尔高原东部群山之总称。"于阗"，西域古国名，在今新疆和田一带。"蒲昌海"，今新疆罗布泊地区。

颈联"秦帝岛存余石血，孟姜祠古荐苹香"，意思是说，当年秦始皇在这一带鞭石入海造桥，考察徐福等方士入海寻仙的情况，留有血迹的造桥的石头还散落在山海关海边。坐落在山海关的孟姜女庙，则传承了一段传颂千古的凄美的爱情故事。秦始皇鞭石入海的典故出自《三齐略记》。作者在这里提到这一典故，主要是说秦始皇派徐福等方士入海寻仙劳民伤财，却一无所获。"孟姜祠"，指山海关的孟姜女庙。孟姜女，中国民间传说人物，说秦始皇修长城，抓走了孟姜女的夫婿，孟姜女为寻夫来到了长城，因找不到夫婿，便在长城边悲伤大哭，结果哭倒了城墙。

尾联"沧洲寂寞伤吾道，不敢高歌怕楚狂"，意思是说，我们一路走来，途经大海和陆地，深感寂寞，之所以不敢吟诗高歌，是怕被人称为狂放不羁的狂士。"沧洲"，这里指作者一行路经的大海、陆地。"楚狂"，指与孔子同时期的楚国人陆通，字接舆。因楚昭王政令无常，乃披发佯狂不仕，时人谓之"楚狂"，《论语·微子》《庄子·人间世》均有相关记载。

① （朝鲜）李忔：《雪汀集》卷五，《韩国文集丛刊·续集》第15辑，韩国首尔：景仁文化社，2006，第549页。
② （汉）班固：《汉书·西域传》，中华书局，2000，第2855页。

后为狂士的通称。作者出使中国期间，正值日本侵占朝鲜的国难当头之时，沿途没有闲情逸致去吟诗高歌应是主要原因。

"其二"首联"山海雄观惬素闻，登高作赋荷吾君"，承接"其一"尾联提到的沿途"不敢高歌"，但来到这里看了雄伟的山海关之后，就来了吟诗的兴致，登高作赋奉献给我们的君主。

颔联"太公矶畔空余月，徐福楂边不见云"，意思是说，先秦时期的姜太公在这里隐居钓过鱼，现在只留下了当年的钓鱼台伴随着空中明月。山海关海边，也是徐福当年乘船出海的地方，徐福的楼船走了再也没有回来，现在也只是海水茫茫。作者在这里承接"其一"颈联"秦帝岛存余石血"，再次对秦始皇派徐福入海寻仙的举动进行嘲讽。"太公"，指中国商末周初的姜太公，即姜尚，史称太公望。相传姜太公曾隐居在今河北沧州一带，并常在水边钓鱼。

颈联"鼍吼波涛声合沓，龙藏雾雨气氤氲"，意思是说，大海的波涛声如同巨鼍的吼叫一声接着一声传来，海面上浓郁而朦胧的雾气能把巨龙隐藏其中。

尾联"秋风一剑知何处，别后金丹已十分"，意思是说，当年守护山海关的秋风剑等兵器也不知哪里去了，吃仙丹可以长生不老的说法已经终止了，没人再相信了。"秋风一剑"，这里主要指守卫关隘的兵器。"别后金丹"，应是借用唐代杰出文学家韩愈《寄随州周员外》诗："金丹别后知传得，乞取刀圭救病身。"[1] "别后金丹已十分"也是对这两首诗歌主题的概括和升华，这就是世上没有什么仙人、仙药，秦始皇派徐福等方士入海寻仙只能成为后人的笑谈。

宣祖朝进士，宣祖、光海君、仁祖朝官员李忔，字尚中，号雪汀，历任朝鲜司宪府持平、春秋馆记注官事掌乡试、长湍府使、淮阳府使、中枢府同知事（从二品）等职，李忔后人将李忔的诗文结集为《雪汀集》传世。朝鲜王朝中期著名学者、状元出身的宋时烈撰写的《雪汀李公行状》记载，李忔任淮阳府使时，因"拮据财力，以除贫民之役，邑民爱之，立石以颂之"，崇祯二年（1629）五月，李忔以"进贺上使"出使明朝，"海道险远，人皆惮行，最后公膺是命。又行期甚促而宿疾复作，家人子弟请据实

---

① 周振甫主编《唐诗宋词元曲全集·全唐诗》第7册，黄山书社，1999，第2536页。

乞免。公不可，曰：'人臣岂择险夷，况我立朝四十年，受国恩荣，图报万一，此正其时也。'辞气毅然，闻者愧服"①。当时中朝往来的海上通道路经辽东半岛铁山嘴海域，在辽西觉华岛（菊花岛）附近登陆，经山海关入关。这一海路风险极高，有多位朝鲜使臣在铁山嘴海域遇险身亡。李忔正值患病在身，但仍为国出使，受到朝鲜王室高度赞誉。崇祯三年（1630）六月九日"以暴下之症，卒于玉河馆"，病逝于北京。崇祯皇帝"遣官致祭，翰林院撰祭文，光禄寺办祭，顺天府办香烛纸马，行鸿胪寺官赞礼读文"②。崇祯皇帝还谕祭李忔曰："惟尔海国波臣，贡诚远至。勤劳可念，溘露增伤。遣祭示恩，祗承渥典。"③李忔灵柩回国时，"七月初六日，（明朝）兵部拨给抬扛军四十名，授金字御祭牌竖纛前曰：'虽大臣阁老家，不敢阻搪。'十月十八日，柩到（朝鲜）石多山下。"李忔灵柩回国后"仁庙特加伤怜，令一路护送还京。下备忘记，赠资宪大夫吏曹判书，兼知经筵义禁府春秋馆同知成均馆事，世子左宾客五卫都总府都总管。遣礼官临吊赐祭。皇敕追到，加赠左赞成"④。由此可见，中朝两国均对李忔病逝北京给予了高度重视，也说明两国对友好关系的重视和对李忔中国之行的高度肯定。

李忔写有《八月二十三日，发向枫岳》诗，也对秦始皇派徐福入海寻仙的举动进行了嘲讽。

八月二十三日，发向枫岳

堪笑秦皇枉费功，谩教徐市舞奸雄。

童男一去无消息，不识真仙在此中。⑤

---

① （朝鲜）宋时烈：《宋子大全》卷二一〇，《韩国文集丛刊》第 115 辑，韩国首尔：景仁文化社，1993，第 99 页。

② （朝鲜）李忔：《雪汀集》卷六《敕书》，《韩国文集丛刊·续集》第 15 辑，韩国首尔：景仁文化社，2006，第 550 页。

③ （朝鲜）李忔：《雪汀集》卷六《皇朝御祭文》，《韩国文集丛刊·续集》第 15 辑，韩国首尔：景仁文化社，2006，第 551 页。

④ （朝鲜）李忔：《雪汀集》卷六《本朝备忘记》，《韩国文集丛刊·续集》第 15 辑，韩国首尔：景仁文化社，2006，第 552 页。

⑤ （朝鲜）李忔：《雪汀集》卷二，《韩国文集丛刊·续集》第 15 辑，韩国首尔：景仁文化社，2006，第 484 页。

此诗应是作者在向朝鲜金刚山也称枫岳山进发途中所作。因金刚山号称朝鲜半岛三神山之一，当地也流传着当年徐福在这里寻找仙药的传说，所以，作者赋诗谈到秦始皇派徐福带着童男童女到仙山寻找长生不老的仙药。诗歌的主题是嘲笑秦始皇，派徐福去寻找根本就没有的什么仙山、仙人、仙药，结果只能是"枉费功"，什么也没有得到，却使徐福成为"真仙"。作者在这里也有金刚山就是仙山，来到金刚山的人就是仙人之意，借此赞颂风景优美的金刚山。

诗前二句"堪笑秦皇枉费功，谩教徐市舞奸雄"，意思是说，可笑秦始皇白白花费了那么多的精力和财力，受到了徐福的欺骗，却使得徐福成为一时英雄。"秦皇"，指秦始皇。"奸雄"，这里应是中性词，说徐福靠欺骗秦始皇而成为英雄。

后二句"童男一去无消息，不识真仙在此中"，意思是说，徐福带着童男童女一去就没了消息，再也没有回来。世上如果真有神仙的话，就在枫岳山中。这里也是说，世上没有徐福要寻找的海上仙山、仙人，仙山、仙人就在风景优美的人世间，枫岳山就是仙山，我们来到这里就是仙人。结合前二句，这里也可以这样解读：徐福带着童男童女一去就没了消息，秦始皇哪里知道，徐福到了枫岳山中，在这里成了真仙，成就了一番事业。

朝鲜宣祖朝进士，宣祖、光海君、仁祖朝官员、诗人李民宬，字宽甫，号敬亭，有《敬亭先生集》《敬亭续集》传世。李民宬历任朝鲜侍讲院文学、宗簿寺正知制教兼春秋馆编修官、司宪府掌令、成均馆司成兼司宪府执义、承政院左承旨、左道义兵大将等，曾两次出使明朝。据《敬亭李公墓碣铭》记载，李民宬"聪颖绝伦，经传百家，无不贯穿，发而为著述，蔚然追古作者，人莫不以黼黻笙镛期之"。朝鲜仁祖元年（1623）第二次出使明朝时，"中朝学士大夫间，与之倡和诗什，敬爱之殊甚，至称李谪仙。此公之名不朽也"①。"黼黻"，指礼服上所绣的华美花纹，这里指华美的文辞。"笙镛"，古乐器名。"李谪仙"，指唐代诗文大家李白。与李民宬同朝为官的朝鲜司宪府掌令申悦道也撰文记载："公之再赴燕京也，水陆往还累万余里，所过沿途奇胜异躅，恣意搜探，间与学士大夫迭相唱酬。格力苍

---

① （朝鲜）李民宬：《敬亭先生集》附录，《韩国文集丛刊》第76辑，韩国首尔：景仁文化社，1991，第423页。

健，华人爱而敬之，至称李谪仙，公之名盖已闻于天下矣。"① 申悦道以务实求真、秉公执法著称，其对李民宬的评价也应是公允的。这都说明，李民宬的诗作在当时有很大的影响，连中国的官员、诗人都"爱而敬之"，可见李民宬的诗文在当时的影响。

朝鲜仁祖元年（1623），李民宬第二次出使明朝时路经登州城时写有诗歌《登蓬莱阁》，也对当年秦始皇派徐福等人出海寻仙进行了嘲讽。

登蓬莱阁

（秦皇汉武遣方士望海中蓬莱山，故名。）

门虚碧浪涌，楼回彩霞明。

水落田横寨，天低不夜城。

秦皇何所得，汉帝亦无成。

远客凭栏久，沧溟月又生。②

首联"门虚碧浪涌，楼回彩霞明"，意思是说，登州水城的大门敞开着，城内碧浪涌动；蓬莱阁上楼阁回旋，彩霞明艳。"门虚"，水城的大门敞开着。登州水城也称"备倭城"，系明初洪武年间在北宋时期所建的登州水寨基础上扩建而成，明万历年间又增建了敌台三座，当时作者见到的登州水城，即此。

颔联"水落田横寨，天低不夜城"，意思是说，在蓬莱阁上看田横寨，海水低落；看登州城内，灯光闪烁，天际低垂。"田横寨"，紧邻蓬莱阁，在蓬莱阁的西边。"不夜城"，汉代不夜县县城。遗址在今山东半岛东部荣成市埠柳镇不夜村南，明代隶属于登州府。此句也可理解为向西近看"田横寨"，向东远眺"不夜城"。"田横"，原为齐国贵族，秦末起义首领。刘邦统一天下后招抚田横，田横不愿称臣而自杀，五百门客闻田横死，亦全部自杀。事迹载《史记·田儋列传》。

---

① （朝鲜）李民宬：《敬亭先生集》附录，《韩国文集丛刊》第76辑，韩国首尔：景仁文化社，1991，第419页。

② （朝鲜）李民宬：《敬亭先生集》卷六，《韩国文集丛刊》第76辑，韩国首尔：景仁文化社，1991，第291页。

颈联"秦皇何所得，汉帝亦无成"，意思是说，秦始皇派徐福一行人从这里入海寻仙，一无所得。汉武帝也在这一带寻求过仙药，也是一事无成。作者借此表达了自己对秦始皇、汉武帝当年寻仙求药举动的嘲讽及批判态度。

尾联"远客凭栏久，沧溟月又生"，自注"门即水城门也"，意思是说，我们这些来自海外的远方过客，凭栏陷入了长时间的深思；沧海之上，一轮明月又缓缓升起。言外之意是，历史上的是是非非，只有后人评说，登临蓬莱阁看到的明月虽说也是秦汉时的月亮，但时代已经变了，我们不能也不会再做秦皇汉武当年寻仙求药的糊涂事了。

朝鲜光海君朝进士，仁祖朝官至吏曹判书的著名学者李植，字汝固，号泽堂，谥号文靖，有《泽堂先生集》传世。《朝鲜仁祖实录》二十五年（1647）六月壬午记载："前吏曹判书李植卒。植字汝固，号泽堂，疏秀通明，雅尚俭素。自少博览强记，文章妙绝一世。……及反正，历扬清显，三典文衡。"① 对李植的才华和人品给予了很高评价。"反正"，指光海君下台，仁祖登基。"文衡"，主持科举考试的主考官。朝鲜状元出身的著名政治家、思想家宋时烈为《泽堂集》作序，其中记载："我东文献之盛，莫如本朝，宏儒硕士，步武相接。……然求其义理之精，论议之正，可以羽翼斯文，裨补世道者，则未有若泽堂公文稿者也。"② 也对李植的文稿给予了很高评价。

李植写有诗歌《望海》，也对秦始皇派徐福东渡求仙进行了嘲讽。

望海

鲛宫贝阙五云中，赤岸银河一派通。
桑土几翻今作海，舆图此外更无东。
宾旸羲仲劳将命，驾石秦皇枉费功。
谁识貊墟微小吏，晴窗朝暮对壶蓬。③

---

① （朝鲜）《朝鲜仁祖实录》卷四八，仁祖二十五年六月壬午，韩国首尔：探求堂1973年影印本，第35册，第304页。

② （朝鲜）李植：《泽堂先生集》序，《韩国文集丛刊》第88辑，韩国首尔：景仁文化社，1992，第3页。

③ （朝鲜）李植：《泽堂先生集》卷五，《韩国文集丛刊》第88辑，韩国首尔：景仁文化社，1992，第76页。

首联"鲛宫贝阙五云中，赤岸银河一派通"，意思是说，大海中的鲨鱼等大鱼居室和龙宫水府被空中的五色瑞云所笼罩，陆地的大海、江河和天上的银河都是相通的。"鲛宫"，大鱼宫室，这里指大鱼的居室。"贝阙"，这里指龙宫水府。"五云"，五色瑞云。"赤岸"，古代传说中的地名，唐代著名诗人杜甫《戏题画山水图歌》诗中有"巴陵洞庭日本东，赤岸水与银河通"[1] 句。

颔联"桑土几翻今作海，舆图此外更无东"，意思是说，陆地的沧海、桑田已经变换了多次，现在疆土的东边就是大海了。"桑土几翻今作海"，来自成语"沧海桑田"。"舆图"，这里指疆土、土地。

颈联"宾旸羲仲劳将命，驾石秦皇枉费功"，意思是说，上古时期尧帝命羲仲在东部边境迎接太阳，组织人们辛勤耕作，是为了庄稼的收获，而秦始皇派徐福东渡求仙，还在大海边造石桥考察徐福求仙的情况，结果是徒劳无功。"宾旸"，迎接太阳。"宾旸羲仲"，出自《尚书·尧典》："（帝尧）命羲仲，宅嵎夷，曰旸谷。寅宾出日，平秩东作。"[2] "旸谷"，太阳居住和升起的地方。《尚书注疏》："旸，明也，日出于谷而天下明，故称旸谷"；"岁起于东而始就耕，谓之东作"。[3] "东作"，《东坡书传》："春作也。"[4] "驾石秦皇"，即前面提到的"祖龙鞭石"，说秦始皇入海造桥考察徐福等方士入海寻找仙药的情况。

尾联"谁识貊墟微小吏，晴窗朝暮对壶蓬"，意思是说，谁能知道在朝鲜地方做官的小吏，每天都在海边的居所透过明亮的窗户远望着大海，思考着人世间的千变万化和帝王们的是非成败。尾联主要是对前面提出问题的回应。"貊墟"，这里指当时的朝鲜或朝鲜半岛。"貊"，濊貊，亦称"濊貉"，中国汉朝东北一带的少数民族。

朝鲜宣祖乙巳（1605）进士，宣祖、光海君、仁祖三朝官员，官至领议政的崔鸣吉，字子谦，号迟川、沧浪，谥号"文忠"。崔鸣吉去世后，《朝鲜仁祖实录》二十五年（1647）五月丁巳记载："崔鸣吉卒。鸣吉为人机警，多权数，自负其才，尝有担当世务之志，而光海时摈不用。及反正，

① 周振甫主编《唐诗宋词元曲全集·全唐诗》第 4 册，黄山书社，1999，第 1557 页。
② 《尚书注疏》，《四部备要》第 3 册，中华书局，1989，第 15 页。
③ 《尚书注疏》，《四部备要》第 3 册，中华书局，1989，第 15 页。
④ 曾枣庄、舒大刚主编《三苏全书》第 1 册，语文出版社，2001，第 438 页。

协赞大计，鸣吉之功居多，遂录靖社元勋，不数年超至卿相。……然凡有缓急，直前不避，临事剖析，人无能及，亦可谓救时之相也。既卒，上临朝叹曰：'崔相多才而尽心国事，不幸至斯，诚可惜也。'"① 朝鲜王室对崔鸣吉给予了很高评价，称赞他在国家多难之时是"救时之相也"。朝鲜仁祖也说崔鸣吉"多才而尽心国事"。肃宗朝领议政南九万撰写的《领议政文忠崔公神道碑铭》也记载："延阳李相公最号知公，其言曰迟川事业，举其大者。反正赞匡复之业一也，议礼明父子之伦二也，单骑赴敌以缓兵锋三也，冒谤主和以存宗社四也，再入虎口力拒征兵舍命不渝五也，送信天朝卒践危机以死自当六也。李相公敬舆之言曰：'屈子之忠，忠而过。迟川之忠，亦过于忠者也。'此亦可谓知公者矣。"② "李相公"，指李敬舆，朝鲜孝宗朝时领议政。"屈子"，指战国时期楚国著名诗人、政治家屈原。楚国被秦国侵占后，屈原怀石自沉于汨罗江，以身殉国。孝宗朝、肃宗朝领议政均对崔鸣吉给予了很高的评价，可见崔鸣吉对后世的影响。

崔鸣吉写有诗歌，也对当年秦始皇派徐福求仙的举动进行了嘲讽。

怀仙词·寄郑囿春

云海微茫落照间，眼穿何处觅蓬山。
张骞槎路仍多阻，徐市楼船久未还。
易被秋风欺白鬓，难从仙灶借红颜。
年来无限伤心事，穷巷苍苔独掩关。③

此诗应是作者应郑太和的要求而作。"郑囿春"，即郑太和，字囿春，官至朝鲜仁祖朝领议政（首相）。"怀仙词"，词牌名。

诗歌首联"云海微茫落照间，眼穿何处觅蓬山"，意思是说，落日正在茫茫的大海中缓慢地落下，望穿双眼也见不到海上有什么仙山。"蓬山"，

① （朝鲜）《朝鲜仁祖实录》卷四八，仁祖二十五年五月丁巳，韩国首尔：探求堂1973年影印本，第35册，第302页。
② （朝鲜）南九万：《药泉集》第一七，《韩国文集丛刊》第132辑，韩国首尔：景仁文化社，1994，第219页。
③ （朝鲜）崔鸣吉：《迟川先生集》卷二，《韩国文集丛刊》第89辑，韩国首尔：景仁文化社，1992，第284页。

蓬莱仙山，传说中的海上三神山之一。

颔联"张骞槎路仍多阻，徐市楼船久未还"，意思是说，汉代张骞出使西域时路上也有很多艰难险阻，但最后还是回到了中国，但秦代的徐福乘着楼船出海，去了很久也没回来。"张骞"，前面多次提到，西汉时期杰出的外交家、旅行家，汉武帝时，曾奉命出使西域，开辟了通西域的陆上丝绸之路。徐福入海求仙"未还"，史料来自《史记·淮南衡山列传》的记载："秦皇帝大说（悦），遣振男女三千人，资之五谷种种百工而行。徐福得平原广泽，止王不来。"

颈联"易被秋风欺白鬓，难从仙灶借红颜"，意思是说，秋风吹白了头发，岁月很容易使人变老，人不可能依靠炼制仙丹、吃仙丹长生不老。"仙灶"，学仙者炼丹之灶。古人传说吃了仙丹可长生不老。

尾联"年来无限伤心事，穷巷苍苔独掩关"，意思是说，人活在世上免不了有许多伤心之事，在长满青色苔藓的空巷里，我关着门独自思索着这些人生的道理。"穷巷"，是冷僻简陋的小巷或空巷。

诗歌系作者在海边的房子里有感而发，主题是批判秦始皇及后来的帝王，妄图依靠吃什么仙丹、仙药来保持自己不老的容颜，长生不老。作者的观点是：生老病死是自然规律，没有什么仙药会使人长生不老。"徐市楼船久未还"，也是告诫人们，世上没有什么仙药，当年徐福一行不可能采到仙药，采不到仙药，无法给秦始皇交差，所以也就不敢回来了。

朝鲜仁祖朝状元，显宗朝官至吏曹判书、辅国崇禄大夫的赵絅，曾于仁祖癸未年（1643）作为朝鲜通信副使出使日本，出使期间写有《东槎录》，收录有作者沿途记载的见闻和创作的诗歌，其中有诗歌也批判了当年秦皇汉武寻仙的愚蠢举动。

社仓途中
其二

昨辞丹陛出端门，长路遥遥指海云。
可质鬼神心铁在，莫论筋力鬓丝繁。
蓬山不动巨鳌老，灵药无传方士奔。

汉武秦皇劳梦地，单车使者一腾骞。①

《社仓途中》诗共二首，这是其中的第二首。"社仓"，这里应指储备给养的仓库。作者在诗歌中明确表示，海上并没有什么长生不老的"灵药"，当年秦始皇、汉武帝早已梦断大海。

诗的首联"昨辞丹陛出端门，长路遥遥指海云"，意思是说，昨天告辞了国王，走出了王宫的大门，长长的征途指向了大海。"丹陛"，原指古代宫殿前红色的台阶，也借称朝廷，这里指朝鲜国王。"端门"，中国古代的皇城南门多取端门之名，这里指朝鲜王宫的大门。据此推断，此诗系作者于仁祖癸未年（1643）春出使日本乘船之前所作。

领联"可质鬼神心铁在，莫论筋力鬓丝繁"，意思是说，我们可以质疑鬼神能给我们带来什么样的影响，但不要怀疑我们的体力和年龄能不能适应行程中的险阻。

颈联"蓬山不动巨鳌老，灵药无传方士奔"，意思是说，虽然海上仙山还在原来的地方，但驮着海上仙山的大龟已经年老了，长生不老的仙药并没有在世上流传，寻找仙药的方士们也早都溜走了。

尾联"汉武秦皇劳梦地，单车使者一腾骞"，意思是说，当年秦始皇、汉武帝派方士寻找仙山、仙药只能是徒劳一场，梦断大海，孤独的出使人员还要在大海中面对风浪。"单车使者"，即"单车之使"，孤独一个人出任的使者。单车：一辆车，指一个人。汉李陵《答苏武书》："足下昔以单车之使，适万乘之虏。""腾骞"，飞腾，升腾。

朝鲜光海君朝进士，光海君、仁祖朝官员吴翿，字肃羽，号天坡，有《天坡集》传世。吴翿历任槐山郡守、兵曹参知、左承旨兼承文副提调、黄海监司等职。任黄海监司期间，兼任接待出使朝鲜的明朝官员的接伴使，死于接伴使任上。《朝鲜仁祖实录》十二年（1634）十一月甲寅记载："接伴使吴翿道病卒。上（指朝鲜国王）令开城府给棺材，京畿护丧。翿弱冠登第，为人明敏，且有文才。……上下教曰：'此人颖悟，以国事死于道路，予甚矜

---

① （朝鲜）赵絅：《龙洲先生遗稿》卷二三《东槎录》，《韩国文集丛刊》第 90 辑，韩国首尔：景仁文化社，1992，第 421 页。

惜，特令赠职，以表予意．'"① 朝鲜仁祖及王室给予了吴翻较高的评价。
《天坡吴公神道碑铭》记载，朝鲜仁祖二年（1624），吴翻"为副使"出使
明朝，"及泛海，遇飓风，舟及覆者数，舟中人呼泣无人色。公怡然危坐赋
诗不辍，舟中持为安。过齐赵之墟，历数百千里，公容止闲雅，又善华语，
华士见者无不敬而慕之，争投诗以求"。吴翻写给明朝的奏疏，"天朝诸公
莫不首肯赞叹，事竟准请。仁祖嘉之，赐土田，减获，以酬其功，时乙丑
四月也"②。这说明了吴翻具有临危不惧的胆识和出众的文学才华，其诗、
文在中国很受欢迎。吴翻因出使中国的出色表现还得到过朝鲜国王的嘉奖。

吴翻去世后，其弟将其文集结集为《天坡集》刊行，朝鲜王室重臣，
后为领议政的李景奭为《天坡集》作序，称赞吴翻的诗文为："弸中彪外，
发而为辞，名章迥句，迭作间起，晔然其彩，铿然其音，大抵皆可讽也。
文亦纡余遒丽，彬彬然有古作者之风，其于不朽之业一何盛也。"③ 赞扬吴
翻的诗歌"有古作者之风，其于不朽之业一何盛"。"讽"，《说文》："诵
也。"与吴翻同朝为官的著名学者、诗人郑斗卿评价吴翻的诗："其律，严
紧遒劲，格力俱至。精华外发，法度内整，至其得意处，不愧古名家。"④
赞扬吴翻为诗歌名家。

吴翻在自己的诗文中，多次谈到秦始皇派徐福入海求仙之事，并对秦始
皇的举动进行了嘲讽和批判。

镇海楼

肩舆日日事登临，西北高楼带夕阴。

槛外波涛驱万顷，城中烟火幂千林。

秦童汉使知何处，禹贡尧封想至今。

---

① （朝鲜）《朝鲜仁祖实录》卷三〇，仁祖十二年十一月甲寅，韩国首尔：探求堂 1973 年影
印本，第 34 册，第 576 页。
② 〔韩国〕《韩国历代人名事典》第 14 卷，韩国首尔：韩国世宗大王纪念事业会，2010，第
96~98 页。
③ （朝鲜）吴翻：《天坡集》序，《韩国文集丛刊》第 95 辑，韩国首尔：景仁文化社，1992，
第 3 页。
④ （朝鲜）吴翻：《天坡集》序，《韩国文集丛刊》第 95 辑，韩国首尔：景仁文化社，1992，
第 6 页。

诗罢一杯聊遣兴，秋风披豁仲宣襟。①

此诗是吴翻于朝鲜仁祖二年（1624）出使明朝返程时路经山东半岛登州城登临镇海楼时所作。"镇海楼"，登州府驻地蓬莱县（今山东省烟台市蓬莱区）县城北门城楼，也是观看日出、日落的好地方。

诗歌首联"肩舆日日事登临，西北高楼带夕阴"，意思是说，在登州停留期间，每逢夜幕降临的时候，就乘坐轿子来到西北方向的登州城北门，登临北门上面的镇海楼。"肩舆"，乘坐轿子，或抬着轿子。

颔联"槛外波涛驱万顷，城中烟火罨千林"，意思是说，在镇海楼上凭栏远眺大海中汹涌澎湃的万顷波涛，回首遥望夕阳中的城内炊烟和远山中的千林万树。作者在这里主要是写在镇海楼上观景，为下面颈联引发的感触做铺垫。

颈联"秦童汉使知何处，禹贡尧封想至今"，意思是说，秦朝的徐福入海求仙带走的童男童女也不知到了什么地方，汉武帝派人在蓬莱一带寻找仙人仙药的官员也不知到哪里去了。但当年唐尧夏禹开拓的华夏疆域却是中国发展的根基，传承至今。作者在这里对秦皇汉武派人求仙的荒诞行为给予了讽刺和否定，对唐尧夏禹开拓的华夏万代基业表示了由衷的钦佩和赞美。"秦童"，指秦代徐福东渡求仙时带走的童男童女。"汉使"，指汉武帝派遣的在山东半岛蓬莱沿海一带寻找仙人仙药的官员。"禹贡尧封"，指《尚书·禹贡》提到的尧帝、禹帝分封天下为九州，镇海楼所在的登州一带，当时属九州之一的青州。作者在这里之所以对当年徐福东渡的去向如此表述，主要是对当时流行的徐福东渡日本之说存疑，吴翻在《北窗、古玉两先生诗集》序文中提到："余以所闻三神山者，其传在渤海中，不出于东韩之外。"②"东韩"，指当时的朝鲜，说传说在渤海中的"三神山"应该在朝鲜半岛，不会在朝鲜半岛之外的日本。

尾联"诗罢一杯聊遣兴，秋风披豁仲宣襟"，意思是说，吟诗后则喝

---

① （朝鲜）吴翻：《天坡集》卷二，《韩国文集丛刊》第 95 辑，韩国首尔：景仁文化社，1992，第 45 页。

② （朝鲜）吴翻：《天坡集》卷四，《韩国文集丛刊》第 95 辑，韩国首尔：景仁文化社，1992，第 99 页。

酒助兴，喝到兴奋时则敞开衣襟迎着秋风。这里主要是表达作者借诗酒遣兴的豪迈愉悦情怀。"披豁"，这里是敞开的意思。"仲宣"，指汉末文学家王粲，字仲宣。王粲博学多识，善诗赋，尤以《登楼赋》著称，其中有"凭轩槛以遥望兮，向北风而开襟"① 句。"仲宣襟"，这里代指诗人的衣襟。

除《镇海楼》诗外，吴翻还有多首诗歌提到秦始皇派徐福东渡求仙，表达了与《镇海楼》诗相同的观点，这就是当年秦始皇派遣徐福东渡入海寻找仙人仙药没有任何结果，反而加速了秦王朝的灭亡。如朝鲜仁祖二年（1624）出使明朝时路经庙岛群岛北端的隍城岛时作有《过皇城岛》诗，其中有"秦皇事业失流传"句②，说秦始皇东巡派徐福入海寻找海上仙山的长生不死之药，妄图长生不死，使秦王朝的江山永固，但并没有如他所愿，随着他死在求仙不得返程路上，秦王朝也很快灭亡了。出使明朝路经登州时还写有《到登州，次正使韵》诗，其中有"秦桥犹向鼍矶迷"句③，说秦始皇在海边作石桥考察徐福入海求仙的情况，结果远望鼍矶岛时，见到的只是迷茫的大海。"秦桥"，典出晋代伏琛的《三齐略记》："始皇作石桥，欲过海观日出处。""鼍矶"，指登州北部海域中的鼍矶岛。作者在这里也是嘲讽秦始皇，派徐福入海求仙一无所获。

朝鲜仁祖朝领议政，孝宗、显宗朝重臣李景奭，也对当年秦始皇派徐福等方士求仙的举动进行了讥讽。李景奭在自己的诗作中有"却笑秦桥阻溟渤，谩劳轩驾驻崆峒"句④，意思是说，可笑的秦始皇在海边造石桥考察徐福等方士入海寻仙的情况，结果大海阻挡了他的视线，什么也看不到；秦始皇曾到过崆峒山求仙也是徒劳无功。"秦桥"，指代秦始皇入海造桥，考察徐福等方士入海寻仙的情况。典故出自《三齐略记》。"溟渤"，指中国古代传说的溟海和渤海，这里指大海。"谩劳"，徒劳。"轩驾"，这里指秦始皇的车驾。"崆峒"，指崆峒山，位于甘肃省境内，《史

① 赵洪云主编《中华经典诗文诵读》第 4 卷，山东友谊出版社，2015，第 104 页。
② （朝鲜）吴翻：《天坡集》卷二，《韩国文集丛刊》第 95 辑，韩国首尔：景仁文化社，1992，第 45 页。
③ （朝鲜）吴翻：《天坡集》卷二，《韩国文集丛刊》第 95 辑，韩国首尔：景仁文化社，1990，第 45 页。
④ （朝鲜）李景奭：《白轩先生集》卷一《诗稿·次张天使太平楼韵》，《韩国文集丛刊》第 95 辑，韩国首尔：景仁文化社，1992，第 383 页。

记·秦始皇本纪》记载："二十七年，始皇巡陇西、北地，出鸡头山，过回中。"① "鸡头山"，崆峒山别称。

朝鲜进士出身，朝鲜仁祖、孝宗、显宗时期官员，诗人郑斗卿，也在自己的诗作中对秦始皇派徐福等人出海寻仙的愚蠢之举进行了批判和嘲讽。

记行述怀，赠北评事朴德一吉应（节选）

极目万里外，三山知有无。

纵有不死药，风涛安可逾。

虚遣五百人，远哂秦皇愚。

飘飘气凌云，爽如出太虚。②

《记行述怀，赠北评事朴德一吉应》系郑斗卿创作的一首五言长诗，抒发了作者到朝鲜北部边境一带出行时的沿途感受，这里只节选了作者面对大海时的观感。"评事"，应是当时朝鲜刑曹衙门属官。

"极目万里外，三山知有无"，意思是说，远眺一望无边的大海，海中有没有三神山呢？"三山"，这里指三神山。

"纵有不死药，风涛安可逾"，意思是说，即使大海深处有三神山，三神山上有传说的能使人长生不死的仙药，但大海中的狂风巨浪阻挡了船只的行进，人们是到不了神山的。这里也应是认同了《史记·封禅书》的记载："自威、宣、燕昭使人入海求蓬莱、方丈、瀛洲。此三神山者，其传在勃（渤）海中，去人不远，患且至，则船风引而去。……未至，望之如云；及到，三神山反居水下。临之，风辄引去，终莫能至云。"③

"虚遣五百人，远哂秦皇愚"，意思是说，秦始皇白白地派了五百童男童女跟着徐福入海求仙，他们却在远方讥笑秦始皇太愚蠢了。这里也是说，大海深处没有什么海上仙山，秦始皇当年的求仙举动，只能成为后人讥笑的谈资。"五百人"，指五百个童男童女，依据来自汉代东方朔的《海内十

---

① （汉）司马迁：《史记·秦始皇本纪》，中华书局，2000，第172页。
② （朝鲜）郑斗卿：《东溟先生集》卷九，《韩国文集丛刊》第100辑，韩国首尔：景仁文化社，1992，第477页。
③ （汉）司马迁：《史记·封禅书》，中华书局，2000，第1171页。

洲记》："祖洲近在东海之中，地方五百里，去西岸七万里，上有不死之草。草形如菰，苗长三四尺，人已死三日者，以草覆之，皆当时活也。服之，令人长生。……始皇于是慨然言曰：'可采得否？'乃使使者徐福发童男童女五百人，率摄楼船等入海寻祖洲，遂不返。福，道士也，字君房，后亦得道也。"① "童男童女五百人"的记载，与《史记》的记载有出入，《史记·秦始皇本纪》记载："（始皇）遣徐市发童男女数千人，入海求仙人。"② 《史记·淮南衡山列传》记载："秦皇帝大说，遣振男女三千人，资之五谷种种百工而行。"③ "哂"，讥笑。

"飘飘气凌云，爽如出太虚"，意思是说，大海上空漂浮的云朵气势凌人，明朗如同来自太虚。这里是烘托大海的气势和神秘。

朝鲜进士出身，仁祖、孝宗朝官员黄㦿，于朝鲜仁祖丙子年（1636）出使日本期间，还写有和答诗《次权生记事韵录呈两使》，其中也谈到了秦始皇派徐福入海去采集仙药是愚昧无知之举。

次权生记事韵录呈两使（节选）

> 传闻九九州，九海环其界。
>
> 夸父且未到，齐谐宁志怪。
>
> 地穷复有地，此理谁能解。
>
> 厥壤皆岛屿，厥民素狡狯。
>
> 徐福去不还，祖龙受欺卖。④

此诗是黄㦿与同行的朝鲜官员权生的和答诗。"两使"，指同行的朝鲜通信使正使任絖、副使金世濂。原诗是一首五古长诗，这里节选了开篇部分，主要内容是写日本的九州岛，其中提到徐福欺骗了秦始皇，来到了日本九州岛后再也没有回去。

---

① 王根林等校点《汉魏六朝笔记小说大观》，上海古籍出版社，1999，第64~65页。

② （汉）司马迁：《史记·秦始皇本纪》，中华书局，2000，第176页。

③ （汉）司马迁：《史记·淮南衡山列传》，中华书局，2000，第2348页。

④ （朝鲜）黄㦿：《漫浪集》卷二，《韩国文集丛刊》第103辑，韩国首尔：景仁文化社，1993，第383页。

"传闻九九州，九海环其界"，意思是说，传说日本的九州岛被九个海环绕。"九九州"，这里指日本九州岛。

"夸父且未到，齐谐宁志怪"，意思是说，当年夸父追逐太阳时，也没来到九州岛，但《齐谐》记载了海岛上许多怪异的事情。"夸父"，中国上古时期神话传说人物之一，身高力大，善于奔跑。《山海经·海外北经》中有"夸父逐日"的记载。"齐谐"，指古代先秦神话集《齐谐》。"齐谐宁志怪"，出自《庄子·逍遥游》："齐谐者，志怪者也。《谐》之言曰：'鹏之徙于南冥也，水击千里，抟扶摇而上者九万里，去以六月息者也。'"① "志"，这里指记载。

"地穷复有地，此理谁能解"，意思是说，这里虽说是大地的尽头，但仍有很多的土地，这其中的道理谁能解释得清楚呢？

"厥壤皆岛屿，厥民素狡狯"，意思是说，这里的土地就是岛屿，这里的百姓素来机灵、奸猾。作者在这里说日本九州岛的百姓"素狡狯"，是为下句做铺垫，意思是说，是因为当年徐福来到了这里，这里的百姓受了徐福的影响，或这里的百姓有许多是徐福的后人，遗传了徐福机智多谋、能言善辩的基因。

"徐福去不还，祖龙受欺卖"，意思是说，当年徐福渡海寻仙来到这里没有回去，使秦始皇受了欺骗。"祖龙"，指秦始皇。《史记·秦始皇本纪》记载，有人预言"今年祖龙死"，果然，秦始皇当年六月病死沙丘。作者在这里肯定当年徐福一行到了日本九州岛，并在这里定居下来。作者在嘲讽秦始皇的同时，也赞扬了徐福，说徐福有智慧有能力，既欺骗了秦始皇，得到了远走海外的大力支持，又在异国他乡得以生存和发展。

朝鲜孝宗朝乙巳（1665）进士，历任朝鲜承政院都承旨、司谏院大司谏、汉城左尹，成均馆大司成、司宪府大司宪，工曹判书，京兆尹，议政府左、右参赞的任相元，字公辅，自号恬轩，有《恬轩集》传世。《朝鲜肃宗实录》二十三年（1697）九月二十一日记载："右参赞任相元卒，年六十。相元少有文才，至老手不释卷，恬静自守，不汲汲名利。"② 说任相元

---

① 《庄子》，二十一世纪出版社，2014，第 1 页。
② （朝鲜）《朝鲜肃宗实录》卷三一，肃宗二十三年九月二十一日，韩国首尔：探求堂 1973 年影印本，第 39 册，第 469 页。

喜欢静心读书，而不热心于名利和官职。《先府君墓志》也记载，任相元"律己清苦，常禄之外，一芥不欲自污。历官内外三十余年，家甚窘，菲衣蔬食，萧然若寒士，自守泊如。当路之人，虽或来访，不能一一报谢，门巷落然，雀罗可设。每晨起，手卷，讽读不缀（辍）。虽处喧嚣之中，若不睹不闻，终不环顾。……且记性绝人，经史之外，国朝典故，氏族谱系，俱能谙悉，无少脱漏。及久处司寇京兆之职，词讼之簿，草草翻阅，似不甚经意，而综其领要，片饷而尽之。年久滞讼，剚决甚明，吏民莫不称服。世人但知府君文学，而不知政事之亦过人也。"① 说任相元为官廉洁，安于清贫，博览群书，"吏民莫不称服"。

任相元写有《登高丘而望远海行》诗，其中说徐福欺骗手段高明，不仅欺骗了秦始皇，也影响了后来的方士，连后来的汉武帝也上当并为之疯狂。

登高丘而望远海行（节选）

海水浸天天正碧，天水茫茫两无极。

三山可望不可到，安得长风驾两腋。

此中神仙竟有无，但见云霞日月争朝夕。

中国之东五台西，海道约量三千强。

徐生骋诞五利诳，秦皇汉武闻若狂。

若登台山更东临，又有蔚岛横苍苍。②

此诗系作者登高望海有感而作，这里节选了诗歌的前半部分。

"海水浸天天正碧，天水茫茫两无极"，意思是说，最远处的海水已经漫到天上去了，海天一色，茫茫的大海和碧蓝的天空一望无际。

"三山可望不可到，安得长风驾两腋"，意思是说，海上三神山可以看得到，但去不了，即使两腋生长风，借助于好的风向也到不了。"三山"，指海上三神山，典出《史记·封禅书》："自威、宣、燕昭使人入海求蓬莱、

① （朝鲜）任守干：《遁窝遗稿》卷三，《韩国文集丛刊》第 180 辑，韩国首尔：景仁文化社，1996，第 312 页。
② （朝鲜）任相元：《恬轩集》卷八，《韩国文集丛刊》第 148 辑，韩国首尔：景仁文化社，1995，第 226 页。

方丈、瀛洲。此三神山者，其传在勃（渤）海中，去人不远；患且至，则船风引而去。盖尝有至者，诸仙人及不死之药皆在焉。其物禽兽尽白，而黄金银为宫阙。未至，望之如云；及到，三神山反居水下。临之，风辄引去，终莫能至云。"① 这里说的"三山"实际就是海市蜃楼。

"此中神仙竟有无，但见云霞日月争朝夕"，意思是说，海上三神山上究竟有没有神仙呢？世人所能见到的只是海上云霞及日月周而复始地升起和落下。

"中国之东五台西，海道约量三千强"，意思是说，海上三神山在中国的东方，在朝鲜五台山的西边，去到那里至少要有三千多里。"五台"，指今韩国江原道五台山。

"徐生骋诞五利诳，秦皇汉武闻若狂"，意思是说，徐福用欺骗的手段入海寻找三神山，其他的方士也都学着欺骗，使得秦始皇、汉武帝为求仙几近疯狂。"徐生"，这里指徐福。"五利"，这里指方士。汉武帝时，方士栾大靠欺骗手段获得"五利将军"称号。《史记·封禅书》："拜（栾）大为五利将军。……赐列侯甲第，僮千人。乘舆斥车马帷幄器物以充其家。又以卫长公主妻之，赍金万斤，更命其邑曰当利公主。天子亲如五利之第。"②

"若登台山更东临，又有蔚岛横苍苍"，意思是说，如果登上朝鲜五台山，还想向大海深处行进，东边还有一个蔚岛也耸立在苍茫的大海中。"台山"，指前面提到的韩国江原道五台山。"蔚岛"，指今韩国仁川瓮津郡的蔚岛。

朝鲜肃宗朝进士，历任朝鲜吏曹佐郎兼侍讲院文学、济州巡抚御史、成均馆直讲、襄阳府使、水原府使、全罗道观察使等职的李海朝，字子东，号鸣岩，有《鸣岩集》传世。李海朝去世时享年 52 岁，去世后，时任朝鲜领议政的李宜显为李海朝撰写的《墓志铭》记载："公气貌俊嶷，神情爽朗。性沉毅，寡言笑，人不得以亲疏。最恶暖姝訾卷随世俯仰者，面斥不饶。……斥邪扶正，趣舍甚明，恒尊慕儒宗。"③ 称赞李海朝正直敢言"斥邪扶正"，知无不言。"暖姝訾卷"，这里指骄傲自满、目空一切。时任朝鲜政府左参赞的李縡撰写的《神道碑铭》记载："为文章，简古有法，尤长于诗。有集行于

---

① （汉）司马迁：《史记·封禅书》，中华书局，2000，第 1171 页。
② （汉）司马迁：《史记·封禅书》，中华书局，2000，第 1185~1186 页。
③ （朝鲜）李海朝：《鸣岩集》附录上，《韩国文集丛刊》第 175 辑，韩国首尔：景仁文化社，1996，第 570 页。

世。公殁后，家无儋石，子孙几不能自存，人益服其清俭。"① 赞扬李海朝不仅诗写得好，更是一位廉官。他屡任地方要员，去世后，家里没有积蓄，子孙的生活都无法保障。与李海朝同朝为官的著名文人金昌翕在《鸣岩集》序中说："子东，余畏友也。其人固可畏，其文章，亦可畏。……其象于文辞，则天然秀杰，自作风格。上不效颦于古人，下不献妍于今人。盖其不肯于龊龊琐细，而必为磊落伟卓。不肯于湦涩回互，而必为峻洁简直。作人则然，文亦如之。此子东之所树立而余所畏之归焉耳。"② "湦涩"，污浊。金昌翕赞扬李海朝文如其人，光明磊落，直抒胸襟，有自己独特的风格。

李海朝在与他人的唱和诗中也对秦始皇派徐福东渡求仙给予了批判和嘲讽。

次李子实二十韵，示柳云卿（节选）

重寻玄观今怀绂，乍领淮阳岂弃余。

乱石嬴皇鞭去后，灵根徐市采归余。③

此诗系李海朝与他人的唱和诗，共"二十韵"，诗歌主要内容是抒发作者对人生的一些感触，这里节选了其中的第十五至第十六韵，其中提到了秦始皇鞭石入海的典故和徐福入海采集仙药。

"重寻玄观今怀绂，乍领淮阳岂弃余"，意思是说，今天带着官印到淮阳郡赴任，要再次寻找曾经瞻仰过的道观，这可不是一件多余的事。"玄观"，这里指道观。"怀绂"，怀藏印绶，指为官。"淮阳"，指朝鲜淮阳郡。

"乱石嬴皇鞭去后，灵根徐市采归余"，意思是说，当年秦始皇鞭石入海的地方只剩下了一堆乱石，却成就了采得仙药的方士徐福。"嬴皇鞭"，指前面多次提到的秦始皇鞭石入海的典故。"灵根"，这里有仙缘或成仙的意思。作者在这里是嘲讽秦始皇的愚昧，而赞扬徐福的机智和作为。

朝鲜英祖朝进士，诗人郑敏侨作有七律《海云臺》两首，其一尾联

---

① （朝鲜）李海朝：《鸣岩集》附录上，《韩国文集丛刊》第 175 辑，韩国首尔：景仁文化社，1996，第 568 页。

② （朝鲜）李海朝：《鸣岩集》序，《韩国文集丛刊》第 175 辑，韩国首尔：景仁文化社，1996，第 441~442 页。

③ （朝鲜）李海朝：《鸣岩集》卷四，《韩国文集丛刊》第 175 辑，韩国首尔：景仁文化社，1996，第 521 页。

"神仙从古徒闻语，徐市童男去不回"①，说自古以来流传的长生不死的神仙实际是没有的，所以当年徐福带着童男童女东渡求仙去了没有回来。作者在这里也是批判秦始皇派徐福东渡求仙的愚蠢之举。第二首主要内容也是对秦始皇派徐福等方士入海求仙进行了批判。

海云臺
其二

> 人间何处得真仙，秦帝当时妄着先。
> 蓬岛药曾求万里，骊山骨已朽千年。
> 我来一笑临沧海，醉后长歌倚暮天。
> 从古贤愚同一死，且从吾乐及身前。②

此诗也是作者在朝鲜半岛东南海边所作，此地能够看到大海，同时能远眺日本对马岛。

诗的首联"人间何处得真仙，秦帝当时妄着先"，意思是说，人世间哪里会有真的神仙呢？秦始皇当时也妄想成为帝王中的第一个神仙。"秦帝"，指秦始皇。

颔联"蓬岛药曾求万里，骊山骨已朽千年"，意思是说，秦始皇派遣徐福到万里之外的蓬莱仙岛去寻求长生不老的仙药，仙药没有找到，秦始皇的尸骨在骊山墓早已腐朽一千多年了。"蓬岛"，蓬莱仙岛，即海上蓬莱仙山。"骊山"，这里指骊山的秦始皇陵墓，在今西安市以东三十公里的骊山北麓。

颈联"我来一笑临沧海，醉后长歌倚暮天"，意思是说，傍晚时刻，我倚在高阁栏旁饮酒高歌，面对着苍茫的大海，嘲笑秦始皇当年的愚蠢之举。

尾联"从古贤愚同一死，且从吾乐及身前"，意思是说，从古至今，无论是帝王将相、贤达哲人，还是平民百姓，都有死的那一天，我们要高高兴兴地过好眼前时光。

---

① （朝鲜）郑敏侨：《寒泉遗稿》卷一，《韩国文集丛刊·续集》第75辑，韩国首尔：景仁文化社，2009，第451页。

② （朝鲜）郑敏侨：《寒泉遗稿》卷一，《韩国文集丛刊·续集》第75辑，韩国首尔：景仁文化社，2009，第451页。

诗歌嘲讽秦始皇妄想长生不老，结果"骊山骨已朽千年"。

朝鲜英祖朝进士，英祖、正祖朝官员洪良浩，字汉师，号耳溪，有《耳溪诗集》《耳溪文集》传世。洪良浩历任朝鲜大司谏、大司宪、汉城判尹、礼曹判书、刑曹判书、吏曹判书、中枢府判事、大提学等要职。洪良浩曾于正祖壬寅年（1782）以冬至副使，正祖甲寅年（1794）以谢恩兼冬至正使身份出使中国。洪良浩出使中国期间，与清朝著名学者、礼部尚书纪昀成为好友，二人时有书信往还，还多次互寄礼品，纪昀还写有多首怀念洪良浩的诗作，如《寄怀洪良浩》《怀朝鲜洪良浩》等，纪昀还为洪良浩的文集写序，称赞洪良浩："洪君之文，虽畅所欲言，而大旨则主于明道。其言道也，不游谈鲜实，索之于先天无极；不创论骇俗，求之于索隐行怪，而惟探本于六经。……以应世则操纵咸宜，以立言则了了于心者，自了了于口。投之所向，无不如志。然则洪君之文，其又胜于诗矣乎。洪君之诗，其亦根柢于文矣乎。"[1] "观其耳溪文集，中有与人论诗数篇，往往能洞见根柢，深究流别，宜其酝酿深厚，葩采自流。所谓诗人之诗，异乎词人之诗矣。"[2] 纪昀对洪良浩的文章和诗歌均给予了很高的评价。

洪良浩写有诗歌，也对秦始皇派徐福去海外求仙的举动进行了批判和嘲讽。

送徐副学君受命膺奉使之日本（节选）

人言海上多神山，琪树珠宫若可攀。
秦家天子发浩叹，齐国谈士说荒诞。
人间岂有不死药，海外应到无底谷。
不必求金光草，不用载支机石。[3]

此诗写作的时间和动机，作者标注"癸未秋，荐拜义州府尹"，"癸

---

[1] （朝鲜）洪良浩：《耳溪文集》序，《韩国文集丛刊》第 241 辑，韩国首尔：景仁文化社，2000，第 4~5 页。

[2] （朝鲜）洪良浩：《耳溪文集》序，《韩国文集丛刊》第 241 辑，韩国首尔：景仁文化社，2000，第 3 页。

[3] （朝鲜）洪良浩：《耳溪文集》卷三，《韩国文集丛刊》第 241 辑，韩国首尔：景仁文化社，2000，第 34 页。

未",是英祖癸未年（1763），洪良浩被任命为朝鲜义州府尹，此诗是写给出使日本的朝鲜官员徐命膺的诗歌。"副学"，指副提学，正三品官员。徐命膺之后历任朝鲜户曹判书、兵曹判书、吏曹判书、辅国崇禄大夫中枢府判事等要职。

"人言海上多神山，琪树珠宫若可攀"，意思是说，传说海上有多座神山，龙宫里的玉树好像可以攀登上去。"琪树"，指仙境中的玉树。《文选·孙绰》："建木灭景于千寻，琪树璀璨而垂珠。"[①] 《山海经·海内西经》："开明北有视肉、珠树、文玉树、玗琪树、不死树。"[②] "珠宫"，指龙宫。

"秦家天子发浩叹，齐国谈士说荒诞"，意思是说，秦朝的皇帝秦始皇发出了长叹，要去海上神山寻找仙人仙药，齐国的方士徐福等人则用谎言欺骗秦始皇，说能够到大海里寻找到仙人仙药。"谈士"，指游说之士，辩士。《史记》里主要记载了齐人方士徐福游说秦始皇"入海求仙人"，所以这里提到的"齐国谈士"，指的就是齐人徐福。

"人间岂有不死药，海外应到无底谷"，意思是说，世间哪里会有长生不死的仙药呢，大海里只有深不见底的深谷。

"不必求金光草，不用载支机石"，意思是说，人们没有必要去寻求世上没有的仙草，也不要妄想能得到天上织女所用支机石。这里也是说，当年徐福东渡寻找的仙草，和传说汉代人得到的天上织女所用支机石，都是编造的谎言，世间都是不存在的。"金光草"，古代传说可以使人长生不老的仙草，唐代李白《古风》之七："愿餐金光草，寿与天齐倾。"[③] "支机石"，传说天上织女用以支撑织布机的石头。

洪良浩之所以在为出使日本的徐命膺撰写的赠别诗中提到当年秦始皇派徐福去海外求仙之事，是因为日本广泛流传着徐福求仙的传说，洪良浩也是借此表达自己对徐福东渡的看法，批判秦始皇的愚昧无知，以致被齐人徐福欺骗蒙蔽，做出了劳民伤财的荒唐之举。

朝鲜英祖时担任侍读官的金龟柱，字汝范，号可庵，有《可庵遗稿》传世。《可庵遗稿》收录的是作者创作的诗、赋及各类题材的文稿。《可庵

---

① 曹道衡编《汉魏六朝文精选》，商务印书馆，2018，第139页。
② 周明初校注《山海经》，浙江文艺出版社，2016，第132~133页。
③ （唐）李白著，郁贤皓注评《李白全集注评》（上），凤凰出版社，2018，第16页。

遗稿》还有《可庵遗稿续集》四卷，题目是《大学经义》，是作者对儒家经典《大学》的解读，应是作者为王室成员等授课的讲稿。《可庵遗稿》的许多篇目对中国宋代理学有较深的研究和解读。

《可庵遗稿》卷二七《立朝日录》，记载了乙酉年（1765）九月一日至十二月二十九日金龟柱在朝鲜王室的一些活动情况，其中十二月初七记载了朝鲜英祖国王与金龟柱的一段对话，提到了秦始皇、汉武帝派人入海求仙药之事：

> 上曰：“《大风歌》《秋风辞》，孰优孰劣？”贱臣曰：“词华之婉美，《秋风》胜之。而其气象规模则当让于乃祖矣。”上曰：“然矣！武帝作《秋风》时，已有悔心乎？”贱臣曰：“'少壮几时奈老何'一句，悔心可见矣。”又曰：“高祖新定天下，有安不忘危之语。故虽以武帝之穷兵求仙，终能悔悟，免为亡秦之续。臣以为《大风》一曲，有以启《秋风》之悔矣。”上曰：“然矣！汉武之求仙，诚愚矣。秦皇之求仙，方士谁往乎？”贱臣曰：“史称方士徐市，与五百童男女入海矣。”上曰：“身为天子，何所不足而更欲求仙乎？”贱臣曰：“只欲为万年天子耳。”上笑曰：“怪矣。”贱臣曰：“统一天下，高卧阿房。穷心志之所乐，纵耳目之所欲，而其所不足者长生也。三山仙药，竟不可得。而身亡国破，果何益哉。”上曰：“然矣。汉高《大风歌》，不可谓无识矣。”[1]

《大风歌》，汉高祖刘邦所作。《秋风辞》，汉武帝刘彻所作。“少壮几时奈老何”，系《秋风辞》最后一句。“史称方士徐市，与五百童男女入海矣”，出自汉代东方朔的《海内十洲记》。[2]

金龟柱在与朝鲜国王的对话中，比较《大风歌》与《秋风辞》之间的差别，肯定了汉武帝认识到入海求仙药的错误，“终能悔悟，免为亡秦之续”，使西汉王朝在汉武帝之后得以延续。批判了秦始皇为了追求“万年天

---

① （朝鲜）金龟柱：《可庵遗稿》卷二七，《韩国文集丛刊·续集》第98辑，韩国首尔：景仁文化社，2010，第476页。

② 王根林等校点《汉魏六朝笔记小说大观》，上海古籍出版社，1999，第64~65页。

子"和"长生",而派徐市(福)入海求仙,结果导致"身亡国破"的结局。

朝鲜正祖癸卯(1783)进士,正祖、纯祖朝官员、著名学者成海应,字龙汝,号研经斋、兰室,有《研经斋全集》传世。其侄成祐曾撰写的《研经斋府君行状》记载,成海应任朝鲜奎章阁检书官期间很受正祖赏识,"每当编书,正宗进府君(成海应)于前陛,亲授义例,谆谆若家人然。赐馔于前,又使与于琼林之宴;鱼肉、笔墨之赐,或一日荐降"。① 说正祖非常信任成海应,就像对待家人一样,还经常与他商讨有关议题,不仅将御赐的食物送到他的面前,还邀请他参加过宫廷的宴会,赏赐"鱼肉、笔墨"等物品。这说明,成海应的学识在当时很有影响。

成海应的《研经斋全集》有多处提到徐福,如《研经斋全集》外集卷五《伪书》记载:"欧阳公《日本刀歌》云:'传闻其国居大海,土壤沃饶风俗好。徐福行时书未焚,逸书百篇今尚存。令严不许通中国,举世无人识古文。先王大典藏夷貊,苍波浩荡无通津。'详此诗,似谓徐福以诸生带经典入海外,其书流传于彼也。然则秦人一烬之烈,使中国家传人诵之书皆放逸。徐福区区抱编简以往,能使先王大典独存夷貊。可叹也,亦可疑也。然今世经书,往往有外国本云。(日本本)"② "欧阳公《日本刀歌》",即指宋代著名政治家、文学家欧阳修创作的诗歌《日本刀歌》,成海应在这里引用欧阳修的《日本刀歌》,是不认可日本有中国的"经书"是当年徐福东渡带到日本的说法,认为"可疑也",但也不完全否定,"今世经书,往往有外国本云。(日本本)"。

三 秦始皇的愚昧成就了徐福

前面提到的朝鲜王朝末期著名诗人、进士赵秀三在其创作的诗歌中,也批判了秦始皇求仙的举动。

---

① (朝鲜)成海应:《研经斋全集》,《韩国文集丛刊》第279辑,韩国首尔:景仁文化社,2001,第469页。
② (朝鲜)成海应:《研经斋全集》外集卷五,《韩国文集丛刊》第275辑,韩国首尔:景仁文化社,2001,第368页。

咏史
其三

遗舄传图总渺茫，阿谁当面赚秦皇。

楼船一去砺坑外，徐福真知不死方。①

赵秀三的《咏史》诗共八首，这是第三首，主要内容是表达作者对秦始皇派徐福入海寻找仙药举动的批判。

前二句"遗舄传图总渺茫，阿谁当面赚秦皇"，意思是说，当年安期生给秦始皇"留书以赤玉舄一双为报"，让秦始皇数年后到蓬莱仙山去找他，这件事本身就不可信。何人能骗得了秦始皇，并从他那里赚到好处呢？"遗舄"，指汉代刘向《列仙传·安期先生》记载的秦始皇会见安期生的一段传说："安期先生者，琅琊阜乡人也，卖药于东海边，时人皆言'千岁翁'。秦始皇东游，请见，与语三日三夜，赐金璧，度数千万，出于阜乡亭，皆置去，留书以赤玉舄一双为报，曰：'后数年，求我于蓬莱山。'"②

后二句"楼船一去砺坑外，徐福真知不死方"，"砺坑"，大石头坑，这里指大海。意思是说，徐福以寻找仙药"不死方"的名义，从秦始皇那里得到了渡海远航的"楼船"，到了海外很远的地方，再也没有回来。后二句也是回答前面提出的问题，说徐福骗得了秦始皇，并从他那里赚到了好处。这里也是歌颂徐福的意思，说徐福"真知不死方"，依仗智慧和胆略，摆脱了被秦始皇责罚、杀头的危险。

朝鲜哲宗、高宗朝官员、哲学家朴珪寿，字桓卿、谳卿，号瓛斋，有《瓛斋集》传世。朴珪寿历任朝鲜兵曹参判、承政院都承旨、司宪府大司宪、吏曹参判、汉城判尹、工曹判书、礼曹判书、平安道观察使、刑曹判书、弘文馆艺文馆大提学等职。朝鲜王朝晚期政治家、文学家金允植评价朴珪寿说："大而体国经野之制，小而金石考古仪器杂服等事，无不研究精确，实事求是。规模宏大，综理微密，皆可以羽翼经传，阐明先王之道者也。故其为文也，春容典雅，发辉有光，使人易解。而无雕绘粉泽之容艰

---

① （朝鲜）赵秀三：《秋斋集》卷六，《韩国文集丛刊》第 271 辑，韩国首尔：景仁文化社，2001，第 467 页。

② 滕修展等注译《列仙传神仙传注译》，百花文艺出版社，1996，第 63 页。

难劳苦之态，往往如江河之一泻千里，澜汗无际，而余波沦涟，曲折成文。非有本者，而能如是乎。""公之佐王之才，本之于学术之精深，济之以识量之包恢。平生不欲为无益之空言，必可以措诸实。……故其文章，爋然为经世之巨工。不喜藻饰，耻为矜夸之容。意像清远，如凤之翔。音节疏畅，如钟之春。通明雅洁，绝尘超凡。"① 金允植对朴珪寿的治国能力和学术水平均给予了很高的评价。

朴珪寿在《答金德叟论箕田存疑》一文中提到了徐福：

> 引类招众于丧乱之际，独占奥区以自霸一方者，徐福，卫满，赵佗之能事耳，夫岂圣人之志哉。②

记载说，在乱世之际，能够聚集众人，并占据一方自立为王，徐福、卫满、赵佗就是这样能办成大事的人，他们都有做圣人的远大志向。

"卫满"，战国末期燕国人，西汉初年，率众进入朝鲜半岛，投靠箕子朝鲜，之后驱逐箕子朝鲜君主箕准，自立为王，定都王险城（今平壤），建立卫氏朝鲜。卫满事迹载《史记·朝鲜列传》。

"赵佗"，秦朝将领，与任嚣南下攻打百越，秦末大乱时，赵佗割据岭南，建立南越国，是南越国第一代王，号称"南越武王"或"南越武帝"。赵佗事迹载《史记·南越列传》。

朴珪寿将徐福与汉初创建卫氏朝鲜的卫满、秦末割据岭南建立南越国的赵佗相提并论，说明在朴珪寿心目中，徐福也是一代能人、一代圣人。

朝鲜纯祖朝乙亥（1815）进士，纯祖、宪宗、哲宗朝官员宋来熙，字子七，号锦谷，有《锦谷集》传世。宋来熙历任朝鲜黄涧县监、平安都事、成均馆祭酒、刑曹参议、同副承旨、司宪府大司宪、工曹判书等职，宋来熙去世后，朝鲜王室的祭文提到："三朝礼遇，一世仪表。……存养内多，英华外发。温粹之容，一团春和。中蕴刚大，动循绳矩。造诣精微，践履笃实。礼说经旨，毫缕剖析。畎畝不忘，屡勤封章。引年告休，邱壑婴情。

---

① （朝鲜）朴珪寿：《瓛斋集》序，《韩国文集丛刊》第 312 辑，韩国首尔：景仁文化社，2003，第 313 页。

② （朝鲜）朴珪寿：《瓛斋集》卷四，《韩国文集丛刊》第 312 辑，韩国首尔：景仁文化社，2003，第 364 页。

敦义范俗，闲邪卫道。士林仰止，领袖楷模。"① 朝鲜王室的祭文给予了宋来熙极高的评价，无论为官，还是为人，包括他的学问，"士林仰止，领袖楷模"。

宋来熙写有《咏史诗》，其中讥讽了秦始皇的愚昧，歌颂了徐福，说"徐福是真仙"。

咏史诗·东海

秦皇多事愿长年，东海虚浮采药船。
半世经营徒费力，到头徐福是真仙。②

《咏史诗》共二十五首，《东海》系第十三首。

前二句"秦皇多事愿长年，东海虚浮采药船"，意思是说，秦始皇为了自己长生不老，派徐福一行到东海采集仙药，结果徐福和他的"采药船"没有回来。"秦皇"，即秦始皇。作者在这里主要依据《史记·秦始皇本纪》的记载。

后二句"半世经营徒费力，到头徐福是真仙"，意思是说，秦始皇经营了半生，花费了很大的精力，希望他的秦王朝能传至万世，希望他自己能长生不老，结果他什么也没有得到，最终还是一命呜呼了。倒是徐福在海外占地称王，成就了一番事业，成了历史名人。

作者上述的观点，同前面几位朝鲜工朝的历史名人的观点一致，更清楚地表达了是秦始皇的愚昧成就了徐福，是徐福依靠自己的智慧成了"真仙"。

宪宗七年（1841）进士，朝鲜王朝晚期官员李裕元，字京春，号橘山、默农，谥号"忠文"。朝鲜哲宗朝时，李裕元官至左议政，高宗亲政后，担任领议政，曾两度出使中国，1875 年第二次出使中国时写有《蓟槎日录》。李裕元博学多才，著有《嘉梧稿略》《林下笔记》等。朝鲜王朝晚期著名学者、文臣尹定铉在《嘉梧稿略》序中记载："公以台鼎之尊艾耆之景，若攻

---

① （朝鲜）宋来熙：《锦谷先生文集》附录，《韩国文集丛刊》第 303 辑，韩国首尔：景仁文化社，2003，第 509 页。
② （朝鲜）宋来熙：《锦谷先生文集》卷一，《韩国文集丛刊》第 303 辑，韩国首尔：景仁文化社，2003，第 98 页。

苦之书生，聪颖而赡博，过目成诵。信手拈出。鸿篇巨制，操笔立就，有非拘拘于剪裁尺幅者所可几及。人见其沛乎不竭，华彩烂然，举皆缩舌而惊咤。譬如溟渤云霞之莫穷其源流而难名其形色，从兹几十年，著作日富，文章日进，其造诣所极，尤何以及知也。"①

李裕元在创作的诗歌中，也对秦始皇派徐福出海求仙的愚蠢行动进行了批判和嘲讽。

秋怀诗（节选）

> 昔余游四海，仙岛在瀛洲。
> 但见膜外回，郦经未校雠。
> 何年秦汉皇，谩事神仙求。
> 五利从徐福，携手山巅游。
> 莫追银海畔，八月骞槎浮。
> 徐福去海岛，五利归河洲。
> 可笑於焉间，日月已奔流。
> 后人何太愚，远访劳使辀。
> 不如挂瓢子，生平无一忧。②

李裕元的《秋怀诗》共八十二首，这里选录的是其第二十八首。

首句"昔余游四海，仙岛在瀛洲"，意思是说，我曾游遍四海，觉得传说中的海上仙岛就在瀛洲。"瀛洲"，指海上三仙山之一，《史记·秦始皇本纪》记载："海中有三神山，名曰蓬莱、方丈、瀛洲，仙人居之。"这里应指今韩国济州岛，也称瀛洲。

"但见膜外回，郦经未校雠"，意思是说，当年郦道元外出考察回来写《水经注》时，并没有经过认真的校勘、校对。作者在这里是对应首句，说《水经注》没有注明"瀛洲"就是"仙岛"。"膜外"，身外。"郦经"，指中

① （朝鲜）李裕元：《嘉梧稿略》序，《韩国文集丛刊》第315辑，韩国首尔：景仁文化社，2003，第4页。

② （朝鲜）李裕元：《嘉梧稿略》第三册，《韩国文集丛刊》第315辑，韩国首尔：景仁文化社，2003，第109页。

国南北朝时期北魏地理学家郦道元所撰地理著作《水经注》。"校雠"，包括校勘、校对。

"何年秦汉皇，谩事神仙求"，意思是说，秦始皇、汉武帝是哪一年被方士们蒙蔽了派人出海求神仙呢？"秦汉皇"，指秦始皇、汉武帝，他们受方士们欺骗，派人寻找仙人仙药，史料载《史记·秦始皇本纪》《史记·孝武本纪》等。"谩"，这里是欺骗、蒙蔽的意思。

"五利从徐福，携手山巅游"，意思是说，徐福等方士从中获得极大好处，并以寻仙为名游历名山大川。"五利"，这里借指从秦汉帝王那里获得好处的方士。汉武帝时，东莱方士栾大用仙道之术迷惑了汉武帝，被封为"五利将军"，事迹载《史记·孝武本纪》。

"莫追银海畔，八月骞槎浮"，意思是说，我们不要远舟劳顿去寻找仙山仙人，也不要学张骞乘船在金秋八月去追寻天河、仙境。"银海"，这里指银河、天河。"骞槎"，指典故"张骞泛槎"。《汉书·张骞李广利传》有汉武帝时张骞出使西域，寻找黄河源头的记载，后人以此编造了张骞泛槎至天河见到织女的传说，唐代的诗文记载尤多，世人也常以此典喻至神仙之境。作者在这里也是说，世上没有徐福寻找的仙山和张骞见到的天河。

"徐福去海岛，五利归河洲"，意思是说，徐福实际上也没寻找什么仙山仙人，而是到了一个海岛，在那里找了一片"河洲"，并在那里称王再也不回去了。《史记·淮南衡山列传》记载："徐福得平原广泽，止王不来。""五利"，这里指徐福等方士。"河洲"，河中可居的陆地，这里指徐福称王的海岛或陆地。

"可笑於焉间，日月已奔流"，意思是说，可笑秦始皇、汉武帝还在那里做着长生不老的美梦，可日月不会停息。这里也是说，自然规律不可抗拒，岁月不饶人，人都要生老病死。

"后人何太愚，远访劳使辀"，意思是说，秦始皇、汉武帝当年劳民伤财，徒劳无功的寻仙举动带来的教训已经够深刻的了，为什么后人还有那么愚蠢的，坐车乘船跑那么远的路程去寻找仙人仙境。

"不如挂瓢子，生平无一忧"，意思是说，人们不如归隐山林，去过无忧无虑的生活。作者在这里也是说，不要去做那些求仙人寻仙药的愚蠢事情，如果要想健康长寿，可以放下烦恼的事情，找一个环境优美、空气清新的清净地方度过余生。"挂瓢子"，指不仕而归隐山林，有成语"箕山挂瓢"。

除《秋怀诗》外，李裕元在《小乐府·误佳期》诗中，也对秦始皇、汉武帝求仙的愚蠢行动进行了批判和嘲讽。

小乐府·误佳期

世上元无不死药，何人能得敢延年。
秦皇之冢汉皇墓，秋草黄时锁暮烟。①

李裕元的《小乐府》诗共四十五首，《误佳期》是其中一首。

诗歌前二句"世上元无不死药，何人能得敢延年"，意思是说，世上从来就没有使人长生不老的"不死药"，没有任何人能长生不死，永远活着。

后二句"秦皇之冢汉皇墓，秋草黄时锁暮烟"，意思是说，当年渴望长生不死的秦始皇、汉武帝，他们陵墓上的荒草也是在每年的秋末枯黄，伴随陵墓和枯草的只有那傍晚时的烟雾。

朝鲜王朝后期儒家朱子学的代表人物、近代反抗日本侵略的朝鲜义兵将领柳麟锡，字汝圣，号毅庵，遗著有《毅庵先生文集》。

柳麟锡在自己的文集中也对秦始皇派徐福寻求"不死药"进行了批判：

> 富四海非不足于所欲，必曰穷心志之所欲，从耳目之所好乎。……始皇高坐阿房宫而思之，无我若也，无我忧也，所欲求不死药而为不死也，所期待一世二世，至于万世也。虽然子房之椎，荆轲之匕，已及于其身矣。二世才立，四海群雄攘臂而起，而汉高祖出于其间矣。万世天下必以为鉴者，是秦也。②

"阿房宫"，秦始皇统一六国之后兴建的宫殿。"子房"，即"张良"，字子房，张良因韩国被秦国所灭，为报仇，在博浪沙椎杀秦始皇，事迹载《史记·留侯世家》。"荆轲"，战国时期著名刺客，受燕国太子丹之托，以

---

① （朝鲜）李裕元：《嘉梧稿略》第1册，《韩国文集丛刊》第315辑，韩国首尔：景仁文化社，2003，第27~28页。
② （朝鲜）柳麟锡：《毅庵先生文集》卷五四，《韩国文集丛刊》第339辑，韩国首尔：景仁文化社，2004，第460页。

出使秦国的名义借机在秦国宫殿刺杀秦王（即后来的秦始皇），不中，被秦王拔剑击伤后为秦王侍卫所杀。事迹载《史记·刺客列传》。"二世"，指秦二世，秦朝第二个也是最后的皇帝胡亥。"汉高祖"，汉王朝的第一个皇帝刘邦，曾率汉军攻陷秦朝都城咸阳，推翻了秦王朝。

柳麟锡的上述记载，主要是告诫当政者，要接受秦始皇的教训，不要为了自己的私欲去寻求什么"不死药"，来祈求自己的王朝能够"万世"。作者在这里也是说，秦始皇派徐福寻求"不死药"失掉了民心，只有"为天地立心为生民立道"[1]，得民心才能得天下，守住江山。

朝鲜半岛历史人物对秦始皇、汉武帝求仙行动的批判，也是认同了司马迁在《史记》中的观点，司马迁明确指出，徐福是在欺骗秦始皇，《史记·秦始皇本纪》在谈到徐福第二次东渡，说服秦始皇时，用了"诈曰"一词；《史记·淮南衡山列传》则用了"伪辞曰"，说的都是徐福用编造的谎言欺骗秦始皇。而秦始皇之所以被徐福的谎言所蒙蔽，则是妄图得到"不死之药"，是私心和愚昧蒙住了统一天下的一代帝王秦始皇的双眼，他派徐福"入海求仙人"的举动，劳民伤财，成就了骗人的徐福，而成为后世人讥讽和嘲笑的对象。

第五节　可怜童男女，呱呱啼且随

徐福东渡是中国历史上第一次大规模的海外移民。徐福东渡不仅耗费大量人力物力，"费以巨万计"（《史记·秦始皇本纪》），带走成百上千童男童女，更使不少家庭支离破碎，悲伤欲绝。《史记·淮南衡山列传》记载："百姓悲痛相思，欲为乱者十家而六。"《汉书·郊祀志下》也记载："（秦始皇）遣徐福、韩终之属多赍童男女入海求神、采药，因逃不还，天下怨恨。"韩国历史人物的诗歌中也对成百上千童男童女被迫与父母分离而远走海外表示了极大的同情。

一　远离故土，致使很多家庭支离破碎

高丽王朝末期、朝鲜王朝初期诗人和著名文臣，官至朝鲜太宗朝领议

---

[1]　（朝鲜）柳麟锡：《毅庵先生文集》卷五四，《韩国文集丛刊》第339辑，韩国首尔：景仁文化社，2004，第490页。

政的李稷，在出使中国路经庙岛群岛时写有《次章寺丞韵》组诗，其中就提到徐福东渡时带走了无辜的童男童女。

次章寺丞韵·沙门岛韵

多少舟人乞此灵，仙妃遗像若平生。
风微夜静波涛息，月照沙明宇宙清。
义重只知终报主，魂清却拟已登瀛。
可怜童仆无心事，鼾睡通宵任水程。[①]

此诗系作者依照章寺丞的诗韵而创作的，诗歌描绘了沙门岛（庙岛）天妃庙的景观，并借此抒发了人要知恩图报的处世理念。"章寺丞"，系出使明朝的官员通政寺丞章谨。

诗的首联"多少舟人乞此灵，仙妃遗像若平生"，意思是说，远航的人都在天妃庙祭祀仙妃，保佑海上平安无事，希望能够应验。天妃庙里的仙妃塑像栩栩如生，像真人一样。

领联"风微夜静波涛息，月照沙明宇宙清"，意思是说，夜里只有微风轻拂，海面平静，波涛声息。月光照在海边的沙滩上，四周显得清亮寂静。作者在这里也有赞颂明朝初期社会安定、政通人和之意。

颈联"义重只知终报主，魂清却拟已登瀛"，意思是说，我们得到了神灵的护佑、君王的恩惠，就要知道报答。徐福是个很精明的人，秦始皇给予他那么多的财力和人力的支持，却背离秦始皇，寻找到自己落脚的地方再也不回来了。此诗在李稷的《亨斋诗集》里，紧排在《次章寺丞韵·蓬莱阁韵》之后，也是与章寺丞的唱和诗，所以这里提到"登瀛"，登上瀛洲，而本诗的尾联提到的"童仆"，应是徐生（徐福）东渡"采瀛洲草"带走的童男童女。

尾联"可怜童仆无心事，鼾睡通宵任水程"，意思是说，可怜那些童男童女什么也不知道，在船上"鼾睡通宵"，任船只在大海中航行。作者在这里用了"可怜"一词，表达了对这些远离故土、远离亲人的童男童女的极

---

① （朝鲜）李稷：《亨斋诗集》卷三，《韩国文集丛刊》第 7 辑，韩国首尔：景仁文化社，1996，第 545 页。

大同情。这些与父母亲人永远别离的童男童女，对这一切当时毫不知情，"无心事""任水程"，这些还能"鼾睡通宵"的童男童女，不仅要经受大海中风浪的颠簸，迎接他们的还有更大的灾难。

二　金时习与《嘲徐市》

朝鲜王朝前期著名文学家、诗人金时习，字悦卿，号梅月堂、东峰、清寒子等。金时习博览诸子百家，学问渊博，入朝为官则立志报国为民，但 21 岁时因不满朝鲜世祖篡位而致仕隐居金鳌山等地，其创作的《金鳌新话》是朝鲜半岛古代第一部小说集，对朝鲜半岛小说文学的发展具有开拓性的意义。金时习一生著作丰富，但大部分已经散失，现存有诗文集《梅月堂集》。金时习去世近百年后，其文学地位和影响也得到朝鲜宣祖的高度关注，宣祖命时任朝鲜吏曹判书兼弘文馆大提学、艺文馆大提学、知经筵成均馆事、同知春秋馆事、五卫都总府都总管的李珥撰写《金时习传》。李珥于万历十年（1582）七月十五日呈送给朝鲜宣祖的《金时习传》中记载："（金时习）其为辞也，水涌风发，山藏海涵，神唱鬼酬，间见层出，使人莫知端倪。声律格调，不甚经意，而其警者则思致高远，迥出常情。非雕篆者所可跂望。于道理，虽少玩索存养之功，以才智之卓，有所领解，横谈竖论，多不失儒家宗旨。至如禅道二家，亦见大意，深究病源，而喜作禅语，发阐玄微，颖脱无滞碍，虽老释名髡深于其学者，莫敢抗其锋。其天资拔萃，以此可验。自以声名早盛，而一朝逃世，心儒迹佛，取怪于时，乃故作狂易之态，以掩其实。……所著诗文散失，十不能存一。"① 《金时习传》对金时习的诗文给予了极高的评价，也指出了金时习是借"狂易之态"掩盖自己对现实的不满和批判。明代万历年间编的《朝鲜诗选》收录金时习诗二首，朝鲜王朝中期编纂的诗歌总集《箕雅》收录金时习诗"七绝二首、五律四首、七律八首、五古一首、七古一首"。②

金时习创作有《嘲徐市》诗，诗中除对当年秦始皇派徐福东渡求仙进行了批判、嘲讽，也对随徐福东渡的"三千童男女"表达了极大的同情。

---

① （朝鲜）金时习：《梅月堂集》，《韩国文集丛刊》第 13 辑，韩国首尔：景仁文化社，1988，第 59~61 页。

② 赵季、张景昆：《〈箕雅〉五百诗人本事辑考》（上），人民文学出版社，2013，第 283 页。

嘲徐市

人生但百岁，寿夭且在天。

焉能人世间，尽得彭篯年。

三山谁所见，仙饵谁所传。

奈何一匹夫，欺诈万乘主。

一舸入东海，漂渺无人睹。

三千童男女，呱呱啼且随。

遂使千载下，缅怀良可悲。①

此诗应是作者读史时所作，主要阐述了世上没有仙山，人也不能长生不老的观点；嘲讽了秦始皇受到徐福的欺骗，为求长生不老而派徐福入海寻找仙山求仙药，结果使随行的"三千童男女"哭哭啼啼被迫离开父母，远走他乡。

诗歌的首句"人生但百岁，寿夭且在天"，意思是说，人生不过百岁，寿命的长短是上天决定的。

"焉能人世间，尽得彭篯年"，意思是说，人不可能像彭祖那样活几百年。"彭篯"，应指彭祖，汉代《大戴礼记·虞戴德篇》记载，彭祖为商初之功臣。彭祖是中国神话中的长寿仙人，以享寿八百多岁著称于世。

"三山谁所见，仙饵谁所传"，意思是说，传说中的海上三座仙山有谁见到过呢？谁见到长生不老的仙药在人世间流传过？作者在这里是说，海上没有什么仙人居住的仙山，人间也没有什么长生不老的仙药。"仙饵"，这里指长生不老的仙药。

"奈何一匹夫，欺诈万乘主"，这里承接前句，说既然世上没有什么仙山、仙药，徐福只是一个方士，就能欺骗得了万民之主秦始皇。这里也是说，秦始皇让长生不老的私欲蒙住了双眼，结果让徐福给骗了。

"一舸入东海，漂渺无人睹"，意思是说，徐福率领着寻找仙山、仙药的楼船进入茫茫的东海以后，就再也见不到他们了。

---

① （朝鲜）金时习：《梅月堂诗集》卷一〇，《韩国文集丛刊》第 13 辑，韩国首尔：景仁文化社，1988，第 252 页。

"三千童男女，呱呱啼且随"，意思是说，可怜那些被徐福带走的"三千童男女"，哭哭啼啼地跟着徐福走了。作者熟读中国史书，了解《史记·淮南衡山列传》《汉书·郊祀志下》等相关记载。

尾句"遂使千载下，缅怀良可悲"，意思是说，尽管这是发生在一千多年之前的事情了，但缅怀那些离开父母客死他乡的童男童女们，仍觉得异常悲切。

金时习的《嘲徐市》诗，不仅批判了秦始皇的愚昧，也把批判的矛头指向了徐福，是他编造的谎言使秦始皇信以为真，是他把数千童男童女带到了海外，造成了人间悲剧。

三 对无辜童男童女深切同情

朝鲜进士出身的官员黄俊良，创作有纪行长诗《游头流山纪行篇》，其中有"童男不返徐市亡"句[1]，也表达了对徐福东渡的批判，对随行的童男童女的同情。

朝鲜官员、著名文学家书法家柳梦寅曾于朝鲜光海君己酉（1609）年奉命出使明朝，出使期间写有《过始皇岛》诗，其中有"徐市驾楼船，童男海冥冥"句[2]，说徐福驾驶着楼船，载着童男童女消失在茫茫大海之中。作者在这里也是对无辜的童男童女表达同情之意。诗中还有"不见日出源，怅然摧心肠"句[3]，说远望大海不见尽头，看不到日出的源头，怅然失意，心碎断肠，表达的是同样的心情。

朝鲜光海君朝进士，光海君、仁祖、孝宗朝官员申悦道，字晋甫，号懒斋，有《懒斋先生文集》传世。与申悦道同朝为官、时任朝鲜司谏院大司谏的金应祖撰写的墓志记载，申悦道"十八中进士，才名藉甚"，因秉公执法，曾"四为（司宪府）掌令也"，"以至治州邑，以教化为要，兴学为先"，"所历州邑，皆有治绩，土民追思立碑以颂德"。申悦道"处置身后事，无一语及

---

① （朝鲜）黄俊良：《锦溪先生文集》卷一，《韩国文集丛刊》第 37 辑，韩国首尔：景仁文化社，1989，第 60 页。

② （朝鲜）柳梦寅：《於于集》卷二，《韩国文集丛刊》第 63 辑，韩国首尔：景仁文化社，1991，第 482 页。

③ （朝鲜）柳梦寅：《於于集》卷二，《韩国文集丛刊》第 63 辑，韩国首尔：景仁文化社，1991，第 482 页。

于家业，其平生所守之正又可见"①。身为司谏院大司谏的金应祖给予申悦道这么高的评价，也代表了当时朝鲜朝廷的公论。朝鲜王朝晚期学者郑宗鲁撰写的《行状》也记载，申悦道"为文词不事雕琢，而温雅有体裁。其奉使上国也，大小文字，皆为华人所称。有《朝天录》、《仙槎志》、《闻韶志》、《拜门录》及遗文若干卷藏于家。"②"上国"，指中国，当时朝鲜是中国的附属国，故称中国为"上国"。上述记载，不仅说明申悦道才华出众，其文章还"为华人所称"，而且为官正直无私，在百姓中留下了很好的口碑。

申悦道曾于朝鲜仁祖六年（明崇祯元年，1628）作为朝鲜冬至、圣节使团书状官出使明朝，第二年闰四月回国途中路经登州时作有诗歌《归路登蓬莱阁》，诗中对秦始皇为了得到"三神灵药"而一无所获进行了嘲讽，对随徐福东渡的童男童女一去不返表达了同情。

归路登蓬莱阁

杰构巍然碧海头，秦皇当日创斯楼。
波连河汉通真界，地接蓬瀛认别区。
一去仙童终不返，三神灵药竟难求。
登临便觉尘襟爽，自诧男儿辨壮游。③

首联"杰构巍然碧海头，秦皇当日创斯楼"，意思是说，蓬莱阁这个杰出的建筑，巍然屹立在碧海的潮头，因为当年秦始皇东巡来到这里寻找海上的蓬莱仙山，所以，后人才在这里建了它。首联既描绘了屹立于大海之滨的壮美的蓬莱阁，也交代了蓬莱阁名字的由来及悠久的历史文化，为下面提到的秦始皇派徐福东渡求仙做铺垫。

颔联"波连河汉通真界，地接蓬瀛认别区"，意思是说，蓬莱阁下大海

---

① （朝鲜）申悦道：《懒斋先生文集》卷九，《韩国文集丛刊·续集》第24辑，韩国首尔：景仁文化社，2006，第146~147页。

② （朝鲜）申悦道：《懒斋先生文集》卷九，《韩国文集丛刊·续集》第24辑，韩国首尔：景仁文化社，2006，第145页。

③ （朝鲜）申悦道：《懒斋先生文集》卷一，《韩国文集丛刊·续集》第24辑，韩国首尔：景仁文化社，2006，第14页。

波涛与天上的天河相连，与仙界相通。蓬莱阁的地面也连接着海中的仙山蓬莱、瀛洲。"河汉"，即天河。"真界"，指神仙居住的地方。"蓬瀛"，指传说中的海上仙山蓬莱、瀛洲。"别区"，有别于世人所居的异域。颔联写蓬莱阁美丽的传说，赞美蓬莱阁是人间仙境，也是人间通往天上仙界和海上仙山的地方。

颈联"一去仙童终不返，三神灵药竟难求"，意思是说，当年秦始皇派遣徐福带着童男童女入海求仙一去不返。到海上三神山寻找长生不死之药，终竟也是一无所得。颈联主要强调了海上没有什么三神山和仙药，所以，徐福和童男童女是到不了三神山的，也采不到什么仙药，也就无法回来向秦始皇交差，只能远走海外不再回来。这里也是抒发怀古之情，对秦始皇遣徐福入海求仙发出由衷的感慨和辛辣的嘲讽。"仙童"，这里指秦始皇派遣徐福"入海求仙人"而带走的童男童女。"三神"，指"三神山"。以上均出自《史记·秦始皇本纪》。"仙童终不返"，也表达了作者对童男童女的同情，他们成了徐福东渡求仙的牺牲品，小小年纪远离故乡，远离父母，再也没有回到故乡，回到父母身边。

尾联"登临便觉尘襟爽，自诧男儿办壮游"，意思是说，登临蓬莱阁顿觉优游从容、胸襟清爽，也惊奇自己太值得来到这里观赏大海的美景了。"优"，优游从容。"尘襟"，世俗的胸襟。作者在这里也是说，正因为来到登州，登上了蓬莱阁，才能联想到当年徐福东渡求仙这一段令人感叹的历史，才能赋诗抒怀。

朝鲜光海君、仁祖朝官员，著名诗人、书法家李明汉，曾撰文指出，中国史书上传说的"三神山"无论在朝鲜半岛的西海，还是在东海，都是"妄境"，信奉"三神山"的人都是"妄想"而已。

　　史称三神山者，在东海之中，银台金阙，望之如云，去人不远，患且至则船风引而去。上自秦汉之君，下至燕齐之士，莫不延颈东望，庶几至焉。山海之秦皇石，登州之蓬莱阁，是已神山，固天下之东也。然其所谓东者，皆吾所谓西也。彼见日月之生乎是，而吾见日月之落乎是也。吾与彼所见者只一海，而日月之生落异焉，所处之地然也。……神山又在于吾之所东之东，人所不知之何地，而天下之所谓东者，何时可尽也。东西同一妄境，古今同一妄想。①

"山海"，指山海关。李明汉认为，"三神山"是不存在的，所以也就不知道"三神山"在什么地方，"人所不知之何地"，因而也没有人到过"三神山"，"庶几至焉"。也正是因为如此，当年随徐福东渡的童男童女被迫离开父母是无辜的最大受害者。他也在诗歌中对这些无辜无助的童男童女表示了极大的同情。

蔚珍道中

碧海长风生，白日晴雷吼。

海中三神山，出没如鳌首。

潮汩万余里，天水日相汹。

人生不观海，何以旷其胸。

可怜秦童男，楼船何处求。

所以昆无竭，浮来乘石舟。②

此五言古诗系作者在朝鲜半岛东部海岸蔚珍地区行进途中所作。"蔚珍"，指今韩国庆尚北道东北部的蔚珍郡，这里东临日本海。

首句"碧海长风生，白日晴雷吼"，意思是说，在蔚珍海边的大道上迎着从海面上吹来的暴风，虽说是大白天晴空万里，但暴风掀起的巨浪拍打礁石的声响却如同响雷的吼叫。

"海中三神山，出没如鳌首"，意思是说，远眺大海中传说的海上神山，已经淹没在巨浪和海雾之中。前面提到，作者在《别通信书状》诗中说日本有"徐福村"③，说徐福东渡到了日本，所以这里说的"三神山"应指徐福东渡日本时途经的海岛，或指日本的岛屿。

---

① （朝鲜）李明汉：《白洲集》卷一六，《韩国文集丛刊》第 97 辑，韩国首尔：景仁文化社，1992，第 449 页。

② （朝鲜）李明汉：《白洲集》卷一一，《韩国文集丛刊》第 97 辑，韩国首尔：景仁文化社，1992，第 395 页。

③ （朝鲜）李明汉：《白洲集》卷八，《韩国文集丛刊》第 97 辑，韩国首尔：景仁文化社，1992，第 349 页。

"潚汩万余里，天水日相洶"，意思是说，一望无际的大海天水相连，波涛汹涌，声势激荡。"潚汩"，形容波涛汹涌激荡。"日相"，方术语言，指王相，即旺相，这里形容大海的气势。

"人生不观海，何以旷其胸"，意思是说，人的一生如果不到海边来看看，就不知道大海是多么的宽广，就理解不了人的心胸要像大海一样宽广的真正含义，也就无法进行这方面的修养。

"可怜秦童男，楼船何处求"，意思是说，只是可怜那些当年随着徐福东渡在大海中寻找三神山的童男童女，他们乘坐的楼船消失了在茫茫大海中，再也没有回到家乡，回到自己的亲人身边。作者用了"可怜"一词，表达了自己对无辜童男童女的深切同情，以及对造成这一悲剧的秦始皇和徐福的强烈谴责。

"所以昙无竭，浮来乘石舟"，意思是说，所以住在金刚山的昙无竭菩萨，往来大海乘坐的是石舟。言外之意是，昙无竭菩萨不会像乘坐楼船的童男童女一样，消失在大海之中，有来无回。"昙无竭"，是大乘佛教经典《般若经》中记载的菩萨昙无竭。古代朝鲜传说昙无竭是金刚山之主佛。作者在这里再次为无辜的童男童女鸣不平，意思是说，童男童女不是仙童，他们在波涛汹涌的大海中只能随波逐流，没有人会帮助他们。

朝鲜英祖朝诗人、文学家、官员金道洙还创作有《丛石歌》诗，也对秦始皇派遣徐福东渡求仙给予了嘲讽，同时对随行东渡的"童男童女无消息"表达了悲痛之情。

丛石歌

丛石丛石几千年，屹立百尺东海边。

应是秦代祖龙鞭，驱来此处驾突兀。

不然何为金襴窟中石，犹带血痕淋漓长不灭。

童男童女无消息，空劳秦皇魂与目。

尚余撑空旧石柱，植在沧溟经火劫。

大抵斫成此物何奇壮，知有鬼斧非人力。[1]

---

[1]　（朝鲜）金道洙：《春洲遗稿》卷一，《韩国文集丛刊》第219辑，韩国首尔：景仁文化社，1998，第8页。

此诗应是金道洙在中国东部海边见到带有血色斑纹的礁石后有感而作。金道洙的《春洲遗稿》收录有多首在中国游历期间创作的诗歌，如《游赤壁歌》等。①

诗歌的首句"丛石丛石几千年，屹立百尺东海边"，意思是说，这些堆在一起的石头，有的高达百尺，屹立在东海边已经几千年了。

"应是秦代祖龙鞭，驱来此处驾突兀"，意思是说，这些石头应是当年秦始皇"鞭石入海"而带来的，把这些石头赶到这里形成怪峰。"祖龙"，指秦始皇，《史记·秦始皇本纪》有"祖龙死"句。"祖龙鞭"，指秦始皇"鞭石入海"的典故，来自《三齐略记》："秦始皇作石桥于海上，欲过海看日出处。有神人驱石，去不速，神人鞭之，皆流血，今石桥犹赤色。"

"不然何为金襕窟中石，犹带血痕淋漓长不灭"，意思是说，如果不是秦始皇"鞭石入海"，为什么这些堆在一起的石头有血色斑纹，像是穿了金色袈裟，而且还带有血痕，经千年而不消退。"金襕"，佛教僧尼穿的金色袈裟。"血痕淋漓长不灭"，也是为下句"童男童女无消息"做铺垫，表达作者的伤痛之情。

"童男童女无消息，空劳秦皇魂与目"，意思是说，当年秦始皇派遣徐福带着童男童女从这里入海求仙，结果一去再无消息，秦始皇在这里修桥察看入海求仙的情况，结果只能是劳神伤目。作者虽然没有提到劳神伤目岂止秦始皇，但也暗示：童男童女一去无消息，更加悲伤的是他们的父母和家人。

"尚余撑空旧石柱，植在沧溟经火劫"，意思是说，浪费了大量钱物的求仙活动徒劳无功，只留下了旧石柱竖立在大海里，历经千百年来的风吹雨打和海浪的冲刷。这里也是说，这些"旧石柱"也是嘲讽和谴责秦始皇派遣徐福东渡求仙的见证。

"大抵斫成此物何奇壮，知有鬼斧非人力"，意思是说，海边这些"旧石柱"成了这样奇特壮观的样子，不是人力所能办到的，而是大自然的鬼斧神工。作者也是在阐述这样的观点，人生老病死的规律和大自然的力量都是不可抗拒的，秦始皇祈求长生不老，是不可能实现的。

朝鲜英祖朝担任成均馆祭酒、司宪府大司宪的沈銪写有诗歌《永嘉台》，

① （朝鲜）金道洙：《春洲遗稿》卷一，《韩国文集丛刊》第 219 辑，韩国首尔：景仁文化社，1998，第 9 页。

其中有"可笑求仙劳远思，何须辛苦访蓬莱。曾从望海亭边游，童女童男事谬悠"句①，说秦始皇派徐福跑到那么远的地方去寻找仙山非常可笑，世上没有什么蓬莱仙山，无论怎么费心劳神，付出多大的代价也找不到。秦始皇让"童女童男"跟着徐福入海求仙，实在是荒诞无稽之举。作者在这里既嘲笑了秦始皇的愚昧无知，也有批判徐福的意思，批判徐福不应该让"童女童男"跟着去入海寻仙，使他们不仅失去了父慈母爱，还在小小年纪就经受颠簸之苦。

朝鲜英祖朝领议政蔡济恭在创作的《方丈山歌》中有"巨灵几吊巫咸骨，逸飓不饶童男船"句②，说即便是巫咸这样的神巫也葬身于河海之中，对那些随徐福东渡的可怜的童男童女，大海的飓风也不饶恕。"巨灵"，神话传说中劈开华山的河神，此处借指水域。"巫咸"，古代的神巫。《山海经·大荒西经》中有"巫咸"。作者既对愚蠢的海上求仙举动进行了批判，也对无辜的随徐福东渡的童男童女表达了同情。

朝鲜英祖、正祖朝文臣、学者尹愭字敬夫，号无名子，有《无名子集》传世。尹愭曾任朝鲜蓝浦县监、黄山察访、户曹参议等，参与过《正祖实录》的编撰。尹愭的《无名子集》有多篇文章提到徐福，如《无名子集·文稿》第十三册《峡里闲话》中记载："《格致丛书》曰：日本有《古文尚书》，乃徐福入海时所携也。欧阳公诗曰：'徐福行时书未焚，逸书百篇今尚存。令严不许传中国，举世无人识道真。'然则百篇逸《书》之存于彼而不传于此，甚可惜也。然二帝三王心法之传授，治天下之大经大法，具在于今所传之书。逸书虽不传，未必为举世无人识道真之恨，而又若拘儒曲士。因此傅会而为奇诡迂怪之说，则反足为乱道真之资。然则其不传，未必不为吾道之幸也。"③作者认为，徐福当年带到日本的古书没有流传下来，是一个很大的损失。"《格致丛书》"，中国明代文学家胡文焕所编的古今考证名物专著。"欧阳公诗"，这里指中国宋代著名政治家、文学家欧阳修的《日本刀歌》诗。"二帝"指唐尧、虞舜，"三王"指夏禹、商汤、周武王，泛指古代有作为的帝王。出自

---

① （朝鲜）沈鍢：《樗村先生遗稿》卷一〇，《韩国文集丛刊》第 207 辑，韩国首尔：景仁文化社，1998，第 147~148 页。

② （朝鲜）蔡济恭：《樊岩集》卷三，《韩国文集丛刊》第 235 辑，韩国首尔：景仁文化社，1999，第 90 页。

③ （朝鲜）尹愭：《无名子集·文稿》第 13 册，《韩国文集丛刊》第 256 辑，韩国首尔：景仁文化社，2000，第 533 页。

《汉书·扬雄传》:"昔在二帝三王……财足以奉郊庙、御宾客，充庖厨而已。"①

尹愭还作有多首《咏史》诗，其中说徐福带着童男童女入海寻仙乃是"荒唐"之举。

咏史
其百十四

> 童男童女说荒唐，仙药三山又渺茫。
> 此行不是无心者，定欲遥追击磬襄。②

作者的《咏史》诗共四百四十首，多是借史抒怀。这是其中之一。

诗歌前二句"童男童女说荒唐，仙药三山又渺茫"，意思是说，当年徐福带着童男童女入海寻仙乃是"荒唐"之举，世上哪里有三仙山和长生不死的仙药呢。"童男童女"，这里是指徐福"入海求仙人"带走的童男童女。"三山"，指传说的海上三仙山。"童男童女""三山""仙药"，均来自《史记·秦始皇本纪》的记载。

后二句"此行不是无心者，定欲遥追击磬襄"，意思是说，寻找"三山"和"仙药"，如果不是无意的，就如同去追赶乐器的声音一样，是永远也找不到的。"磬襄"，古人名，中国古代掌管教育击磬钟等乐器的乐师，这里借指乐器的声音。作者在这里进一步表达了世上没有三仙山和仙药的观点。

同前面的多首诗歌一样，尹愭的《咏史》诗也对秦始皇派徐福带着童男童女入海寻仙进行了嘲讽和批判，对随行的童男童女表示了极大的同情。

---

① （汉）班固:《汉书·扬雄传》，中华书局，2000，第2628页。
② （朝鲜）尹愭:《无名子集·诗稿》第5册，《韩国文集丛刊》第256辑，韩国首尔:景仁文化社，2000，第113页。

结　语

综上所述，中国元明清时期，无论在朝鲜半岛还是在日本，徐福文化都有着重要影响，各地区不仅有多处徐福祠（庙）等纪念徐福的场所，也都有自称徐福一行人后裔的人，更有许多广泛流传的徐福东渡的传说，且徐福多以正面形象示人，传播着和平、友爱、发展、繁荣的价值观。徐福文化在当时当地流行的原因是多方面的，其中既有唐宋以来中华文化对朝鲜半岛、日本影响的延续，也有当时当地依照名人拓展自身影响的需要，也不排除当年徐福一行东渡确实到了朝鲜半岛和日本等地，他们的后人一直都在纪念祭祀先人，传播着中华文化的可能。至于徐福文化在今天朝鲜半岛与日本仍有一定影响，则主要是中国元明清时期徐福文化在当地影响的延伸，及今天东亚各国文化交流和友好往来的现实需求。

一　徐福文化在朝鲜半岛与日本流行的原因

中国唐宋时期，中华文化在亚洲诸国有着巨大的影响，这也是徐福文化在朝鲜半岛与日本广泛传播的一个重要原因。

唐代，中日官方往来频繁，也带动了经济和文化交流，唐代的许多文人也在与日本友人的诗歌往来中谈到了徐福东渡，有的诗歌还明确提到徐福东渡到了日本，如唐代诗人皮日休写有《重送（圆载上人归日本国）》诗，其中提到："云涛万里最东头，射马台深玉署秋。无限属城为裸国，几多分界是亶州。"[1] 说日本僧人圆载上人回到的日本国，就是当年徐福东渡去的"亶州"。诗中提到的"射马台"，即"邪马台"，《后汉书·东夷列传》记载："其大倭王居邪马台国。"[2] "裸国"是"倭种"之一。这里的

---

[1] （清）彭定求等编《全唐诗》卷六一四，中华书局，1960，第 7091 页。
[2] （南朝·宋）范晔：《后汉书·东夷列传》，中华书局，2000，第 1906 页。

"亶洲",即《三国志·吴书·孙权传》记载的"亶洲在海中,长老传言秦始皇帝遣方士徐福将童男童女数千人入海,求蓬莱神山及仙药,止此洲不还。世相承有数万家"①。说年长的人传言,徐福带领着童男童女数千人到了亶洲,并住在了那里,到了中国的三国时期,他们的后人已有"数万家"了。中国南北朝时期成书的《后汉书·东夷列传》也有类似的记载,这可能受西晋时期成书的《三国志》影响,但这也可说明,即使到了中国南北朝时期,当时的史学家仍然认可徐福东渡到了"亶洲"。唐代著名诗人皮日休曾任朝廷著作佐郎、太常博士,他认为"亶洲"就在日本,不可能是自己的杜撰,早于皮日休的唐代诗人释鸿渐在元和元年(806)写给日本僧人空海的诗歌中就提到"人至非徐福,何由寄信通"②,也把徐福和空海要归去的日本国连在了一起。实际上早于释鸿渐、皮日休一百多年,在唐朝做官的日本人晁衡,也认为当年徐福东渡要寻找的蓬莱仙山就在日本,他在《衔命还国作》诗中有"蓬莱乡路远"句③,说自己的家乡日本就是传说中的蓬莱仙山,离中国很远。晁衡在唐开元五年(717)入唐,在中国参加科举考试,高中进士,并在唐朝为官多年,写作《衔命还国作》时,入唐已经37年。晁衡精通中国文化,了解"蓬莱"的出处,将日本比作"蓬莱",就是将"蓬莱"与徐福东渡要寻找的蓬莱仙山联系到了一起。这里虽然没有说明当年徐福东渡到了"蓬莱",即到了日本,但应是表达了这样的意思。晁衡在《望乡》诗中也写道:"卅年长安住,归不到蓬壶。一片望乡情,尽付水天处。"④"蓬壶",也是指蓬莱仙山。晁衡的日本就是徐福东渡要找的蓬莱仙山这一观点,是来中国之前形成的,还是来到中国受到华人的影响,我们无法考证,但这说明,至晚在唐代中期,徐福东渡到了日本已为当时的官员和文人所认可。这样一种观点,也必然影响日本。

认为徐福东渡到了日本,来自日本方面的最明确的信息,最早的应是中国五代后周时期济州开元寺高僧义楚依据日本来华的瑜伽教弘顺大师在显德五年(958)提供的情况所整理记载的:

---

① (西晋)陈寿:《三国志·吴书·孙权传》,中华书局,2000,第840页。
② 陈尚君辑校《全唐诗补编》下册《续拾》卷二二,中华书局,1992,第979页。
③ 周振甫主编《唐诗宋词元曲全集·全唐诗》第14册,黄山书社,1999,第5403页。
④ 贾志刚:《开放的大唐·万国来朝》,西安出版社,2017,第184页。

日本国，亦名倭，东海中。秦时徐福将五百童男、五百童女止此国也。今人物一如长安。……又东北千余里有山，名富山，亦名蓬莱。其山峻，三面是海，一朵上耸，顶有火烟。日中上有诸宝流下，夜即却上，常闻音乐。徐福止此，谓蓬莱。至今子孙皆曰秦氏。①

　　以上记载出自《义楚六贴》，又名《释氏六贴》。记载说，中国秦代的徐福带着"五百童男、五百童女"到了日本国，所以，当时日本许多人的生活习俗和中国唐代的都城长安相似。又说徐福一行人居住在日本富士山下，所以日本富士山也称"蓬莱"，当时仍有徐福的后人生活在那里，他们都姓"秦"。日本弘顺大师生活的年代，已离当年徐福东渡一千多年了，徐福东渡一千多年之后，仍有日本人自称徐福的后人。虽然我们无法证实他们是徐福一行人的后裔，但至少可以说明，徐福在当时当地已经很有影响了。

　　《义楚六贴》中的记载，应是受了唐代文化的影响，当然也不排除唐代诗人受到来自日本信息的影响。当时的日本就有徐福东渡到了日本的传言，《义楚六贴》记载的"徐福止此，谓蓬莱。至今子孙皆曰秦氏"的情况，在唐代或唐代之前就有，随着唐代中日文化交往而影响了唐朝的文人。但无论何种情况，中国元明清时期，不少日本人也自称徐福一行人的后裔，极有可能他们中的许多人就是中国五代时期《义楚六贴》中记载的"子孙皆曰秦氏"的后人。

　　前文提到，宋代著名文学家欧阳修在长诗《日本刀歌》中不仅认为徐福东渡到了日本，而且还认为徐福东渡日本带去了"百工五种"，所以当时的日本"器玩皆精巧"，也使中日官方之间"屡往来"，日本"士人"还"工词藻"，善于作中国传统的诗文。《日本刀歌》还提到，徐福当年东渡带走了一些中国先秦时期的著作，而这些著作因秦始皇焚书坑儒在中国已经失传了，但在日本保存了下来。和欧阳修同时期的著名政治家、文学家司马光写有《和钱君倚日本刀歌》诗，表达了和欧阳修《日本刀歌》诗相同的观点，诗中还套用了欧阳修《日本刀歌》的原句，如："其先徐福诈秦

---

① （五代十国）义楚：《释氏六贴》卷二一《国城州市部第四十三》，浙江古籍出版社，1990，第 433 页。

民，采药淹留童卯老。百工五种与之居，至今器用皆精巧。前朝贡献屡往来，士人往住工辞藻。徐福行时书未焚，逸《书》百篇今尚存。"① 这说明，司马光也认为徐福东渡到了日本。

中国唐宋时期这些名人的诗作必然传到日本，对日本的徐福文化产生影响。即使当时的日本无法证实当年徐福东渡到了日本，由于对中华优秀传统文化的仰慕，他们会信以为真，有的地方，有些家族会借助徐福东渡到了日本来提高知名度和在当地的影响。当然这只是笔者的一种推测。前文也提到，也可能日本自唐代之前就流传着徐福东渡到了日本的传说，欧阳修在长诗《日本刀歌》中描述的情况，其信息也可能来自日本，但无论哪种情况，因唐宋时期中日文化的交流，徐福东渡的文化必然对后来有所影响。

徐福传说在日本文献中出现得比较晚，可能是受到宋代欧阳修的影响。中国元朝时期，日本官方编纂的《神皇正统记》记载说："（秦）始皇好神仙，求长生不死之药于日本，日本欲求彼国之五帝三王遗书，始皇乃悉送之。其后三十五年，彼国因焚书坑儒，孔子之全经遂存于日本。"② 但中国社会科学院世界历史研究所汪向荣认为："徐福的传说在日本流传的时间，比《神皇正统记》成书、出版的时间要早。因为1279年应日本镰仓幕府执权将军北条时宗的邀约而到日本的南禅僧无学祖元，在他到日本以后的诗文中就有一首《徐福祠献晋诗》，其原文是：'先生采药未曾回，故国山河几度埃。今日一香聊远寄，老僧亦为避秦来。'就是说，祖元到日本的时候，位居现在和歌山县新宫市的徐福祠已经存在。有祠，当然也有墓。……祖元这首诗，应该是他到日本以后，见到徐福祠以后写的。从这一点上证明，徐福墓和祠的存在，早在十三世纪就有了，比北畠亲房写《神皇正统记》的时间要早。因为在北畠亲房时代已有徐福墓祠的存在，徐福一行止住日本的传说，也早已流传在日本人民之中，所以北畠亲房会把其写于著作之中。"③ "1279年"，是中国的南宋元朝更迭的时间。中国南宋末元朝初诗人郑思肖写有《元鞑攻日本败北歌》诗，其中有"徐福庙前秦月寒（原

① 李之亮编著《司马温公集编年笺注》（1），巴蜀书社，2009，第152页。
② 中国国际徐福文化交流协会编《徐福志》第十二章，中国海洋大学出版社，2007，第201页。
③ 汪向荣：《古代的中国与日本》，生活·读书·新知三联书店，1989，第77~78页。

注：倭有徐福庙），犹怨旧时嬴政苦"句①。这个时期，日本有"徐福祠""徐福庙"，说明日本徐福祠庙至晚建于中国的南宋时期，这也进一步说明，中国元明清时期，徐福文化在日本的流行应是受到唐宋时期徐福文化的影响。

在《神皇正统记》之后，日本各类著作，包括地方文献、辞书中也都有类似记载，进入江户时代（1603～1867），日本有关徐福的记载和传说迅速增多，而且记载非常具体，"不但有（徐福）登陆地点，而且还有（徐福）登陆之后教导土著人民耕种、捕鲸的事。在传说他们一行登陆地的纪伊半岛熊野浦（现和歌山县新宫市），还有徐福和他的亲信的墓，旁边更立有徐福祠，专门祭祀他们，完全若有其事一般"②。中国明朝开国皇帝朱元璋与日本入明僧人绝海中津诗中就提到："熊野峰前徐福祠，满山药草雨余肥""当年徐福求仙药，直到如今更不归"③。明确指出当年徐福东渡到了日本，并对日本产生了重要影响。日本僧人绝海中津是在明洪武元年（1368）到的中国，这也说明日本熊野的徐福祠应建在中国的明代之前。关于这一点，中国元代学者吴莱写有《听客话日本熊野徐福庙》诗，其中就写道："大瀛海岸古纪州，山石万仞插海流。徐市求仙仍得死，紫芝老尽令人愁。就中满载童男女，南面称王自民伍。"④ 这说明至晚在中国的元代，日本熊野就有了徐福祠，结合前面提到的南宋禅僧祖元的《徐福祠献晋诗》，日本熊野的徐福祠建立不会晚于中国的南宋时期，而且至晚从这个时期开始，徐福东渡日本的传说已成为日中两国交往中的重要话题之一。

由于中国唐宋时期朝鲜半岛的新罗国、高丽国都是中国的藩属国，其文化更是受到中华文化的重要影响，徐福东渡到了朝鲜半岛，在唐代诗人的诗作中也有记载，如唐朝中期官员、诗人顾况在《送从兄使新罗》诗中就有"管宁虽不偶，徐市倘相邀"句⑤。"新罗"，指当时朝鲜半岛的新罗国。"管宁"，东汉末年名人，字幼安，北海郡朱虚县人，因战乱从山东半岛到辽东避难，在当地传授经典，很受欢迎，三国时期返回家乡时，辽东

① （元）郑思肖著，陈福康校点《郑思肖集》，上海古籍出版社，1991，第96页。
② 汪向荣：《古代中日关系史话》，时事出版社，1986，第53页。
③ 汪向荣：《古代中日关系史话》，时事出版社，1986，第53～54页。
④ （元）吴莱：《渊颖集》卷七，中华书局，1985，第234页。
⑤ （清）沈德潜编《唐诗别裁集》（下），吉林出版集团股份有限公司，2017，第455页。

太守公孙恭亲自送别。"不偶",不遇。这里的意思是说,你出使新罗路经辽东半岛时,虽然遇不到管宁的后人,但到了新罗后,却可以见到徐福的后人热情地欢迎你。这说明,当时就有徐福东渡到了朝鲜半岛的传说,朝鲜半岛的新罗国就有人自称徐福的后人,有纪念徐福的场所。这也与前文提到的朝鲜半岛高丽时期、朝鲜李氏王朝时期的官员、文人记载的情况相符。中国元明清时期徐福文化之所以在朝鲜半岛有着很大影响,原因之一就是受到唐宋时期以来中华文化的影响,即使朝鲜半岛在唐代之前就有徐福东渡的传说和影响,与徐福东渡能扯上边的场所和族群必定会借助唐宋时期的中国名人的一些相关记载,来加强和扩大徐福文化在当地当时的影响。

前面提到,明朝中期,朝鲜世宗朝王室编纂、刊印的《海东诸国纪·日本国纪》也记载,日本孝灵天皇时期,秦始皇遣徐福入海求仙。"福遂至纪伊州居焉"。日本崇神天皇时期(前97~前30),"是时熊野权现神始现,徐福死而为神,国人至今祭之"。① 主持编纂《海东诸国纪》的,系时任朝鲜领议政的申叔舟。申叔舟曾于1443年奉朝鲜国王之命,以日本通信使书状官身份出使日本,《海东诸国纪》中《日本国纪》的记载,显然来自日本的官方资料。徐福东渡到达日本的事件进入了日本和朝鲜王朝的正史,得到了当时日本、朝鲜官方的认可,应与日本当时广泛流传的徐福传说及许多与徐福有关的遗址和纪念设施有关。

徐福文化之所以在中国元明清时期仍在朝鲜半岛和日本广泛流行,还在于当地人公开承认是徐福的后裔,这也与自唐宋以来徐福的形象成为救死扶伤的仙人,抗击秦始皇暴政的智慧象征,中华文化在海外的传播者等有关。

徐福最早出现在《史记》中的形象,应是编造谎言的高级骗子,能使一代帝王秦始皇上当受骗,骗走了大量人力物力,远走海外,而且因为徐福远走海外,随行"童男童女数千人",被迫离开父母家人,激起了国人极大的愤怒。《史记·淮南衡山列传》记载:"徐福得平原广泽,止王

---

① (朝鲜)申叔舟:《海东诸国纪·日本国纪·天皇代序》,《韩国古典翻译书》第1辑,韩国古典综合库DB,第19页。

不来。于是百姓悲痛相思，欲为乱者十家而六。"①《汉书·郊祀志下》也记载说："秦始皇初并天下，甘心于神仙之道，遣徐福、韩终之属多赍童男童女入海求神、采药，因逃不还，天下怨恨。"②应该说，司马迁撰写《史记》时，对徐福"入海求仙人"的行为是批判的，东汉史学家班固编撰《汉书》时也认同了司马迁对徐福东渡的评价。但到了唐代，徐福的形象在文人的笔下已成为救死扶伤的神仙和不惧险阻的大丈夫了。

北宋时期李昉编撰的《太平广记》转引的唐代前期戴孚的《广异记》和晚唐五代时期杜光庭的《仙传拾遗》记载，徐福东渡"得道矣"，唐朝开元年间，有个读书人得了怪病，就连给皇帝看病的医生张尚容等人也看不出是什么病。于是这个书生就带个仆人从登州出海，"行十余日，近一孤岛"，在岛上遇见徐福，徐福治好了他的病，临别时徐福"复与黄药一袋，云：'此药善治一切病，还遇疾者，可以刀圭饮之。'某还，数日至登州，以药奏闻。时玄宗令有疾者服之，皆愈"③。唐宋时期，有关徐福得道成仙、救死扶伤的记载必定传到朝鲜半岛和日本，徐福的正面形象也加速了徐福文化在朝鲜半岛和日本的传播，朝鲜半岛历史人物有关颂扬徐福的一些记载多是以《广异记》《仙传拾遗》的记载为基础，有的记载提到"徐福，字君房"，就出自《广异记》等，这也是中国元明清时期徐福文化在朝鲜半岛和日本广泛流行的一个重要原因。

唐代还出现了多首歌颂徐福的诗歌，徐福成了不畏强暴，敢于搏击风浪的英雄人物。如熊曒的《祖龙祠》："平吞六国更何求，童男童女问十洲。沧海不回应怅望，始知徐福解风流。"④说秦始皇吞并六国之后，为了长生不死派徐福带着童男童女到瀛洲等仙山去寻找仙药，可徐福一去不回，我们这才知道徐福才是秦朝的风流人物。罗隐在《始皇陵》诗中有"六国英雄漫多事，到头徐福是男儿"⑤，说秦始皇吞并的六国中尽管也有不少英雄人物，但都没有保住自己的国家，倒是徐福使用计谋，加速了秦王朝的灭亡，所以，徐福才是六国中真正的男子汉大丈夫。唐代的这些诗歌也为树

---

① （汉）司马迁：《史记·淮南衡山列传》，中华书局，2000，第2348页。
② （东汉）班固：《汉书·郊祀志》，中华书局，2000，第1042页。
③ （宋）李昉编《太平广记》，万卷出版公司，2014，第27~28页。
④ 张大可、丁德科主编《史记论著集成》第2卷，商务印书馆，2015，第510页。
⑤ 张大可、丁德科主编《史记论著集成》第2卷，商务印书馆，2015，第510页。

立徐福的正面形象起到了很大的推动作用。

唐宋时期徐福形象的正面化也加速了徐福文化对外传播，在唐代之前，人们对徐福的认识还停留在司马迁对徐福的认知上，认为他是骗子，是拆散几千家庭，使骨肉分离的罪人，承认是徐福的后人脸上也没光彩。可唐代之后就不一样了，所以，才会有人公开宣称是徐福或其随从的后人，才有多地出现的徐福祠（庙）等纪念徐福的场所，即使有的人或家族与徐福一行人没什么关系，但傍上得道成仙的徐福这个名人，无疑捞到了祖上的荣耀，所以，朝鲜半岛、日本也才会有了徐生岛、徐福村、徐市宅、徐福墓，及多处徐福祠（庙），如日本从九州岛到本州岛的二十余处徐福文化传承地，且有关于徐福登陆地、徐福一行遗迹、徐福墓、徐福冢等传说。日本和歌山县新宫市的徐福墓，墓碑为日本天保五年（1834）立，徐福墓附近还有"七冢之碑"，为纪念徐福的随从而建。徐福墓碑虽说是中国清朝道光年间所立，但徐福墓的传说应该向前推许多年，前面提到明初朱元璋诗中的日本徐福祠应建在中国的明代之前，那么徐福墓的传说也应是同时期的产物，都应该是中国唐宋时期徐福文化影响的结果。

二　徐福文化对当今东亚各国文化交流的借鉴意义

今天的日本和韩国有许多纪念徐福的设施、场所和研究机构，应该说，主要是受前期特别是中国元明清时期徐福文化在朝鲜半岛和日本广泛流行的影响。

有学者统计："（日本）从九州到本州的 20 多处地点，流传着有关徐福的登陆地点、活动遗迹、祠庙和墓葬等传说。""日本现有徐福陵墓 5 座，祭祀庙祠 37 座，因徐福登临而得名的蓬莱山有 13 座，各种遗址和出土文物数以百计，各地历代传承和近代成立的徐福纪念组织和研究机构就有 90 多个，祭祀节典和仪式多达 50 多个，以秦和徐为姓氏的有 17 个。"①

日本的这些与徐福有关的纪念设施和场所，多是历史的传承，有许多是中国元明清时期在当地传说的基础上设立或建设的。如日本学者撰文写道："徐福东渡日本，抵达后的登陆地点在传说中以熊野地一带居多。我曾到那里去过，看过两座徐福之墓。一座在新宫市，建于江户时代。另一座

---

① 江子君：《神秘的海洋》，中国国际广播出版社，1999，第 199~200 页。

在熊野市，看上去是陶瓷所造，建于明治时代。"① 日本江户时代（1603～1867），又称德川时代，正值中国明朝万历三十一年（1603）至清朝同治六年（1867）。明治时代（1868～1912），正值清朝同治七年（1868）至清王朝终结（1911）。中国国际徐福文化交流协会编的《徐福志》也记载，新宫市的徐福墓是"1619年至1667年筹资建立"②，这说明新宫市的徐福墓是中国的明末清初这一段时间建立的，而熊野市的徐福墓应建于中国的清末。

新宫市还竖立有高2.5米、宽1米的"秦徐福碑"，"据文献记载，1763年（日本元文元年），日本新宫城主'水野大炊头忠昭'曾立此碑，以表彰徐福功绩。后毁圮。1834年（日本天保五年）后继新宫城主'水野土佐守忠央'再次雕制此碑，并由属臣井田好古撰写碑文。碑额题为'徐福墓显彰碑'。但在由和歌山市运往新宫市途中遇台风袭击，石碑沉于海底。1940年（日本昭和15年），由日本木材巨商平户吉藏先生独资捐赠重新建造，是年11月5日竣工"。③ 这说明，"秦徐福碑"始建于中国清朝乾隆年间，近代重建。

日本现存的许多与徐福一行人有关的遗址、遗存及纪念设施，能查到具体出处年限的，主要是在中国的元明清时期。如日本发现的徐福后人的墓碑，《徐福志》记载："在东京以西八十千米左右的藤泽市妙善寺墓地里有徐福后代的墓碑，碑文写着：天文廿三年（1554）甲寅，肃道日正居士，正月十一日。居士讳肃政，称正兵卫，其先出于秦徐福。徐福避始皇之乱航海来我神州，而下居于富士山周麓，故子孙皆以秦为姓，其以福冈为氏者亦取徐福一字也，且近地有名秦野者盖系政肃一族之旧址，亦足以征为祖先之地矣，我子孙其永记勿忘焉。"④ 天文廿三年（1554）是中国明朝嘉靖三十二年，说明至晚从这一时期开始，日本就有人自认是徐福的后人，并子子孙孙传承下来，影响至今，这也是今天日本人民纪念徐福的一个重要原因。1915年，日本新宫市成立了"徐福保存会"，1931年成立了"徐福事迹显彰会"，1955年又成立了"徐福会"，新宫市每年都举行各种纪念活动，如"徐福墓前祭"已成为此地一个很著名的节日。"在日本的佐贺、

---

① 〔日本〕陈舜臣：《随缘护花》，赵晴译，中国画报出版社，2019，第14页。
② 中国国际徐福文化交流协会编《徐福志》第十六章，中国海洋大学出版社，2007，第264页。
③ 中国国际徐福文化交流协会编《徐福志》第十六章，中国海洋大学出版社，2007，第266页。
④ 中国国际徐福文化交流协会编《徐福志》第十六章，中国海洋大学出版社，2007，第285页。

新宫、富士吉田这 3 个地方，祭祀徐福不仅是当地民众的重要信仰，而且已发展成重要的文化和旅游产业。参加徐福祭祀和纪念活动的，不仅有工、商、学、军和各界著名人士及民众，还有政界官员等。"①

韩国也有多处纪念徐福的设施、场所，主要集中在韩国东南部庆尚南道沿海一带和济州岛，庆尚南道南海郡南海岛商洲里锦山海滨的大岩石半山腰，有大型刻石，内容为"徐市起拜日出"②，济州岛朝天浦、汉拿山、"徐市过之"大型石刻等③，也都相传与徐福东渡有关。这些与徐福东渡有关的遗址、遗存，起始于何时已无考，但从朝鲜半岛历史人物的记载看，至晚在中国明代就有了，而且随着中国元明清时期徐福文化在朝鲜半岛的盛行，这些与徐福东渡有关的遗址、遗存得以更广泛传播，以至对今天韩国的徐福文化产生重要影响。韩国为纪念徐福东渡，济州岛西归浦市建有徐福公园，2003 年还在徐福公园内落成了徐福展示馆，馆内展区陈列了中韩日等国家的徐福研究资料和相关书籍，展区还利用高科技手段，展示了当年徐福东渡的场景。

虽说徐福东渡是否到了朝鲜半岛南部和日本仍是学者关注的热点，但近几十年来，无论是日本还是韩国，凡是流行徐福东渡传说的地方，从当地百姓到地方官员，似乎都选择了相信当年徐福来过他们的地方，更不必说那些至今仍认为自己的家族是徐福或其随从的后裔的那些人，无论是在日本还是韩国都大有人在，他们祭祀和纪念徐福，包括到中国认祖归宗，是因为完全相信了当年徐福一行人就是到了朝鲜半岛南部或是日本。

1949 年后，特别是中日、中韩建交以来，徐福文化也成为当代中日、中韩友好往来的重要话题和桥梁。

1978 年 10 月 22 日，邓小平应邀访日时曾说传说中日本就是以前的古蓬莱国，这里有着千年长生不老药，药究竟现在有没有他不清楚，但期望能把日本当前先进的生产技术带回中国。次年 2 月，日本新宫市市长将原产于该市传说中的长生不老药"天台乌药"的幼苗赠送给了邓小平。这使得徐福东渡采仙药的传说更富有诗意，更具有现实意义。为此，日本史研究

---

① 江子君：《神秘的海洋》，中国国际广播出版社，1999，第 200 页。
② 中国国际徐福文化交流协会编《徐福志》第十五章，中国海洋大学出版社，2007，第 263 页。
③ 中国国际徐福文化交流协会编《徐福志》第十五章，中国海洋大学出版社，2007，第 260 页。

专家王金林还作有《徐福东渡》诗："扶桑高峰秦人祠，天台乌药满山肥。当年徐福求不得，今朝喜得乘风归。"[①]

日本前首相羽田孜承认自己"是东渡日本寻找长生不老药的方士徐福一名秦姓部下的后代"[②]，中日建交以来，羽田孜还多次到中国来寻根问祖。羽田孜曾说过："我的祖上是姓秦的。我们的身上有徐福的遗传因子，在我的老家还有'秦阳馆'，作为徐福的后代，我们感到骄傲。"他还说过："凡是与中国沾边的事，我都高兴去做。有关徐福的活动，我都要争取参加。"[③]前几年，有位中国学者参访日本时，在园田良秀家院子里见到"一个小小的徐福祠，祠中有个小小的像"[④]，在另一个日本人家庭，见到"一张是以观音堂为背景拍的集体像，是'千布'的居民簇拥着一位穿中山装的老大爷，老大爷胸前的大红花下缀着的带子上能辨认出三个字'徐广法'，我看到照片下上书：'徐福七十代孙，平成2，3，6（1990年3月6日）'"[⑤]。这说明，这个日本人家庭和这位老人都以自己是徐福后人而荣耀，日本人家庭将照片公开展示，也是在传承中日友好的传统友谊。

2005年10月，韩国济州岛西归浦市徐福公园在徐福展示馆广场举行了徐福雕像揭幕仪式，徐福雕像高3米，正面阴刻"徐福"二字，系已故中国全国人大常委会原副委员长程思远题写，下方阴刻"中国山东省人民政府赠"字样，"徐福雕像题记"则为已故中国秦汉史研究会原顾问、山东师范大学教授安作璋先生撰写。

2007年，韩中友好协会李世基会长向出席韩中友好交流十五周年活动的国务院总理温家宝介绍徐福公园建设来历后，温家宝总理为公园亲笔题写了"徐福公园"四个大字，刻在高3.5米、重10吨的泰山石上，泰山石下方还注明了泰山石是时任山东省省长姜大明所赠送。2008年12月26日在西归浦市徐福公园举行了泰山石揭彩活动，应邀参加揭彩仪式的时任中国文化部部长的蔡武在致辞中表示："徐福为寻找不老草而来到济州岛是韩

① 杨斌：《徐福东渡之谜》，吉林文史出版社，1989，第140页。
② 《82岁的日本前首相羽田孜逝世——自称是东渡日本徐福一秦姓部下的后代》，《每日商报》2017年9月1日A42版。
③ 《日本前首相羽田孜去世曾公开承认是秦始皇后》，环球网国际新闻2017年8月28日。
④ 龙昇：《扶桑华影》，中国法制出版社，2017，第5页。
⑤ 龙昇：《扶桑华影》，中国法制出版社，2017，第9页。

中文化交流的开端。温家宝总理亲笔题写'徐福公园'是韩中文化交流的象征，同时具有要进一步发展合作关系的意义。"①

　　以上都说明，徐福文化在日本和韩国的影响不仅延续至今，也是当今中日、中韩文化交流和友好往来的重要内容。今天日本、韩国的一些祭祀、纪念徐福的活动，已逐渐演变成民间的节日盛典，而且形式越来越多，规模越来越大，组织的活动，还常常邀请与徐福文化有关的中国地方的代表参与，日本和韩国高度重视徐福文化在与中国交往中的重要作用，也反映了日本人民、韩国人民希望传承中日、中韩友好传统的强烈愿望。

　　中日、中韩建交以来，中国也加大了对徐福东渡的研究及与日本、韩国的文化交流活动，1993 年 9 月 19 日，中国国际徐福文化交流协会在北京人民大会堂举行了成立大会，首任会长马仪，当时是全国政协经济委员会常务副主任。中国国际徐福文化交流协会秘书处设在山东省龙口市，现任会长是著名作家、中国作家协会副主席张炜。龙口市也是传说中的徐福故里，还与日本新宫市、韩国西归浦市缔结友好城市关系。除龙口市外，徐福传说较多的东部沿海一带城市，如山东省青岛市，江苏省连云港市，河北省秦皇岛市、沧州市所属盐山县，浙江省宁波市所属慈溪市等，或以传说的徐福故里，或以徐福东渡起航地，或以童男童女集合地等名义与日本、韩国有关的城市开展徐福文化交流，有的也相互建立了友好城市伙伴关系，如 2009 年，秦皇岛市与韩国西归浦市缔结友好城市伙伴关系。这些活动，不仅增进了友谊，也推动了中日、中韩的文化交流和经贸往来。虽然当年徐福东渡是否到了日本和朝鲜半岛南部仍然是学界讨论的话题，但徐福文化已成为中日韩三国共享的文化资源，开展徐福文化的联合研究、徐福东渡资源的联合开发，不仅可以进一步还原历史真相，进一步增进中日韩三国人民的传统友谊，也必定会促进东亚各国经济贸易文化等领域的合作，这也是本研究成果的初衷和希望的归宿。

---

　　① 《温家宝题字"徐福公园"石揭彩仪式在韩国举行》，中新网 2008 年 12 月 28 日电，见 2008 年 12 月 29 日中国新闻网。

参考文献

历史文献:

1. （高丽）金富轼著，孙文范等校勘《三国史记》，吉林文史出版社，2003。

2. （高丽）一然著，孙文范等校勘《三国遗事》，吉林文史出版社，2003。

3. 孙晓主编《高丽史》（标点校勘本），西南师范大学出版社、人民出版社，2014。

4. 《朝鲜王朝实录》，韩国首尔：探求堂1973年影印本。

5. 《承政院日记》，韩国首尔：韩国国史编纂委员会，1961~1977。

6. （明）《朝鲜史略》，《四库全书》，上海古籍出版社，1987。

7. 吴晗辑《朝鲜李朝实录中的中国史料》，中华书局，1980。

8. （韩国）韩国民族文化推进会：《韩国文集丛刊》第1~350辑，韩国首尔：景仁文化社，1990~2005。

9. 〔韩国〕韩国民族文化推进会：《韩国文集丛刊·续集》第1~150辑，韩国首尔：景仁文化社，2005~2012。

10. 〔韩国〕《韩国历代人名事典》，韩国首尔：韩国世宗大王纪念事业会，2010。

11. 〔韩国〕林基中编《燕行录全集》，韩国首尔：东国大学出版部，2001。

12. （韩国）林彝中编《燕行录续集》，韩国首尔：尚书院，2008。

13. （明）吴明鸡编，祁庆富校注《朝鲜诗选校注》，辽宁民族出版社，1999。

14. （清）朱彝尊编《明诗综·高丽》，中华书局，2007。

15.（清）钱谦益：《列朝诗集小传》，上海古籍出版社，2008。

16.（朝鲜）南龙翼编，赵季校注《箕雅校注》，中华书局，2008。

17. 赵季、张景昆：《〈箕雅〉五百诗人本事辑考》（上），人民文学出版社，2013。

18.（汉）司马迁：《史记》，中华书局，2000。

19.（汉）班固：《汉书》，中华书局，2000，

20.（南朝·宋）范晔：《后汉书》，中华书局，2000。

21.（晋）陈寿：《三国志》，中华书局，2000。

22.（后晋）刘昫等：《旧唐书》，中华书局，1975。

23.（宋）宋祁、欧阳修等：《新唐书》，中华书局，1999。

24.（元）于钦：《齐乘》，《文渊阁四库全书》，上海古籍出版社，1987。

25.（明）《明实录》，台北："中研院"历史语言研究所（影印本），1962。

26. 李国祥、杨昶主编《明实录类纂·涉外史料卷》，武汉出版社，1991。

27. 李国祥、杨昶主编《明实录类纂·山东史料卷》，武汉出版社，1994。

28.（明）《嘉靖山东通志》，上海古籍书店，1990。

29.（清）《山东通志》，《文渊阁四库全书》，上海古籍出版社，1987。

现代文献：

30. 张良群主编《东渡徐福》，中国文史出版社，2005。

31. 翦伯赞主编《秦汉史》，北京大学出版社，1983。

32. 王介南主编《中外文化交流史》，书海出版社，2004。

33. 张炜主编《徐福文化集成》，山东友谊出版社，1996。

34. 岳庆平主编《徐福辞典》，中华书局，2015。

35. 朱亚飞主编《徐福志》，中国海洋大学出版社，2007。

36. 汪向荣：《古代中日关系史话》，时事出版社，1986。

37. 刘凤鸣：《山东半岛与古代中韩关系》，中华书局，2010。

38. 王志民总主编《山东区域文化通览·烟台卷》，山东人民出版社，2012。

39. 田明宝总主编《烟台区域文化通览》，人民出版社，2016。

40. 刘焕阳、陈爱强：《胶东文化通论》，山东齐鲁书社出版有限公司，2015。

41. 刘晓东：《明代朝鲜使臣胶东纪行诗探析》，山东人民出版社，2015。

42. 陈爱强、刘晓东：《明末朝鲜使臣笔下的山东研究》（上、下），人民出版社，2019。

学术论文：

43. 韩玉德：《徐福其人及其东渡的几个问题》，《陕西师范大学学报》（哲学社会科学版）2000 年第 2 期。

44. 邹振环：《徐福东渡与秦始皇的海洋意识》，《人文杂志》2015 年第 1 期。

45. 张炜、祁山：《徐福与海上丝绸之路考辨》，《山东师范大学学报》（人文社会科学版）2018 年第 3 期。

46. 陈博林、殷成娜：《论徐福文化对"一带一路"经济战略的价值影响》，《大陆桥视野》2016 年第 10 期。

47. 张国桥、谢朝清、徐建华：《徐福东渡：华夏文明第一次海外传播》，《大陆桥视野》2016 年第 21 期。

48. 李素杰：《文化交流视野下的日本徐福研究》，《鲁东大学学报》（哲学社会科学版）2018 年第 3 期。

49. 普书贞：《徐福研究的现实意义分析》，《大陆桥视野》2019 年第 10 期。

50. 张云方：《徐福文化及徐福文化研究的意义》，《中日关系史研究会议论文》2010 年第 1 期。

51. 尹允镇：《域外汉诗：论郑梦周的汉诗与中国文学的关联》，《烟台大学学报》（哲学社会科学版）2019 年第 3 期

52. 陈佳：《徐福东渡与日本秦俗文化——以明清时期朝鲜官员的记载为例》，《鲁东大学学报》（哲学社会科学版）2021 年第 3 期。

53. 陈佳：《〈烟台文化遗产大观〉第三卷〈非物质文化遗产（上）〉——徐福东渡在日本的传说和影响》，人民出版社，2021。

附件　朝鲜半岛历史人物名录

（按书稿中出现先后顺序）

一　徐福文化在朝鲜半岛的传播与影响

1. 朝鲜半岛的"三神山"

（一）金刚山（15）

权克中（1585～1659）　金世濂（1593～1646）　李景奭（1595～1671）
金　烋（1597～1638）

洪锡箕（1606～1680）　李　选（1631～1692）　李宜显（1669～1745）
崔兴璧（1739～1812）

李英辅（1687～1747）　金相进（1736～1811）　郑宗鲁（1738～1816）
南景羲（1748～1812）

李义肃（1733～1805）　闵在南（1802～1873）　李震相（1818～1886）

（二）智异山（11）

金麟厚（1510～1560）　黄俊良（1517～1563）　成汝信（1546～1632）
赵纬韩（1567～1649）

许　筠（1569～1618）　赵　绚（1586～1669）　李象靖（1711～1781）
蔡济恭（1720～1799）

柳道源（1721～1791）　尹东野（1757～1827）　闵胄显（1808～1882）

（三）汉拿山（6）

高　晭（1636～1711）　朴泰茂（1677～1756）　李　瀷（1681～1763）
任征夏（1687～1730）

李种徽（1731～1797）　朴趾源（1737～1805）

2. 三韩之辰韩与徐福文化（3）

李　谷（1298~1351）权相一（1679~1759）李　瀷（1681~1763）

3. 朝鲜半岛的徐福文化遗存（4）

金麟厚（1510~1560）黄俊良（1517~1563）高敬命（1533~1592）任　埅（1640~1724）

4. 各地流传的徐福传说（13）

金世濂（1593~1646）李景奭（1595~1671）朴守俭（1629~1698）崔锡恒（1654~1724）

崔昌大（1669~1720）李　瀷（1681~1763）郑　栻（1683~1746）林象德（1683~1719）

金始镔（1684~1729）沈　錥（1685~1753）郑敏侨（1697~1731）李源祚（1792~1871）

许　熏（1836~1907）

二　徐福文化在日本的传播与影响

1. 徐福"止王不来，即今日本国也"（15）

申叔舟（1417·1475）车天辂（1556~1615）金德诚（1562~1636）李睟光（1563~1628）

姜　沆（1567~1618）鲁　认（1566~1622）郑希得（1575~1640）赵纬韩（1567~1649）

俞　玚（1614~1690）申厚载（1636~1699）郑　澔（1648~1736）朴弼周（1680~1748）

安鼎福（1712~1791）赵秉铉（1791~1849）金基洙（1818~1873）

2. 日本古代"阿每氏"国和九州岛"黑齿别种"（7）

李　陆（1438~1498）朴弘美（1571~1642）许　穆（1595~1682）鱼有凤（1672~1744）

姜世晋（1717~1786）郑　嶠（1799~1879）李圭景（1788~1856）

3. 纪伊州熊野山与徐福文化（14）

庆　暹（1562~1620）李　瀷（1681~1763）赵庆男（1570~1641）
金世濂（1593~1646）

李景稷（1577~1640）李润雨（1569~1634）姜弘重（1577~1642）
南龙翼（1628~1692）

孙命来（1664~1722）李宜显（1669~1745）申维翰（1681~1752）
赵　曮（1719~1777）

李德懋（1741~1793）沈象奎（1766~1838）

4. 徐福东渡与日本的秦俗文化（20）

李　穑（1328~1396）郑梦周（1337~1392）李崇仁（1347~1392）
赵　浚（1346~1405）

李承召（1422~1484）金玄成（1542~1621）任　錪（1559~1611）
李德馨（1561~1613）

柳梦寅（1559~1623）赵　䌹（1586~1669）金世濂（1593~1646）
李明汉（1595~1645）

黄　㦿（1604~1656）柳尚运（1636~1707）朴泰汉（1664~1697）
金履万（1683~1758）

权　万（1688~1749）郑　嶠（1799~1879）朴齐家（1750~1805）
赵秀三（1762~1849）

5. 徐福文化"异百世之流芳"（30）

金宗直（1431~1492）朴　祥（1474~1530）金止男（1559~1631）
黄　慎（1562~1617）

梁庆遇（1568~不详）李润雨（1569~1634）沈　悦（1569~1646）
金地粹（1585~1639）

张　维（1587~1638）姜大遂（1591~1658）尹顺之（1591~1666）
郑斗卿（1597~1673）

郑　伿（1601～1663）申　濡（1610～1665）南龙翼（1628～1692）申　最（1619～1658）

金昌协（1651～1708）金昌翕（1653～1722）申靖夏（1681～1716）曹夏望（1682～1747）

沈师周（1691～1757）李　墪（1642～1713）宋成明（1674～1740）崔成大（1691～1762）

申光洙（1712～1775）金履坤（1712～1774）李匡吕（1720～1783）尹　愭（1741～1826）

申箕善（1851～1909）朴戴阳（1848～1888）

三　朝鲜半岛历史人物对徐福的认知

1. 徐福东渡为逃避秦皇迫害（9）

李　穑（1328～1396）李崇仁（1347～1392）徐居正（1420～1488）金麟厚（1510～1560）

金止男（1559～1631）张　维（1587～1638）黄俊良（1517～1563）郑士信（1558～1619）

具　容（1569～1601）

2. 实欲报秦之仇（5）

金就文（1509～1570）金万英（1624～1671）李　森（1677～1735）车佐一（1753～1809）

金泽荣（1850～1927）

3. 徐福不畏风涛之险（2）

金诚一（1538～1593）丁若镛（1762～1836）

4. 秦皇枉费功，徐福是"真仙"（30）

郑梦周（1337～1392）权　近（1352～1409）李　稷（1362～1431）李　滉（1501～1570）

金诚一（1538～1593）李好闵（1553～1634）李　忔（1568～1630）

李民宬（1570~1629）

李　植（1584~1647）崔鸣吉（1586~1647）赵　䌹（1586~1669）
吴　翻（1592~1634）

李景奭（1595~1671）郑斗卿（1597~1673）黄　㦿（1604~1656）
任相元（1638~1697）

李海朝（1660~1711）郑敏侨（1697~1731）洪良浩（1724~1802）
金龟柱（1740~1786）

成海应（1760~1839）赵秀三（1762~1849）朴珪寿（1807~1876）
李裕元（1814~1888）

柳麟锡（1842~1915）

5. 可怜童男女，呱呱啼且随（10）

李　穑（1362~1431）金时习（1435~1493）黄俊良（1517~1563）
柳梦寅（1559~1623）

申悦道（1589~1659）李明汉（1595~1645）金道洙（1699~1733）
沈　鏽（1685~1753）

蔡济恭（1720~1799）尹　愭（1741~1826）

图书在版编目（CIP）数据

基于《韩国文集丛刊》考察徐福东渡与文化传播 /
陈佳，刘凤鸣著. -- 北京：社会科学文献出版社，
2022.10

ISBN 978-7-5228-0513-9

Ⅰ．①基… Ⅱ．①陈… ②刘… Ⅲ．①中朝关系-文
化交流-古代②中日关系-文化交流-古代 Ⅳ．①K203
②K310.3

中国版本图书馆 CIP 数据核字（2022）第 141560 号

基于《韩国文集丛刊》考察徐福东渡与文化传播

著　　者／陈　佳　刘凤鸣

出 版 人／王利民
责任编辑／杜文婕　杨　雪　胡百涛
责任印制／王京美

出　　版／社会科学文献出版社·人文分社（010）59367215
　　　　　　地址：北京市北三环中路甲 29 号院华龙大厦　邮编：100029
　　　　　　网址：www.ssap.com.cn
发　　行／社会科学文献出版社（010）59367028
印　　装／三河市龙林印务有限公司

规　　格／开本：787mm×1092mm　1/16
　　　　　　印张：22　字数：359 千字
版　　次／2022 年 10 月第 1 版　2022 年 10 月第 1 次印刷
书　　号／ISBN 978-7-5228-0513-9
定　　价／168.00 元

读者服务电话：4008918866